Analyse ökonomischer Modelle
mit Methoden des Qualitative Reasoning

Europäische Hochschulschriften
Publications Universitaires Européennes
European University Studies

Reihe V
Volks- und Betriebswirtschaft

Série V Series V
Sciences économiques, gestion d'entreprise
Economics and Management

Bd./Vol. 2379

PETER LANG
Frankfurt am Main · Berlin · Bern · New York · Paris · Wien

Christian Steinmann

Analyse ökonomischer Modelle mit Methoden des Qualitative Reasoning

PETER LANG
Europäischer Verlag der Wissenschaften

Die Deutsche Bibliothek - CIP-Einheitsaufnahme

Steinmann, Christian:

Analyse ökonomischer Modelle mit Methoden des Qualitative reasoning / Christian Steinmann. - Frankfurt am Main ; Berlin ; Bern ; New York ; Paris ; Wien : Lang, 1998
(Europäische Hochschulschriften : Reihe 5, Volks- und Betriebswirtschaft ; Bd. 2379)
Zugl.: Rostock, Univ., Diss., 1998
ISBN 3-631-33968-2

28
ISSN 0531-7339
ISBN 3-631-33968-2

Vorwort

Das Qualitative Reasoning ist ein vergleichsweise junger Ansatz der Informatik, entwickelt in einem Teilbereich der künstlichen Intelligenz. Der zentrale Anspruch dieser Arbeit ist es, die Möglichkeiten des Qualitative Reasoning in der Anwendung auf die Analyse ökonomischer Modelle kritisch zu überprüfen, die grundlegenden Probleme herauszuarbeiten und die Anwendbarkeit des Ansatzes auf interdependente ökonomische Modelle zu erweitern.

Zur Erstellung der Arbeit im interdisziplinären Bereich zwischen Volkswirtschaftslehre und Informatik war die Diskussion mit engagierten Fachvertretern beider Bereiche von großer Bedeutung. Für wertvolle Anregungen und lehrreiche Diskussionen danke ich besonders Frau Prof. Dr. Thusnelda Tivig und Herrn Prof. Dr.-Ing. Hans Röck.

Ich danke weiterhin Katrin Bohm, Dr. Horst Günther, Henry Koch, Jens Kötter, Henning Stemper und Jörg Zimmermann, die mir mit kritischen Anmerkungen bei der Korrektur des Manuskriptes sehr geholfen haben.

Rostock, 30. Juli 1998 Christian Steinmann

Inhaltsverzeichnis

Kapitel 1

Abstrahierung der realen Welt

Wer an einen Volkswirt denkt, dem steht vielleicht ein Mensch vor Augen, der Diagramme an eine Tafel zeichnet, in denen typischerweise zwei sich schneidende Kurven mit wechselnder Benennung und wechselnden Achsenbeschriftungen im umgebenden Koordinatensystem auftaucht. Ein solches Diagramm steht nicht selten im Zusammenhang mit anderen, und eine Änderung in einem solchen Diagramm zieht Änderungen in ähnlichen nach sich. Eine andere Assoziation beim Begriff Volkswirt ist vielleicht die Erinnerung an markante Aussagen wie: „Lieber drei Prozent mehr Inflation als ein Prozent mehr Arbeitslosigkeit."

Ganz grob und lax skizziert kennzeichnen diese beiden Bilder Bereiche volkswirtschaftlichen Arbeitens. Zum einen geht es darum, komplizierte reale Zusammenhänge in Modellen greifbar und verständlich zu machen. Die Mechanismen des ökonomischen Systems sollen aufgedeckt und analysiert werden. Zum anderen geht es darum, aus der Analyse der ökonomischen Zusammenhänge heraus Implikationen für wirtschaftspolitisches Handeln zu erarbeiten. Das Verständnis des ökonomischen Systems soll für gezielte Eingriffe nutzbar gemacht werden, wobei klar ist, daß solche Empfehlungen an die Politik nur so gut sein können, wie das ihnen zugrunde liegende Modell.

1.1 Komplexe reale Systeme

Warum braucht der Volkswirt ein Modell? Der reale Wirtschaftsprozeß ist in seiner Gesamtheit betrachtet äußerst kompliziert, vielfältig und unüberschaubar: Die Elementaroperationen ökonomischen Handelns sind die Produktion und der Konsum sowie das Kaufen und Verkaufen von Gütern. Jeder Haushalt und jedes Mitglied eines Haushalts trifft selbständig ökonomische Entscheidungen, die letztlich die Grundlage von Konjunktur und Wachstum einer Volkswirtschaft sind. Eine Vielzahl ökonomischer Variablen, die auf das Verhalten der Haushalte wirken, werden selbst durch Haushaltsentscheidungen beeinflußt. Es gibt Rück- und Wechselwirkungen, die es unmöglich machen, den realen Prozeß im Detail abzubilden und zu analysieren, nicht zuletzt begründet durch die große Zahl unterschiedlicher Wirtschaftssubjekte und Güter. Anpassungen von Mengen, Preisen und Wachstumsraten führen zum Gleichgewicht zwischen Produktion, Angebot und Nachfrage. Es ist kaum anzunehmen, daß dieser Anpassungsprozeß auf jedem Markt in gleicher Art und Weise vonstatten geht und von den gleichen marktexternen Variablen beeinflußt wird. Da erst die Summe aller Anpassungen auf den einzelnen Gütermärkten wiederum die gesamtwirtschaftliche Dynamik bildet, wird es dadurch unmöglich, exakte Aussagen zum Verlauf des realen Prozesses zu machen, der nebenbei bemerkt nicht auf ein Land beschränkt betrachtet werden kann, sondern als offene Volkswirtschaft im Rahmen der Weltwirtschaft analysiert werden müßte. Ein Modell abstrahiert von bestimmten Aspekten des realen Systems und ermöglicht auf diese Weise erst eine Analyse. Je nach dem, was durch ein Modell erklärt oder beschrieben werden soll, werden die entsprechenden Aspekte des realen Systems mehr oder weniger vereinfacht.

Ein Physiker kann das Verhalten einzelner Elektronen in Wechselwirkung mit anderen nicht vorhersagen. Auch wenn sich jedes Elektron entsprechend bekannter Gesetze bewegt, ist ein reales System doch zu kompliziert, um Vorhersagen zu ermöglichen. Dennoch läßt sich das Verhalten des Gesamtsystems beispielsweise in der Thermodynamik vorhersagen. Auch in der Ökonomie ist das Ganze mehr als die Summe seiner Teile. Ohne das Verhalten einzelner Individuen genau zu kennen, gibt es doch genügend

Grund zu der Annahme, daß sich das Gesamtsystem des Wirtschaftsprozesses nach bestimmten Regeln verhält.

Abstraktion und Idealisierung

Ein ökonomisches Modell basiert auf geeigneten Annahmen, die das grundsätzliche Verhalten der Wirtschaftssubjekte beschreiben. Dem Ökonomen stellt sich somit dieselbe Frage wie dem Soziologen oder Psychologen, wie Tesch für soziologische Analyse ausführt: *„Is the human/social world, just like the physical nature, governed by natural 'laws'? Or is human behavior something we can't predict, something onto whose inner workings we can only shed more or less light in our effort to understand.“* [130], Seite 17.

Wenn es darum geht, die grundlegenden Gesetzmäßigkeiten auszumachen, denen der Wirtschaftsprozeß unterliegt, dann wird nur ein kleiner Ausschnitt der Wirklichkeit in einem idealisierten Modell abgebildet und betrachtet. Goodwin bemerkt in seiner Arbeit „A Growth Cycle“ in einem ähnlichem Zusammenhang: *„Any ... economist should ask: why analyse an unreal, idealized system? The answer is that to show the logic und plausibility of a type of behavior and of its analysis, it is essential to get it clearly und simply stated.“* [41], Seite 442. Dörner zitiert hierzu den Biokybernetiker Ludwig von Bertalanffy [9], der durchaus auf die Ökonomie übertragbar schreibt: *„Oversimplifications, progressively corrected in subsequent development are the most potent or indeed the only means toward conceptual mastery of nature.“* [24], Seite 254. Es wird demnach bewußt ein unrealistisches, idealisiertes Modell betrachtet, um auf diese Weise bestimmte Aspekte, gegebenenfalls mit Hilfe von ceteris–paribus Analysen, deutlich herausarbeiten zu können. Anderenfalls, in einem wirklichkeitsnäheren Modell, werden diese Aspekte von anderen Wirkungen überlagert beziehungsweise deren Effekt ist in einem folglich auch komplizierteren System nicht mehr analytisch faßbar. Diese Problematik erschwert darüber hinaus Versuche, mit Hilfe ökonometrischer Methoden ein ökonomisches Modell empirisch zu verifizieren. Jedes Modell eines Systems, so auch ein ökonomisches Modell, abstrahiert von vielen möglichen Einflußgrößen. Eine empirische Analyse eines Modells muß demzufolge Störungen herausfiltern, die daraus resultieren, daß die herausgelassenen Variablen nicht konstant sind und Einfluß nehmen.

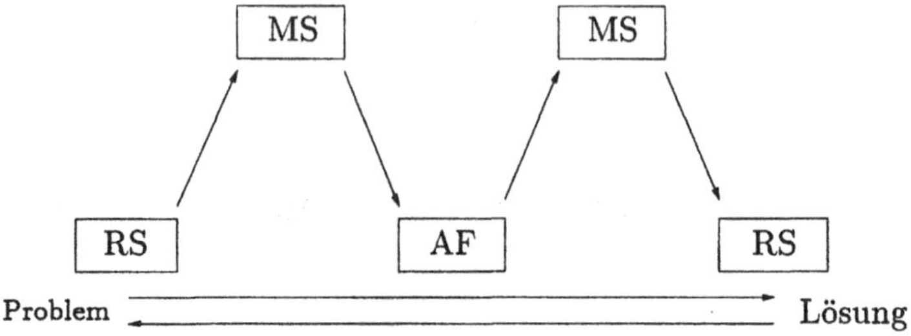

Abbildung 1.1: Abstrahierung der realen Welt

Das Modell ist eine Abstrahierung der realen Welt. Die Darstellung dazu in Abbildung 1.1 ist aus dem Software–Engineering[1] entlehnt, wo prinzipiell nach dem gleichen Schema vorgegangen wird. Ein Modellsystem (MS) eines betrachteten realen Systems (RS) enthält die Aspekte, die für eine bestimmte Problemstellung als relevant angesehen werden. Das Modell wird folgend in einer analysierbaren Form (AF) beschrieben. Diese Form sollte eindeutig und unmißverständlich sein, was die Verwendbarkeit rein verbaler Beschreibungen begrenzt. Eine eindeutige Beschreibung erleichtert ganz wesentlich jede Diskussion über das Modell. Zudem legt die analysierbare Form die Basis für die Anwendung von Methoden, die eben diese Form voraussetzen. Je nach Art ökonomischer Analyse kann eine analysierbare Form beispielsweise eine graphische Darstellung oder ein Gleichungssystem sein. Unter einer analysierbaren Form verstehe ich mithin eine Modellbeschreibung verbunden mit den für diese Art und Weise der Beschreibung spezifischen Methoden der Analyse.

Die Analyse liefert Resultate für das Modellsystem, die dann als mögliche Problemlösungen oder als Phänomenerklärungen im betrachteten realen System zu interpretieren sind. Zu beachten ist bei dieser Interpretation, daß das Modellsystem kein genaues Abbild des betrachteten realen Systems

[1]Eine entsprechende Darstellung blieb mir aus der Vorlesung „Software–Engineering" von Prof. P. Naeve an der Universität Bielefeld im Gedächtnis. Anstelle der allgemeinen analysierbaren Form (AF) ist dort die spezielle analysierbare Form eines auf einem Rechner implementierten Systems eingetragen.

ist, sondern nur einige wenige Elemente des realen Systems enthält. So wie das Modell vom realen System unterschieden werden muß, dürfen auch die Ergebnisse der Modellanalyse nicht mit Lösungen für das reale System verwechselt werden.

1.2 Modellierung und Analysierbarkeit

Ich möchte weiter gehen, als beispielsweise Simon in seinem Vorwort zum Buch „Qualitative Simulation Modelling and Analysis“ von Fishwick und Luker [31]: *„Sometimes, we know the shape of the equations that govern the phenomena of interest, but we do not know the numerical value of parameters — perhaps, at most, we know their signs.“*, Seite v. Im Bereich der volkswirtschaftlichen Modelle, die ich in dieser Arbeit betrachten werde, ist bereits die Gestalt der Funktionen unbekannt. Reaktionsrichtungen werden beobachtet oder unterstellt. Annahmen zur Gestalt der Funktionen werden getroffen, um die Nutzung des Analyse–Instrumentariums zu ermöglichen und um das Verhalten eines Systems veranschaulichen zu können.

Ein Modellsystem modelliert einen Ausschnitt des realen Systems. Der Ausschnitt ist gegeben durch die Zielstellung, die der Modellierung unterliegt: Ein Erklärungsmodell dient zur Beschreibung und Erklärung bestimmter Phänomene des realen Systems, ein Prognosemodell dient dazu, Entwicklungen des realen Systems vorherzusagen beziehungsweise abzuschätzen. Aus der ökonomischen Theorie ergeben sich bestimmte Zusammenhänge und Verhaltensannahmen. Das System dieser qualitativen Bedingungen ist das ökonomische Modellsystem. Von den der Theorie entnommenen Bedingungen wird angenommen, sie beschreiben die Struktur und das Verhalten des realen Systems. Das Modellsystem ist folgend zu analysieren. Die Eigenschaften einfacher Modelle können durch verbale Argumentation, gegebenenfalls unterstützt durch graphische Beschreibungen, bestimmt werden. Je komplexer die unterstellten Zusammenhänge sind, desto größer wird die Notwendigkeit, leistungsfähigere Analysemethoden einzusetzen.

Die qualitative Mathematik bietet unter anderem Methoden zur Analyse der statischen und dynamischen Eigenschaften eines entsprechend formulierten Modells. Aus dem Modellsystem ist eine analysierbare Form abzuleiten, die die Nutzung mathematischer Analysemethoden erlaubt. Die mathematische Analyse deckt die Eigenschaften des Modellsystems auf, die durch die gewählte analysierbare Form ausgedrückt werden können. Die Ergebnisse der mathematischen Modellanalyse sind sodann wieder (verbal argumentierend) für das Modellsystem zu interpretieren. Modellierung und Analysierbarkeit hängen offenkundig eng zusammen. Nicht jede Modellierung ist analysierbar, und die Interpretation von Analyseergebnissen für ein Modellsystem mit Eigenschaften, die in dieser analysierbaren Form nicht enthalten sind, ist nur begrenzt möglich.

Die Attraktivität mathematischer Verfahren rührt nicht zuletzt daher, daß die immanente Unbestimmtheit einer ökonomischen Situation keinen Eingang in ein mathematisch, formales Modell findet. Ein mathematisch formulierter Gedanke ist allemal klarer als ein umgangssprachlich–unklar formulierter Gedanke. Nach Polya ist die Nutzung mathematischer Symbole weitgehend ähnlich zum Gebrauch von Worten, *„Mathematical notation appears as a sort of language,* une langue bien faite, *a language well adapted to its purpose, concise and precise, with rules which, unlike the rules of ordinary grammar, suffer no exception.“* Zudem seien mathematische Symbole eng verbunden mit mathematischem Denken, *„their use assists the mind“* [110], Seite 135.

„Bedenklich aber wird es, wenn man Sachverhalte so lange reduziert und vereinfacht, bis sie schließlich in ein bestimmtes formales Gerüst passen. Denn dann paßt der so veränderte Gedanke nicht mehr zum ursprünglichen Sachverhalt“, schreibt Dörner [24], Seite 250, in bezug auf Problemlösungsversuche.[2] Grote warnt bei unbestimmten Problemstellungen vor einer Überschätzung der Mathematisierbarkeit und spricht ausdrücklich von *„mathematischer Inkompetenz“* [46], Seiten 56 und 87. Er be-

[2]Simon problematisiert die Diskrepanz zwischen Modellannahmen und den Eigenschaften eines realen System im Kapitel *„Economic Rationality“* seines Buches *The Sciences of the Artificial* hinlänglich. Dort zitiert er auch von Hayek [50], der ausführt, daß übliche Annahmen in der Realität nicht unbedingt zu unterstellen sind: *„On certain familiar assumptions the answer is simple enough.* [...] *This, however, is emphatically* not *the economic problem which society faces.“* [123], Seite 41.

schreibt damit die Neigung, ein Modell der realen Situation so zu verändern, daß es zwar beherrschbar oder, übertragen auf Analyse ökonomischer Modelle, besser analysierbar ist, jene reale Situation aber nicht mehr wiedergibt.[3] Ich halte die beschriebene Gefahr für nicht sehr bedeutend, wenn es darum geht, grundlegende ökonomische Zusammenhänge herauszuarbeiten. Ganz aus dem Auge verlieren darf man sie allerdings nicht.

Stufen analysierbarer Formen

Die Auswirkungen bestimmter Verhaltensannahmen oder ökonomischer Zusammenhänge sind nur unzureichend verbal argumentierend zu analysieren. Die analysierbare Form des inhaltlichen Modells mit der Analysemethode der verbalen Argumentation ist bei hinreichend komplizierten Modellen zu wenig präzise. Wird das Modell weitergehend spezialisiert und in Form eines Differentialgleichungssystems formuliert, können die Methoden der qualitativen Mathematik angewandt werden, die aber ihrerseits bei hinreichend komplizierten Modellen nicht mehr zu aussagekräftigen Ergebnissen führen. Schließlich kann ein quantitativer Spezialfall des Modells formuliert werden, der dann numerisch simuliert werden kann.

Abbildung 1.2 stellt den Ablauf der Analyse eines volkswirtschaftlichen Modells dar. Die Pfeile nach unten kennzeichnen die Entwicklung einer Spezialisierung, die Pfeile nach oben den Versuch, Ergebnisse zu interpretieren und zu verallgemeinern. Bei jedem Schritt nach unten wird das Modell stärker spezialisiert beschrieben. Ausgehend von der allgemeineren analysierbaren Form wird die nächst speziellere gebildet. Zur Interpretation der Ergebnisse ist zunächst aus den Ergebnissen einer numerischen Simulation auf die Stabilitätseigenschaften des Differentialgleichungssystems zu schließen und aus diesen wiederum auf die Eigenschaften des inhaltlichen Modells.

[3]Polanyi [109] schreibt zu diesem Problem: *„Any contradiction between a particular scientific notion and the facts of experience will be explained by other scientific notions; there is a ready reserve of possible scientific hypotheses available to explain any conceivable event.* [...] within science itself, *the stability of theories against experience is maintained by epicyclical reserves which suppress alternative conceptions in the germ", Seite 292.*

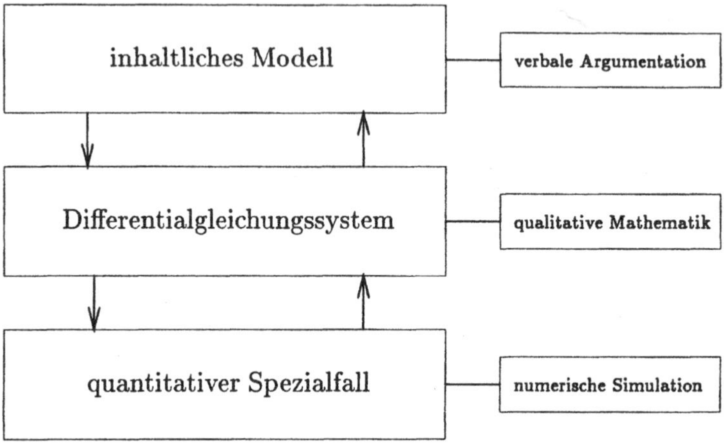

Abbildung 1.2: Qualitative Modellanalyse

1.3 Qualitatives Schließen

Eine Vielzahl, wenn nicht die allermeisten Entscheidungssituationen fordern eine qualitative Entscheidung. Genauso ist das Ziel der Analyse vieler, wenn nicht der allermeisten Systeme eine qualitative Aussage. Diese qualitativen Entscheidungen oder qualitativen Aussagen beruhen wiederum in aller Regel auf numerischen Berechnungen oder qualitativ mathematischen Ergebnissen.

Qualitative Reasoning, zu deutsch das qualitative Schließen, ist ein vergleichsweise junger Ansatz der Informatik, entwickelt in einem Teilbereich der künstlichen Intelligenz, der mittlerweile in verschiedenen Bereichen Anwendung in Entscheidungssituationen und in der Systemanalyse findet. Dieser Ansatz erlaubt nun qualitative Schlüsse auf Basis einer rein qualitativen Systembeschreibung. Von besonderem Wert ist eine genauere Betrachtung des Ansatzes in Situationen fehlender Informationen oder großer Komplexität, in denen altbewährte Methoden eingeschränkt oder gar nicht mehr anwendbar sind, und in bezug auf Systeme, die von Grund auf qualitativer Natur sind, wie eben volkswirtschaftliche Modellsysteme.

Der Mensch kann das Verhalten alltäglicher physikalischer Systeme auf der Ebene von Kausalbeziehungen mit Hilfe seines Alltagswissens recht gut voraussagen. Er kann dies auch dann, wenn die genaue mathematische Beschreibung des Systems sehr kompliziert wäre. Diese Erkenntnis und der Versuch, die menschlichen Schlußfolgerungen nachzubilden, mündeten in den Ansatz der sogenannten qualitativen Physik. Physikalische Systeme, zunächst einfacher Art, der sogenannten Alltagsphysik entnommen, galt es in einem rein qualitativen Rahmen zu beschreiben. Die anschließende Analyse der so beschriebenen Systeme sollte durch Adaption der menschlichen Fähigkeit, Schlüsse aus rein qualitativen Informationen zu ziehen, möglich sein. Richtungsweisend war das *Naive Physics Manifesto* von Hayes, veröffentlicht 1979 [51] und erweitert 1985 [52]. Es markiert den Ausgangspunkt der qualitativen Physik, auch wenn Hayes sich mehr für Modellierungs- als für Analyseaspekte interessierte. Das qualitative Schließen, ist die Erweiterung der Idee qualitativer Physik über die Beschreibung physikalischer Systeme hinaus. *„The aim of qualitative reasoning is to create and use representations of the world which are simplified so that irrelevant detail is ignored while maintaining enough resolution to distinguish and explain important features of behavior"*, erklären Grantham und Ungar [44], Seite 78. Ein Anwendungsgebiet, das sich mit einer Vielzahl rein qualitativer Modelle und entsprechenden Fragestellungen geradezu anbietet, ist die Analyse ökonomischer Modelle.

Gegenüber anderen mathematischen und numerischen Methoden hat das qualitative Schließen nach Page [103] den Vorteil, daß Vorgänge anschaulich dargestellt werden können, die sonst nur sehr aufwendig oder überhaupt nicht adäquat zu beschreiben wären. Die analysierbare Form des qualitativen Schließens ist ein rein qualitatives Modell. Die Methode der qualitativen Simulation als zentrale Methode des qualitativen Schließens ist entwickelt mit Blick auf Systeme, die auf hohem Abstraktionsniveau bei unvollständigem Wissen betrachtet und qualitativ analysiert werden sollen. Konventionelle Simulationsmethoden können eine qualitative Analyse nicht leisten.

Der Ansatz bietet eine formale Modellbeschreibung, ohne daß die Gestalt von Funktionen festgelegt werden muß. Im Gegensatz zu einem qualitativ analysierbaren Differentialgleichungssystem ist es auch nicht nötig, von linearisierbaren Anpassungsvorschriften auszugehen, es wird nur deren Monotonie gefordert. Die in dieser Arbeit erläuterten Methoden des kausalen Ordnens, der qualitativen Argumentation und der qualitativen Simulation stellen für diese analysierbare Form die notwendigen Analysewerkzeuge zur Verfügung. Eine rein qualitative Darstellung des Systems ist zudem mit dem Vorteil der besseren Visualisier- und Interpretierbarkeit des dynamischen Systemverhaltens verbunden.

Die inhaltliche Nähe zwischen dem Forschungsgebiet qualitativen Schließens und ökonomischer Analyse wurde erstmals aufgezeigt von Iwasaki und Simon [59]. Simon et al. [124] machen später deutlich, daß in beiden Bereichen ähnliche Methoden zur Anwendung kommen. Beispiele aus der Ökonomie für die Anwendung qualitativen Schließens finden sich verschiedentlich, so bei Berndsen [4], Berndsen und Daniels [5, 6, 7, 8], Bourgine und Raiman [11], Bridgeland [13], Farley [27, 28], Farley und Lin [30], Lang et al. [75], Lin und Farley [76] oder Raiman [115].

1.4 Ziele und Grenzen dieser Arbeit

Mit dieser Arbeit will ich die in den folgenden fünf Thesen zusammengefaßten Inhalte und Ziele herausarbeiten:

- Das qualitative Schließen geht von einer allgemeineren analysierbaren Form als bisher angewandte Methoden der ökonomischen Modellanalyse aus. Die Ansätze qualitativen Schließens können in einem gemeinsamen Beschreibungsrahmen dargestellt werden.
- In der Analyse ökonomischer Modelle sind die bestehenden Methoden qualitativen Schließens allerdings nur begrenzt anwendbar. Durch diese Methoden ist das qualitative dynamische Verhalten eines als interdependentes Modell beschriebenen Systems nicht zu identifizieren.
- Die bisher veröffentlichten heuristischen Erweiterungen zur Einfügung „ökonomischer Intuition“ in das qualitative Schließen lösen die grundlegenden Probleme nicht.
- Durch die Ergänzung der Methoden qualitativen Schließens um eine geeignete Betrachtung des Größenverhältnisses vergleichbarer Varia-

blen sind die entscheidenden Schwächen zu beheben. Die Identifikation des dynamischen Systemverhaltens wird gerade in den ökonomisch interessanten Situationen durch meine Methode qualitativer Simulation interdependenter Zusammenhänge ermöglicht.

- In der Struktur eines Modells begründetes, qualitativ unterscheidbares Systemverhalten ist mit Hilfe der Methode qualitativer Simulation interdependenter Zusammenhänge unterscheidbar.

Der zentrale Anspruch dieser Arbeit ist es, die Möglichkeiten des Ansatzes qualitativen Schließens in der Anwendung auf die Analyse ökonomischer Modelle kritisch zu überprüfen, die grundlegenden Probleme herauszuarbeiten und die Anwendbarkeit des Ansatzes auf interdependente ökonomische Modelle zu erweitern. Durch die Einführung meiner Methode qualitativer Simulation interdependenter Zusammenhänge werde ich die entscheidenden Schwächen der Methoden qualitativen Schließens überwinden. An Beispielen zeige ich, daß die Methode qualitativer Simulation interdependenter Zusammenhänge die dynamischen Eigenschaften interdependenter Modelle offenlegt.

Die Methoden im qualitativen Schließen erlauben eine rein qualitative Modellierung und Analyse und setzen dabei weniger starke Annahmen voraus, als bislang in der Analyse ökonomischer Modelle verwendete Methoden. Die zugehörige analysierbare Form, in der ein Modell beschrieben wird, ist an die Formulierung eines Gleichungssystems angelehnt. Sie besteht aus einer Menge von Bedingungen. Durch jede Bedingung wird ein elementarer qualitativer Zusammenhang zwischen Modellvariablen beschrieben, an den keine anderen Voraussetzungen geknüpft werden, als seine Monotonie. Es wird qualitativ nicht unterschieden, ob Zusammenhänge linearer oder nicht–linearer Art sind. Für Variablen eines Modells werden qualitative Wertebereiche definiert. Der Wertebereich einer Variablen grenzt Werte oder Wertintervalle voneinander ab, die aus dem ökonomischen Kontext heraus unterscheidbar sind.

Die qualitative Simulation ist die mit einer solchen qualitativen Modellbeschreibung verbundene Analysemethode, die das dynamische Verhalten des beschriebenen Modells ermittelt. Der Algorithmus der qualitativen Simulation setzt eine kausale Sicht auf das modellierte System voraus. Dafür wird aus den weitgehend nicht-kausalen Bedingungen der Modellbeschreibung die kausale Struktur eines Modells abgeleitet. Den Bedingungen der Modellbeschreibung ist eine kausale Semantik zugeordnet, die auf qualitativen Wertebereichen definiert ist. Die kausale Struktur des Modells und die kausale Semantik der Bedingungen ermöglichen eine qualitative Simulation des Modells. Der Algorithmus der Simulation arbeitet mit einer Heuristik zur Fortschreibung qualitativer Werte und zum Schließen aus qualitativen Werten. Da in jeder Phase der Analyse nur mit Werten gearbeitet wird, die ökonomisch unterscheidbar sind, ist die Interpretation der Simulationsergebnisse für das ökonomische Modell unmittelbar gegeben.

Das auf Basis einer qualitativen Modellbeschreibung und qualitativer Werte bestimmte Analyseergebnis gilt für das qualitative Modell und für jedes Modell, dessen Struktur eine Spezialisierung dieses qualitativen Modells ist. Eine mögliche Spezialisierung eines Modells ist seine Formulierung als Differentialgleichungssystem. Alle betrachteten ökonomischen Beispielmodelle analysiere ich als Differentialgleichungssystem mit qualitativ mathematischen Methoden. Die qualitativ mathematischen Analyseergebnisse dienen als Referenzergebnisse für die Ergebnisse der qualitativen Simulation. Für jedes betrachtete Beispiel kann ich zeigen, daß die Analyseergebnisse eines konkreteren Falls denen der qualitativen Simulation des allgemeinen Modells entsprechen.

Die Grenzen dieser Arbeit sind gegeben durch die Beschränkung auf die Einführung einer analysierbaren Form zur qualitativen Modellierung und Simulation. Ich stelle Methoden der Modellbeschreibung und Analyse vor. Die Leistungsfähigkeit der Methode in der Analyse der dynamischen Eigenschaften ökonomischer Modelle demonstriere ich an Beispielen. Es ist nicht das Ziel meiner Arbeit, zu anderen ökonomischen Analyseergebnissen und Schlußfolgerungen zu gelangen, sondern auf Basis einer anderen Modellbeschreibung, die auf weniger starken Annahmen beruht, qualitativ gleiche Analyseergebnisse zu ermöglichen. Dies zieht die gängigen analytischen Verfahren zur Analyse ökonomischer Modelle nicht in Zweifel, sondern ich leiste einen Beitrag zur Verallgemeinerung ihrer Ergebnisse.

In dieser Arbeit beschränke ich die Darstellung der Methoden qualitativen Schließens und ihrer Anwendungen auf kleine Modelle. Ich betrachte Modelle mit maximal zwei dynamisch abhängigen Variablen. Für den zweidimensionalen Fall kann ich an prototypischen Beispielen die Leistungsfähigkeit meiner erweiterten Methode qualitativer Simulation interdependenter Zusammenhänge demonstrieren. Die Anwendung der Methode ist jedoch nicht auf kleine Modelle beschränkt. Die Möglichkeit, größere Modelle handhaben zu können, die mit qualitativ mathematischen Methoden nicht mehr zu analysieren sind, bleibt eine wichtige Perspektive meiner Methode. Größere Modelle betrachte ich in dieser Arbeit dennoch nicht, weil die entscheidenden Schwächen der bislang veröffentlichten Methoden qualitativer Simulation in der Anwendung auf interdependente Modelle bereits in kleinen Modellen offenkundig sind. Meine Methode qualitativer Simulation interdependenter Zusammenhänge löst die grundlegenden Probleme und überwindet die entscheidenden Schwächen, die die bisherigen Methoden im ökonomischen Anwendungsbereich aufweisen.

1.5 Aufbau der Arbeit

Die Arbeit ist in drei Teile gegliedert. Teil I führt in das Forschungsgebiet qualitativen Schließens ein und bietet einen Überblick über die entwickelten Ansätze und Methoden. Teil II demonstriert die Anwendung von gängigen Methoden der ökonomischen Analyse. Im Teil III der Arbeit wende ich die Methoden qualitativen Schließens auf typische ökonomische Modelle an und demonstriere Potentiale und Schwächen der Methoden. Ich führe eine neue, heuristische Methode ein und demonstriere ihre Leistungsfähigkeit in der Anwendung.

Der erste Teil der Arbeit enthält die Kapitel 2 und 3. In Kapitel 2 führe ich in Theorien von Kausaliät und in die auf diesen aufbauenden Methoden kausalen Ordnens ein. Von besonderer Bedeutung für den Fortgang der Arbeit ist das in Abschnitt 2.2.2 beschriebene kausale Ordnen von Variablen in dynamischen und gemischten Modellen. Durch kausales Ordnen wird die kausale Struktur eines Modells ermittelt. Mit der Methode qualitativer Argumentation beschreibe ich einen Ansatz, aus der kausalen Struktur eines Modells heraus Schlüsse auf das Modellverhalten zu ziehen. Das Kapitel 3 beschreibt die grundlegenden Ansätze qualitativer Modellierung und Simulation. Durch eine einheitliche Darstellung ermögliche ich einen Vergleich der verschiedenen Systemsichten. Ich werde mich später im wesentlichen auf die in den Abschnitten 3.1 und 3.3 beschriebenen Ansätze beziehen. Folgend beschreibe ich Weiterentwicklungen der grundlegenden Modellierungsansätze durch Verfeinerungen qualitativer Wertebereiche. Insbesondere die in Abschnitt 3.5.3 vorgestellten Ansätze sind für die Anwendung qualitativer Simulation in ökonomischen Modellen bedeutend. Denjenigen Lesern, die mit qualitativem Schließen vertraut sind oder nur geringes Interesse an einer allgemeinen Darstellung der Methoden und ihrer Hintergründe haben, kann ich empfehlen, die Kapitel 2 und 3 zunächst bis auf die vier angegebenen Abschnitte zu überspringen.

Teil II der Arbeit umfaßt die Kapitel 4 und 5. In Kapitel 4 beschreibe ich einige analytische Verfahren qualitativer Analyse ökonomischer Modelle. Ich stelle die Anwendung der Methoden an einigen Beispielen vor. Anhand der in den Abschnitten 4.3 und 4.4 ausgewählten und analysierten ökonomischen Beispielmodelle werde ich im dritten Teil der Arbeit die Anwendung der Methoden qualitativer Simulation im ökonomischen Kontext demonstrieren. In Kapitel 5 biete ich einen gerafften Überblick über in der ökonomischen Analyse verwendete Methoden quantitativer Systemsimulation. Das Kapitel dient zum einen der Einordnung und Abgrenzung der qualitativen Simulation und zeigt zum anderen die Möglichkeiten, das dynamische Verhalten ökonomischer Modelle numerisch zu simulieren.

Der dritte Teil enthält die Kapitel 6 bis 10. In Kapitel 6 wende ich die im ersten Teil der Arbeit beschriebenen, qualitativen Methoden auf die Analyse ökonomischer Modelle an. Die Anwendung zeigt, daß die Leistungsfähigkeit der Methoden des qualitativen Schließens beschränkt ist. Ich werde darstellen, daß die bekannten Ansätze qualitativen Schließens interdependente Modelle nicht hinreichend aussagekräftig analysieren können und teilweise zu allzu vagen oder auch falschen Analyseergebnissen führen. In Kapitel 7 beschreibe ich einen Ansatz, der qualitative Simulation um Heuristiken ergänzt. Die Leistungsfähigkeit der qualitativen Simulation soll insbesondere für die Anwendung auf ökonomische Modelle verbessert werden. Ich werde in der Anwendung der Methode zeigen, daß diese Weiterentwicklung die grundlegenden Probleme qualitativer Simulation nicht lösen kann.

Meine eigene Methode qualitativer Simulation interdependenter Zusammenhänge stelle ich in Kapitel 8 vor, deren Kern eine erweiterte Einbindung des Vergleichs qualitativer Größen in den Simulationsalgorithmus bildet. Die Anwendung der Methode qualitativer Simulation interdependenter Zusammenhänge demonstriere ich in Kapitel 9 anhand einer Reihe von Beispielen. Ich zeige an diesen Beispielen die verbesserte Leistungsfähigkeit in der Analyse interdependenter Modelle, die die Schwächen der anderen Modelle überwindet. In Kapitel 10 gebe ich eine zusammenfassende Bewertung der Ergebnisse meiner Arbeit ab und lege Ansatzpunkte für weitergehende Forschung offen.

Teil I

Methoden des qualitativen Schließens

Kapitel 2

Kausalität

Die Frage, *wie* etwas passiert oder funktioniert, wird im Alltagsleben genauso oft gestellt wie in der Wissenschaft. Ein System, sei dies ein physikalisches, soziologisches oder ein ökonomisches, arbeitet und reagiert auf äußere Impulse mehr oder weniger offensichtlich. Die gestellte Frage nach dem „Wie?“ erwartet eine kausale Erklärung zur Antwort. Ein Systemverhalten, hervorgerufen durch einen systemexogenen Impuls, soll durch die Darstellung des Zusammenwirkens der bekannten Komponenten des Systems erklärt werden.

Eine gleichsam Black–Box–Betrachtung eines Systems mittels komparativer Statik ermittelt das Systemverhalten in Reaktion auf systemexogene Impulse. Es wird somit nur die Frage danach beantwortet, in welche Richtung sich der Systemzustand aus einem Ruhezustand heraus bei einer solchen Störung bewegt. Diese Analyse liefert jedoch keine Erklärung des Zustandekommens des Systemverhaltens unter Berücksichtigung von Wirkungen und Wechselwirkungen zwischen Systemkomponenten. Die Frage danach, wie die Zustandsänderung des Systems zustande kommt, wird nicht beantwortet.

Ein systemexogener Impuls versetzt ein System in eine Ungleichgewichtssituation. Das Verhalten des Systems in Ungleichgewichtssituationen wird durch ein dynamisches Modell beschrieben. Die Betrachtung der dynamischen Eigenschaften des Systems bedingt die Festlegung kausaler Zusammenhänge zwischen Systemkomponenten in dem dynamischen Modell. Diese Zusammenhänge können explizit oder implizit kausal formuliert werden. Zur dynamischen Analyse gehört somit Kausalität.

So allgegenwärtig Fragen nach Kausalität auch sind, so schwierig ist es auf der anderen Seite, Kausalität zu definieren. Den mit Definitionsversuchen verbundenen philosophischen Argumenten will ich in dieser Arbeit allerdings keinen Platz einräumen. Ich will Kausalität verstanden wissen, wie in der künstlichen Intelligenz üblich, vergleiche Bobrow [10], Iwasaki und Simon [59], Nayak [97] oder Rieger und Grinberg [116]. Kausale Erklärungen sind demnach Erklärungen von Systemverhalten von denen anzunehmen ist, daß sie eine Beschreibung bieten, wie das reale System wirklich funktioniert. Die Erklärungen basieren auf einer Menge systembeschreibender Mechanismen von denen wiederum angenommen wird, es seien kausale Mechanismen. Ein wesentliches Ziel der Forschung im qualitativen Schließen ist die Suche nach Methoden zur automatischen Erklärung qualitativen Verhaltens. Solche Methoden sind nur auf Basis eines ausreichend formalisierten Konzepts von Kausalität zu entwickeln.

Es gibt probabilistische und deterministische Theorien von Kausalität. Beide Gruppen sind wiederum grob unterteilbar in solche, die auf Ereignisse und andere, die auf Variable fokussieren, vergleiche beispielsweise bei Kitcher [62]. Gärdenfors [39] konstatiert jedoch eine Relation zwischen diesen Fokussierungen beim Vergleich des eher ereignisbasierten Ansatzes von Suppes [129] und der variablenbasierten Theorie von Granger [43]. Nach Gärdenfors Interpretation ist die zu einer Variablen gehörige Zeitreihe von Werten als Folge von Ereignissen zu sehen. Jede Änderung des Wertes beziehungsweise der Bewegungsrichtung der Variablen steht in Beziehung zu einem Ereignis.

Dieses Kapitel nutze ich, um verschiedene Sichten von Kausalität und Methoden kausalen Ordnens vorzustellen. Einen groben Überblick über Theorien von Kausalität gebe ich im Abschnitt 2.1. In dieser Arbeit betrachte ich nur deterministische Modelle, daher werde ich Berndsen [4] folgend die probabilistischen Theorien von Kausalität nur so weit darstellen, wie es zur Abgrenzung von deterministischen Theorien erforderlich ist. Methoden kausalen Ordnens, die auf der deterministischen Theorie von Kausalität gründen, stelle ich im Abschnitt 2.2 vor. Durch kausales Ordnen wird Kausalität aus einer nicht-kausalen Modellformulierung abgeleitet. Insoweit dienen die Inhalte des Kapitels als Grundlagen sowohl für die Methoden qualitativen Schließens als auch der ökonomischen Analyse, vergleiche dazu insbesondere auch Hicks, der schreibt, „*economists, though they often talk about effects and sometimes (perhaps less frequently) about causes, are usually content to leave the question of the meanings of these terms to others. I have come to think that this is a pity.*" [53], Seite 1.

Im Abschnitt 2.3 beschreibe ich Farleys [28] qualitative Argumentation, die auf einer kausalen, graphischen Beschreibung eines Systems aufbaut. Farley stellt eine Methode qualitativer Argumentation vor, die unmittelbar auf einem kausal darstellbaren Modell aufsetzt und aus diesem heraus eine Argumentation ableitet. Als Methode ist die qualitative Argumentation in der Modellanalyse der verbalen Argumentation und auch der qualitativ mathematischen Analyse zunächst näher als die qualitative Simulation, die Inhalt des anschließenden Kapitels sein wird. Ein System wird rein aus seiner Struktur heraus analysiert und nicht unter Betrachtung seines simulierten dynamischen Verhaltens.

2.1 Probabilistische und deterministische Theorien von Kausalität

In der ereignisbasierten probabilistischen Theorie von Kausalität nach Suppes [129] ist jedes Ereignis verknüpft mit einer Wahrscheinlichkeit. Ist die bedingte Wahrscheinlichkeit des Eintretens eines Ereignisses b unter der Bedingung, daß zeitlich vorher ein Ereignis a stattgefunden hat, größer als die unbedingte Wahrscheinlichkeit für das Eintreten des Ereignisses b dann besteht eine Kausalitätsbeziehung zwischen a und b. Das Ereignis a, eingetreten zum Zeitpunkt t_1, a_{t_1} verursacht das Ereignis b_{t_2}, wenn für die Zeitpunkte t_1 und t_2 gilt, daß $t_2 > t_1$, und für die Wahrscheinlichkeit des Eintretens von b_{t_2} gilt, daß $P(b_{t_2}|a_{t_1}) > P(b_{t_2})$. Die Aussage „$a_{t_1}$ verursacht b_{t_2}" bedeutet mithin, das Eintreten von b_{t_2} ist wahrscheinlicher mit a_{t_1} als ohne a_{t_1}.

Die variablenbasierte probabilistische Theorie von Kausalität nach Granger [43], auch geläufig als Wiener–Granger–Kausalität, nimmt Zeitreihenbeobachtungen für Variablen w, x und y zum Ausgangspunkt. Die Variable x beeinflußt y kausal, wenn ceteris paribus der Verwendung weiterer Informationen w die Entwicklung von y besser mit Nutzung von Vergangenheitsdaten von x vorhersagbar ist als ohne. Zur Schätzung der Entwicklung von y werden ökonometrische Methoden verwendet. Die Existenz entsprechender Zeitreihendaten wird vorausgesetzt. Zum Vergleich der Schätzungen verwendet Granger die mittlere quadratische Abweichung σ^2. Das Konzept ist in ökonometrischer Anwendung nicht unumstritten, was ich hier nicht weiter darstellen möchte. Ich verweise statt dessen auf die Literatur, beispielsweise auf Pierce und Haugh [108].

Die ereignisbasierten deterministischen Ansätze zur Kausalität werde ich ebenfalls knapp fassen, zumal wir es in der ökonomischen Analyse traditionell nicht mit Ereignissen, wie a oder b, sondern mit Variablen, wie x und y, zu tun haben. Nach Mackie [78], dessen Ansatz auch bei Berndsen [4] oder Nayak [97] stellvertretend für diese Klasse genannt wird, verursacht ein Ereignis a ein Ereignis b, wenn das Ereignis a ein notwendiger aber nicht hinreichender Teil einer hinreichenden aber nicht notwendigen Bedingung für das Eintreten des Ereignisses b ist (INUS–Bedingung). Hiernach ist eine Bedingung der Form $(a \wedge u) \vee v$ mit irgendwelchen Ausdrücken u und v eine notwendige und hinreichende Bedingung für das Eintreten von b. In der Anwendung erwies sich das Konzept allgemein als zu schwach, um die tatsächlichen Kausalitätsbeziehungen zu identifizieren.

Variablenbasierte deterministische Ansätze für kausale Erklärungen liefern kausale Zusammenhänge der Form „x verursacht y" für Variablen x und y. Die Richtung des Zusammenhangs ist in kausal formulierten Modellbeschreibungen explizit angegeben. Nayak schreibt, *„the causal relation itself represents a dependence of the value of the "effect parameter" on the "cause parameter"."* [97], Seite 35. Ist als Ausgangspunkt eine nicht–kausale Systembeschreibung in Form symmetrischer Gleichungen gegeben, können Methoden kausalen Ordnens daraus asymmetrische, kausale Beziehungen zwischen den Variablen ableiten. Theorien kausaler Ordnung sind die im qualitativen Schließen häufig verwendeten Ansätze zur kausalen Erklärung qualitativen Verhaltens.

2.2 Kausale Ordnung

In der Physik werden genauso wie in der Ökonomie typischerweise Gleichungen angegeben, um Zusammenhänge zwischen Variablen eines Modells zu beschreiben. Für Gleichungen gilt jedoch, daß sie eben nur bei Gleichheit gelten, also dann, wenn beide Seiten einer Gleichung den gleichen Wert haben. Sie beschreiben einen Gleichgewichtszustand statisch. Gilt die Gleichung nicht, zeigt dies zwar eine Ungleichgewichtssituation an, aus dieser Ungleichgewichtssituation folgende kausale Zusammenhänge werden jedoch nicht ausgedrückt. Gilt in einem Modell im Ruhezustand $x = y + z$ so gilt auch $y = x - z$ und $z = x - y$. Die Gleichung drückt somit nicht aus, daß x von y und z kausal abhängig ist. Aus einer (exogenen) Änderung von z kann keine Änderung von x geschlossen werden, eine Änderung von y ist genauso geeignet, die Gleichung wieder herzustellen. Gleichungen sind aus ihren mathematischen Eigenschaften heraus symmetrisch, kausale Zusammenhänge hingegen sind asymmetrisch. Dies erklärt, daß *„causal reasoning people do* not *use equations in all possible ways"*, so Forbus [33], Seite 154.

Kausale und nicht–kausale Systembeschreibungen

Nicht–kausale Systembeschreibungen spezifizieren die Richtung eines Zusammenhangs verschiedener Variablen nicht explizit. Das System und damit die Zusammenhänge zwischen Variablen sind durch ein System (qualitativer) Gleichungen $F(X) = 0$ darstellbar. $X = (x_1, \ldots, x_n)$ ist der Vektor der im Modell enthaltenen Variablen. Eine nicht–kausale Beschreibung eines Systems beschreibt die Zusammenhänge zwischen Systemkomponenten, die in einer Situation gelten, in der das System in einem Ruhezustand ist. Das Systemverhalten in Ungleichgewichtssituationen wird nicht spezifiziert.

Dagegen muß ein kausal formuliertes Modell das System in seinem dynamischen Verhalten abbilden. Reaktionen der Systemkomponenten auf Ungleichgewichte werden explizit beschrieben. Das System ist durch ein Differentialgleichungssystem der Form $\dot{X} = F(X)$ darstellbar. Die Reaktion einer Komponente x_i des Systems ist durch $\dot{x}_i = f_i(X)$ beschrieben. $\dot{x}_i = \frac{\partial x_i}{\partial t}$ bezeichnet die Wertänderung der Komponenten x_i in der Zeit.

Annahme oder Ableitung kausaler Zusammenhänge

Die Methoden kausalen Ordnens sind in der Lage, kausale Zusammenhänge aus einer nicht–kausalen Systembeschreibung abzuleiten. Aus welchen Gründen ist es aber sinnvoll, ein System zunächst nicht–kausal zu beschreiben, um folgend kausale Zusammenhänge zu suchen?

Durch die Formulierung eines dynamischen Modells wird ein Modell kausal beschrieben. Die kausalen Zusammenhänge sind Annahmen der Modellierung. Die kausale Beschreibung eines Modells zur Analyse von komplizierten Systemen ist allerdings keine einfache Aufgabe. Eine kausale Beschreibung spezifiziert die Abhängigkeiten die jede Reaktion des Systems auf mögliche Einflüsse erklären sollen. Vielfach ist es leichter und gesicherter, Zusammenhänge zwischen Systemkomponenten in einem Ruhepunkt des Systems aufzudecken und zu beschreiben, als jede mögliche Zustandsänderung einer Komponenten in ungleichgewichtigen Situationen zu modellieren.

Zudem ist die kausale Beschreibung einer Abhängigkeit zwischen zwei Systemkomponenten nicht kontextfrei. Sie ist bedingt durch die Einbindung der Komponenten in einen Systemkontext, *„and, therefore, is less general than knowledge of acausal, functional relations"*, so Iwasaki und Simon [61], Seite 144. Die Kausalität eines Zusammenhangs zwischen Systemkomponenten hängt von der Struktur des Systems ab. Sie ist nicht allgemein zu formulieren, wie dies in einer nicht–kausalen Beziehung geschieht. Eine Änderung der Systemstruktur, beispielsweise das Exogenisieren einer bislang systemendogen beschriebenen Komponente, bedingt gegebenenfalls Änderungen in den kausalen Zusammenhängen. Eine nicht–kausal formulierte Beziehung ist dagegen von Strukturänderungen unabhängig. Ist die spezifische Umgebung einer solchen Beziehung gegeben, können kausale

Abhängigkeiten abgeleitet werden, während die Zusammenhänge zwischen einzelnen Systemkomponenten weiterhin nicht–kausal und damit strukturunabhängig formuliert werden.

Die Methoden kausalen Ordnens bestimmen ausgehend von einer Modellbeschreibung kausale Zusammenhänge, die sich aus der Systemstruktur heraus ableiten lassen. Die kausalen Abhängigkeiten werden nicht in der Modellierung eines Systems festgelegt, sondern die kausale Sicht auf das System wird in einem ersten Analyseschritt für eine gegebene Struktur ermittelt.

Kausale Ordnung für statische Systeme, die durch Gleichgewichtsbedingungen beschrieben sind, geht zurück auf Simon [121, 122]. Die wesentlichen Arbeiten zu Methoden kausalen Ordnens sind die von Iwasaki und Simon [56, 58, 59, 61]. Die weitere Darstellung beziehe ich zunächst auf durch Gleichgewichtsbedingungen beschriebene statische Modelle im Abschnitt 2.2.1. Im Abschnitt 2.2.2 betrachte ich folgend kausale Ordnung in dynamischen und in gemischten Modellen.

2.2.1 Kausalität in Gleichgewichtsbedingungen

Ein statisches Modell ist durch ein Gleichungssystem beschrieben. Jede dieser Gleichungen beschreibt einen Zusammenhang zwischen Systemvariablen, der in einem Gleichgewicht gilt. Für ein Gleichungssystem $F(X) = 0$ setzen Iwasaki und Simon voraus:

- das System besteht aus n Gleichungen mit n endogenen Variablen,
- in jeder Teilmenge von k Gleichungen ($1 \leq k \leq n$) gibt es mindestens k verschiedene endogene Variablen,
- jedes Teilsystem mit k Gleichungen ($1 \leq k \leq n$) und m Variablen ($k \leq m \leq n$) ist für k Variablen eindeutig lösbar, wenn die Werte der verbleibenden $m-k$ Variablen gegeben werden. ([61], Seite 148)

Die vorausgesetzten Eigenschaften sichern, daß kein Teilsystem über- oder unterdeterminiert ist. Das Gleichungssystem $F(X) = 0$ kann in linearisierter Form als $AX = b$ formuliert werden. Die genannten Voraussetzungen implizieren für die Koeffizientenmatrix A, daß sie eine $n \times n$–Matrix mit vollem Rang n ist, die in eine blockdiagonale Form gebracht werden kann. Zudem weisen alle $k \times n$–Teilmatrizen, die aus jeweils k $(1 \leq k \leq n)$ Zeilen bestehen, Rang k auf. Im qualitativen Kontext sind nun keine Werte für die Koeffizienten in A gegeben, sondern zunächst nur deren Vorzeichen in einer Vorzeichenmatrix. Daß das qualitative System den geforderten Eigenschaften genügt, könnte damit nicht geprüft, sondern nur angenommen werden. Iwasaki und Simon schwächen daher die geforderten Eigenschaften im Falle rein qualitativer Modellierung ab, indem die kritische dritte Eigenschaft gestrichen wird.

Minimale, vollständige Teilmengen

Iwasaki und Simon unterscheiden zunächst nicht positive und negative Zusammenhänge zwischen Variablen. Anstelle der Vorzeichenmatrix wählen sie eine Matrix M_0 als Ausgangspunkt, mit $m_{ij} = 1$, falls Variable X_j in Gleichung F_i vorkommt. Die kausale Ordnung erfolgt durch das Auffinden minimaler, vollständiger Teilmengen T. Eine Teilmenge T von k Gleichungen ist vollständig, wenn sie genau k Variablen enthält, sie ist minimal, wenn sie nicht wiederum eine vollständige Teilmenge enthält. Die Menge an minimalen, vollständigen Teilmengen, die sich aus der Matrix M_0 ableiten lassen, heißt T_0 und enthält die minimalen, vollständigen Teilmengen der Ordnung Null. Durch das Löschen der entsprechenden Zeilen und Spalten aus M_0 erhalten Iwasaki und Simon eine Matrix M_1, die abgeleitete Struktur erster Ordnung, aus der sich wiederum die Menge T_1 ableiten läßt. Dies setzt sich fort, bis keine Zeilen und Spalten mehr übrig sind. Aus den Mengen T_0 bis T_h resultiert unmittelbar die kausale Struktur des Systems.

Kausale Ordnung auf minimalen, vollständigen Teilmengen

Jede Variable einer Gleichung F_i gehört zu einer Menge T_k der Ordnung k. Einige Variablen gehören zu T_{max}, der Menge höchster Ordnung in F_i. Diejenigen Variablen in T_{max} sind dann *direkt kausal abhängig* von den anderen Variablen, die ebenfalls in F_i vorkommen, die jedoch nicht in T_{max}

enthalten sind. Auf Variablen, die zur gleichen Menge gehören, gibt es keine kausale Ordnung. Für Details der algorithmischen Bestimmung einer kausalen Ordnung über diese inhaltliche Beschreibung hinaus verweise ich den interessierten Leser auf Nayak [97] oder Travé–Massuyès und Pons [133].

Die direkten kausalen Abhängigkeiten, wie sie sich aus der Analyse der minimalen, vollständigen Teilmengen des gegebenen Systems ableiten lassen, können durch einen entsprechend gerichteten Graphen dargestellt werden. Knoten des Graphen bezeichnen Systemvariablen und die gerichteten Kanten funktionale Zusammenhänge, Bedingungen und Wirkungen. Eine gerichtete Kante $x \longrightarrow y$ bedeutet, daß der Wert von y zu jedem Zeitpunkt t_2 abhängig ist vom Wert von x zu einem Zeitpunkt t_1 mit $t_1 < t_2$. Hier sind es die minimalen, vollständigen Teilmengen anstelle einzelner Variablen, die durch die Knoten im gerichteten Graphen repräsentiert werden.[1] Die kausale Ordnung ordnet Variablen nach Abhängigkeiten. Exogene Variablen sind unabhängig von anderen Systemvariablen, die entsprechenden Knoten im Graphen besitzen keine ankommenden Kanten. Die nächste Menge von Variablen hängt nur von exogenen Variablen ab und bestimmt kausal die nächst folgende.

Ein Beispiel

Als erstes, einfaches Beispiel wähle ich in Anlehnung an ein Beispiel von Iwasaki und Simon [61], Seite 150 das folgende System aus drei Gleichungen und drei Unbekannten:

$$x + y = const \tag{2.1}$$

$$x - y + z = const \tag{2.2}$$

$$z = const \tag{2.3}$$

[1] Gleichermaßen ermöglicht diese Methode umgekehrt auch ein Zerlegen eines Systems in kausal unabhängige Teilsysteme. Gibt es solche kausal unabhängigen Teilsysteme, zerfällt der gerichtete Graph in unverbundene Teilgraphen. Das Erkennen von Subsystemen, die vom umgebenden System unabhängig arbeiten und schließlich Impulse an von diesen kausal abhängige Subsysteme geben, aus dem Graphen heraus, ist für hinreichend komplexe Systeme interessant.

$$M_0 = \begin{bmatrix} 1 & 1 & 0 \\ 1 & 1 & 1 \\ 0 & 0 & 1 \end{bmatrix} \quad = \quad \begin{array}{c|ccc} & x & y & z \\ \hline 2.1 & 1 & 1 & \\ 2.2 & 1 & 1 & 1 \\ 2.3 & & & 1 \end{array}$$

Die Matrix M_0 beschreibt das Vorkommen der Variablen x, y und z in den drei Gleichungen. Gleichung (2.3) enthält nur die Variable z, so ist die Menge $\{z\}$ eine aus M_1 ableitbare minimale, vollständige Teilmenge. Die Menge T_0 der minimalen, vollständigen Teilmengen der Ordnung Null enthält nur die Menge $\{z\}$, weitere Teilsysteme sind aus M_0 nicht abzuleiten. M_1 wird erzeugt durch das Streichen der Zeile von Gleichung (2.3) und der Spalte der Variablen z. Das verbleibende Teilsystem ist vollständig interdependent, die Matrix M_1 ist voll besetzt. Die Menge T_1 ist gleich $\{\{x, y\}\}$. Die kausale Ordnung auf den so bestimmten Teilmengen ergibt sich aus Gleichung (2.2), in der Variablen aus Teilmengen der Ordnung Null und Eins vorkommen. Das System läßt sich als Graph $\boxed{\{z\}} \longrightarrow \boxed{\{x, y\}}$ darstellen. Eine Ordnung auf den Variablen x und y kann nicht bestimmt werden. Solche gegenseitige Abhängigkeit von zwei oder mehr Variablen weist auf eine Struktur mit Rückwirkungen hin. Ein zyklenfreier kausaler Zusammenhang zwischen den Variablen ist nicht ableitbar. Zwischen x und y besteht ein Rückwirkungszyklus. Aus einem System, das Rückwirkungszyklen enthält, kann die beschriebene Methode die Richtung der kausalen Wirkungen im Rückwirkungszyklus nicht bestimmen. In einer solchen Situation ist es notwendig, das Modell dynamisch zu formulieren.

Strukturelle Gleichungen

Die Methode kausalen Ordnens ist nicht in der Lage, aus jeder beliebigen Modellbeschreibung heraus, kausale Zusammenhänge zu ermitteln, die der Intuition zu kausalen Zusammenhängen im realen System entsprechen. Die kritische Anforderung ist laut Iwasaki und Simon, daß in der Beschreibung des Modells durch ein Gleichungssystem, jede Gleichung einen *Mechanismus* zu beschreiben hat. Einen Mechanismus sehen sie verallgemeinert als bestimmten, konzeptionell abgrenzbaren Teil des Systems. Ein Mechanismus kann eine Gesetzmäßigkeit sein, die einen Prozeß oder eine Komponente beschreibt. Eine Gleichung, die einen Mechanismus repräsentiert, wird als strukturelle Gleichung bezeichnet. Das System wird dann beschrieben durch seine Mechanismen, jede Gleichung hat eine strukturelle Gleichung zu sein. Dies ist nun leicht zu fordern, doch *„In general it is not an easy task to decide whether or not a given equation is structural, and there is no formal definition for a structural equation.“* [61], Seite 151. Enhält die Modellbeschreibung jedoch Gleichungen, die verschiedene konzeptionell unterscheidbare Mechanismen zusammenfassen, sind auch die aus den Mechanismen folgenden kausalen Zusammenhänge typischerweise durch die anwendungsunabhängige Methode kausalen Ordnens nicht voneinander zu trennen. Der Begriff einer strukturellen Gleichung in einem System ist zudem nicht absolut zu sehen, sondern hängt ab vom Abstraktionsniveau der Modellbeschreibung. Das Abstraktionsniveau gibt vor, was ein zugrundeliegender Mechanismus ist. Eine Komponente mit komplexer interner Struktur kann einmal als Black–Box betrachtet werden und durch eine einzige Gleichung beschrieben sein, während diese Gleichung in einer detaillierteren Formulierung des Modells auf anderem Abstraktionsgrad als Zusammenfassung der Effekte verschiedener Mechanismen anzusehen wäre.

Kausalität im Gleichgewicht

Die kausalen Zusammenhänge, die die Methode kausalen Ordnens aus einer Modellbeschreibung heraus bestimmt, entsprechen nicht in jedem Falle der Intuition. Ich möchte dieses an einem Beispiel darstellen, das auch Iwasaki und Simon in ähnlicher Form verwenden (vergleiche [61], Seiten 152ff) und das ich auch in Abschnitt 2.2.2 als Beispiel für kausales Ordnen auf Basis dynamischer Modelle wieder verwenden werde.

Das abzubildende System ist denkbar einfach. Ein Gefäß, beispielsweise eine Badewanne, hat einen Zu- und einen Abfluß. Die zufließende Menge Q_{in} ist exogen bestimmt, ebenso wie die Größe der Abflußöffnung A. Die abfließende Menge Q_{out} ist eine Funktion der Größe der Abflußöffnung und des Wasserdrucks D. Der Wasserdruck ist eine Funktion der Höhe des Wasserstandes S im Gefäß. Das System ist im Gleichgewicht, wenn die zufließende

Menge gleich der abfließenden Menge ist. Das Gleichungssystem (2.4)–(2.8) beschreibt die Struktur des Systems im Gleichgewicht:

$$Q_{out} = Q_{in} \tag{2.4}$$
$$Q_{out} = \alpha A D \tag{2.5}$$
$$D = \beta S \tag{2.6}$$
$$Q_{in} = exogen \tag{2.7}$$
$$A = exogen \tag{2.8}$$

α und β sind positive, konstante Parameter. Die Anwendung der beschriebenen Methode kausalen Ordnens führt zu der in Abbildung 2.1 im Graphen dargestellten Ordnung auf den jeweils einelementigen minimalen, vollständigen Teilmengen.

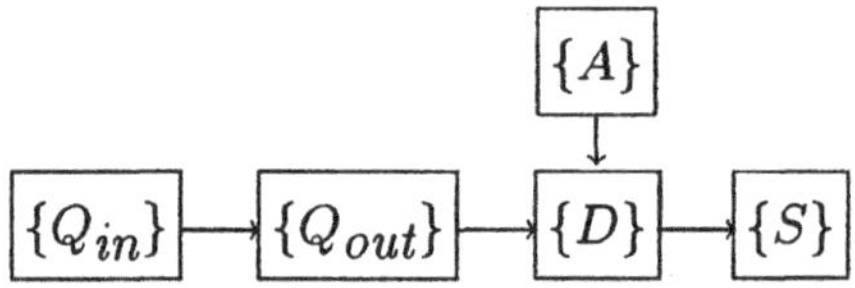

Abbildung 2.1: Kausale Ordnung des Modells (2.4)–(2.8)

In der kausalen Struktur des Modells wirkt die exogen bestimmte zufließende Menge direkt auf die abfließende Menge. Folgend wirkt die abfließende Menge auf den Druck, der wiederum den Wasserstand beeinflußt. Aus der Intuition heraus würde jedoch gerade eine umgekehrte kausale Wirkung erwartet werden: Auf eine Erhöhung des Wasserzuflusses folgte zunächst ein steigender Wasserstand, damit ein steigender Wasserdruck der letztlich zu einem erhöhten Wasserabfluß führen wird. Die intuitive kausale Ordnung des Modells ist in Abbildung 2.2 dargestellt. Die abgeleitete kausale Ordnung in Abbildung 2.1 widerspricht der Intuition.

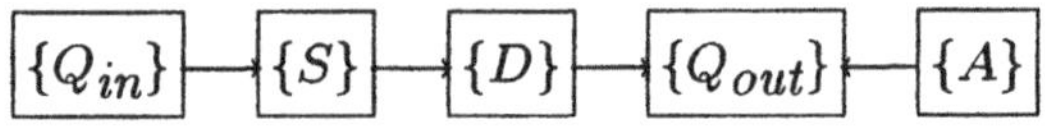

Abbildung 2.2: Intuitive kausale Ordnung des Modells (2.4)–(2.8)

Um zu erkennen, daß die dargestellten Zusammenhänge doch der kausalen Logik des Modells entsprechen, ist es zunächst wichtig zu berücksichtigen, daß das betrachtete Modell ein System im Gleichgewicht beschreibt.

Die Beschreibung enthält keine Spezifikation des Systemverhaltens im Ungleichgewicht. Das dynamische Verhalten des Systems nach einer exogenen Störung, wie dies eine Erhöhung des Wasserzuflusses wäre, wird nicht formuliert. Die Gleichungen, die einen gleichgewichtigen Zustand beschreiben, gelten nicht unbedingt im Ungleichgewicht. Falls das System stabil auf Störungen reagiert, werden die Gleichungen in einem neuen Gleichgewicht wieder gelten. Der Weg vom ursprünglichen zum neuen Gleichgewicht wird nicht beschrieben. Die Intuition, der die resultierende kausale Ordnung des Modells widerspricht, nutzt Wissen zum dynamischen Verhalten des Systems im Ungleichgewicht, das durch das Modell jedoch nicht beschrieben ist.

Dem entsprechend sind die ermittelten kausalen Zusammenhänge zu lesen: Nach einer Erhöhung des Wasserzuflusses muß der Wasserabfluß steigen, damit ein neues Gleichgewicht hergestellt werden kann. Der gestiegene Wasserabfluß kann nur durch einen steigenden Wasserdruck hervorgerufen werden, daher muß der Wasserdruck steigen, um wieder ein Gleichgewicht zu realisieren. Entsprechend ist ein erhöhter Wasserstand nötig, um den gestiegenen Wasserdruck zu ermöglichen. Der neue gleichgewichtige Wasserabfluß kann nicht kausal vom Wasserdruck abhängen, er ist unmittelbar durch den Wasserzufluß bestimmt. Der Weg in das Gleichgewicht wird nicht betrachtet. Betrachtet wird, wodurch die neuen Werte im Gleichgewicht bestimmt sind — das komparativ statische Verhalten des Systems. Die kausale Struktur, die aus der Betrachtung von zwei Ruhezuständen eines Systems resultiert, ohne Kenntnisse über das Systemverhalten außerhalb eines Ruheszustandes zu besitzen, wird als *teleologische* Kausalität bezeichnet, vergleiche bei Hicks [53], Seiten 5f.

2.2.2 Kausale Ordnung dynamischer Modellbeschreibung

Die kausale Ordnung bestimmt strukturelle Abhängigkeiten, die aus einer Modellbeschreibung abgeleitet werden können. Ein statisches Modell beschreibt den Gleichgewichtspunkt, den ein System (Stabilität vorausgesetzt) nach einer exogenen Störung annimmt, nicht aber wie dieser neue

Gleichgewichtspunkt erreicht wird. Ein dynamisches Modell enthält Informationen zum Systemverhalten in Ungleichgewichtssituationen, Rückwirkungen werden explizit gemacht. In dynamischen Modellen, schreibt somit Berndsen, „*the need to apply a causal ordering technique is not eliminated but restricted to the interdependent variables of the model originating from simultaneous equations.*“ [4], Seite 33.

Die Eigenschaften, die für ein rein dynamisches System, das als Differentialgleichungssystem beschrieben wird, lesen sich analog zu den oben für ein statisches Modell geforderten Eigenschaften:

- das System besteht aus n Differentialgleichungen mit n unbekannten Variablen,
- in jeder Teilmenge von k Gleichungen ($1 \leq k \leq n$) kommen die ersten Ableitungen von mindestens k verschiedenen Variablen vor,
- jedes Teilsystem mit k Gleichungen ($1 \leq k \leq n$) und m Ableitungen ($k \leq m \leq n$) ist für die Ableitungen von k Variablen eindeutig lösbar, wenn die Werte der verbleibenden m–k Ableitungen gegeben werden. ([61], Seite 156)

Ein Differentialgleichungssystem, das diesen Bedingungen genügt, ist in kanonischer Form als $\dot{X} = F(X)$ darstellbar, so daß in jeder Gleichung $\dot{x} = \frac{\partial x_i}{\partial t} = f_i(x_1, \ldots, x_n)$ nur eine Ableitung vorkommt und diese Ableitung auf der linken Seite der Gleichung steht. Es ist gesichert, daß kein Teilsystem über- oder unterdeterminiert ist. Die Eigenschaften sind für Differentialgleichungen erster Ordnung formuliert. Systeme höherer Ordnung müssen durch die Einführung von weiteren Systemvariablen in Systeme erster Ordnung transformiert werden. Für qualitative Modelle gilt wie oben, daß die dritte Eigenschaft, die nicht überprüft werden kann, gestrichen wird.

Jede Differentialgleichung im in kanonischer Form beschriebenen System wird als Mechanismus interpretiert. Der Mechanismus bestimmt die Änderung einer Variablen. Ihr neuer Wert ist eine Funktion der aktuellen Werte der Systemvariablen, die auf der rechten Seite der Gleichung vorkommen. x_i ist direkt kausal abhängig von den Variablen, die mit Koeffizienten ungleich Null in der Funktion f_i vorkommen. In diesem Sinne ist ein dynamisches

Modell ein kausal formuliertes Modell. Das kausale Ordnen der Variablen eines rein dynamischen, kausal formulierten Modells ist denkbar einfach, die kausalen Abhängigkeiten sind unmittelbar ablesbar.

Kausalität im Ungleichgewicht

Das System eines Gefäßes mit Wasserzu- und -abfluß habe ich oben als Beispiel für ein durch Gleichgewichtsbedingungen beschriebenes statisches System benutzt. Das dynamische Verhalten der einzelnen Variablen beschreibe ich nun, wiederum in Anlehnung an das Beispiel von Iwasaki und Simon, als einfache Tâtonnement–Prozesse. Die Änderung von Wasserabfluß $\dot{Q}_{out}$ und Wasserdruck $\dot{D}$ in der Zeit ist jeweils eine Funktion ihrer Entfernung vom Gleichgewicht. Morishima bezeichnet dies in ökonomischen Modellen als duale Anpassung, vergleiche [93]. Die Änderung des Wasserstandes $\dot{S}$ folgt aus der Differenz zwischen Wasserzu- und -abfluß. Die Änderungen von Wasserzufluß $\dot{Q}_{in}$ und der Größe der Abflußöffnung $\dot{A}$ in der Zeit sind exogen gegeben:

$$\dot{Q}_{out} = \gamma(\alpha A D - Q_{out}) \tag{2.9}$$
$$\dot{D} = \delta(\beta S - D) \tag{2.10}$$
$$\dot{S} = \zeta(Q_{in} - Q_{out}) \tag{2.11}$$
$$\dot{Q}_{in} = exogen \tag{2.12}$$
$$\dot{A} = exogen \tag{2.13}$$

α, β, γ, δ und ζ sind positive Parameter. Die kausale Struktur des Modells ist unmittelbar abzulesen: Wasserzufluß und die Größe der Abflußöffnung sind exogen bestimmt und von keinen anderen Systemvariablen kausal abhängig. Die Änderung des Wasserabflusses hängt ab von diesem selbst, dem Wasserdruck und der Größe der Abflußöffnung. Die Änderung des Wasserdrucks ist kausal von Wasserstand und aktuellem Wasserdruck abhängig. Der Wasserstand ändert sich mit Wasserzu- und -abfluß.

Iwasaki und Simon nehmen in ihrer graphischen Darstellung der kausalen Struktur des Modells für jede Variable x auch ihre Ableitung $\dot{x}$ auf. Von $\dot{x}$ zu x besteht jeweils eine Integrationsbeziehung, die sie durch $\dot{x} \xrightarrow{I} x$ kenntlich machen. In meiner Darstellung des Graphen fasse ich die Knoten

$\dot{x}$ und x zusammen. Die Integrationsbeziehungen sind definitorisch gegeben und können ohne weiteres aus der Abbildung entfernt werden. Die Rückwirkungen des Wasserabflusses und des Wasserdrucks auf ihre jeweilige Änderung fallen durch diese Aggregation allerdings auch weg. Der Unterschied zum Wasserstand, der keine Rückwirkung auf seine Änderung hat, ist nicht mehr erkennbar. Um aber nur die kausale Struktur des Systems zu zeigen, halte ich Rückwirkungen von bestimmten Variablen auf sich selbst zunächst nicht für erforderlich. Da Iwasaki und Simon autoregressive Prozesse der Form $\dot{x}_i = f(x_i)$ zu einer exogenen Variablen zusammenfassen, liegt meine etwas weitergehende Reduktion nicht allzuweit ab von ihrem Ansatz.

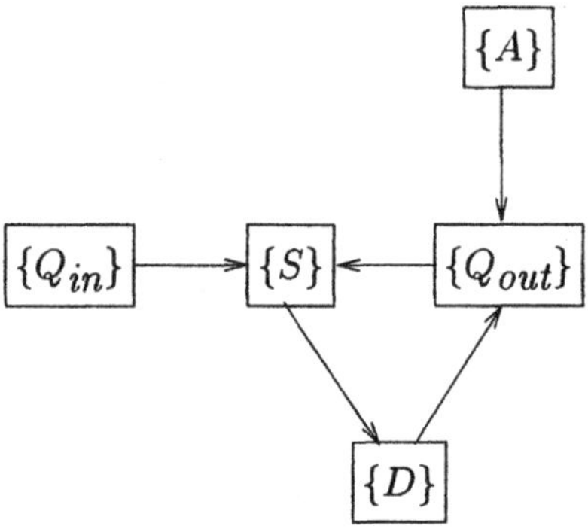

Abbildung 2.3: Kausale Ordnung des Modells (2.9)–(2.13)

Abbildung 2.3 zeigt die reduzierte kausale Struktur des Modells abgeleitet aus dem dynamischen Modell. Das dynamische Modell beschreibt das Verhalten des Systems in Ungleichgewichtssituationen. Die kausalen Abhängigkeiten entsprechen weitgehend der Intuition: Eine Erhöhung des Wasserzuflusses führt zunächst zu steigendem Wasserstand, der dann zu steigendem Wasserdruck führt. Der gestiegene Wasserdruck erhöht den Wasserabfluß, was wieder auf den Wasserstand zurückwirkt. Die Rückwirkung des erhöhten Wasserabflusses auf den Wasserstand war in der intuitiven kausalen Ordnung des Modells nicht enthalten. Diese Wirkung wird erst durch die dynamische Modellbeschreibung aufgedeckt. Aus rein dynamisch formulierten Modellen werden auch Rückwirkungszyklen kausal geordnet und abgebildet.

Iwasaki und Simon kommen jedoch, belegt durch andere Beispiele, zu dem Schluß, daß *„even though our original definition of dynamic causal ordering produces intuitive causal interpretations in many cases, the restriction that derivatives cannot be causes is not only unnecessary but can lead to counter–intuitive causal interpretations in many cases.“* [61], Seite 162. Die Manipulationen, die erforderlich sind, um das Differentialgleichungssystem in kanonische Form zu bringen, können zudem dazu führen, daß die resultierenden Gleichungen nicht mehr, wie erforderlich, konzeptionell abgrenzbare Mechanismen beschreiben. Aus diesen Gründen erweitern Iwasaki und Simon ihre Methode kausalen Ordnens auf gemischte Systeme.

Kausales Ordnen in gemischten Modellen

Ein gemischtes Modell besteht aus Differentialgleichungen erster Ordnung und Gleichgewichtsbedingungen. Iwasaki und Simon definieren ausgehend von einem solchen Modell ein erweitertes Gleichungssystem, das neben den Systemgleichungen der beschriebenen Art für jede Variable x, deren Ableitung $\dot{x}$ in einer der Gleichungen vorkommt, um eine Gleichung der Form $x = exogen$ ergänzt ist. Die Bedeutung des erweiterten Gleichungssystems ist die, daß zu einem bestimmten Zeitpunkt die Ableitung $\dot{x}$ einen neuen Wert erhält, dieser aber nicht zum selben Zeitpunkt zu einer Änderung der Variablen x führt. Es wird ein Zeitintervall zwischen die Ursache der Änderung eines Variablenwertes und die Wertänderung selbst gelegt. Das Verhalten des Systems spiegelt sich folgend in zwei Strukturen wider. Die Unterscheidung von Reaktionsgeschwindigkeiten ist die Überlegung, die zur Modellierung gemischter Systeme führt. Ein Mechanismus, der durch eine Gleichgewichtsbedingung beschrieben wird, reagiert sehr schnell. Unmittelbar wird in der durch diesen Mechanismus beschrieben Komponente wieder ein Gleichgewicht hergestellt: *„Equilibrating an equation asserts that the mechanism represented by the equation responds very quickly to a disturbance to restore equilibrium, so that the derivative of the dependent variable in the equation returns to zero very soon after each disturbance.“* [61], Seite 169. Differentialgleichungen bilden explizit zeitkonsumierende Mechanismen ab, die das eigentliche zu beobachtende Verhalten des Systems beschreiben. Im Vergleich sehr langsame Mechanismen, deren Wirkung über ein dem Zeitgranulat der Modellierung entsprechendem Zeitintervall vernachlässigbar ist, werden konstant gesetzt. Die solcherart beeinflußten Komponenten werden als exogen gegeben modelliert.

Die Methode kausalen Ordnens wird entsprechend in einem zweistufigen Verfahren ausgeführt. Zunächst wird die Methode kausalen Ordnens in statischen Modellen auf das erweiterte Gleichungssystem angewandt, wobei Variablen und ihre Ableitungen als verschiedene Variablen betrachtet werden. Im zweiten Schritt werden die Ableitungen durch eine Integrationsbeziehung mit der jeweils zugehörigen Variablen verknüpft. Eine Reduktion der kausalen Struktur, die Variablen und ihre Ableitungen zusammenfaßt, wie ich es oben dargestellt habe, kann sich anschließen.

Das gemischte Gleichungssystem (2.14)–(2.18) greift das obige Beispiel zur Kausalität in durch Gleichgewichtsbedingungen beschriebenen Modellen von Seite 30 wieder auf. Die Gleichgewichtsbedingung (2.4), die Gleichheit von Wasserzu- und -abfluß unterstellt, wird ersetzt durch die Beschreibung (2.14) des Systemverhaltens, in einer ungleichgewichtigen Situation. Alle anderen unterstellten Zusammenhänge bleiben bestehen. Für diese wird unterstellt, daß die beschriebenen Bedingungen bei einer Störung sofort wiederhergestellt werden. Die in den Gleichungen (2.15)–(2.18) abgebildeten Mechanismen reagieren schneller als der in (2.14) beschriebene Mechanismus.

$$\dot{S} = \zeta(Q_{out} - Q_{in}) \tag{2.14}$$

$$Q_{out} = \alpha A D \tag{2.15}$$

$$D = \beta S \tag{2.16}$$

$$Q_{in} = exogen \tag{2.17}$$

$$A = exogen \tag{2.18}$$

Die Anwendung der beschriebenen zweistufigen Methode kausalen Ordnens auf das gemischte Gleichungssystem erzeugt nach anschließender Zusammenfassung der Knoten $\dot{S}$ und S die gleiche kausale Struktur wie die oben in Abbildung 2.3 dargestellte, was die Aussage von Iwasaki und Simon, gemischte Modelle seien Abstraktionen dynamischer Modelle, nur unterstützt. *„Equilibrating generates an abstraction of a dynamic structure by ignoring the short-run dynamics within strongly interacting variables. Exo-*

genization does so by ignoring the very weak interactions that one variable has with others through a slow moving mechanism." [61], Seite 169.

Direkte und indirekte Wirkungen

Im Kontext qualitativen Schließens werden dynamische Wirkungen wie die, die in den gemischten Modellen von Iwasaki und Simon durch Differentialgleichungen ausgedrückt werden, als direkte Wirkungen bezeichnet. Ihnen wird ein zeitkonsumierender Mechanismus zugeordnet, der die resultierende Wertänderung der dynamisch abhängigen Variablen zum Ergebnis hat. Die sofort wirksamen, über nicht–kausale Beziehungen ausgedrückten Wirkungen sind dagegen indirekt. Sie beschreiben die unmittelbaren Folgewirkungen der direkten Wirkungen auf andere Komponenten.

Die Unterschiede in der Modellformulierung finden sich in den im folgenden Abschnitt und im anschließenden Kapitel dargestellten Ansätzen qualitativer Argumentation und Simulation wieder. Die Modelle, auf die die dort dargestellten Methoden angewandt werden, sind in der Regel gemischt. Mehr oder weniger stark wird zwischen direkter Wirkung einer Variablen oder eines Terms auf eine andere Variable und indirekter Wirkung über eine nicht–kausale Beziehung differenziert. Insbesondere Forbus [33] macht dies explizit, dessen Prozesse nichts anderes als Beschreibungen von Mechanismen sind, was ich im Abschnitt 3.1 weiter ausführe. Direkte Wirkungen beanspruchen explizit Zeit, Abhängigkeiten über funktionale Beziehungen werden sofort wirksam. Die während einer solchen indirekten Wirkung vergehende Zeit liegt unterhalb der betrachteten Granularität, was de Kleer und Brown [19] als mythische Zeitintervalle bezeichnen. Im Abschnitt 3.2 stelle ich dies näher dar.

2.3 Qualitative Argumentation

Die Methoden des qualitativen Schließens zielen darauf ab, das Verhalten eines komplexen Systems zu analysieren und zu erklären, ohne ein quantitatives Modell zu benutzen. Anlässe, diese Methoden anzuwenden, sind gegeben bei fehlenden oder unsicheren Daten, bei mangelnden Informationen über die tatsächlichen Zusammenhänge oder auch bei großer Komplexität des realen Systems. Mit dem Verzicht auf reale Daten ist ein Verlust an Präzision verbunden, der dazu führt, daß einander widersprechende Einflüsse nicht unmittelbar in ihrer Stärke vergleichbar sind und der resultierende Einfluß nicht immer zu bestimmen ist. Der resultierende Einfluß ist in einem solchen Fall mehrdeutig, er umfaßt die möglichen Ergebnisse der Summierung entgegengesetzter Einflüsse. Die auf der Methode qualitativer Simulation aufbauenden Ansätze im Kapitel 3 haben sich diesem Problem genauso zu stellen, wie die qualitative Mathematik, was ich in Kapitel 4 darstellen werde.

Farley [28] zeigt einen ganz anderen Weg auf, um mit widersprechenden Einflüssen umzugehen. Verkürzt ausgedrückt stellt Farley zunächst eine Hypothese (*claim*) auf und legt fest, auf welcher Seite die Beweislast (*burden of proof*) liegen soll: auf der Seite der Hypothesenannahme oder der -ablehnung. Dann sammelt er alle verfügbaren Argumente für und gegen die aufgestellte Hypothese und stellt sie gegeneinander. Starke Argumente dominieren schwächere und widerlegen sie damit. Die verbleibenden Argumente führen nach Regeln, die aus der Zuordnung der Beweislast resultierenden, schließlich zur Annahme oder zur Ablehung der Hypothese. Angewendet hat Farley seinen Ansatz zunächst im juristischen Kontext, vergleiche [29], was das von ihm verwendete juristische Vokabular erklärt.

Kausalität im qualitativen Netzwerk

Ausgangspunkt der qualitativen Argumentation ist ein, wie Farley es nennt, *qualitatives Netzwerk* bestehend aus einem gerichteten Graphen mit bewerteten Kanten verschiedenen Typs. Der Graph beschreibt die kausale Ordnung des betrachteten Systems. Die Knoten des Graphen repräsentieren die Variablen und Parameter des abgebildeten Systems. Eine Kante drückt eine kausale Beziehung zwischen zwei Variablen aus und ist mit einem Vorzeichen $\{+, -\}$ bewertet. Der Typ der Kante gibt die Stärke der Verbindung zweier Knoten an. Es gibt zwei Verbindungstypen: Eine starke (*strict* oder *always*) Verbindung zweier Knoten mit Variablen x und y, $x \stackrel{+}{\Longrightarrow} y$ beziehungsweise $x \stackrel{-}{\Longrightarrow} y$, bedeutet eine als sicher anzunehmende positive beziehungsweise negative Abhängigkeit der Variablen y von x. Starke Verbindungen repräsentieren die definitorischen Zusammenhänge des Modells. Eine schwache (*default* oder *usually*) Verbindung zweier Knoten, $x \stackrel{+}{\longrightarrow} y$ beziehungsweise $x \stackrel{-}{\longrightarrow} y$, kennzeichnet eine zu erwartetende aber nicht verläßliche Abhängigkeit der Variablen y von x. Schwache Verbindungen repräsentieren beobachtete aber unerklärte Zusammenhänge oder Tendenzen im Systemverhalten. Ein qualitatives Netzwerk entspricht als gerichteter Graph, der kausale Abhängigkeiten abbildet, den kausalen Abhängigkeitsgraphen von Iwasaki und Simon, die ich im vorstehenden Abschnitt dargestellt habe, ergänzt um Vorzeichen und Stärke der Verbindung.

Schwache Verbindungen sind als Relation nicht transitiv. Gilt $x \stackrel{+}{\longrightarrow} z$ und $z \stackrel{+}{\longrightarrow} y$ dann ist die Verbindung zwischen x und y bereits weniger stark, sie ist unsicher (*defeasible*), aber *„it is reasonable to believe that a change in x will result in a change in y in the indicated direction."* [28], Seite 90. Starke Verbindungen hingegen sind transitiv.

Das qualitative Netzwerk ist die Basis für die Analyse des Systemverhaltens in Reaktion auf exogen verursachte Parameteränderungen. Parameter haben keine anderen eingehenden Verbindungen im Netzwerk als eine Verbindung von außen, von einem Knoten, den Farley mit *INPUT* kennzeichnet. Die Verbindung vom Input–Knoten zum Parameter ist stark.

Qualitative Argumente

Ein *qualitatives Argument* ist ein gerichteter Pfad in einem qualitativen Netzwerk, der durch die Folge der Knoten auf diesem Pfad beschrieben wird. Ein gerichteter Pfad von x über z nach y entspricht einem Argument $P(x, z, y)$. Die Bedeutung eines Argumentes im Vergleich zu einem anderen ergibt sich aus der Bedeutung der Verbindungen zwischen den Knoten auf den jeweiligen Pfaden. Farley definiert *direkte* Argumente über eine direkte Verbindung zwischen zwei Knoten. Existiert eine starke (schwache), positive (negative) Verbindung von Knoten x zum Knoten y, dann ist ein Argument $P(x, \varepsilon, y)$ ein starkes (schwaches), positives (negatives) Argument. ε kennzeichnet eine leere Folge von weiteren Knoten auf dem Pfad von x nach y. Die Folge ist leer, weil eine direkte Verbindung von x nach y existiert. Farley folgend nehme ich die leere Folge ε, wenngleich unnötig, dennoch in die Beschreibung eines Argumentes auf, um deutlich zu machen, daß es sich um ein direktes Argument handelt. *Zusammengesetzte* Argumente sind zyklenfreie Pfade, die mehr als zwei Knoten enthalten. Argumente, deren Pfad von einem Input–Knoten ausgeht, sind *begründete* (*grounded*) Argumente, in dem Sinne, daß der Ausgangspunkt in einem systemexogenen Bereich begründet liegt. Die Richtung des Argumentes ergibt sich aus der Multiplikation der Vorzeichen der einzelnen direkten Verbindungen entlang des Pfades. Die relative Bedeutung oder Gewichtung des Argumentes resultiert aus dem oben Angesprochenen zur Transitivität der Gewichte von Verbindungen. „*Put simply, an argument path with one default link is of default strength; a path with more than one default link is of defeasible strength. A strict argument contains only strict links.*“ [28], Seite 91. Ich verzichte hier auf die Wiedergabe der 24 Detailregeln für zusammengesetzte Argumente.

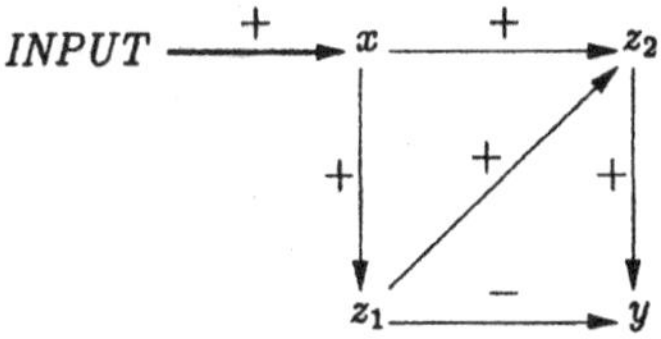

Abbildung 2.4: Qualitatives Netzwerk

Die Analyse des Systemverhaltens zielt auf die Bestimmung von Reaktionen einzelner Systemvariablen auf exogene Einflüsse. Beispielsweise ist bei der Analyse irgend eines Systems die Reaktion einer Variablen y auf eine von außen gegebene Änderung einer exogen gegebenen Variablen x von Interesse. In dem in Abbildung 2.4 dargestellten qualitativen Netzwerk des Systems[2], das auch Farley als Beispiel verwendet, kann es verschiedene Pfade und damit verschiedene begründete Argumente vom entsprechenden

[2]In der graphischen Darstellung des Netzwerkes sind die Kanten, die starke Verbindungen repräsentieren, durch dicker eingezeichnete Pfeile kenntlich gemacht. Die Kante vom Input–Knoten zum Knoten x ist entsprechend der Formulierung oben als $INPUT \stackrel{+}{\Longrightarrow} x$ zu lesen.

Input–Knoten zum Knoten y geben. Der Input–Knoten dient hier nur dazu, kenntlich zu machen, an welchem Knoten ein exogener Effekt zuerst wirksam wird, in Situationen, wo dies ohnehin deutlich ist, läßt Farley die Input–Knoten weg. Die Argumente können sich widersprechen:

$P_1(INPUT, x, z_1, y)$	unsicher, negativ
$P_2(INPUT, x, z_2, y)$	unsicher, positiv
$P_3(INPUT, x, z_1, z_2, y)$	unsicher, positiv

In diesem Beispiel gibt es drei Pfade vom Input–Knoten zum Knoten y, und damit drei begründete Argumente. Im qualitativen Netzwerk sind alle direkten Verbindungen schwach und positiv mit Ausnahme der direkten Verbindung von z_1 zu y, die schwach und negativ und der direkten Verbindung vom Input–Knoten zu x, die stark und positiv ist. Folglich hat nur das Argument P_1, das die direkte Verbindung von z_1 zu y im Pfad enthält, ein negatives Vorzeichen. Die Argumente P_2 und P_3 enthalten nur positive direkte Verbindungen und haben damit ein positives Vorzeichen. Alle Pfade enthalten mindestens zwei schwache direkte Verbindungen. Die drei Argumente sind entsprechend unsicher.

Abwägen der Argumente

Die Argumente stehen in einer *Konflikt–Beziehung.* Farley definiert einen direkten Konflikt zwischen zwei Argumenten, wenn sich zwei Argumente mit gleichen Start- und Endknoten im Vorzeichen unterscheiden. Damit stehen die Argumente P_1 und P_2, sowie P_1 und P_3 in der in Abbildung 2.4 als Beipiel beschriebenen Situation in direktem Konflikt. Allgemeiner stehen zwei Argumente in Konflikt, wenn ein Argument in direktem Konflikt zu einem Teilargument des anderen Argumentes steht. Ein Argument $P_4(z_1, \varepsilon, y)$, das ebenfalls aus dem Graphen ableitbar und ein Teilargument des Arguments P_1 ist, steht in direktem Konflikt zum Teilargument (z_1, z_2, y) des Argumentes P_3 und damit in Konflikt zu P_3.

Manche Argumente in einer Konflikt–Beziehung sind stärker als andere, sie können andere, schwächere Argumente zu Fall bringen (*defeat*). Um dies zu ermöglichen, definiert Farley „*a strict argument to be stronger than a default argument, which in turn is stronger than a defeasible argument.“* [28], Seite 91. Ein Argument $A(x, \pi_1, y)$ bringt ein Argument $B(\pi_2, x, \pi_3, y, \pi_4)$ zu Fall, wenn es von anderem Vorzeichen und größerer Stärke ist als das Teilargument (x, π_3, y) von B. Die π_i kennzeichnen beliebige Folgen von Knoten, die auch leer sein können. Im obigen Beispiel ist $P_4(z_1, \varepsilon, y)$ ein negatives, schwaches Argument. Der durch P_4 repräsentierte Pfad enthält nur zwei Knoten mit schwacher Verbindung. Die Verbindung ist negativ bewertet. Damit ist das Argument P_4 von anderem Vorzeichen und stärker als das positive, unsichere Teilargument (z_1, z_2, y) von P_3, zu dem P_4 in direktem Konflikt steht. Das Pfad des Teilarguments (z_1, z_2, y) enthält zwei schwache, positive Verbindungen. Wegen der Nichttranisitivität schwacher Verbindungen ist das Teilargument unsicher. P_4 bringt somit P_3 zu Fall. Es verbleiben P_1 und P_2 als begründete Argumente in direktem Konflikt.

Nach Farley ist ein Argument nachdem es zu Fall gebracht wurde noch nicht ultimativ zu Fall gebracht. In bestimmten Situationen kann ein zu Fall gebrachtes Argument wieder hergestellt werden, vergleiche Farley [28], Seiten 91f. Für die Anwendungsbeispiele in meiner Arbeit ist diese Erweiterung jedoch nicht relevant, weshalb ich auf deren Darstellung verzichte. Ich betrachte im folgenden jedes zu Fall gebrachte Argument als ultimativ zu Fall gebracht.

Beweislast und Beweiskraft

Eine Hypothese, die aufgestellt wird, beschreibt eine bestimmte Reaktion einer Variablen auf Wertänderungen anderer Variablen oder auf exogene Einflüsse. Jedes begründete Argument $P(INPUT, \pi, y)$ unterstützt entweder die Hypothese, daß y positiv oder daß y negativ auf den gegebenen exogenen Einfluß reagiert. Um zu bestimmen, ob eine qualitative Hypothese letztlich angenommen oder abgelehnt wird, ist zu entscheiden, welche Art von Fehler eher akzeptiert werden kann. Die eine Fehlerart ist die fälschliche Annahme einer Hypothese, die andere ist eine fälschliche Ablehnung einer Hypothese. Je nach Situation ist der eine Fehler schwerwiegender, hat also schwerwiegendere Konsequenzen als der andere. Entsprechend kann die

Beweislast auf Seite der Annahme oder der Ablehung der Hypothese angesiedelt werden. Die Beweislast ist somit ein zu setzender Parameter des Argumentationsprozesses. Farley greift hier wieder auf die Analogie zum juristischen Kontext zurück. Die Beweislast kann sich zwischen den Stufen eines Entscheidungsprozesses verschieben. Argumente, die ausreichen um Anklage zu erheben, reichen nicht unbedingt zu einer Verurteilung aus. Die erste Fehlerart, ein fälschlicher Schuldspruch, wird als gravierender angesehen, und die Beweislast liegt folglich auf Seiten der Anklage. Auf ökonomische Entscheidungsprozesse übertragen gilt es beispielsweise zunächst, Investitionsprojekte überhaupt in Erwägung zu ziehen um in einer späteren Phase zu entscheiden, ob ein solches umgesetzt werden wird. Die Beweislast wäre auf der Seite anzusiedeln, die schwerwiegendere Folgen für das Unternehmen, wie Zahlungsunfähigkeit, nach sich ziehen kann. In bestimmten Situationen müssen gute Gründe für eine Hypothese sprechen, damit sie angenommen wird, wenn das Risiko einer fälschlichen Annahme hoch ist. In anderen Situationen müssen gute Gründe gegen eine Hypothese sprechen, um sie abzulehnen, wenn die Annahme einer Hypothese (oder eines Investitionsprojektes) interessante Möglichkeiten birgt, die fälschliche Annahme aber mit wenig Risiko verbunden ist.

Bezüglich der Beweislast sind zwei Aspekte zu betrachten. Zunächst ist, wie dargestellt, die Seite, auf der die Beweislast liegen soll, festzulegen. Zum anderen ist zu entscheiden, wie stark die Beweise für die Annahme einer Hypothese sein müssen. Die Stärke eines Beweises basiert auf der Unterscheidung zwischen *verteidigenden* und *rechtfertigenden* Argumenten. Ein verteidigendes Argument ist ein Argument, das nicht durch ein anderes Argument ultimativ zu Fall gebracht ist. Ein rechtfertigendes Argument ist ein verteidigendes Argument mit der Eigenschaft, daß alle Argumente, mit denen dieses Argument in Konflikt stand, ultimativ zu Fall gebracht sind. Farley gibt drei Niveaus von Beweiskraft an. Das schwächste Niveau ist der

Anschein eines Beweises (*scintilla of evidence*), wenn ein verteidigendes Argument die Hypothese unterstützt. Dies bedeutet, daß es Argumente für die Hypothese gibt, die nicht widerlegt worden sind. Auf der Gegenseite würden nur Argumente betrachtet, die die Hypothese unterstützende Argumente zu Fall bringen. Argumente, die gegen die

Hypothese sprechen, aber von gleicher Stärke sind, werden nicht betrachtet, unabhängig davon, wieviele es davon gibt. Innerhalb dieses Beweisniveaus können folglich die Hypothese und die entsprechende Antithese angenommen werden. Ein

Übergewicht an Beweis (*preponderance of evidence*) ist das nächsthöhere Niveau der Beweiskraft. Es besteht ein die Hypothese unterstützendes Übergewicht, wenn mehr verteidigende Argumente für die Annahme der Hypothese sprechen als gegen sie. Wenn hier die Gegenseite ein Argument findet, das gegen die Hypothese spricht, kann dies nicht ignoriert werden, auch wenn es das die Hypothese stützende Argument nicht zu Fall bringt. Das Argument der Gegenseite muß zu Fall gebracht oder durch ein weiteres die Hypothese stützendes Argument gleicher Stärke aufgewogen werden. Das höchste Niveau an Beweiskraft ist gegeben bei

Dialektischer Richtigkeit (*dialectical validity*), wenn die Hypothese durch ein rechtfertigendes Argument gestützt wird. Hier gibt es nun kein Argument gleich welcher Stärke, das gegen die Hypothese spricht und nicht zu Fall gebracht ist.

Eine Argumentation dialektischer Richtigkeit ist freilich nicht im mathematischen Sinne beweisbar richtig. Aus dem qualitativen Netzwerk ist kein Gegenargument gegen die Hypothese abzuleiten, was dennoch nicht bedeuten muß, daß es kein Gegenargument gibt. Falls ein Algorithmus alle möglichen, nach Farley zulässigen Argumente aus dem qualitativen Netzwerk generiert und die Argumentation für eine Hypothese nach Analyse all dieser Argumente dialektisch richtig ist, kann die Argumentation dennoch zu zweifelhaften Schlüssen führen, wie ich im Abschnitt 6.2 an Farleys eigenem Beispiel eines ökonomischen Modells zeigen werde.

Qualitative Argumentation im Beispiel

Zur Verdeutlichung des Ansatzes werde ich ein weiteres Beispiel aus Farleys Arbeit verwenden. Die Methode qualitativer Argumentation unter gesetzter Beweislast stelle ich anhand des Beispiels nochmals dar. Das qualitative Netzwerk in Abbildung 2.5 beschreibt Pfade von einem Input–Knoten über den durch den Input bestimmten, exogen gegebenen Parameter x zu einem Knoten y. Auf y kann nun ein gegebener (positiver) Input positiv oder negativ wirken. Entsprechende Hypothesen werden aufgestellt. Mit H_+ (H_-) will ich die Hypothese dafür benennen, daß eine exogene Änderung zu einer positiven (negativen) Auswirkung auf y führt.

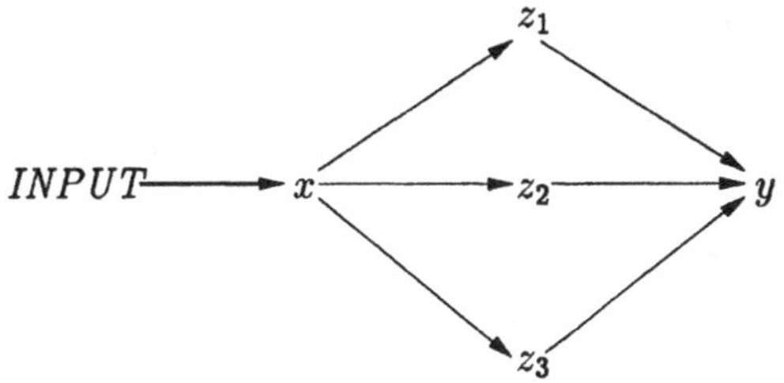

Abbildung 2.5: Qualitatives Netzwerk des Beispiels

Die beschriebene Situation ist nicht eindeutig. Es gibt drei Pfade vom Input–Knoten zum Knoten y. Die drei Pfade umfassen jeweils vier Knoten. Alle gegebenen Kanten repräsentieren schwache Verbindungen. Es lassen sich demzufolge drei begründete unsichere Argumente ableiten:

$P_1(INPUT, x, z_1, y)$	unsicher, negativ
$P_2(INPUT, x, z_2, y)$	unsicher, positiv
$P_3(INPUT, x, z_3, y)$	unsicher, positiv

Alle Argumente sind verteidigende Argumente, die im dargestellten Netzwerk von keinem anderen Argument zu Fall gebracht werden können. Das Argument P_1 ist negativ, stützt also die Hypothese H_-, eine exogene Änderung von x wirke sich negativ auf y aus. Die Argumente P_2 und P_3 sind positiv, widersprechen damit P_1 und stützen die Hypothese H_+, y reagiere positiv auf eine Änderung von x.

H_- kann unter dem Anschein eines Beweises akzeptiert werden. Liegt die Beweislast auf seiten der Ablehnung von H_-, müßte diese ein Argument finden, das P_1 zu Fall bringt. Ein solches Argument gibt es im dargestellten Graphen nicht. Obwohl P_1 mit zwei anderen Argumenten in Konflikt steht, wird H_- akzeptiert, wenn der Anschein eines Beweises ausreicht, wenn also eine fälschliche Ablehung der Hypothese schwerer wiegt als eine fälschliche Annahme.

Für H_+ sprechen zwei Argumente, und nur ein Argument spricht gegen diese Hypothese. H_+ würde also wegen Übergewicht der Beweise für H_+ akzeptiert. Das Gegenargument P_1 kann zwar nicht zu Fall gebracht werden, doch sprechen mehr Argumente für H_+ als dagegen.

Eine Modifikation einer Verbindung auf einem Pfad zwischen x und y ändert die beschriebene mehrdeutige Situation. Wird eine der schwachen Verbindungen in eine starke umgewandelt, dann repräsentiert der Pfad, der diese starke direkte Verbindung zweier Knoten enthält, ein schwaches Argument, das die anderen dominiert: Das schwache Argument ist damit stärker als die beiden anderen unsicheren Argumente und bringt Argumente, mit denen es in Konflikt steht, zu Fall. Ist beispielsweise die Verbindung zwischen x und z_1 stark, so wird P_1 zu einem schwachen, negativen Argument. Beide unsicheren, positiven Argumente würden zu Fall gebracht. P_1 ist ein rechtfertigendes Argument. Die Hypothese H_- wird mit dialektischer Richtigkeit angenommen, und die Hypothese H_+, für die kein verteidigendes Argument mehr spricht, wird abgelehnt.

Kapitel 3

Qualitative Modellierung und qualitative Simulation

Der Mensch hat ein intuitives Verständnis physikalischer Zusammenhänge. Ein Bleistift, den ich über meinem Schreibtisch fallenlasse, wird hinunter auf den Schreibtisch fallen, (um dann vielleicht auf meinem Schreibtisch für einige Zeit verloren zu gehen). Zwar könnte man das Fallen dieses Bleistiftes aus den Parametern der Umgebung, der Fallbeschleunigung verursacht durch die Gravitationskraft, der Fallhöhe oder dem Gewicht des Bleistiftes, auch berechnen. Für die Vorhersage, daß der Bleistift letztlich auf den Schreibtisch fallen wird, ist dies aber unnötig. Für mich wird sich der Bleistift in drei *qualitativen Zuständen* befinden. Zunächst („in meiner Hand", „fest"), dann („zwischen meiner Hand und der Schreibtischoberfläche", „fallend") und schließlich („auf dem Schreibtisch", „ruhig"). Daneben weiß ich, daß ständig die Kraft der Erdanziehung auf den Bleistift wirkt, daß er also, wenn ihm kein Widerstand entgegengesetzt ist, nach unten fallen wird. In das Intervall „über meiner Hand" kann der Bleistift in diesem Kontext nicht kommen. Wie das Fallen tatsächlich passiert, ist unerheblich. Für den qualitativen Schluß reichen die angegebenen Informationen aus.

Ganz ähnlich lassen sich auch kompliziertere physikalische Vorgänge erfassen, ohne daß dazu ein detailliertes Verständnis der tatsächlichen Zusammenhänge nötig wäre. Dague zitiert in diesem Zusammenhang Thom [131], der erkannte, *„that even when humans think quantitatively they rarely go into arithmetic: results are always qualitative, which is much more appropriate for every day actions than real numbers.“* [17], Seite 119.

Der Ansatz des qualitativen Schließens ist ursprünglich ein Versuch, dieses Verständnis zu erklären und es für die künstliche Intelligenz nutzbar zu machen. Computer sollen in die Lage versetzt werden, auch in solchen Situationen zu Ergebnissen zu kommen, in denen notwendige Informationen zur Berechnung des Ergebnisses fehlen oder im entgegengesetzten Fall die schiere Masse der Daten eine konventionelle Berechnung des gefragten Ergebnisses unmöglich macht.

Mittlerweile hat das Interesse der Forscher aus der künstlichen Intelligenz am qualitativen Ansatz Forscher ganz anderer Gebiete dazu bewogen, die resultierenden Techniken und Methoden für ihre Zwecke zu nutzen, ohne sich weiter um das ursprüngliche Ziel der Forschung in der künstlichen Intelligenz zu kümmern. In vielen Anwendungsgebieten gibt es allerdings neben den qualitativen Informationen ein mehr oder weniger umfangreiches quantitatives Datenmaterial, beispielsweise in der Steuerung technischer Systeme, das zur Analyse auch herangezogen werden soll, wo es doch schon einmal verfügbar ist. Dies erklärt die dort vernünftige Tendenz, qualitative und quantitative Methoden zu integrieren und hybride Ansätze zu entwickeln, und es erklärt auch, warum das qualitative Schließen sich immer weiter von ursprünglichen Problemstellungen wie der qualitativen Physik entfernt. Das Pionierfeld der *Naive Physics*, der qualitativen Beschreibung physikalischer Systeme, und des *Commonsense Reasoning*, der Adaption menschlichen Schließens auf Basis unvollständiger, qualitativer Information, wurde mit der Konzentration auf technische Analyse und Steuerung physikalischer Systeme nach und nach verlassen. Die 1984 erschienenen Arbeiten von de Kleer und Brown, Forbus sowie Kuipers zu qualitativer Modellierung und Simulation widmen sich bereits vornehmlich deren Anwendung auf die Analyse und Steuerung physikalisch technischer Systeme.

Eine Systemdarstellung im Sinne des qualitativen Schließens erreicht einen Abstraktionsgrad, der die Zahl der möglichen Systemzustände und Zustandsübergänge drastisch reduziert. Dennoch soll das Systemverhalten in der Simulation qualitativ korrekt wiedergegeben werden. *„Die Idee der* *qualitativen Simulation besteht darin, die Strukturbeschreibung so weit zu vereinfachen, daß einfache algebraische Techniken benutzt werden können und trotzdem die qualitativ wichtigen Zustandsübergänge herleitbar sind"*, schreibt dazu Puppe [112], Seite 102. Ich halte es für wichtig, festzuhalten, daß das oben im Abschnitt 1.2 im Hinblick auf problemstellungsverändernde Vereinfachungen bei der Anwendung mathematischer Methoden gesagte, hier in zum mindesten gleichen oder eher stärkeren Maße zutrifft. Das Abstraktionsniveau einer solchen qualitativen Darstellung ist höher als das einer mathematisch formalen Darstellung. Überprüfbar zu sichern, daß alle *„qualitativ wichtigen Zustandsübergänge herleitbar sind"*, ist bislang nicht völlig zufriedenstellend gelungen.[1]

Eine Methode, die alle qualitativ wichtigen Zustandsübergänge herleitet und jeden erreichbaren Zustand eines Systems darstellt, ist bei Betrachtung hinreichend komplexer Systeme nicht unproblematisch. Typischerweise ist eine sich weit verzweigende Simulation zu verfolgen, da aus den meisten Systemzuständen heraus eine ganze Anzahl von Folgezuständen möglich ist. *„Bei umfangreicheren Problemstellungen kann aus diesem Grund eine* kombinatorische Explosion *der möglichen Folgeepisoden auftreten, die praktisch nicht mehr handhabbar ist"*, so Page [103], Seite 244.

Drei grundlegende vornehmlich dynamische, in ihrer Modellbeschreibung zunächst nicht–kausale Ansätze qualitativen Schließens sind aus der Historie heraus zu unterscheiden, die jeweils verschiedene Sichten auf ein physikalisches System umsetzen: der prozeßorientierte Ansatz von Forbus [33], der komponentenorientierte Ansatz von de Kleer und Brown [19] und der bedingungsorientierte Ansatz von Kuipers [69]. Jeder dieser Ansätze analysiert das betrachtete System durch qualitative Simulation. Die Ansätze bilden die Grundlage weitergehender Forschung im qualitativen Schließen der vergangenen Jahre seit 1984. Sie definieren einen Rahmen, in dem das qualitative Verhalten eines Systems beschrieben und simuliert werden kann. Einen umfassenden Überblick hierüber zeigt Iwasaki [57]. Darüber hinaus bieten fast alle Arbeiten zum qualitativen Schließen, deren Um-

[1] Den Aussagen, die von bestimmten Forschern aus Forschungsgebieten der künstlichen Intelligenz zu hören sind, zum Trotz, ist etwas, das aus dem Bereich der künstlichen Intelligenz kommt und neu ist, noch lange nicht notwendigerweise besser als lang Bekanntes.

fang über wenige Seiten hinausgeht, eine vergleichende Darstellung dieser Ansätze. Auch für meine Arbeit sind diese Ansätze grundlegend, weshalb auch ich sie zumindest knapp darstelle, um ihren Einsatz in der Analyse ökonomischer Modelle beurteilen zu können. Durch meine Darstellung der Ansätze werde ich den späteren Vergleich erleichtern, indem ich mich bei der Betrachtung jedes Ansatzes auf die fünf interessantesten Aspekte beschränke:

- Variablen und Wertebereiche,
- Beschreibung eines Systems,
- Qualitative Simulation des Systemverhaltens,
- Kausalität und
- Zeit.

Qualitative Modellierung und die Verhaltensanalyse über qualitative Simulation stelle ich jeweils kurz an einem vergleichsweise einfachen Beispiel zweier durch ein Rohr verbundener Wassertanks dar. Das reale System ist in Abbildung 3.1 (aus Kuipers [74], Seite 17) skizziert. In Abschnitt 6.3.3, in dem ich die Potentiale der Anwendung qualitativer Simulation in der Analyse ökonomischer Modelle beschreibe, skizziere ich die Anwendung der Ansätze anhand ökonomischer Modelle.

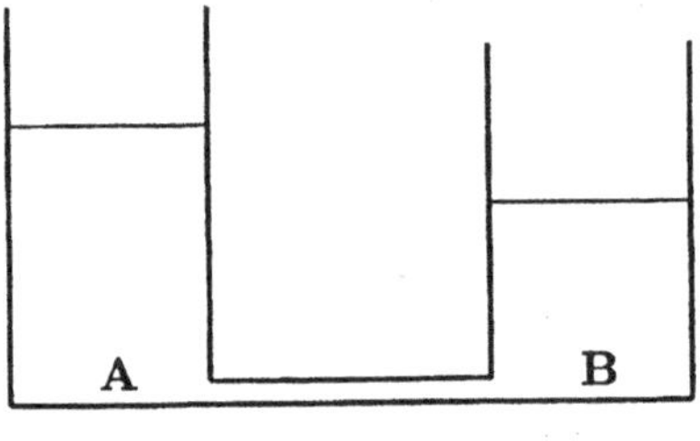

Abbildung 3.1: Tank A und Tank B verbunden durch ein Rohr

Die Möglichkeiten, aussagekräftige qualitative Schlüsse zu ziehen, sind in den Ansätzen, die ich in den Abschnitten 3.1 bis 3.4 beschreibe, durch die Beschreibung qualitativer Wertebereiche beschränkt. In Abschnitt 3.5 dieses Kapitels beschreibe ich erweiterte Konzepte, um qualitative Werte zu definieren.

3.1 Das System in interagierenden Prozessen

Der prozeßorientierte Ansatz qualitativen Schließens, die *Qualitative Process Theory (QPT)* von Forbus, beschreibt Systeme über Prozesse. Diese agieren auf den technischen Komponenten eines physikalischen oder den Variablen eines ökonomischen Systems, die Forbus als *Individuen* bezeichnet. Ein Prozeß ist eine kausale Beschreibung eines Mechanismus. Sein Mechanismusbegriff deckt sich mit dem von Iwasaki und Simon, den ich im Abschnitt 2.2.2 beschrieben habe. Sind die für ihn angegebenen Vorbedingungen erfüllt, wird ganz analog zur prozeßorientierten diskreten Simulation (vergleiche unten in Abschnitt 5.3) ein Prozeß aktiv und der durch ihn beschriebene Mechanismus wirksam. Die Variablen, auf die sich der Mechanismus auswirkt, ändern ihren Wert. Ein Modell, das ausschließlich über Prozesse beschrieben ist, entspricht einem dynamischen Modell wie es ebenfalls Iwasaki und Simon darstellen (vergleiche Abschnitt 2.2.2), auch wenn die Möglichkeiten der Beschreibung eines Mechanismus durch einen Prozeß weitergehen als eine Beschreibung durch eine Differentialgleichung.

Im Unterschied zu den beiden folgend dargestellten Ansätzen von de Kleer und Brown sowie von Kuipers ist Forbus stärker interessiert an der Weiterverfolgung der Idee der naiven Physik, wie sie Hayes [51, 52] darstellt. Forbus bleibt jedoch nicht bei der Systembeschreibung, sondern erweitert diese um dynamische Analyse.

Variablen und Wertebereiche

Bei Forbus repräsentiert ein Wert einer Variablen eine differenzierbare Funktion mit einem Funktionswert und einer Ableitung. Beide werden durch ein Vorzeichen und einen Wert auf einer ordinalen Skala beschrieben. Die ordinalen Werte sind partiell geordnet. Zwei Punkte in diesem Wertebereich sind Nachbarn, wenn in der Ordnung kein Element zwischen diesen beiden bekannt ist. Die Beschreibung der Wertemenge ist Teil der Systemmodellierung. In einfachen Modellen wird mit der Wertemenge $\{-, 0, +\}$ als ordinaler Werteskala gearbeitet, die nur zwischen negativen und positiven Werten sowie der Null unterscheidet. Ein Größenvergleich qualitativer

Werte ist je nach gegebener Wertemenge möglich. Das Vorzeichen einer Summe qualitativer Werte ist unter Zuhilfenahme des Größenvergleichs bestimmt, so die dafür notwendigen Informationen verfügbar sind. Abbildung 3.2 stellt in Matrixform das Vorzeichen des Ergebnises der Addition zweier Variablen x und y dar (vergleiche [33], Seite 97). Die Vorbedingungen eines Prozesses sind Bedingungen bezüglich solcher Variablenwerte.

$x+y$	$-$	0	$+$
$-$	$-$	$-$	•
0	$-$	0	$+$
$+$	•	$+$	$+$

•: *falls $x > y$ dann Vorzeichen von x*
falls $x < y$ dann Vorzeichen von y
falls $x = y$ dann 0

Abbildung 3.2: Vorzeichen einer Summe qualitativer Werte

Beschreibung eines Systems

Prozesse sind nach Forbus *„the analog of the differential equations used to describe the dynamics of the system“* [33], Seite 88. Damit beschreibt ein Prozeß einen *Mechanismus*, wie ihn Iwasaki und Simon [61] verstehen. Ein Mechanismus bezieht sich auf einen bestimmten konzeptionell abgrenzbaren Teil und beschreibt dessen Funktionsweise. Mechanismen sind demnach soviel wie Gesetze, die physikalische Vorgänge beschreiben. Mithin beschreiben sie Komponenten, die sich entsprechend dieser Gesetze verhalten. Im ökonomischen Kontext werden Gleichungen, die solche Mechanismen beschreiben, als strukturelle Gleichungen bezeichnet. Die Variablen, die in einer solchen Gleichung auftauchen, sind die Größen, deren Entwicklung den Mechanismus auslöst, beziehungsweise die durch den Mechanismus kontrolliert und beeinflußt werden.

Ein darzustellender Mechanismus wird über funktionale Beziehungen zwischen Variablen und direkten Wirkungen auf Variablen des Systems dargestellt. Eine direkte Wirkung wird durch einen Prozeß beschrieben und durch einen aktiven Prozeß, dessen Vorbedingungen erfüllt sind, ausgelöst. Ein Variablenwert ändert sich entweder auf Grund einer solchen direkten Wirkung oder in Folge einer Änderung einer anderen Variablen über eine funktionale Beziehung, die zwischen dieser Variablen und der betreffenden besteht, was Forbus als indirekte Wirkung bezeichnet: *„One quantity indirectly influences another if the second quantity is qualitatively proportional to the first. A process indirectly influences a quantity Q_1 if it directly influences some quantity Q_2 which in turn indirectly influences Q_1."* [33], Seite 108. Funktionale Beziehungen, die Forbus auch als qualitative Proportionalitäten bezeichnet, spezifizieren kontextfreie Zusammenhänge. Sie gelten ohne Vorbedingungen, ohne Betrachtung von Systemkomponenten, die nicht unmittelbar Teil der Beziehung sind. Beispielsweise wirkt in einem Marktprozeß der Preis auf die Produktionsmenge. Die Änderung der Produktionsmenge bewirkt über eine funktionale Beziehung eine Änderung der Überschußnachfrage. Indirekte Wirkungen greifen unmittelbar, während direkte Wirkungen Zeit beanspruchen. Für die Modellierung bedeutet dies, daß vergleichsweise langsame Wirkungen durch einen Prozeß und schnelle Wirkungen durch eine funktionale Beziehung beschrieben werden. Iwasaki und Simon begründen auf gleiche Weise den Unterscheid zwischen Differentialgleichungen und Gleichgewichtsbedingungen in gemischten Modellen (vergleiche wiederum Abschnitt 2.2.2).

Direkte und indirekte Wirkungen beschreiben die Ursachen von Änderungen in den Variablenwerten, *„Influences specify what can cause a quantity to change."* [33], Seite 108. Eine direkte Wirkung einer Variablen x auf eine Variable y kann durch eine Funktion f beschrieben werden, die die Änderung von y in der Zeit beschreibt: $\frac{dy}{dt} = f(\ldots, x, \ldots)$ mit $\frac{\partial f}{\partial x} \neq 0$.

Zwei Variablen können sich nicht gegenseitig indirekt beeinflussen. Eine Situation der Art:

$$y = f_1(\ldots, x, \ldots) \quad x = f_2(\ldots, y, \ldots) \tag{3.1}$$

ist nicht erlaubt. Die Situation beschreibt eine Rückwirkung. Forbus fordert, daß die Menge der qualitativen Proportionalitäten rückwirkungsfrei zu sein hat. Rückwirkungen werden durch Einfügung eines direkten Einflusses gelöst:

$$y = f_1(\ldots, x, \ldots) \quad \frac{dx}{dt} = f_2(\ldots, y, \ldots) \tag{3.2}$$

Der Ansatz von Forbus zählt zu den nicht-kausalen Ansätzen, auch wenn er ausdrücklich von direkten und indirekten Wirkungen spricht. Eine Beschreibung eines Systems im Rahmen der qualitativen Prozeß–Theorie von Forbus umfaßt Prozesse mit klar kausaler Semantik und nicht–kausale qualitative Proportionalitäten. Sie legt damit freilich bereits die Basis für eine insgesamt kausale Betrachtung des Modells. Während der Modellierung einer Wirkung wird die explizite Richtung im kausalen Sinne jedoch nicht spezifiziert. Eine kausale Sicht resultiert aus der Analyse des Verhaltens eines Systems.

Qualitative Simulation des Systemverhaltens

Forbus zentrale Annahme ist die *Sole mechanism* Annahme: „*All changes in physical systems are caused directly or indirectly by processes.*" oder andersherum formuliert „*This means processes are ultimately the cause of all dynamical changes in the model.*" [35], Seite 228. Aus dieser Annahme heraus leitet Forbus die qualitative Simulation eines Systems ab.

Zur Propagation eines exogenen Effektes durch ein System entwickelt Forbus in [35] mit der *Qualitative Process Engine (QPE)* ein Werkzeug für seine Methode qualitativer Simulation. Über die Geschlossenheits–Annahme (*Closed World Assumption*) wird angenommen, alle auf eine bestimmte Variable wirkenden Kräfte seien bekannt.[2] Die Annahme wird benötigt, um Beschreibungen von einzelnen, isoliert betrachteten Prozessen zu einem vollständigen Bild des Systems zu vereinen. Alle auf eine Variable wirkenden Einflüsse müssen bekannt sein, um eine Aussage über deren Verhalten treffen zu können. Das Verhalten der Variablen wird folgend beschrieben, indem alle möglichen Einflußkombinationen und deren resultierende Wirkungen in entsprechenden Abhängigkeitstabellen (*Closed World Tables*) dargestellt werden. Nicht eindeutige Wirkungen bleiben offen und werden erst zur Laufzeit der Simulation durch Größenvergleich der widersprechenden Einflüsse bestimmt. Sind Widersprüche nicht aufzulösen, dann werden gegebenenfalls alternative Entwicklungen simuliert. In ungünstigen Fällen läßt dies wegen kombinatorischer Explosion der Zahl der Alternativen eine

[2]Forbus bringt zur Motivation der Annahme eine schöne Analogie: „*Closed world assumptions are ubiquitous in problem solving. A detective must figure out who had access to a bank account to solve a case of embezzlement.*" [35], Seite 223.

Simulation des Systemverhaltens rasch unmöglich werden. In der qualitativen Prozeß–Maschine gibt es zur Lösung dieses Problems verschiedene Arbeitsmodi, die jeweils durch entsprechend getroffene Annahmen die Zahl der Alternativen reduzieren können. Ich verweise den an Details interessierten Leser auf [35] oder [139].

Das dynamische Verhalten eines Systems wird schließlich beschrieben durch die Entwicklung von Variablenwerten, die Angabe, welche Prozesse wann aktiv werden, und die Sequenz von Prozessen, die auf eine Variable wirken.

Wirkungen, die aus Einflußkombinationen resultieren, sind wie bereits angesprochen nicht immer widerspruchsfrei. Die tatsächliche Konsequenz einer direkten Wirkung ist deshalb kontextabhängig und ist nicht a priori zu bestimmen. Auf eine Variable können verschiedene Prozesse direkt wirken. Die Änderung der Variablen ist dann gleich der Summe solcher direkten Einflüsse, wenn alle Einflüsse positiv oder alle Einflüsse negativ sind. Ist eine Variable sowohl positiv als auch negativ direkt beeinflußt, kann gegebenenfalls mittels eines Größenvergleichs, wie in Abbildung 3.2, das Vorzeichen des resultierenden Effekts bestimmt werden. Ist der Größenvergleich nicht eindeutig, sind beide Möglichkeiten weiterzuverfolgen.

Analog zu den direkten Wirkungen auf eine Variable kann es auch widersprechende indirekte Wirkungen geben, wenn beispielsweise eine Variable $x = f(\ldots, y, \ldots, z, \ldots)$ indirekt durch y positiv beeinflußt wird, $\frac{\partial f}{\partial y} > 0$, und zeitgleich indirekt durch z negativ beeinflußt wird, $\frac{\partial f}{\partial z} < 0$. Da keine Informationen über die tatsächliche Funktion f gegeben sind, ist ein einfacher Größenvergleich der entgegen wirkenden Einflüsse grundsätzlich nicht möglich.

Indirekte Wirkungen werden durch symmetrische, qualitative Proportionalitäten beschrieben. Ändert eine direkte Wirkung im Simulationsalgorithmus den Wert einer Variablen, die in einer solchen Proportionalität vorkommt, bewirkt die indirekte Wirkung gerade die Wiederherstellung der Proportionalität zwischen den beiden Termen. Der Effekt der direkten Wirkung wird durch die Menge der betroffenen qualitativen Proportionalitäten *propagiert*, was nichts anderes bedeutet als daß schrittweise eine neue Lösung des durch die qualitativen Proportionalitäten gegebenen Gleichungssystems gefunden wird. Dies ist ohne Aufwand möglich, da Rückwirkungen in den Gleichungen wie oben beschrieben nicht zugelassen sind.

Kausalität

Forbus unterstellt, daß zu jedem Zeitpunkt eine Variable direkt, indirekt oder gar nicht beeinflußt wird, aber keine Variable gleichzeitig direkt und indirekt beeinflußt werden kann. Diese Darstellung der Wirkung auf Variablen ergibt gemeinsam mit der Annahme, daß indirekte Wirkungen durch vorausgehende direkte Wirkungen bedingt sind, eine kausale Sicht auf das System. Eine kausale Erklärung des Systemverhaltens baut bei Forbus auf der *causal directness* Hypothese auf: *„Changes in physical situations which are perceived as causal are due to our interpretation of them as corresponding either to direct changes caused by processes or propagation of those direct effects through functional dependencies.“* [33], Seite 154. Ein Prozeß ist die Beschreibung einer gerichteten kausalen Wirkung. Für die Menge der nicht–kausalen qualitativen Proportionalitäten wird Rückwirkungsfreiheit gefordert. Das Aufstellen der Abhängigkeitstabellen vor der eigentlichen Simulation des Systemverhaltens entspricht inhaltlich der Methode kausalen Ordnens in gemischten Modellen von Iwasaki und Simon. Wegen der Rückwirkungsfreiheit ergibt sich die kausale Struktur des Systems unmittelbar. Ein Modell wird letztlich kausal beschrieben, wenn schon bei der Beschreibung eines Systems im prozeßorientierten Ansatz die kausale Semantik der formulierten Prozesse und Proportionalitäten im Simulationsablauf berücksichtigt wird. Die grundsätzlich symmetrische Beschreibung der qualitativen Proportionalitäten hält die darin beschriebenen Zusammenhänge jedoch unabhängig von der umgebenden Struktur. Die Zuordnung symmetrischer Zusammenhänge zu unidirektionalen indirekten Wirkungen ist der erste Schritt der Modellanalyse.

Die Beschreibung des Systems hat Kausalität insoweit zu berücksichtigen als schnelle Wirkungen von langsameren unterschieden werden. Der Ausschluß von Rückwirkungen bedingt darüber hinaus weitergehende Einschränkungen der Modellierung, die Überlegungen zu Kausalität voraussetzen. Eine wechselseitige funktionale Beziehung wie in Gleichung (3.1) ist nicht zugelassen und muß wie in Gleichung (3.2) eindeutig beschrieben werden (vergleiche Seite 53). Ein direkter Einfluß bringt die beiden Wirkungen in eine zeitliche Abfolge, *„It breaks such algebraic loops.“* wie Werthner [139], Seite 65, es ausdrückt. Während des direkten Einflusses von y auf x läuft ein Prozeß ab, es vergeht Zeit. y erhält in der Folge durch die funktionale Beziehung f_1 einen neuen Wert, der dann wiederum den Prozeß zur direkten Beeinflussung von x aktivieren kann.

Zeit

Forbus modelliert Zeit nicht explizit. Weder Zeitpunkte noch -intervalle werden während der qualitativen Simulation des beschriebenen Systems sichtbar hantiert. Ein System wird kausal beschrieben, direkte und indirekte Wirkungen stehen in einer festgelegten zeitlichen Abfolge. Was daraus implizit resultiert ist eine ordinale Zeitskala, die allerdings nicht total sondern nur partiell geordnet ist. In zwei parallel ablaufenden Prozessen können selbst wieder Teilprozesse ablaufen und indirekte Wirkungen induzieren, ehe beide Prozesse vielleicht gemeinsam auf eine Variable Einfluß nehmen. Die innerhalb eines Prozesses verstrichene Zeit ist unabhängig von der im jeweils anderen.

Ein Beispiel für einen Prozeß

Forbus verdeutlicht seinen Ansatz an mehreren Beispielen. Eines seiner Beispiele werde ich nun aufgreifen. In meiner Darstellung verzichte ich weitgehend auf Details, die spezifisch sind für seine Implementation des Ansatzes in der Qualitative Process Engine. Die von Forbus verwendete Notation erscheint mir als nicht sehr verständnisfördernd, weshalb ich seine formale Beschreibung des Beispiels ebenfalls nicht übernehme.

Das System, das beispielhaft modelliert werden soll, besteht aus zwei auf gleicher Höhe stehenden Wassertanks A und B, die am Boden der Tanks durch ein Rohr miteinander verbunden sind. Der Wasserstand im Tank A ist anfangs höher als im Tank B. Zu erwarten ist ein Fluß von Tank A durch das Rohr in Tank B, der die Wasserstände in beiden Tanks ausgleicht.

Variablen des Systems sind die Wasserstände in den beiden Tanks *A. Wasserstand* und *B. Wasserstand.* Ich verwende objektorientierte Formulierungen, weil der Wasserstand neben anderen Werten eine Eigenschaft eines Objektes des Typs Tank ist. Forbus bezeichnet Objekte als Individuen. Klassen von Objekten bezeichne ich deshalb als Individuentypen. Der Wertebereich der Variablen *A. Wasserstand* liegt zwischen Null und der Höhe des Tanks *A. Tankhöhe*: $A.Wasserstand \in [0, A.Tankhöhe]$. Für den Wasserstand im Tank B gilt das entsprechende. In der Ausgangssituation liegt der Wasserstand im Tank B unter dem Wasserstand im Tank A.

$$\begin{array}{rcl} A.Wasserstand & \in & [0, A.Tankhöhe] \\ B.Wasserstand & \in & [0, B.Tankhöhe] \\ A.Wasserstand & > & B.Wasserstand \end{array}$$

Nachbarn des aktuellen Wertes des Wasserstands im Tank B gemäß einer ordinalen Werteskale sind in der Ausgangssituation die Null als Bodenniveau des Tanks und der Wasserstand im Tank A. Wenn über die Tankhöhen keine Voraussetzungen getroffen sind, ist es möglich, daß die Höhe des Tanks B kleiner ist als der Wasserstand im Tank A. Anstelle des Wasserstands im Tank A kann also auch die Höhe des Tanks B ein Nachbar von *B. Wasserstand* sein. Die Werte *B. Tankhöhe*, der als Parameter gegeben ist, und der aktuelle Wert der Variablen *A. Wasserstand* sind nicht geordnet. Aus den angegeben Bedingungen ist in der Ausgangssituation keine Ordnung auf diesen beiden Werten anzugeben.

Ein Nachbar des aktuellen Wertes von *A. Wasserstand* ist analog dazu entweder die Höhe des Tanks A oder die Höhe des Tanks B, für die ebenfalls keine Ordnung gegeben ist. Nach unten ist in der Ausgangssituation entweder der Wasserstand im Tank B oder die Höhe des Tanks B Nachbar des aktuellen Wertes von *A. Wasserstand.*

Die Struktur des Systems umfaßt die beiden Wassertanks und das Rohr zwischen diesen. Über die Verbindung der beiden Tanks stehen auch die beiden Eigenschaften *A. Wasserstand* und *B. Wasserstand* in Zusammenhang. Vom Wasserstand ist der Wasserdruck in dem jeweiligen Tank abzuleiten. Es bestehen qualitative Proportionalitäten.

Der aktuelle Wasserstand, die Höhe eines Tanks und der Wasserdruck sind die variablen oder gegebenen Attribute der Komponente Tank, was im Beispiel für beide Tanks gilt. Ein Tank ist ein Individuentyp des Systems. Ein weiteres Individuum ist das Rohr, das die beiden Tanks verbindet. Die qualitativen Proportionalitäten und Prozesse einer Systembeschreibung werden formuliert für Instanzen der Individuentypen. Mit der Relation $\propto$ kennzeichne ich positive Proportionalität.

$$X.\mathit{Wasserdruck} \propto X.\mathit{Wasserstand} \qquad X : \text{Tank}$$
$$X.\mathit{Wasserstand} \propto X.\mathit{Wassermenge} \qquad X : \text{Tank}$$

Der Mechanismus, der das Verhalten des Systems ausmacht ist der Wasserfluß von einem Tank durch das verbindende Rohr in den anderen. Ist die Verbindung zwischen den beiden Tanks geöffnet und ist der Druck in Tank A höher als der Druck in Tank B, wird entsprechend dem Druckunterschied Wasser von Tank A in Tank B fließen. Dieser Fluß wird durch einen Prozeß beschrieben. Der Prozeß wirkt auf den Wasserstand in den beiden Tanks und zwar negativ auf den Wasserstand in Tank A und positiv auf den in Tank B. Das Symbol $\leftarrow$ kennzeichnet eine positive Wirkung in Höhe des Terms auf der rechten Seite auf die Variable auf der linken Seite. Entsprechende negative Wirkungen werden durch Negation des Terms auf der rechten Seite ausgedrückt.

Die Prozeßbeschreibung in Abbildung 3.3 beschreibt den Mechanismus des Wasserflusses zwischen zwei Tanks. Im Beispiel gibt es zwei solcher Prozesse. Der eine beschreibt den Wasserfluß von A nach B und der andere den von B nach A. Die Prozeßbeschreibung wird mit A und B für *Quelle* und *Ziel* entsprechend zweimal instantiiert. Das Rohr zwischen den beiden Tanks wird in dieser Beschreibung nicht modelliert und das Verhalten des Wassers im Rohr nicht betrachtet.

In der Ausgangssituation ist der Wasserstand im Tank A höher als in Tank B. Daraus folgend nehme ich an, auch der aktuelle Wasserdruck in A ist größer als der in B. Die Vorbedingungen des Prozesses, der einen Wasserfluß von A nach B repräsentiert, sind erfüllt. Die fließende Wassermenge ist proportional zum Druckunterschied zwischen den beiden Tanks. Es folgt eine positive Wirkung von der fließenden Wassermenge auf die Wassermenge in Tank B und eine negative Wirkung auf die in Tank A. Eine positive (negative) Wirkung bedeutet eine Addition (Subtraktion) der fließenden Men-

Prozeß *Wasserfluß*

Individuen

Quelle, Ziel: Tank

Verbindung: Rohr(*Quelle*,*Ziel*)

Variablen

fließendeWassermenge

Vorbedingungen

die Verbindung ist geöffnet

Quelle.Wasserdruck > *Ziel.Wasserdruck*

Relationen

fließendeWassermenge $\propto$ (*Quelle.Wasserdruck* − *Ziel.Wasserdruck*)

Wirkungen

Ziel.Wassermenge ← *fließendeWassermenge*

Quelle.Wassermenge ← −*fließendeWassermenge*

Abbildung 3.3: Prozeßbeschreibung des Wasserflusses zwischen zwei Tanks

ge zur (von der) Wassermenge im Tank. Dieses sind die durch den Prozeß beschriebenen direkten Wirkungen. Die für den Individuentyp Tank gegebenen Proportionalitäten beschreiben die sich anschließenden indirekten Wirkungen des Wasserflusses. In Tank *A* fallen Wasserstand und Wasserdruck und in Tank *B* steigen die Werte beider Eigenschaften Irgendwann ist der Wasserdruck in den Tanks gleich, und keine Anfangsbedingung der Prozesse ist erfüllt. Die Simulation des Systemverhaltens stoppt in einem Ruhezustand.

3.2 Das System in Komponenten

Der komponentenorientierte Ansatz stellt nicht die Mechanismen in den Vordergrund, sondern die beteiligten Komponenten. Es wird unterschieden zwischen solchen Komponenten, die das Material, mit dem sich das System beschäftigt, nur befördern oder zwischenpuffern und anderen Komponenten, die das Material in seiner Art und Charakteristik ändern. Im

Sinne der bekannten Konzepte diskreter Simulation deckt sich der Ansatz mit der maschinenorientierten Sicht, einer entsprechenden Spezialisierung des prozeßorientierten Ansatzes. Die materialbeeinflussenden Komponenten stehen im Vordergrund und sind nichts anderes als Bedienstationen, wohingegen die materialbefördernden oder -puffernden Komponenten ihre Entsprechung in den zugeordneten Warteschlangen haben, siehe beispielsweise bei Page [103]. Deutliche Parallelen gibt es weiterhin zur quasi-kontinuierlichen Simulation mit dem System–Dynamics–Ansatz, auf den sich de Kleer und Brown auch selbst beziehen (vergleiche [19], Seite 28). Den Systen–Dynamics–Ansatz diskutiere ich unten im Abschnitt 5.2.

Variablen und Wertebereiche

Die Komponenten werden beschrieben durch Zusammenhänge zwischen Variablen beziehungsweise insbesondere deren Ableitungen. Variablen sind zunächst definiert auf dem Wertebereich $\{-, 0, +\}$. Andere Wertebereiche sind möglich: Eine Folge von Intervallen $I_1 \dots I_n$ kann definiert werden, für die gelte, daß die linke Grenze von I_1 gleich $-\infty$ und die rechte Grenze von I_n gleich ∞ sei. Bei zwei benachbarten Intervallen I_i und I_{i+1} hat ein Intervall an der Grenze zum benachbarten Intervall offen und das andere entsprechend geschlossen definiert zu sein. Der komplette Zahlenstrahl wird auf diese Weise überlappungsfrei abgedeckt. Die Menge $\{-, 0, +\}$ genügt dieser Vorschrift mit den Intervallen $[-\infty, 0)$, $[0]$ und $(0, +\infty]$. Addition und Multiplikation von Werten der Menge $\{-, 0, +\}$ sind definiert wie in Abbildung 3.4 (aus [19], Seite 22) beschrieben.

+	−	0	+
−	−	−	
0	−	0	+
+		+	+

⋆	−	0	+
−	+	0	−
0	0	0	0
+	−	0	+

Abbildung 3.4: Addition und Multiplikation qualitativer Werte

Die Änderung einer Variablen x wird beschrieben durch die Ableitung $\frac{dx}{dt}$, oder kurz geschrieben als ∂x. Werte können steigen, fallen oder konstant bleiben. Für Ableitungen ∂x gilt entsprechend ebenfalls der Definitionsbereich $\{-,0,+\}$. Werte solcher Ableitungen in einem bestimmten Systemzustand sind bei de Kleer und Brown zu verstehen als *„'tendencies' that sum over infinitesimal time intervals that cause a variable to change from its present value.“* [19], Seite 33.

Beschreibung eines Systems

Eine Komponente wird durch eine Menge von Bedingungen auf Werten und häufiger Ableitungen von Variablen in Gleichungsform beschrieben wie beispielsweise: $\partial x + \partial y - \partial z = 0$. Eine Bedingung, die als Summe von Variablen formuliert ist, bezeichnen de Kleer und Brown als rein (*pure*), die sie von gemischten (*mixed*) Bedingungen unterscheiden. Gemischte Bedingungen sind als Summe von Produkten formuliert. Eine Komponente hat Zu- und Abflüsse, die im realen System durch die durchfließende Menge oder den Druck gemessen werden können. Im Beispiel könnten x und y Nachfrage von Haushalten beziehungsweise von Firmen nach einem bestimmten Gut sein und z das entsprechende Angebot an diesem Gut. Die Komponente Gütermarkt ist dadurch beschrieben, daß Änderungen einer der drei Mengen eine Entsprechung in einer der anderen oder in beiden anderen finden muß.

Schlüsse über das Verhalten eines Systems sollen nur auf Basis der Gesetze gezogen werden, die die Teile des Systems definieren. Wenn dies möglich ist, dann wird während der Modellierung eine Bibliothek generischer Komponenten aufgebaut, die in ihrem Anwendungsbereich immer wieder eingesetzt werden können. Das *no-function-in-structure* Prinzip gibt die Zielrichtung vor: *„the laws of the parts of the device may not presume the functioning of the whole.“* [19], Seite 16. Die Beschreibung einer Komponente muß unabhängig sein vom Kontext, in den sie eingebettet werden soll. Daraus folgt, daß eine Komponente nicht auf eine besondere andere Komponente zugreifen darf, was auch als Lokalitätsprinzip bezeichnet wird. Da diese Prinzipien im allgemeinen nicht zu erfüllen sind, gibt es schwächere Formen, wie das Zulassen von Klassenannahmen, die Annahmen über die Einbindung einer Komponente in ein System gestatten, die für jede derartige Komponente in jedes System gelten. *„Although* [...] *no–*

function–in–structure is unachievable, its essential idea is preserved through the use of class–wide assumptions.“ [19], Seite 16.

Komponenten können sich je nach ihrem qualitativen Zustand nach unterschiedlichen Regimen verhalten. Ein qualitativer Zustand einer Komponente wird beschrieben durch eine Menge an Zusammenhängen, die angeben, welches Regime zutreffend ist.

Die Ableitung ∂x einer Variablen x wird nicht durch Differentiation ermittelt sondern ist eine Beschreibung qualitativer Eigenschaften der Variablen. Die *Tendenzen* der Variablen in einem bestimmten Systemzustand beschreiben das Verhalten des Systems innerhalb des gegebenen Zustands (*intrastate behavior*). Beim Übergang von einem Zustand in einen anderen ändern sich die Werte der Variablen entsprechend (*interstate behavior*).

Qualitative Simulation des Systemverhaltens

Ein Zusammenhang zwischen Attributen einer Komponente wird beschrieben durch Gleichungen wie $\partial x + \partial y - \partial z = 0$. Erfüllt ist ein solcher Zusammenhang, wenn unter Anwendung der in Abbildung 3.4 beschriebenen Regeln für Addition und Multiplikation der Ausdruck auf der linken Seite gleich der Konstanten auf der rechten ist. Als erfüllt wird die Gleichung aber auch angesehen, wenn die linke Seite der Gleichung nicht bewertet werden kann, was bei Addition eines positiven und eines negativen Wertes der Fall ist. Nicht erfüllt ist ein Zusammenhang, wenn jede Variable einen Wert besitzt, die linke Seite der Gleichung bewertet werden kann und nicht gleich der Konstanten auf der rechten Seite ist. „*Note that by this definition a confluence need neither be satisfied nor contradicted if some of the variables do not have assigned values.*“ [19], Seite 24.

De Kleer und Brown unterscheiden das Verhalten in einem Zustand und die möglichen Zustandsübergänge. Das Verhalten in einem Zustand beschreibt das System während die Variablenwerte entweder konstant bleiben oder sich zwar bewegen aber nicht qualitativ ändern. Es resultiert ein Zustand aus den gegeben Zusammenhängen, der nicht eindeutig bestimmt sein muß. Infolge eines exogenen Effektes, der das System aus seinem Ruhezustand bringt, werden Variablenwerte entsprechend den gegebenen Komponentenbeschreibungen geändert. Es findet ein Zustandsübergang statt. Die Beschreibung des Systems innerhalb eines Zustandes legt fest, in welchen Zustand es übergehen wird. Aus den gegebenen Variablenwerten und dem exogenen Effekt ergeben sich Wertänderungen, die beim Zustandsübergang wirksam werden. Die Beschreibung des Systems innerhalb eines Zustands ist gleichsam eine Momentaufnahme des Systems, die zeigt, in welche Richtung Systemvariablen drängen.

Die Beschreibung des Systemverhaltens durch eine Abfolge von Zustandsübergängen kann in einem Zustandsübergangsdiagramm dargestellt werden. Zur Analyse der möglichen Zustandsübergänge und Erzeugung des Zustandsübergangsdiagramms geben de Kleer und Brown neun Regeln an. Die erlaubten Zustände sind eine Teilmenge des kartesischen Produkts aller möglichen Zustände der einzelnen Komponenten. Das Systemverhalten resultiert aus den Bedingungen, die die einzelnen Komponenten beschreiben und in Zusammenhang bringen.

Die möglichen Zustandsübergänge sind aus allen möglichen Ausgangszuständen heraus beschrieben. De Kleer und Brown grenzen die Bestimmung der Zustandsübergänge von Simulationsergebnissen ab: *„Although the interstate behavior looks much like a result of a simulation, it is not.“* [19], Seite 36. Erst das Ergebnis wird genutzt, um die Entwicklung eines Systems vom Ausgangszustand aus über die möglichen Zustandsänderungen zu verfolgen. Das resultierende Zustandsübergangsdiagramm kann uneindeutig sein, wenn in bestimmten Situationen die Informationen nicht ausreichen, um den weiteren Weg eindeutig zu bestimmen. Es kann ebenso eine nicht endliche Folge von Zustandsänderungen enthalten, falls sich das System zyklisch entwickelt. *„Nevertheless, the total solution describes all possible behaviors of all devices of the generic type and no others.“* [19], Seite 36.

De Kleer und Brown unterstellen, daß sich das System stetig verhält, in dem Sinne, daß eine Variable keinen qualitativen Wert überspringen kann:

$$x_{t_1} = q_1 \wedge x_{t_k} = q_k \quad \Rightarrow \quad \exists\, t_i : \; x_{t_i} = q_i \;\; \forall\, q_i : \; q_1 < q_i < q_k$$

Wenn eine Variable zu einem Zeitpunkt einen bestimmten Wert hat und zu einem zweiten Zeitpunkt einen anderen Wert hat, dann muß es für jeden Wert zwischen dem ersten und dem zweiten Wert einen Zeitpunkt geben, an dem die Variable gerade diesen Wert hat. Daraus folgt auch, daß der Wert einer Variablen bei zwei benachbarten Zeitpunkten entweder gleich bleibt oder in einem benachbarten Intervall liegen muß. Es gilt zudem das Mittelwert–Theorem: Hat eine Variable an zwei Zeitpunkten den gleichen Wert, dann gibt es dazwischen inklusive der beiden Zeitpunkte einige Zeitpunkte bei denen die Ableitung der Variablen gleich Null ist. Ist der Wert einer Variablen zu einem Zeitpunkt größer als zu einem anderen, dann gibt es einen Zeitpunkt dazwischen, an dem die Ableitung der Variablen gleich der Differenz der beiden Werte ist:

$$x_{t_1} = x_{t_k} \quad \Rightarrow \quad \exists \text{ einige } t_i \text{ mit } t_1 \leq t_i \leq t_k : \partial x_{t_i} = 0$$
$$x_{t_1} < x_{t_k} \quad \Rightarrow \quad \exists\, t_i \text{ mit } t_1 \leq t_i \leq t_k : \partial x_{t_i} = x_{t_k} - x_{t_1}$$

Da die Zeit nicht kontinuierlich modelliert ist, gilt $\partial x_{t_1} = 0$, wenn für zwei aufeinander folgende Zeitpunkte t_1 und t_2 gilt: $x_{t_1} = x_{t_2}$.

Eine vollständige Beschreibung des Verhaltens in einem Zustand des Systems beschreibt die Reaktionen auf Änderungen aller Ausgangsbedingungen, also aller exogener Variablen, aus jedem möglichen qualitativen Zustand des Systems heraus.

Kausalität

Aufbauend auf den Ergebnissen der Analyse in einem Zustand ermöglicht das aus der Analyse der möglichen Zustandsübergänge resultierende Zustandsübergangsdiagramm Erklärungen des Systemverhaltens: Jede Zustandsänderung ist auf die Änderung einer bestimmten Variablen zurückzuführen. Jede Wirkung hat eine eindeutige Ursache. Die Ursache für eine Wirkung ist in einer benachbarten Systemkomponente also in unmittelbarer Nähe zu suchen. Schließlich sichert die Ordnung der Zeitpunkte, daß die Ursache zeitlich vor der Wirkung liegt.

Der Übergang von einem Zustand in einen folgenden kann durch ein Entlanggehen an einer gerichteten Kante eines Verhaltensgraphen abgebildet werden, wobei mit dem Übergang von einem Zustand in einen anderen auch ein Übergang von einem Zeitpunkt in einen folgenden verbunden ist. Nicht unmittelbar kausal erklärbar ist hingegen das Verhalten innerhalb eines Zustands. Die komponentenbeschreibenden Zusammenhänge und die Ergebnisse der Analyse der Zustandsübergänge beschreiben nicht, wie eine Komponente und folgend das System funktioniert und wie letztlich Zustandsänderungen ausgelöst werden. Bei der Bestimmung der Variablenwerte innerhalb eines Zustands vergeht keine Zeit. De Kleer und Brown führen das Konzept *mythischer Kausalität*[3] ein, um auch innerhalb eines Zustands kausale Erklärungen des Systemverhaltens zu ermöglichen. Die Wertzuweisungen bei der Bestimmung des Systemzustands werden unter Zuhilfenahme dreier heuristischer Regeln, insbesondere über ceteris paribus Betrachtung, in eine kausal interpretierte Folge von Ungleichgewichtszuständen gebracht. Zwischen den Wertzuweisungen vergeht ein sehr kleiner Zeitschritt, eben ein *mythischer* Zeitschritt, dessen Länge unterhalb der qualitativ betrachteten Granularität liegt. Die mythischen Zeitpunkte sind nur partiell geordnet. Innerhalb dieser Zeitschritte können die Bedingungen, die eine Komponente beschreiben, verletzt sein. Ändert beispielsweise eine Variable x ihren Wert und gilt eine Bedingung $x = y$, wird sich der Wert von y ebenso ändern. Wenn aber x kausal interpretiert vorher seinen Wert ändert, vergeht für die kausale Erklärung ein solcher kleiner Zeitschritt, ehe der Wert von y ebenfalls geändert ist. Für ein mythisches Zeitintervall ist die Bedingung $x = y$ verletzt. Mythische kausale Abhängigkeiten resultieren somit aus der Propagation eines exogenen Schocks durch das System. Eine Variable y ist kausal abhängig von x, weil sie während der Propagation der Störung noch *frei* war, das heißt noch nicht mit einem neuen Wert belegt war, als x bereits einen neuen Wert zugewiesen bekommen hatte. Letztlich entsteht eine kausale Kette im Sinne von Papineau [104], der eine kausale Kette als Folge von Ereignissen zu aufeinanderfolgenden Zeitpunkten, so daß jedes Ereignis ein direkter Auslöser des folgenden ist, beschreibt. Die aufeinanderfolgenden Zeitpunkte sind Zeitpunkte in mythischer Zeit.

Das Verfahren der Propagation kann zu einem Widerspruch führen. Bei-

[3] *„In a more traditional vocabulary, "mythical causality" might well be called "causality of virtual movement" or "virtual causality".*“, Iwasaki und Simon [59], Seite 14.

spielsweise ist die Bedingung $x - y + z = 0$ nach einer Änderung von x ($\partial x > 0$) nicht mehr erfüllt. Eine entsprechende Änderung von y kann die Änderung von x ausgleichen. Unterstellt wird damit eine kausale Abhängigkeit der Variablen y von x. Im folgenden wird die Änderung von y ($\partial y > 0$) propagiert. Trifft dies nun auf eine Bedingung der Form $y = exogen$ oder $\partial y = 0$ ist eine widersprüchliche Situation eingetreten. Die zunächst unterstellte kausale Abhängigkeit zwischen x und y wird zurückgenommen (*backtracking*). Als nächstes kann eine Änderung von z mit $\partial z < 0$ zum Wiederherstellen der Gleichung nach der Änderung von x herangezogen werden.

So wie die Analyse des Modellverhaltens auf eine exogene Störung nicht zu einer eindeutigen Verhaltensbeschreibung führen muß, ist auch die kausale Erklärung einer solchen Verhaltensbeschreibung nicht unbedingt eindeutig.

Das eher philosophisch motivierte Konzept mythischer Kausalität gab Anlaß zu Kritik. Iwasaki und Simon stellen ihm aus dem Kontext ökonomischer Modellanalyse ein Konzept entgegen, das auf kausaler Ordnung und komparativer Statik basiert [59], wie ich in Abschnitt 2.2.1 bereits hinreichend ausführlich dargestellt habe. Die bestehenden Abhängigkeiten zwischen den Systemvariablen resultieren aus kausaler Ordnung. Die Vorzeichen der ermittelten Wirkungen werden anschließend über komparative Statik bestimmt. Entgegen dem Konzept mythischer Kausalität, innerhalb dessen das Verhalten des Systems erst während der Simulation kausal erklärbar wird, kann das kausale Verhalten des Systems statisch bestimmt werden. Ist ein System frei von Rückwirkungen ergibt sich das gleiche Bild wie bei de Kleer und Brown. Rückwirkungen werden analysiert, wenn ein inhaltsgleiches dynamisch oder gemischt formuliertes Modell, das das Systemverhalten auch in Ungleichgewichtssituationen erklärt, kausal geordnet wird (vergleiche Abschnitt 2.2.2). Ihrer Ansicht nach ist jedoch wenig Sinn in der Aussage, in einem Rückwirkungszyklus liege ein Effekt vor einem anderen, hier gebe es keine kausale Ordnung. Sie sehen solche Rückwirkungen nicht–kausal, sondern als Menge interdependenter Parameter, während de Kleer und Brown Symmetrie in dem Sinne zulassen, daß eine Variable x von einer anderen Variablen y kausal abhängig sein kann und diese gleichzeitig auch kausal bestimmt. Die anschließende Diskussion mit de Kleer und Brown ist in [20] und [60] zu verfolgen.

Zeit

Zeit wird bei Betrachtung des Systemverhaltens nicht a priori definiert. Werthner beschreibt diese *„reduced representation of time: Since qualitative reasoning deals with generic descriptions of situations and their time-dependent evolution, it only produces a time ordered sequence of well distinguishable events. It is described what may happen before, at or after some occurence, but no exact information about specific time points or duration is available.“* [139], Seite 9. Verschiedene Zeitpunkte ergeben sich aus der Analyse des Systems. Die Zeitpunkte sind (partiell) geordnet.

Ein Beispiel für ein System in Komponenten

Das Beispiel der beiden verbundenen Wassertanks, das ich zuvor bereits zur Verdeutlichung des prozeßorientierten Ansatzes genutzt habe, werde ich nun im komponentenorientierten Ansatz darstellen. Wiederum gebe es zwei auf gleicher Höhe stehende Tanks A und B, die durch ein Rohr miteinander verbunden sind. Der Wasserstand im Tank A ist in der Ausgangssituation höher als im Tank B.

Die relevanten Variablen sind auch hier Wasserstand, Wassermenge und Wasserdruck in den beiden Tanks. Für alle Variablen und ihre Ableitungen gelte der Wertebereich $\{-, 0, +\}$.

Ein Tank ist eine Komponente des Systems, die zunächst ohne Berücksichtigung der Struktur in die sie eingebunden werden wird, zu beschreiben ist. Eine Beziehung besteht zwischen der Änderung des Wasserdrucks und der des Wasserstands, eine weitere zwischen Wassermenge und Wasserstand. Um den Zu- und Abfluß in, beziehungsweise aus einem Tank unabhängig von der umgebenden Struktur modellieren zu können, behandle ich das verbindende Rohr wie ein Ventil zwischen den Tanks. Der Rohrdruck ist der Druck der von außen, also später im System aus dem anderen Tank herrührt. Die folgenden drei Beziehungen beschreiben eine Komponente X von der Art Tank, von der die Tanks A und B im zu modellierenden System sind:

$$\partial X.\mathit{Wasserstand} - \partial X.\mathit{Wassermenge} = 0 \quad (3.3)$$
$$\partial X.\mathit{Wasserdruck} - \partial X.\mathit{Wasserstand} = 0 \quad (3.4)$$
$$\partial X.\mathit{Wassermenge} + \partial X.\mathit{Wasserdruck} - \partial X.\mathit{Rohrdruck} = 0 \quad (3.5)$$

Die Ableitungen beschreiben Änderungen in der Zeit in Reaktion auf Änderungen anderer Größen. Verknüpft werden zwei Tanks nun dadurch, daß der Rohrdruck am einen Tank gleich dem Wasserdruck im anderen Tank gesetzt wird. Die Modellierung der Modellstruktur wird durch zwei Beziehungen beschrieben:

$$A.\mathit{Wasserdruck} = B.\mathit{Rohrdruck} \quad (3.6)$$
$$B.\mathit{Wasserdruck} = A.\mathit{Rohrdruck} \quad (3.7)$$

In der Ausgangssituation befindet sich das System in einem Ruhezustand. Der Rohrdruck an jedem Tank ist gleich dem Wasserdruck im Tank. Als exogene Störung wird nun die Wassermenge im Tank A erhöht: $\partial A.\mathit{Wassermenge} > 0$. Es folgt ein Steigen des Wasserstands und des Wasserdrucks im Tank A und somit ein steigender Rohrdruck im Tank B. Das Ungleichgewicht zwischen Wasserdruck und Rohrdruck in beiden Tanks führt nun im Tank B zu steigender Wassermenge, Wasserstand sowie Wasserdruck und in Tank A zu wieder sinkender Wassermenge, Wasserstand und Wasserdruck. Die Werte in Tank A sind aus der nicht rückwirkungsfreien Systembeschreibung heraus nicht eindeutig zu bestimmen. Die Rückwirkung der steigenden Wassermenge auf sich selbst eröffnet unterschiedliche Möglichkeiten für Zustandsübergänge und entsprechende Verzweigungen im Zustandsübergangsdiagramm. Ein mögliches Verhalten innerhalb des Ausgangszustandes ist folgendes:

$$\begin{array}{rclrcl} \partial A.\mathit{Wassermenge} & > & 0 & \partial A.\mathit{Wasserstand} & > & 0 \\ \partial A.\mathit{Wasserdruck} & > & 0 & \partial B.\mathit{Rohrdruck} & > & 0 \\ \partial B.\mathit{Wassermenge} & > & 0 & \partial B.\mathit{Wasserstand} & > & 0 \\ \partial B.\mathit{Wasserdruck} & > & 0 & \partial A.\mathit{Rohrdruck} & > & 0 \end{array}$$

Ein den Werten der Ableitungen entsprechender Zustandsübergang ändert die Werte der Variablen. Eine Erklärung des Systemverhaltens nach exogener Änderung der Wassermenge im Tank A wird, wie beschrieben, durch Propagation der Änderung durch das Beziehungssystem bestimmt. Eine mögliche Erklärung des Verhaltens innerhalb des Ausgangszustands ist die folgende kausale Wirkungskette:

$$A.Wassermenge \xrightarrow{(3.3)} A.Wasserstand \xrightarrow{(3.4)} A.Wasserdruck \xrightarrow{(3.6)} \\ \xrightarrow{(3.6)} B.Rohrdruck \xrightarrow{(3.5)} B.Wassermenge \xrightarrow{(3.3)} B.Wasserstand \xrightarrow{(3.4)} \\ \xrightarrow{(3.4)} B.Wasserdruck \xrightarrow{(3.7)} A.Rohrdruck$$

Die Pfeile, die kausale Abhängigkeiten ausdrücken, sind mit den Beziehungen gekennzeichnet, aus denen durch Propagation des Effekts die jeweilige kausale Abhängigkeit abgeleitet wurde. Die Verhaltensbeschreibung ist nicht eindeutig. Die Änderung der Wassermenge kann anstatt über die Beziehung (3.3) auf den Wasserstand zu wirken, genausogut in die Beziehung (3.5) propagiert werden und sich zunächst auf den Wasserdruck im Tank A oder den Rohrdruck am Tank A auswirken. Im Detail möchte ich die alternativ möglichen Verhaltenserklärungen nicht darstellen. Die Rückwirkungen stellen für die kausalen Erklärungen keine Hürde dar, wenn nach Erkennen einer Schleife in der kausalen Kette abgebrochen wird. Die Wirkungen des Wasserabflusses aus Tank A, der die Wassermenge im Tank nach der anfänglichen Erhöhung wieder reduziert, wird nicht beschrieben.

3.3 Qualitative Differentialgleichungen

Der bedingungsorientierte Ansatz qualitativer Simulation (*QSIM*) von Kuipers [70], aufbauend auf [69], bleibt dicht an der typischen mathematischen Beschreibung eines dynamischen Modells durch Differentialgleichungen. Die quantitativen Differentialgleichungen ersetzt Kuipers durch qualitative Differentialgleichungen, die direkte Wirkungen in der Zeit beschreiben. Im Unterschied zu den beiden vorstehenden beinhaltet der bedingungsorientierte Ansatz keine eigene Modellierungstechnik. Wird ein System indirekt durch Bedingungen definiert, können diese sowohl mit Komponenten als auch mit Prozessen verknüpft werden.

Nach Kuipers ist ein qualitatives Modell eine Abstraktion von Differentialgleichungen, hergeleitet wie in Abbildung 3.5 (aus [74], Seite 13) dargestellt.

physikalisches System	⟶	tatsächliches Verhalten
↓		↓
Differentialgleichungssystem	⟶	stetige Funktionen
↓		↓
qualitatives Modell	⟶	qualitatives Verhalten

Abbildung 3.5: Abstraktionen von Differentialgleichungen

Die Voraussetzung, daß eine Differentialgleichung einen Mechanismus repräsentiert, wie dies Iwasaki und Simon fordern, unterstellt Kuipers nicht. Qualitative Differentialgleichungen sind aus Modellen, die als Differentialgleichungssysteme formuliert sind, somit unmittelbar ableitbar.

Als wesentliche Schritte[4] qualitativer Modellierung und Simulation nennt Kuipers:

i) die Modellauswahl, in der die Annahmen des Modells fixiert werden und eine Abstraktion des realen Systems gebildet wird,

ii) die Modellbeschreibung, in der das Modell in qualitativen Differentialgleichungen beschrieben wird, unter Voraussetzungen äquivalent zu Forbus Geschlossenheits–Annahme,

iii) die qualitative Simulation, in ersten Ansätzen entwickelt von Rieger und Grinberg 1977 [116] und vollständig beschrieben von Kuipers [73], die unter Voraussetzung der Stetigkeit der qualitativen Differentialgleichungen das qualitative Verhalten des Modells ermittelt, und

iv) die Interpretation der Ergebnisse für das reale quantitative System.

Variablen und Wertebereiche

Für jede Variable wird ein anwendungsabhängiger Wertebereich angegeben, der aus einer Menge nicht überlappender Intervalle und deren Grenzen, den *landmark values*, besteht: $(g_1, g_2), [g_2], (g_2, g_3), \ldots, [g_{n-1}], (g_{n-1}, g_n)$ Die Intervallgrenzen sind durch die Umgebung der Variablen, durch ihre Einbettung in ein umgebendes (physikalisches) System gegeben. So sind

[4] *„In practice, this linear chain is augmented with loops."* [74], Seite 4.

$g_n = \infty$ beziehungsweise $g_n = -\infty$ häufig aber nicht immer äußere Intervallgrenzen. Sie sind unterscheidbare Punkte in $\mathbb{R}$, numerisch oder symbolisch dargestellt. Von Bedeutung ist ihre ordinale Anordnung. Der Wertebereich ist ordinal total geordnet. *„Landmark values are the "natural joints" that break a continuous set of values into qualitatively distinct regions."* [74], Seite 8. Die explizit gesonderte Berücksichtigung der Intervallgrenzen unterscheidet diesen Ansatz von dem von de Kleer und Brown (vergleiche Seite 61). Der aktuelle Wert einer Variablen befindet sich innerhalb eines Intervalls oder ist gleich einer Intervallgrenze. Der *qualitative Zustand* einer Variablen ergänzt diesen Wert um die aktuelle Richtung der Bewegung und betrachtet die Variable damit als Objekt in der Zeit. Die Bewegung der Variablen in der Zeit ist entweder steigend, fallend oder konstant. Der Wert der Zeitableitung wird nicht betrachtet, sondern nur deren Vorzeichen. Wie Forbus unterstellt Kuipers, Variablen seien stetig differenzierbare Funktionen der Zeit.

Insbesondere für die Bewegungsrichtung einer Variablen gilt als Definitionsbereich die Zeichenmenge $\{-, 0, +\}$, die Kuipers um das Zeichen „?" erweitert, um nicht eindeutige Bewegungsrichtungen ausdrücken zu können. Unterstellt ist somit eine qualitative Algebra $(\{-, 0, +, ?\}, +, *, -, \approx)$. Abbildung 3.6 zeigt die Ergebnisse der Addition und Multiplikation sowie der Negation qualitativer Werte aus der Menge $\{-, 0, +, ?\}$. Qualitative Gleichheit $x \approx y$ zweier Variablenwerte x und y gilt, wenn eine Variable gleich dem Wert „?" ist oder aber beide Variablen den gleichen Wert aus der Menge $\{-, 0, +\}$ haben.

+	−	0	+	?
−	−	−	?	?
0	−	0	+	?
+	?	+	+	?
?	?	?	?	?

*	−	0	+	?
−	+	0	−	?
0	0	0	0	0
+	−	0	+	?
?	?	0	?	?

−	
−	+
0	0
+	−
?	?

Abbildung 3.6: Addition, Multiplikation und Negation qualitativer Werte

Eine so definierte qualitative Algebra hat weitgehend die für eine quantitative Algebra üblichen Eigenschaften. Addition und Multiplikation sind assoziativ und kommutativ. Die Multiplikation ist distributiv bezogen auf die Addition im qualitativen Sinne. Die „0" ist das neutrale Element der Addition und das Nullelement der Multiplikation. Jedoch gibt es zur Addition keinen inversen Operator. Hieraus folgt für Variablen x, y und z, daß aus $x+y \approx x+z$ nicht geschlossen werden kann, daß $y \approx z$ gilt: Aus gegebenen Werten wie $x=+$, $y=+$ und $z=-$ folgt $x+y=+$ und $x+z=?$. Die Bedingung ist erfüllt, $(+) \approx (?)$ ist wahr, dennoch ist $y \approx z$ falsch. Vergleiche Dormoy und Raiman [22] zu erlaubten Manipulationen qualitativer Terme.

Beschreibung eines Systems

In Kuipers Sicht besteht ein qualitatives Modell aus den systembeschreibenden Variablen unter Angabe ihrer Wertebereiche und den Bedingungen, die zwischen diesen Variablen gelten. Die Bedingungen bestehen aus qualitativen Differentialgleichungen und Beziehungen zwischen Variablenwerten, die Gleichgewichtsbedingungen entsprechen. Im Sinne von Iwasaki und Simon beschreibt Kuipers gemischte Modelle. Die qualitativen Differentialgleichungen sind nach Voraussetzung grundsätzlich stetig differenzierbar, auch wenn in abgrenzbaren Bereichen wechselnde Regime beschrieben werden können.

Die qualitativen Differentialgleichungen dienen vornehmlich zur Beschreibung von Tâtonnement–Anpassungsprozessen. Sie werden in der Form $\dot{x} = \mathcal{F}(y)$ formuliert. Der Wert von y bestimmt nicht den Wert sondern die Bewegungsrichtung von x, wie die Überschußnachfrage die Bewegungsrichtung des Preises im Preis–Tâtonnement bestimmt. Für alle qualitativ zu interpretierenden Funktionen benutze ich das Symbol $\mathcal{F}$, gegebenenfalls mit negiertem Parameter. Eine solche Funktion beschreibt einen qualitativen, positiven und streng monotonen Zusammenhang. Die qualitative Funktion $\mathcal{F}(y)$ bestimmt die Stärke der Wirkung von y auf die Änderung von x, also soviel wie die Anpassungsgeschwindigkeit. Qualitativ bekannt von dieser Funktion ist nur ihre streng positive Monotonie. Zwei Tâtonnement–Prozesse können in ihrer Anpassungsgeschwindigkeit zunächst nicht unterschieden werden.

Andere Bedingungstypen beschreiben exogen gegebene Werte, funktionale oder arithmetische Beziehungen: Ein Variablenwert kann exogen gegeben sein, was durch eine Bedingung der Form $z = exogen$ beschrieben wird. Eine funktionale Beziehung der Form $x = \mathcal{F}(y)$ beschreibt einen streng monotonen, positiven Zusammenhang zwischen x und y. Ein solcher Zusammenhang ist nichts anderes als eine qualitative Proportionalität wie sie Forbus beschreibt. Für streng monotone, negative Zusammenhänge werde ich in meiner Wiedergabe kein anderes Symbol als bei positiven Zusammenhängen benutzen. Kuipers unterscheidet explizit zwischen positiven (M^+) und negativen (M^-) Zusammenhängen. Funktionen können durch Angabe von korrespondierenden Wertepaaren weitergehend beschrieben werden. Diese Wertepaare bestehen aus einem Argument- und dem zugehörigen Funktionswert. Beide Werte sind Grenzwerte im obigen Sinne für die Argumentvariable beziehungsweise für die abhängige Variable.

Eine arithmetische Beziehung beschreibt häufig einen definitorischen Zusammenhang. Die Bedingungen werden in der Form $x=y+z$, $x=yz$ oder $x=-y$ beschrieben. Differenzen werden durch Nutzung des unären Operators „−“ als Addition formuliert. Ich unterlasse dies in dieser Arbeit, indem ich Differenzen formuliere, die ohne weiteres in entsprechende Additionen überführbar wären. Kuipers faßt arithmetische Beziehungen etwas weiter, wenn er beispielsweise Additionen als $ADD(x, y, z)$ formuliert. Er drückt damit Zusammenhänge aus, die proportional zu einer Addition sind. Mit Hilfe von qualitativen Funktionen läßt sich eine solche Addition als $x = \mathcal{F}\Big(\mathcal{F}(y) + \mathcal{F}(z)\Big)$ formulieren, worauf ich allerdings verzichten möchte auch wenn ich die Semantik der arithmetischen Beziehungen in Kuipers Sinne beibehalte.

Ein System wird als qualitatives Modell beschrieben durch die Variablen und durch Bedingungen, die auf den Variablen gelten, insbesondere qualitativen Differentialgleichungen. Der qualitative Zustand eines Systems ist gegeben durch die Menge der qualitativen Werte der Variablen.

Qualitative Simulation des Systemverhaltens

Das Verhalten eines wie dargstellt beschriebenen Modells, wird mittels qualitativer Simulation bestimmt. Die qualitative Simulation eines gegebenen

Modells startet aus einem angenommenen Ausgangszustand heraus. Für einen solchen Ausgangszustand sind in aller Regel nicht die qualitativen Werte aller Variablen gegeben. Zunächst ist der vollständige Ausgangszustand zu bestimmen, der eine reale Situation abbildet und alle gesetzten Bedingungen erfüllt. Dies geschieht durch Propagation der gegebenen Werte durch alle Systembedingungen. Dies sind jedoch keine Wertänderungen die kausal interpretierbar in zeitlicher Abfolge zu sehen sind.

Aus der Semantik der verschiedenen Bedingungen erklärt sich das Vorgehen in der Propagation gegebener Werte:

- Durch eine qualitative Differentialgleichung wie $\dot{x} = \mathcal{F}(y)$ stehen der Wert von y und die Bewegungsrichtung von x in Zusammenhang. Ist y bekannt und beispielsweise größer als Null, bedeutet das, daß nach Propagation des Wertes von y in die qualitative Differentialgleichung für x die Bewegungsrichtung *steigend* gesetzt wird.
- Einer als exogen gegeben beschriebene Variable $z = exogen$ muß der Werte in der Beschreibung der Ausgangssituation zugewiesen werden. Er ist nicht durch Propagation zu ermitteln.
- Eine funktionale Beziehung der Form $x = \mathcal{F}(y)$ bildet einen symmetrischen Zusammenhang zwischen x und y ab. Die Werte und die Bewegungsrichtung verhalten sich positiv proportional zueinander. Steigt der Wert der Variablen y oder ändert sich ihre Bewegungsrichtung auf steigend, dann geschieht gleiches mit dem Wert der Variablen x. Während beide Variablen x und y beispielsweise steigen, durchlaufen sie aber jeweils ihren eigenen Wertebereich. Wenn y einen Grenzwert erreicht, bedeutet das nicht unbedingt, daß auch x einen Grenzwert erreicht. Dies ist dann der Fall, wenn zu dem Grenzwert, den y erreicht hat, ein korrespondierender Funktionswert gegeben ist. Erreicht x keinen Grenzwert, kann während des Simulationslaufs ein neuer Grenzwert, der zu dem Grenzwert von y korrespondiert, generiert werden.
- Der Wert des Ergebnises einer arithmetischen Bedingung wie $x = y + z$, $x = yz$ oder $x = -y$ wird gemäß den Vorgaben in Abbildung 3.6 bestimmt. Die Bedingungen sind ebenfalls symmetrisch zu interpretieren. Die Propagation von Werten in arithmetischen entspricht grundsätzlich der in funktionalen Bedingungen.

Der qualitative Zustand eines Systems ändert sich, wenn zumindest eine der Modellvariablen einen qualitativ signifikant anderen Wert annimmt, sie ihren qualitativen Wert ändert. Dies ist der Fall, wenn eine Variable einen Grenzwert erreicht oder verläßt, oder einen Extrempunkt erreicht, sie also ihre Richtung ändert. Dieser Extrempunkt muß kein gegebener Grenzwert der Variablen sein. Wie de Kleer und Brown unterstellt Kuipers Stetigkeit und das Mittelwert–Theorem bei Zustandsübergängen (vergleiche Seite 65f). Kann nur eine Variable ihren qualitativen Wert ändern und ist diese Änderung in seiner Richtung eindeutig, dann ist der folgende Systemzustand eindeutig gegeben. Im allgemeinen Fall ist der nächste Systemzustand jedoch nicht eindeutig. Die Simulation verzweigt und betrachtet jeden möglichen Verlauf. Kuipers QSIM–Algorithmus baut einen Baum aus Zuständen auf, wobei die Knoten des Baumes Systemzustände beinhalten und die Kanten entsprechende Zustandsübergänge repräsentieren. Ein mögliches Verhalten des System wird beschrieben durch den Pfad von der Wurzel bis zu einem Blatt des Baumes. Ein Blatt des Baumes ist erreicht, wenn ein Zustand erreicht ist, aus dem heraus kein qualitativ neuer Zustand erreichbar ist, sich also entweder ein stabiles Gleichgewicht eingestellt hat oder jeder mögliche folgende Zustand gleich einem Zustand auf dem Pfad zu diesem Blatt ist, was einen Zyklus beschreibt.

Kuipers unterscheidet Zustände, die nur zu einem Zeitpunkt bestehen und Zustände, die über ein Zeitintervall anhalten. Die entsprechenden Zustandsübergänge bezeichnet er als *P–* beziehungsweise *I–Übergänge*. *„P–transitions, moving from a point to an interval“*, *„I–transitions, moving from an interval to a point“* [70], Seite 300. Er gibt eine Liste von sieben zulässigen P–Übergängen und neun zulässigen I–Übergängen an, durch die das mögliche Verhalten bezogen auf eine einzelne Funktion spezifiziert ist.[5] Die in Abbildung 3.6 vorgegebenen arithmetischen Operationen auf qualitativen Werten werden ergänzt um die Zustandsübergänge, die mögliche einzelne Schritte im Systemverhalten beschreiben.

Befindet sich eine Variable auf einem Grenzwert ihres definierten Wertebe-

[5] Ich erspare mir und dem geneigten Leser an dieser Stelle ein Wiedergeben der Auflistung aus [70], auch wenn deren Angabe in vergleichenden Darstellungen üblich zu sein scheint, vergleiche [4], Seite 24 oder auch [17], Seite 141.

reichs und ist ihre Bewegungsrichtung nicht „fest“, dann ist dieser Zustand nur von kurzer Dauer. Die Variable wird den Grenzwert unmittelbar wieder verlassen. Eine solche Variable ist zu einem Zeitpunkt auf diesem Grenzwert. Sie wird den Grenzwert mittels eines P–Übergangs wieder verlassen. P–Übergänge beschreiben Zustandsänderungen, die keine Zeit verbrauchen bezogen auf das unterliegende Zeitgranulat. Eine Variable kann durch einen Übergang von einem Zeitpunkt in ein Zeitintervall daher keinen Grenzwert erreichen. Einen Grenzwert erreichen kann die Variable mittels eines I–Übergangs: Über ein Zeitintervall ist der Wert einer Variablen, die sich bewegt, ein Wertintervall. Durch einen I–Übergang kann sie einen Grenzwert, rechts oder links vom aktuellen Wertintervall, erreichen. Das Erreichen des Grenzwertes geschieht mit dem Ende des Zeitintervalls zum folgenden Zeitpunkt. Ist die Bewegungsrichtung der Variablen über ein Zeitintervall hinweg „fest“, dann kann sie über dieses Zeitintervall auch einen Grenzwert als qualitativen Wert haben.

Mittels zweier zulässiger I–Übergänge wird jeweils ein neuer Grenzwert dynamisch im Simulationsverlauf erzeugt. Befindet sich der Wert einer abhängigen Variablen innerhalb eines Intervalls zwischen zwei Grenzwerten, während die Bewegungsrichtung steigend oder fallend ist, und erreicht die Variable innerhalb dieses Intervalls einen Extrempunkt mit entsprechender Änderung der Bewegungsrichtung auf „fest“, dann wird zwischen den beiden bereits gegebenen Grenzwerten ein neuer Grenzwert erzeugt. Bei diesem Wert ändert sich die Bewegungsrichtung der Variablen. Ein solcher Grenzwert war aus der Modellbeschreibung heraus nicht vorab anzugeben. Kuipers bezeichnet die Erweiterung qualitativer Simulation um die Möglichkeit, die Grenzwertmenge dynamisch zu erweitern als *„the most important semantic difference between QSIM and other approaches to qualitative simulation“* [70], Seite 314. Die anderen Ansätze arbeiten mit Operatoren, die auf einer festen Menge qualitativer Werte, wie $\{+, 0, -\}$, definiert sind. Eine Erweiterung der Menge qualitativer Werte zöge eine Redefinition der arithmetischen Operatoren nach sich und ist deshalb nicht umsetzbar. Kuipers zu folge ist das Fehlen einer dynamisch erweiterbaren Menge qualitativer Werte der Grund dafür, daß beispielsweise zwischen wachsender, schrumpfender und konstanter Oszillation qualitativ nicht zu unterscheiden ist. In Abschnitt 6.3.3 werde ich am Beispiel eines zyklischen ökonomischen Anpassungsprozesses die Grenzen der Methode gerade in diesem Punkte zeigen: Die Generierung neuer Grenzwerte die ermöglicht qualitative Unterscheidung wachsender, schrumpfender und konstanter Oszillationen. Eine Aussage darüber, wie ein konkretes System tatsächlich reagieren wird, gelingt jedoch nicht.

Die algorithmischen Details der Simulations insbesondere die Bestimmung möglicher Zustandsübergänge, werde ich in dieser Arbeit nicht vertiefen. Ich verweise den interessierten Leser dazu auf Kuipers [74], der dies selbst am besten darstellt. QSIM ist vollständig in dem Sinne, daß jedes mögliche Verhalten des realen Systems, daß jede Lösung eines entsprechenden quantitativen Differentialgleichungssystems abgedeckt wird, und zwar durch ein aus qualitativer Simulation eines qualitativen Differentialgleichungssystems resultierendes Verhalten. Auf der anderen Seite generiert es aber falsche Lösungen (*spurious behavior*), die zu keinem möglichen Verhalten des modellierten realen Systems passen. Durch spezifische Ergänzungen des Konzeptes ist die Generierung solcher Lösungen zu vermeiden oder wenigstens einzuschränken, was ich an dieser Stelle aber ebenfalls nicht weiter darstellen werde.

Kausalität

Auch wenn Kuipers Ansatz nicht–kausaler Natur ist, gibt eine qualitative Differentialgleichung letztlich eine direkte Wirkung, ganz analog zu Forbus, in der Zeit an. Der Wert einer Variablen y bestimmt im Zusammanhang $\dot{x} = \mathcal{F}(y)$ die Bewegungsrichtung der Variablen x. Deren Wert ändert sich entsprechend dieser Bewegungsrichtung jedoch erst später in der Zeit. Wie es Iwasaki und Simon im Hinblick auf gemischte Modelle darstellen, gilt auch hier, daß Differentialgleichungen eher langsame Wirkungen beschreiben. Die anderen Bedingungen können entsprechend Gleichgewichtsbedingungen als unmittelbar wirkende Zusammenhänge gelesen werden. Kausale Abhängigkeiten zwischen den durch Gleichgewichtsbedingungen verbundenen Variablen ließen sich aus dem Propagationsalgorithmus entnehmen, was Kuipers jedoch ausdrücklich nicht tut. Kausalität aus der Propagation abzuleiten, entspräche de Kleer und Browns Konzept mythischer Kausalität. Kausale Schlüsse werden von Kuipers nicht gezogen.

Die Beschreibung des Systemverhaltens ergibt eine Abfolge von Zuständen und Zustandsübergängen im Zustandsbaum. Eine kausale Interpretation von Wert- oder Richtungsänderungen, die durch eine per qualitativer Differentialgleichung hervorgerufene Wertänderung induziert werden, wird nicht gegeben. Dies wäre erst möglich, wenn eine kausale Interpretation der Abhängigkeiten innerhalb eines Zustands angegeben werden kann. Aus dieser erst folgt, welche Variable oder welche Variablen eine Wert- oder Richtungsänderung, die im Zustandsübergang wirksam wird, verursacht haben.

Zeit

Eine Änderung des qualitativen Zustands des Modells definiert einen neuen Zeitpunkt im Simulationslauf. Zeitpunkte sind total geordnet. Die aktuelle Zeit liegt entweder zwischen zwei Zeitpunkten oder ist gleich einem solchen Zeitpunkt. Zeit ist modelliert als alternierende Folge von Zeitpunkten und Zeitintervallen.

Ein Beispiel für ein qualitatives Differentialgleichungssystem

Das Beispiel der beiden verbundenen Wassertanks modelliere ich in diesem Abschnitt als qualitatives Differentialgleichungssystem. Kuipers selbst verwendet das Beispiel in seinen Arbeiten [70, 74]. Ich passe seine Darstellung an meine Beschreibung in den Abschnitten 3.1 und 3.2 an. Auch wenn Kuipers keine Individuen oder Komponenten, die ohne weiteres als Objekte zu identifizieren sind, betrachtet, werde ich die objektorientierte Formulierung beibehalten, um die Vergleichbarkeit der Beispiele zu unterstützen.

Die beiden Wassertanks A und B werden weiterhin durch die Eigenschaften Wassermenge, Wasserstand und Wasserdruck beschrieben. Der Wasserfluß durch das verbindende Rohr ist bedingt durch den Druckunterschied zwischen Tank A und Tank B. Die gesamte Wassermenge ist konstant und vorgegeben. Entsprechende Variablen werden in das Modell aufgenommen. Die Wertebereiche der Variablen beziehungsweise der Eigenschaften können wie folgt angegeben werden:

$A.Wassermenge$	$0 \ldots \infty$
$A.Wasserstand$	$0 \ldots A.Tankhöhe \ldots \infty$
$A.Wasserdruck$	$0 \ldots \infty$
$B.Wassermenge$	$0 \ldots \infty$
$B.Wasserstand$	$0 \ldots B.Tankhöhe \ldots \infty$
$B.Wasserdruck$	$0 \ldots \infty$
$Druckunterschied$	$-\infty \ldots 0 \ldots \infty$
$fließende\,Wassermenge$	$-\infty \ldots 0 \ldots \infty$
$gesamte\,Wassermenge$	$0 \ldots \infty$

Wird der Tank B über das Rohr von Tank A her bis zur Tankhöhe gefüllt nachdem Tank B anfangs leer war, durchläuft der Wert der Eigenschaft *B. Wasserstand* nach dem Öffnen der Verbindung im Zeitpunkt t_0 eine Folge qualitativer Zustände, vorgegeben durch den definierten Wertebereich. Für die Bewegungsrichtungen der Variablen verwende ich die Symbole $\uparrow$ (*steigend*), $\leftrightarrow$ (*fest*) und $\downarrow$ (*fallend*):

$$B.Wasserstand: \overset{t_0}{\big([0];\uparrow\big)} \longrightarrow \overset{(t_0,t_1)}{\big((0, B.Tankhöhe);\uparrow\big)} \longrightarrow \overset{t_1}{\big([\text{B.Tankhöhe}];\leftrightarrow\big)}$$

Würde der Wasserzufluß nicht bei Erreichen der Tankhöhe unterbrochen, liefe der Tank B im Zeitintervall (t_1, t_2) über, was dem qualitativen Wert $(B.Tankhöhe, \infty)$ entspricht. Wenn während der Simulation des Systemverhaltens der Wasserstand in einem Tank gleich der Tankhöhe ist, wie hier im Zeitpunkt t_1, können daraus abgeleitet neue Grenzwerte für die Wertebereiche von Wassermenge und Wasserdruck generiert werden, die gerade die Wassermenge und den Wasserdruck bei vollem Tank beschreiben.

Die qualitative Struktur des Systems wird durch das Gleichungssystem (3.8)–(3.17) beschrieben:

$$A.Wasserstand = \mathcal{F}(A.Wassermenge) \quad (3.8)$$
$$A.Wasserdruck = \mathcal{F}(A.Wasserstand) \quad (3.9)$$
$$B.Wasserstand = \mathcal{F}(B.Wassermenge) \quad (3.10)$$
$$B.Wasserdruck = \mathcal{F}(B.Wasserstand) \quad (3.11)$$

Das Gleichungssystem umfaßt zunächst die bekannten qualitativen Proportionalitäten zwischen Wassermenge, -stand und -druck in den Gleichungen (3.8)–(3.11). Für jede der vier qualitativen Funktionen sind die Paare $([0],[0])$ und $([\infty],[\infty])$ als korrespondierende Werte anzugeben. Grenzwerte setze ich wie hier überall dort zur Verdeutlichung in eckige Klammern wo es der Übersichtlichkeit und der Abgrenzung zu Wertintervallen dient. Die korrespondierenden Wertepaare sind zu erweitern, wenn wie beschrieben weitere Grenzwerte während eines Simulationslaufes generiert werden.

$$Druckunterschied = A.Wasserdruck - B.Wasserdruck \quad (3.12)$$
$$flie\beta ende\,Wassermenge = \mathcal{F}(Druckunterschied) \quad (3.13)$$

Gleichung (3.12) ist eine arithmetische Beziehung, die den Druckunterschied als Differenz des Wasserdrucks in den beiden Tanks definitorisch bestimmt. Die durch das Rohr fließende Wassermenge ist laut Gleichung (3.13) qualitativ proportional zum Druckunterschied mit den korrespondierenden Wertepaaren $([-\infty],[-\infty])$, $([0],[0])$ und $([\infty],[\infty])$.

$$\frac{\partial}{\partial t}A.Wassermenge = \mathcal{F}(-flie\beta ende\,Wassermenge) \quad (3.14)$$
$$\frac{\partial}{\partial t}B.Wassermenge = \mathcal{F}(flie\beta ende\,Wassermenge) \quad (3.15)$$

Die Gleichungen (3.14) und (3.15) spezifizieren die Änderung der Wassermenge in jedem Tank in der Zeit durch qualitative Differentialgleichungen abhängig von der fließenden Wassermenge.[6] Die fließende Wassermenge ist

[6] Ich verwende hier für die Zeitableitungen die ausführliche Form $\frac{\partial}{\partial t}x$ anstatt wie oben die Kurzform $\dot{x}$. Wegen der langen Variablennamen im Beispiel ist der vorangestellte Differenzenquotient dem Punkt in der Darstellung vorzuziehen.

über den Druckunterschied definiert als von Tank A in Tank B fließend. Entsprechend ist die Änderung der Wassermenge in Tank A proportional zur negierten fließenden Wassermenge.

$$A.Wassermenge + B.Wassermenge = gesamteWassermenge \quad (3.16)$$
$$gesamteWassermenge = exogen \quad (3.17)$$

Kuipers ergänzt die Beschreibung um die Gleichungen (3.16) und (3.17), die die gesamte Wassermenge als Summe der Wassermenge in den beiden Tanks als konstant gegeben beschreiben. Das System ist damit als geschlossenes System modelliert.

In der Ausgangssituation sei nun der Tank A bis zur Tankhöhe gefüllt und die Verbindung geöffnet. Die gesamte Wassermenge ist gegeben als die Wassermenge, die Tank A bis zur Tankhöhe füllt. Der qualitative Zustand des Systems wird ermittelt durch Propagation der Werte durch das Gleichungssystem, was ich nicht in einzelnen Schritten darstellen werde. Zum Zeitpunkt t_0 ist er insgesamt gegeben als:

$$\begin{aligned} A.Wassermenge &= \big((0,\infty);\downarrow\big) & B.Wassermenge &= \big([0];\uparrow\big)\\ A.Wasserstand &= \big([A.Tankhöhe];\downarrow\big) & B.Wasserstand &= \big([0];\uparrow\big)\\ A.Wasserdruck &= \big((0,\infty),\downarrow\big) & B.Wasserdruck &= \big([0];\uparrow\big) \end{aligned}$$
$$\begin{aligned} Druckunterschied &= \big((0,\infty);\downarrow\big)\\ fließendeWassermenge &= \big((0,\infty);\downarrow\big)\\ gesamteWassermenge &= \big((0,\infty);\leftrightarrow\big) \end{aligned}$$

Die von diesem vollständig gegebenen qualitativen Systemzustand ausgehende Simulation des Systems werde ich nicht breit darstellen sondern nur kurz skizzieren. Der Zustandsübergang vom Zeitpunkt t_0 in das Zeitintervall (t_0, t_1) ist eindeutig zu bestimmen: Die Werte von *A. Wasserstand*, *B. Wasserstand*, *B. Wassermenge* und *B. Wasserdruck* sind im Zeitpunkt t_0 gleich einem Grenzwert und haben eine steigende oder fallende Bewegungsrichtung. Die Werte werden im Zustandsübergang den jeweiligen Grenzwert verlassen. Das Verlassen eines Grenzwertes ist dem Erreichen eines Grenzwertes aus einem Intervall heraus vorzuziehen, da es schneller passiert: Die

Variable hat ihren Wert zum Verlassen eines Grenzwertes nur um ein kleines Stück zu ändern, während der sich im anderen Fall bis zum Grenzwert eher deutlich stärker ändern müßte. Im Zustandsübergang werden demnach die Werte dieser vier Variablen zum entsprechenden Wertintervall hin verändert:

$$\begin{aligned}
A.Wassermenge &= \big((0,\infty);\downarrow\big)\\
A.Wasserstand &= \big((0, A.Tankhöhe);\downarrow\big)\\
A.Wasserdruck &= \big((0,\infty);\downarrow\big)\\
B.Wassermenge &= \big((0,\infty);\uparrow\big)\\
B.Wasserstand &= \big((0, B.Tankhöhe);\uparrow\big)\\
B.Wasserdruck &= \big((0,\infty);\uparrow\big)\\
Druckunterschied &= \big((0,\infty);\downarrow\big)\\
fließende\,Wassermenge &= \big((0,\infty);\downarrow\big)\\
gesamte\,Wassermenge &= \big((0,\infty);\leftrightarrow\big)
\end{aligned}$$

Aus dieser Situation heraus sind drei Zustandsübergänge denkbar. Die erste Möglichkeit ist, daß sich der Druckunterschied zwischen den Tanks ausgleicht während Tank B erst teilweise gefüllt ist. Der qualitative Zustand des Wasserstands im Tank B zum Zeitpunkt t_1 ist dann gleich $\big((0, B.Tankhöhe);\leftrightarrow\big)$. Die zweite Möglichkeit ist, daß der Druckunterschied ausgeglichen ist, gerade wenn Tank B bis zur Tankhöhe gefüllt ist: $\big([B.Tankhöhe],\leftrightarrow\big)$. Schließlich gibt es die dritte Möglichkeit nach der der Wasserstand im Tank B die Tankhöhe erreicht, der Druckunterschied zwischen den Tanks jedoch noch nicht ausgeglichen ist: $\big([B.Tankhöhe];\uparrow\big)$. Das Zustandsübergangsdiagramm verzweigt hier, um alle drei möglichen Zustandsübergänge und damit die drei möglichen Verhaltensweisen des Systems darzustellen. Ich verzichte auf eine weitergehende, breitere Darstellung des Beispiels. Kuipers zeigt in [74] neben einer sehr detailierten Darstellung auch Plots einer Simulation des Modells mit seiner QSIM–Implementation.

3.4 Ein Vergleich der Systemsichten

Die drei vorgestellten Ansätze bieten jeweils einen Rahmen zur Beschreibung und Analyse dynamischer Systeme. Ein System wird beschrieben durch Variablen und deren qualitativen Zuständen. Das Verhalten des Systems ausgedrückt durch Änderungen qualitativer Zustände ist durch Bedingungen und Zusammenhänge modelliert. Ausgehend von den unterschiedlichen Systembeschreibungen wird das Systemverhalten durch einen für die jeweiligen Beschreibungsmittel spezifischen Algorithmus qualitativer Simulation analysiert. Das Ergebnis der Simulation ist in jedem Falle ein Verhaltensgraph, dessen Knoten qualitative Zustände des Systems und dessen Kanten mögliche Zustandsübergänge abbilden. Der Graph ermöglicht eine Erklärung des Systemverhaltens.

Im Punkte **Variablen und Wertebereiche** unterscheiden sich die Ansätze nicht wesentlich. De Kleer und Brown verwenden ursprünglich nur die Zeichenalgebra. Kuipers segmentiert den Wertebereich durch Grenzwerte und erweitert die Zeichenalgebra um einen explizit unbestimmten Wert. Forbus geht am weitesten, indem er Vorzeichen und Werte in einem partiell geordneten Wertebereich zuläßt und damit einen Größenvergleich zwischen Werten sehr viel weitergehend ermöglicht. Sowohl im Hinblick auf die Modellierung als auch auf die anschließende Analyse eines Systems sind weder die Wertebereiche von Variablen noch der Umgang mit ihnen kritische Eigenschaften, und sie sind daher erweiter- oder austauschbar. Daraus folgend kann kein wirklicher Unterschied zwischen den Ansätzen konstruiert werden.

Die **Beschreibung eines Systems** differiert hingegen deutlicher. Verschiedene Sichten auf ein System werden umgesetzt. Kuipers beschreibt ein System indirekt durch Bedingungen und als Ganzes. Im Vergleich unterstützen Forbus sowie de Kleer und Brown, wie Werthner [139] es ausdrückt, eine bottom–up Sicht der Systemmodellierung. Die Systembeschreibung beginnt mit für das System elementaren Einheiten, die unabhängig vom Rest des System beschrieben werden. Die Modellierung führt zu einer modularisierten Systembeschreibung.

Die elementaren Einheiten bei de Kleer und Brown sind die Komponenten und ihre Verbindungen. Ein System wird aus einzelnen voneinander unabhängig definierten Komponenten zusammengesetzt, *„viewing everything like a machine“* [139], Seite 33. Die Einhaltung des *no function in structure principle* im Ansatz von de Kleer und Brown ist in dieser Hinsicht die weitgehendste Forderung, die nicht immer erfüllt werden kann. Während beispielsweise elektronische Schaltkreise eine immanente Struktur besitzen, die die Einhaltung des Prinzips ermöglicht, so gilt dies jedoch für viele andere Systeme nicht.

Individuen und Prozesse sind die elementaren Einheiten in der qualitativen Prozeß–Theorie (*QPT*) von Forbus. Forbus ermöglicht im Vergleich eine feinere Systembeschreibung. Durch die Zusammenfassung einzelner Variablen zu Objekten, die Zusammenfassung von Handlungen zu Prozessen und der sich daraus ergebenden Sicht auf das System ist die Systembeschreibung zudem nicht nur modularisiert, sondern auch klar geschichtet. Zustandsänderungen können explizit beschrieben und hergeleitet werden. Dague schreibt nach seiner Darstellung des Ansatzes: *„To conclude this overview of QPT, one can say that the concepts of view and processes as formalised in QPT provide a very natural, appealing way of describing physical systems. However the lack of theoretical foundations (though see [18]) of QPT prevents fundamental properties of dynamic systems from being easily used to improve simulation.“* [17], Seite 145. Eine Prozeßbeschreibung eröffnet zudem breitere Möglichkeiten der Verhaltensbeschreibung im Vergleich zu qualitativen, als Gleichung formulierten Bedingungen oder Beziehungen.

Der Ansatz qualitativer Differentialgleichungen von Kuipers führt dagegen keine neuen Beschreibungsmittel ein. Er gibt Differentialgleichungen und Gleichgewichtsbedingungen eines gemischten Gleichungssystems eine neue, qualitative Semantik. Komponenten des Systems und das Systemverhalten werden nicht direkt beschrieben, sondern indirekt über Bedingungen auf Systemvariablen spezifiziert.

Die zugrunde liegenden Systemsichten und daraus abgeleiteten Systembeschreibungen liegen in einem Kontinuum, wie es Bredeweg und Wielinga [12] formulieren. Dieses beginnt bei der prozeßorientierten Sicht, die insbesondere die Modellierung physikalischer Prozesse unterstützt, und endet bei der bedingungsorientierten Sicht, die dicht an bekannte mathematische Beschreibungen angelehnt ist. Das oben beschriebene Beispiel zeigt jedoch, daß ein System ohne weiteres allen drei Sichten entsprechend modelliert werden kann, und daß sich in der anschließenden Analyse vergleichbare Ergebnisse erwarten lassen. Je nach Anwendungsgebiet wird sich einer der drei Beschreibungsansätze als vorteilhaft anbieten.

Die **qualitative Simulation des Systemverhaltens** entspricht in jedem Falle mehr oder weniger offensichtlich dem prozeßorientierten Ansatz diskreter Systemsimulation (vergleiche unten in Abschnitt 5.3). Forbus formuliert explizit Prozesse, die bei erfüllten Anfangsbedingungen aktiviert werden und auf Systemvariablen wirken. Die Folge dieser Wirkungen sind wiederum erfüllte Anfangsbedingungen anderer Prozesse. De Kleer und Brown stellen ihre Modellierung in die Nähe des System Dynamics Ansatzes quasi–kontinuierlicher Simulation. Die Simulation als solche verläuft jedoch wieder prozeßorientiert. Jede Komponente des Systems entspricht einem Prozeß, der unabhängig vom umgebenden System abläuft und zu bestimmten Zeitpunkten, vor und nach Zustandsübergängen, Impulse an andere Prozesse gibt, beziehungsweise von anderen Prozessen Impulse erhält. Bei Kuipers ist die Prozeßorientierung am wenigsten offensichtlich. Sie wird aber deutlich, wenn zwischen unmittelbar wirkenden Gleichgewichtsbedingungen und über ein Zeitintervall wirkenden qualitativen Differentialgleichungen unterschieden wird. Jede Differentialgleichung repräsentiert einen Prozeß.

Die Simulationsalgorithmen unterscheiden sich demnach kaum, Unterschiede liegen in der Anpassung an die verschiedenen Modellbeschreibungen begründet. Je ausdrücklicher die Modellbeschreibung Prozesse definiert, desto problemloser ist aus ihr heraus eine prozeßorientierte Simulation durchzuführen. So schreibt Dague: „*Thus unlike de Kleer and Brown's theory where mythical causality and plunking heuristics were introduced, in QPT it is never necessary to guess or make assumptions about whether a variable is changing or not, only whether a process is active and the best way to resolve influences.*“ [17], Seite 145. Die Simulation eines Modells nach dem Ansatz von Forbus wird weiterhin unterstützt dadurch, daß der Modellbeschreibung keine formale Semantik zugrunde liegt *„and its inferential component is defined purely procedurally*“ [17], Seite 146.

Ergebnis der Simulation ist jeweils ein gerichteter, gegebenenfalls verzweigter Verhaltensgraph des Systems, der das aus der Modellbeschreibung ableitbare Systemverhalten beschreibt. Bereits bei der Simulation vergleichsweise überschaubarer Modelle wird auffällig, daß die Zahl der im Graphen abzubildenden Pfade überproportional wächst, was der Simulation größerer Modelle Grenzen setzt. Die Ergebnisse der Simulation sind desweiteren häufig wenig spezifisch. Jedes denkbare Systemverhalten wird dargestellt und ist erklärbar. Die Frage, welches Systemverhalten aber tatsächlich beobachtbar sein wird, bleibt unbeantwortet und ist durch zusätzliche Informationen oder Überlegungen zu klären. Die beschriebenen Simulationen leisten zur Analyse und zur Vorhersage des Systemverhaltens nach einer gegebenen Störung weniger als zur Erklärung eines gegebenen Systemverhaltens.

Informationen zur **Kausalität** von Zusammenhängen zwischen den elementaren Einheiten der Modellbeschreibung sind in den Ansätzen nur begrenzt enthalten. Ein Prozeß bei Forbus beschreibt eine direkte Wirkung ist also ohne weiteres kausal zu interpretieren. *„The fact that processes can be explicitly discussed allows better explanations of device behavior.*“ [17], Seite 146. Genauso zu interpretieren sind Differentialgleichungen in der Modellbeschreibung von Kuipers, die typischerweise eine kausale Wirkung auf die Ableitung auf der linken Seite beschreibt. Darüber hinaus sind die Bedingungen jedoch nicht–kausal. Eine kausale Erklärung des Modellverhaltens ist erst aus der Simulation des Modells heraus möglich. Aus der Dynamik im Simulationslauf unterscheidet Forbus ausdrücklich direkte, von Prozessen ausgelöste Wirkungen, und indirekte Wirkungen aus qualitativen Proportionalitäten. De Kleer und Brown entwickeln aus der Propagation von Änderungen durch das komponentenbeschreibende System von Beziehungen ein Konzept mythischer Kausalität, was den indirekten Wirkungen im Sinne von Forbus nahe steht. Aus der kausalen Interpretation der Beziehungen heraus werden die Auslöser von Zustandsübergängen identifiziert, und das Systemverhalten wird erklärbar. Kuipers hingegen unterstützt keine kausale Sicht auf das Geflecht der Gleichgewichtsbedingungen einer Modellbeschreibung.

Die nur marginal unterschiedliche Betrachtung der **Zeit** in der Modellbeschreibung und während eines Simulationslaufes begründet keine Differenzierung zwischen den Ansätzen. Ob nur Zeitintervalle oder Zeitintervalle und Zeitpunkte unterschieden werden, oder ob Zeitintervalle gleiche oder verschiedene Länge aufweisen hat keine Auswirkungen auf Modellierung oder Simulation eines Modells und ist in keinem der Ansätze ein kritisches Charakteristikum.

Zusammenfassend kann ich keinen grundsätzlichen Unterschied zwischen den Ansätzen feststellen. Den Ansätzen liegen lediglich unterschiedliche Sichten auf ein System zugrunde, was die Unterschiede in der Systembeschreibung erklärt. Je nach Anwendungsgebiet ist die eine oder andere Art der Systembeschreibung natürlicher. Alle Ansätze sind modifizierbar durch erweiterte Wertebereiche der Systemvariablen oder auch andere Typen von Bedingungen. Demnach spricht auch nichts gegen die Entwicklung hybrider Ansätze, die für besondere Fragestellungen Aspekte der drei Ansätze zusammenführen und auf diese Weise eine spezifische Sicht einer Modellbeschreibung ermöglichen.

3.5 Qualitative Wertebereiche

Die Methoden qualitativer Modellierung und Simulation erlauben nur sehr eingeschränkte Wertemengen und Wertebereiche für Systemvariablen. Sind Variablen auf der Vorzeichenmenge $\{-, 0, +\}$ definiert, dann ist eine Differenzierung zwischen Variablenwerten beschränkt auf die Unterscheidung positiver und negativer Werte sowie der Null. Eine Addition eines positiven und eines negativen Wertes ist unbestimmt. In der qualitativen Simulation eines Modelles, wie ich sie in den vorstehenden Abschnitten dargestellt habe, führt dies dazu, daß Zustände betrachtet werden, die keinem beobachtbaren Verhalten entsprechen. Letztlich führt die Simulation nicht zu aussagefähigen Ergebnissen in der Modellanalyse. Die Wertebereiche sind zu grob, um die notwendigen Differenzierungen für qualitatives Schließen zu erlauben. Der Abstraktionsgrad von Modellen, die auf der Vorzeichenmenge oder ähnlich groben Wertebereichen definiert sind, ist zu hoch.

Wann unterscheiden sich Größen qualitativ? Ist die Nachfrage nach Geld um eine Milliarde größer oder kleiner, bedeutet dies in einem Modell mit entsprechendem Aggregationsgrad nur dann etwas, wenn sich der Wert der Geldnachfrage dadurch qualitativ ändert. In einem anderen Fall könnte die Geldnachfrage auf ein Zehntel ihres früheren Wertes fallen, was sicherlich eine qualitative Änderung des Wertes der Geldnachfrage darstellt. Insbesondere dann, wenn damit die Geldnachfrage auf ein Zehntel des Wertes des Geldangebots fiele, was unmittelbar Auswirkungen auf weitere Größen hätte. Die Situation am Geldmarkt ändert sich qualitativ.

Im qualitativen Schließen sind hier zunächst zwei Ansätze zu unterscheiden, die Größenordnungen qualitativer Werte im Fokus haben. Es gibt Modelle absoluter Größenordnungen, die den qualitativen Wertebereich in Bereiche aufteilen, so daß Werte unterschiedlicher Bereiche unterscheidbar sind und ihre Differenz betrachtet werden kann. Modelle relativer Größenordnungen erlauben es, den Wert einer Variablen in Relation zu den Werten anderer vergleichbarer Werte zu betrachten. In diesem Teil des Kapitels werde ich weitergehende Möglichkeiten qualitativer Wertebereiche darstellen. In Abschnitt 3.5.1 grenze ich Ansätze unterschiedlichen Abstraktionsgrads voneinander ab. Die absolute Segmentierung des Wertebereichs einer Variablen ist Inhalt des Abschnitts 3.5.2. In Abschnitt 3.5.3 betrachte ich relative Größenordnungen. Schließlich zeige ich in Abschnitt 3.5.4 weitergehende Ansätze auf, die nicht in die beiden ersten Klassen einzuordnen sind wie Grenzwertbetrachtungen, Intervallarithmetik und Größenordnungen des Wachstums.

Erweiterte Möglichkeiten der Differenzierung qualitativ unterscheidbarer Werte läßt in Verbindung mit den qualitativen Modellierungs- und Simulationsmethoden verbesserte Ergebnisse der Modellanalyse erhoffen.

3.5.1 Abstraktion von der quantitativen Welt

Ansätze, ein Modell eines Systems zu beschreiben, lassen sich nach dem Grad der Abstraktion klassifizieren. Mit dem Grad der Abstraktion ist im Kontext qualitativen Schließens gemeint, inwieweit Werte von Größen, Parametern oder Wirkungen betrachtet werden. Mavrovouniotis und Stephanopoulos [82] stellen eine Hierarchie in vier Stufen auf: *boolesche Modelle*, die Systemparameter oder Faktoren identifizieren, repräsentieren den Ansatz mit dem höchsten Abstraktionsgrad. Ein solches Modell zeigt auf, zwischen welchen Parametern Zusammenhänge bestehen, ohne die Stärke oder die Richtung eines Zusammenhangs anzugeben. Entsprechend beinhaltet ein boolesches Modell keine Informationen über Vorzeichen und Größe von Parameterwerten. Die nächste Stufe bilden *qualitative Modelle* der im vorstehenden Abschnitt beschriebenen Art. Das Vorzeichen von Variablenwerten ist hier ebenso bekannt wie die Richtung in der eine Variable eine andere beeinflußt. Informationen über Größe eines Parameterwertes sind nicht Teil des Modells, auch nicht die Größe eines Wertes in Relation zu einem anderen. *Modelle mit Größenordnungen* schließen sich in der Hierarchie an. Grob wird die Größe von Parameterwerten ob absolut oder relativ in ein qualitatives Modell aufgenommen, was Schlüsse aufgrund bestimmter Unterschiede zwischen Variablenwerten ermöglicht. Die detaillierteste numerische und algebraische Repräsentation findet sich schließlich in *quantitativen Modellen.*

3.5.2 Segmentierung des Wertebereichs

In den Methoden qualitativer Modellierung, die ich in den ersten drei Abschnitten dieses Kapitels beschrieben habe, umfaßt der Wertebereich einer Variablen oftmals die Werte $\{-, 0, +, ?\}$, die Modelle basieren auf der qualitativen Zeichenalgebra ($\{-, 0, +, ?\}$, $+$, $*$, $-$, $\approx$), wie ich sie im Abschnitt 3.3 (Seite 72) beschrieben habe. Ist der Wert einer Variablen unbestimmt, ist ihr qualitativer Wert „?“. Die Differenz zweier positiver Größen, deren qualitative Werte durch die Zeichen $\{-, 0, +, ?\}$ ausgedrückt werden, ist ebenso unbestimmt. Sie ist gleich „?“, vergleiche Abbildung 3.6 auf Seite 72. Präzisere Aussagen, als daß eine Variable positiv, gleich Null oder negativ ist, sind durch die Zeichenalgebra nicht auszudrücken. In bestimmten Anwendungsfällen ist dies, wie dargestellt, durchaus ausreichend und nützlich. Die Beschränkungen solcher Ansätze sind jedoch ebenfalls offenkundig. Ein Vergleich zweier positiver oder negativer Werte ist nicht möglich, eine Differenz zweier Variablen entsprechender Werte ist unbestimmt. Auch im qualitativen Kontext ist es jedoch durchaus sinnvoll, die Differenz zweier Variablen zu betrachten, wenn diese Differenz hinreichend groß ist. Angebot und Nachfrage auf irgend einem Gütermarkt sind in jedem relevanten Falle positiv, der Wert und das Vorzeichen ihrer Differenz ist jedoch auch qualitativ von Bedeutung.

Kuipers [70] führt Grenzwerte der qualitativen Variablen ein, die er als *landmark values* bezeichnet. Sie markieren Punkte sich ändernder Dynamik, Wendepunkte in Anpassungsprozessen, und dienen nur sekundär der Segmentierung. So sind sie für jeweils eine betrachtete Größe definiert und nicht für eine Menge von qualitativen Variablen, die man mittels der Grenzwerte vergleichen möchte. Darüber hinaus gibt es in vielen Situationen keine Grenzwerte. Bei Angebot und Nachfrage auf irgend einem Gütermarkt wäre ein möglicher Grenzwert im Wertebereich des Angebots, die Angebotsmenge, die gleich der Nachfrage ist. Im Falle konstanter Nachfrage funktioniert dies gut. Sind aber beide Funktionen von anderen Größen abhängig, dann verschiebt sich der Grenzwert entsprechend möglicher Verschiebungen der Funktionen. Variable Grenzwerte erlauben nun aber zunächst keine Vergleiche, der Wertebereich ist nicht wirklich segmentiert. Der unbestimmt positive Wert einer Variablen wird absolut betrachtet nicht bestimmter, wenn er über einem unbestimmt positiven Grenzwert liegt.

Um ausdrücken zu können, daß sich zwei Größen qualitativ unterscheiden, sind in Modellen absoluter Größenordnungen verschiedene Niveaus im Wertebereich der zugehörigen Variablen vorzusehen. Durch die möglichen Werte in der Zeichenalgebra ist eine Unterscheidung positiver und negativer Werte möglich. Die Konzepte dieses Abschnitts erweitern diese nicht hinreichende Differenzierung.

Ad hoc Zerlegung

Eine andere Einteilung nach Travé–Massuyès und Piera [132] in sieben Klassen ist ebenfalls eine *vollständige* Segmentierung des Wertebereiches. Die Klassen reichen von *Negative Large* (*NL*), *Negative Medium* (*NM*), *Negative Small* (*NS*) über *Zero* (0) bis *Positive Large* (*PL*). Die Menge dieser Klassen sei $\tilde{\mathcal{S}}$. Die Klassen sind geordnet durch $NL < NM < \ldots < PL$. Eine qualitative Variable kann als Wert eine solche Klasse haben oder einen Bereich, der über eine Klasse hinausgeht. Von der unbestimmtesten Aussage, der Wert der Variablen sei „?“, das heißt, er liegt im Bereich [*NL*,*PL*], können immer bestimmtere Aussagen über Variablen getroffen werden. Die nächstschwächere Unterscheidung ist die der Bereiche [*NL*,*PM*] und [*NM*,*PL*] also der Bereiche von großen negativen bis mittleren positiven und von mittleren negativen bis großen positiven Werten. Der gesamte Wertebereich, bezeichnet als vollständiges Modell auf $\tilde{\mathcal{S}}$, ist somit gegeben als:

$$\mathcal{S} = \tilde{\mathcal{S}} \cup \{[x,y] | x, y \in \tilde{\mathcal{S}} \;\wedge\; x < y\}$$

Während die Zeichenalgebra nur eine Abstufung in der Präzision von Aussagen ermöglicht, gibt es hier vier zusätzliche Stufen zwischen der Aussage, eine Variable habe den qualitativen Wert „?“ und den bestimmten Aussagen $\{NL, NM, \ldots, PL\}$.

Jede Aussage über die qualitative Gleichheit zweier Variablen mit solcherart beschriebenem Wertebereich hängt in ihrem Gehalt von der Bestimmtheit beider Werte ab. Nach Piera und Travé–Massuyès [107] sind zwei Variablen qualitativ gleich, wenn die jeweiligen Bereiche, die die möglichen Werte der Variablen angeben, eine nicht leere Schnittmenge haben. Die Definition zur qualitativen Gleichheit zweier Variablen aus der Zeichenalgebra kann auf $\mathcal{S}$ übertragen werden:

$$x \approx y : \exists z \in \mathcal{S} \text{ so daß } z \leq x \;\wedge\; z \leq y$$

$z \leq x$ bedeutet bei $x, z \in \mathcal{S}$, daß z präziser oder gleich präzis ist wie x, daß die Aussage zum Wert von z bestimmter oder gleich bestimmt ist wie die zum Wert von x. Hat eine der beiden Variablen den Wert „?“, gilt qualitative Gleichheit zu jeder anderen Variablen. Ist ihr Wert als Bereich [*NL*,*PM*] gegeben, unterscheidet sie sich von Variablen mit dem qualitativen Wert *PL*.

Für den Rahmen dieser Arbeit bedürfen die mathematischen Eigenschaften einer qualitativen Algebra $(\mathcal{S}, +, \times, \approx)$, auch Q–calculus, keiner näheren Betrachtung. Unten im Abschnitt 8.3.2 werde ich dies geeignet begründen. Den interessierten Leser verweise ich auf die bereits angegebenen Arbeiten [90, 106, 107, 132].

Unterscheidung von Potenzen

Die Segmentierung des Wertebereichs qualitativer Variablen entsprechend einer logarithmischen Skala findet sich zuerst bei Murthy [94]. Dessen Ansatz erweitert Nayak [96] so weit, daß qualitative Schlüsse auf Basis solcherart definierter Größenordnungen möglich sind. Die Propagierung der Größenordnungen durch ein qualitatives Gleichungssystem geschieht mittels einer Menge entsprechender Regeln.

Ist ein unscharfer Wert ein qualitativer Wert?

Auch wenn die Ansätze absoluter Segmentierung des Wertebereichs auf den ersten Blick sehr verwandt mit unscharfen Werten (*fuzzy* Values), vergleiche Yager et al. [142] oder Zadeh [143], zu sein scheinen, so zeigt sich doch schon beim Vergleich zweier Werte, daß diese sehr viel weiter gehen als das Fuzzy–Konzept.

Fuzzy, also unscharfe Werte gehören zu einem bestimmten Grad einer oder verschiedenen unscharfen Mengen an, vergleiche beispielsweise Winston [140]. Gleich sind solche Werte dann, wenn sie zu einem Grad größer Null der gleichen Menge angehören. Ist beispielsweise 0 eindeutig klein und 100 eindeutig groß, dann gehören die Werte zwischen 0 und 100 mit fallendem Zugehörigkeitsgrad zur Menge der kleinen und mit wachsendem Zugehörigkeitsgrad zur Menge der großen Zahlen. Zwei Größen x und y mit voneinander verschiedenen Werten größer 0 und kleiner 100 sind demnach beide sowohl in der Menge der kleinen, als auch in der Menge der großen Zahlen. Sie sind gleich, auch wenn sie im fuzzy Kontext nicht konsistent als gleich behandelt, sondern weiterhin gemeinsam mit ihrem jeweiligen Zugehörigkeitsgrad betrachtet werden. Abstufungen der Präzision getroffener Aussagen ergeben sich aus den Zugehörigkeitsgraden und nicht aus begrenztem Wissen über einen Variablenwert. Fuzzy–Werte beschreiben zwar qualitative Werte, ihre Handhabung ist jedoch nicht qualitativ. Mit Hilfe des Fuzzy–Ansatzes kann aus numerisch meßbaren Werten und qualitativ bekannten Zusammenhängen auf einen bestimmten Sachverhalt geschlossen werden.

Ein qualitativ bekannter Zusammenhang ist von einer Form wie: „Gehört die Größe g_1 zur Menge M_1 und die Größe g_2 zur Menge M_5, dann wird die Größe g_3 zur Menge M_9 gehören.“ Die Größen g_1 und g_2 sind typischerweise meßbare Größen, für die numerische Werte existieren. g_3 ist gegeben als Funktion von g_1 und g_2, diese Funktion jedoch ist nur qualitativ bekannt. Angegeben wird sie als qualitative Wertetabelle. Da nun g_1 und g_2 in aller Regel nicht nur zugehörig zu den Mengen M_1 und M_2 sind, sondern beide einen von Null verschiedenen Zugehörigkeitsgrad zu jeweils einer anderen Menge aufweisen, gibt es nicht immer eine eindeutig resultierende Menge von g_3. Beispielsweise könnten die folgenden vier Zusammenhänge zutreffen:

g_1	g_2	g_3
...	...	...
M_1	M_5	M_9
M_2	M_6	M_8
M_2	M_5	M_9
M_1	M_6	M_8
...	...	...

Mehrdeutige Aussagen werden über die Zugehörigkeitsgrade zusammengeführt. Eine Aussage erhält im Vergleich zu anderen ebenfalls möglichen Aussagen ein stärkeres Gewicht, wenn die Zugehörigkeit der Größen g_1 und g_2 zu den angegebenen Mengen stark ist. Im Beispiel folgt hier entweder eine stärkere Zugehörigkeit von g_3 zu M_8 oder zu M_9. In einer Anwendung der Methodik zur Systemsteuerung gibt es verschiedene Methoden mit deren Hilfe letztlich ein numerischer Wert von g_3 resultiert, vergleiche beispielsweise Nauck [95].

Der oben dargestellte Ansatz der absoluten Segmentierung des Wertebereichs in qualitativ unterscheidbare Bereiche ist zunächst ein rein qualitativer Ansatz. Dies gilt auch dann, wenn numerische Werte diesen Bereichen zugeordnet werden. Falls dieses geschieht, bleiben Variablen des Wertebereichs weiterhin rein qualitativ, solange sie den Bereichen und nicht selbst numerischen Werten zugeordnet werden.

In der Fuzzy–Logik werden numerischen Werten qualitative Bereiche zugeordnet, die sich überlappen. Ändert sich der Wert einer Variablen, so ändert sich auch die Zugehörigkeit zu den Bereichen. Ausgedrückt wird dies durch die Zugehörigkeitsgrade, die selbst wieder nur Funktionen des numerischen Wertes einer Variablen sind. Wird somit die Bewegung einer Variablen als stetige Änderung der Zugehörigkeitsgrade dargestellt, entspricht dies unmittelbar dem direkten Ändern des numerischen Wertes dieser Variablen.

Die Segmentierung nach Travé–Massuyès und Piera ist ein wichtiger Schritt zur Überwindung einer Schwäche der Zeichenalgebra. Allmähliche Übergänge sind in der Zeichenalgebra nicht darstellbar. Ein negativer Wert wird schlagartig Null, um dann positiv zu werden. Die einzige mögliche Zwischenstufe ist, einer Variablen, die sich aus den negativen Werten der Null nähert, den Wert „?“ zuzuweisen. Damit jedoch wird ausgedrückt, daß gar nichts über den Variablenwert bekannt ist, so könnte er negativ, Null oder positiv sein. Dennoch folgt natürlich auch aus dem qualitativen Tupel $\{?, \uparrow\}$, daß der Wert der Variablen positiv ist oder in der weiteren Entwicklung positiv wird. Durch die Erweiterung um vier Zwischenstufen in der Präzision von Aussagen über Variablenwerte, können nun Wertänderungen in kleineren Schritten ausgedrückt werden, ganz ähnlich wie es in der Fuzzy–Logik den Anschein hat. Hat eine Variable den Wert *NM*, also einen mittleren negativen Wert, und bewegt sich ihr Wert in Richtung Null, ist bald nicht mehr sicher, ob er noch immer *NM* oder schon *NS*, also negativ und klein ist. Diese Übergangsphase wird dargestellt durch das Intervall [*NM,NS*], was ausdrückt, daß der Wert der Variablen irgendwo zwischen den mittleren und den kleinen negativen Werten liegt. Steigt der Wert weiter, kann der Variablen der Bereich *NS* zugeordnet werden. Schrittweise Übergänge werden auf diese Weise ermöglicht.

Das Ergebnis einer Subtraktion zweier positiver Werte ist nicht völlig unbestimmt. Je nach dem, wie präzis das Wissen über die Werte der Variablen ist, resultiert ein mehr oder weniger spezifischer Bereich als Ergebnis der Subtraktion.

Unscharfe Werte sind qualitative Beschreibungen von Mengen ohne präzise Grenzen, beziehungsweise für die es keine im Sinne des Anwendungszusammenhangs sinnvollen scharfen Grenzen gibt. Die qualitative Modellierung eines Systems mit Variablen, deren Werte durch unscharfe Mengen definiert sind, ist ebenso denkbar wie die Beschreibung durch Intervalle zwischen zwar rein qualitativen aber durch die Systemumgebung gegebenen Grenzwerten. „*Qualitative representation is complex: models can be built at different levels of detail and for different purposes; values can be described in terms of landmarks or fuzzy descriptors*“, konstatiert Kuipers [74], Seite 10. Er betont jedoch die Unterschiede zwischen den Konzepten: „*The landmark–value and fuzzy–value qualitative representations are very distinct,* [...] *It is not uncommon to observe applications of qualitative reasoning that do violence to both representations by arbitrarily selecting landmark values to represent precise boundaries between inherently fuzzy descriptors.*“ [74], Seite 9.

3.5.3 Relative Größenordnungen

Je nach Fragestellung ist es häufig nicht notwendig oder hilfreich, den Wertebereich einer qualitativen Variablen absolut zu segmentieren. Für die Beantwortung solcher Fragen ist es irrelevant, wie groß der Wert einer Variablen ist, sondern sie hängt davon ab, wie der Wert dieser Variablen in Relation zu dem oder den Werten einer oder mehrerer anderer Variablen steht. Hier bietet sich die Betrachtung relativer Größenordnungen an. Statt quasi als Umweg, Werte Bereichen zuzuordnen, um dann Aussagen über die Differenz dieser Werte treffen zu können, können unmittelbar die Werte im Vergleich betrachtet werden. Qualitativ wird unterschieden, ob ein Wert zu einem anderen deutlich größer, vernachlässigbar klein, in der Nähe oder ungefähr gleich ist.

In der Zuordnung relativer Größerordnungen zu numerischen Werten kann wie beschrieben die Differenz zweier Werte der Referenzpunkt sein, was den

Ansatz vergleichbar mit der Betrachtung absoluter Größenordnungen hält. Ein anderer Referenzpunkt, der aus physikalischer Sicht häufig sinnvoller ist, ist der Quotient zweier Werte.

Geordnete Äquivalenzklassen

Raiman [114] führt als erster einen formalen Rahmen für das Schließen mit relativen Größenordnungen ein. *„The aim of order of magnitude reasoning is to provide a level of description, eliminating secondary aspects and showing the main properties of a system. This implies a quantity space with the added structure derived from the use of the operators Ne, Vo, Co. This allows the introduction of common sense knowledge, and simplifies the representation of complex systems.“* [114], Seite 104. Er definiert drei Relationen *Vo*: „liegt dicht bei“, *Co*: „ist vergleichbar mit“ und *Ne*: „ist vernachlässigbar gegenüber“.[7] Gilt $A \, Ne \, B$ dann ist A vernachlässigbar gegenüber B, B ist nicht nur größer als A sondern von einer anderen Größenordnung in Relation zu A. $A \, Vo \, B$ bedeutet, daß die Differenz aus A und B vernachlässigbar gegenüber B ist. Haben A und B dasselbe Vorzeichen und die gleiche Größenordnung, gilt $A \, Co \, B$, woraus folgt, daß wenn B vernachlässigbar ist gegenüber einer dritten Größe C, auch A vernachlässigbar gegenüber dieser Größe ist. Wenn $A \, Co \, B$ gilt, ist die Differenz aus A und B klein aber nicht vernachlässigbar klein. Durch ein Axiom und eine Menge von Regeln beschrieben, führt Raiman das FOG–System[8] zum qualitativen Schließen in relativen Größenordnungen ein. Wird ein qualitatives Modell in FOG übertragen und durch die Angabe relativer Größenordnungen zwischen den Modellvariablen eine Ausgangssituation bestimmt, leitet FOG einen Schluß ab, und zwar durch Vergleich der jeweiligen Situation mit den gegebenen Regeln. Ganz analog zur Arbeitsweise eines Expertensystems wird eine Regel, deren Bedingungen erfüllt sind, ausgewählt und

[7] *Ne* steht für *„negligible“*, und *Co* steht für *„comparable“*. Welches englische Wort jedoch durch *Vo* abgekürzt wird, konnte ich nicht ergründen. Ich hätte in meiner Darstellung *Vo* durch *Cl* für *„close“* ersetzen können, habe mich aber entschieden, Raimans Operatoren beizubehalten.

[8] FOG steht für Formalisierung des Schließens in Größenordnungen und ist eine Abkürzung des entsprechenden französischen Ausdrucks.

ausgeführt, was gegebenfalls Größenrelationen ändert und eine neue Situation schafft.

Vo und *Co* sind Äquivalenzrelationen, wobei *Co* gröber ist als *Vo*. *Ne* ist über *Co* definiert als: $A\,Ne\,B \Leftrightarrow B\,Co(B+A)$. Ist ein Wert A vernachlässigbar gegenüber einem Wert B, dann ist B vergleichbar mit der Summe aus B und A. Desweiteren gilt $A\,Ne\,B$, $B\,Co\,C \Rightarrow A\,Ne\,C$: wenn ein Wert A vernachlässigbar gegenüber einem Wert B ist, dann ist A auch vernachlässigbar gegenüber anderen Werten, die mit B vergleichbar sind. Aus diesen Zusammenhängen folgt, daß *Ne* eine strenge Ordnung zwischen Äquivalenzklassen für *Co* definiert. Größenordnungen sind letztlich algebraisch zu sehen: In der Zeichenalgebra sind Werte vergleichbar, wenn sie dasselbe Vorzeichen haben. Ist ein Wert vernachlässigbar gegenüber einem anderen, so läßt sich dies äquivalent in absoluten Werten ausdrücken. Eine entsprechende äquivalente Formulierung der Relation in absoluten Werten bezieht sich jedoch auf die jeweilige Anwendung und ist nicht anwendungsunabhängig zu erstellen, was den eher intuitiven Charakter der Semantik der Relation unterstreicht.

Grenzen hat das FOG–System in seiner Anwendung, weil es nicht ohne weiteres auf einen archimedischen Wertebereich übertragbar ist, insbesondere nicht auf $\mathbb{R}$. Dies erschwert die Nutzung quantitativer Informationen, wenn solche zur Verfügung stehen, ebenso wie eine Kontrolle des Prozesses, der zum qualitativen Schluß führt. In $\mathbb{R}$ gilt für eine beliebig kleine Zahl a und eine beliebig große Zahl b, daß es ein c geben muß, so daß $ca > b$. Von solcher Summierung abhängige Situationen müssen beim Schließen im FOG–System ausgeschlossen werden, da die Eigenschaft über die definierten Operatoren nicht zu realisieren ist. Raiman selbst zeigt die Konsistenz seiner Regeln mit Hilfe eines Modells reeller Zahlen eines nichtarchimedischen Bereichs in *Nonstandard Analysis*, vergleiche Lutz [77] oder Robinson [117]. Die FOG Regeln werden endlich oft angewendet, n wird also nicht beliebig groß. Nach Raiman bedeutet Schließen mit Hilfe des FOG–Systems, ein *natürliches* Modell des Schließens in Größenordnungen in das formale System zu übertragen. Das Resultat der Schlüsse ist dann über Nonstandard Analysis wieder für das eigentliche, natürliche Modell zu interpretieren.

Ohne exakte Rückführung auf Nonstandard Analysis, was bedeutet, den algebraischen Hintergrund der Relationen nicht aufzudecken, „*we have a purely symbolic reasoning. In practice such symbolic reasoning is applied either because the data available is not accurate enough to use quantitative methods, or because qualitative reasoning has been deliberately chosen. Even in the case of a pure symbolic reasoning with order of magnitude knowledge, we can extract an interesting explanation of the behavior of a system. This is the case for example in the macroeconomic model* [11]." so Raiman [114], Seite 103.

Relative Betrachtung absoluter Unterschiede

Auf sieben Relationen, die unmittelbar in FOG Relationen ausdrückbar sind, bauen Mavrovouniotis und Stephanopoulos [81, 82] ihr $O(M)$-System auf. 21 weitere Relationen lassen sich aus den gegebenen sieben zusammensetzen, so daß insgesamt 28 Größenrelationen in $O(M)$ ausgedrückt werden können. Die Semantik der Relationen wird hingegen nicht durch ein formales System sondern durch direkten Bezug auf Intervalle in $\mathbb{R}_+$ angegeben. Diese Intervalle sind bestimmt durch einen Parameter, der für jeden Anwendungsbereich spezifiziert werden muß. Entsprechend eng verwandt ist ihr Ansatz mit einer Segmentierung über absolute Größenordnungen.

Die Ableitung von Schlüssen (Inferenzen) hingegen erfolgt analog zum FOG-System: „*Inference strategies within $O(M)$ are based on propagation of order of magnitude relations through properties of the relations, solved or unsolved algebraic constraints and rules.*" [82], Seite 867. Die strikte Anlehnung der Semantik der Relationen an Intervalle in $\mathbb{R}_+$ sichert exakte Schlüsse und erlaubt die Einbindung quantitativer Informationen. Um menschliches Schließen abbilden zu können, sind die Regeln jedoch zu eng. Sie sind auch zu eng, um die eher intuitiv gegebenen Regeln aus FOG einschließen zu können. Aus diesem Grunde wird ebenfalls eine heuristische Interpretation der Semantik der Relationen gegeben, „*while heuristic interpretation allows inference more aggressive and human-like, by permitting some slack at each inference step.*" Die hieraus folgenden Schlüsse sind jedoch nicht fehlerfrei, und es gibt kein Mittel, den Fehler abzuschätzen. So konstatiert beispielsweise Dague [17], Seite 126: *„Although the insufficiencies of FOG were rightly pointed out, the O(M) system does not really solve them.“* Desweiteren stellt Dague ohne Einbeziehung von Verbindungen zu einem realen, numerischen System ohne spezielle Kontrolle des Prozesses des Schließens in [16] allgemein fest, daß insbesondere eine langsame Bewegung einer Größe aus einer Größenordnung in eine andere auf dem formalen Wege nicht darstellbar ist. Dies gilt deshalb, weil sich die Größenordnungen nicht überlappen. Für zwei Größen A und B, für die gilt $A < B$, gilt eine der folgenden drei sich gegenseitig ausschließender Relationen: $A\ Vo\ B$, $A\ Co\ B \vee \neg(A\ Vo\ B)$ oder $A\ Ne\ B$, was graduelle Änderungen nicht gestattet und zu unbefriedigenden Unstetigkeiten führt.

Überlappende Relationen

Stetige Änderungen der Größenordnung einer Variablen erreicht Dague [16] durch Einführung einer vierten Relation *Di* (*„distant“*): „ist entfernt von“ zusätzlich zu den drei in FOG definierten. *Di* ist über *Co* definiert als: $A\ Di\ B \Leftrightarrow (A - B)\ Co\ A \wedge (B - A)\ Co\ B$.

Auch Dague gibt ein formales System an, definiert durch eine Menge von Axiomen. Der größte Teil der Axiome ist aus dem FOG–System übernommen: Sie definieren die Eigenschaften von *Vo* und *Co* und definieren *Ne* durch *Vo*. Die hinzugefügten Axiome erweitern die Definition von *Co*. Es resultiert ein System, das die Regeln von FOG umfaßt und erweitert. *Ne* definiert wie oben bereits dargestellt eine strenge Ordnung auf Äquivalenzklassen für *Co*. Die Relation *Di* definiert eine symmetrische Relation zwischen Äquivalenzklassen für *Vo*. Eine algebraische Beschreibung der Axiome ist möglich, aber innerhalb dieser Arbeit nicht notwendig, siehe hierzu [16] oder [17].

Zwischen den vorstehend beschriebenen relativen Größenordnungen gibt es über die Relation *Di* definierte unscharfe Übergangsbereiche. Insgesamt resultieren sieben überlappende Relationen anstelle der drei in FOG. Zusammen mit Gleichheit und der Betrachtung von Vorzeichen sind es 15 Relationen gegenüber den sieben überschneidungsfreien in $O(M)$. Graduelle Änderungen der Größenordnung eines Wertes werden somit möglich, was eine feinere Modellierung und entsprechend bessere Schlüsse erlaubt als sowohl in FOG wie auch in $O(M)$.

Nicht behoben werden auf diese Weise die oben angedeuteten Mängel des FOG–Systems, daß verfügbare quantitative Informationen nicht in den Prozeß des Schließens einbezogen werden können, und daß der Prozeß kaum zu kontrollieren ist. Dague löst beide Probleme in [15] durch die Übertragung aller Axiome und Eigenschaften in $\mathbb{R}$. Die Relationen werden definiert mit jeweils einem anwendungsabhängig zu wählenden Parameter P, für die *Vo* und die *Co* Äquivalenzklassen. Auf diese Parameter bezogen ist die Übertragung qualitativer Werte in $\mathbb{R}$ möglich. $A\ Vo_P\ B$ muß so in $\mathbb{R}$ nicht das gleiche bedeuten wie $C\ Vo_{P'}\ D$, wenn für C und D die Relation *Vo* anders parametrisiert wird als für A und B. Die Formulierung hybrider, qualitativ–quantitativer Modelle wird auf diese Weise einfach. Die Korrektheit des Prozesses ist in $\mathbb{R}$ überprüfbar, während die qualitative Natur der Modelle erhalten bleibt. Dague selbst verweist auf die inhaltliche Nähe seines Ansatzes zu dem von Dubois und Prade [25], die das gleiche Ziel über unscharfe Relationen erreichen.

3.5.4 Adaptionen aus angrenzenden Bereichen

Neben den betrachteten Ansätze zur Segmentierung des Wertebereichs qualitativer Variablen oder zu relativen Größenordnungen gibt es noch einige andere, verwandte Ideen. Ich will sie jeweils kurz erwähnen, um später ihre Anwendbarkeit in Kombination mit qualitativer Modellierung und Simulation in der Analyse qualitativer Modelle einschätzen zu können.

Betrachtung des asymptotischen Systemverhaltens

Es geht darum, ein System, das durch viele Variablen und viele Zusammenhänge zwischen diesen Variablen dargestellt ist, zu analysieren. Der erste Schritt im Sinne der Fragestellung ist, wichtige Parameter zu identifizieren und von anderen zu unterscheiden, von denen im weiteren vielleicht sogar abstrahiert werden kann. Hilfreich ist an dieser Stelle die Betrachtung der Modellbestandteile in Extremsituationen, also bei Parameterwerten an den Grenzen ihres jeweiligen Definitionsbereichs. Die Ergebnisse dieser in der Literatur als *Exaggeration Reasoning* beschriebenen Herangehensweise können sowohl für qualitative Modellierung als auch für Analyse und Design von Systemen oder Modellen genutzt werden, vergleiche insbesondere Weld [137, 138]. Asymptotische Eigenschaften einer Systemdynamik werden auf diese Weise aufgedeckt, die leicht verborgen bleiben, wenn mittlere Parameterwerte gewählt werden.

Missier et al. [91] setzen entsprechend extreme Anfangswerte für die Parameter einer Ausgangssituation, propagieren diese durch ihren Prozeß des Schließens und nutzen die Ergebnisse zum Test des Grenzverhaltens des Systems. Weld nutzt extreme Störungen zur Systemanalyse. Die Reaktion eines Systems auf die Störung wird simuliert. Führt eine solche Störung beispielsweise dazu, daß eine bestimmte andere Systemgröße signifikant steigt, wird eine entsprechend positive Wirkung im Sinne komparativ statischer Überlegungen gefolgert. Die entscheidende und vielfach kritische Annahme ist, daß das System auf Störungen monoton reagiert und extreme Störungen kein grundlegend anderes Systemverhalten auslösen. Neitzke und Neumann [98, 99] nutzen für die Simulation komparative statische Analyse.

Betrachtung von Intervallen

In vielen Anwendungsgebieten des qualitativen Schließens ist es möglich, für die systembeschreibenden Variablen die Wertebereiche auf spezifische Intervalle einzuschränken. Für die abhängigen Systemvariablen lassen sich daraus ebenfalls eingeschränkte Wertebereiche ableiten. So ist das Intervall möglicher Werte von $z = x + y$ bestimmt, wenn Intervalle für x und y gegeben sind. Als nicht so einfach stellt sich die Aufgabe heraus, Intervalle aus Differenzen oder aus nicht–linearen Zusammenhängen abzuleiten. Das Problem entspricht verallgemeinert dem *Constraint Satisfaction Problem*, vergleiche bei Mackworth [79].

Für die Ableitung von *'commonsense' arithmetic* Schlüssen nutzt Simmons [120] Intervall–Arithmetik zur integrierten Betrachtung von Zusammenhängen, arithmetischen Ausdrücken, qualitativen und quantitativen

Informationen. Mit integrierter Betrachtung meint Simmons, *„that adding one type of knowledge may constrain other types and thereby enable additional inferences to be made."* [120], Seite 118. Für die Ableitung von Schlüssen aus einer Systembeschreibung, also für die Systemanalyse ist die Anwendung der Intervall–Arithmetik jedoch problematisch, weil Zusammenhänge zwischen Variablen im Kontext nicht betrachtet werden können. Der Ausdruck $x-x$ mit x im Intervall $[a,b]$ ergibt das Intervall $[a-b,b-a]$, was zwar den erwarteten Wert Null einschließt aber doch zu ungenau ist, wenn nicht $a = b$ gilt. Geht eine Variable mehrmals in einen Ausdruck ein, wird sie jedes Mal wie eine neue Variable betrachtet. Insbesondere folgt hieraus auch, daß sich das tatsächliche Wertintervall eines Funktionsergebnisses nicht durch Einsetzen der Parameterintervalle in die Funktion ermitteln läßt. Für eine Funktion $f(x_1,\ldots,x_n)$ mit x_i im Intervall I_i gilt, daß $f(I_1,\ldots,I_n)$ grundsätzlich nicht gleich $\{f(x_1,\ldots,x_n)\}$ ist. Die Eigenschaften der Intervall–Arithmetik sichern lediglich: $f(I_1,\ldots,I_n)$ enthält $\{f(x_1,\ldots,x_n)\}$.

Die Anwendbarkeit des Ansatzes auf qualitatives Schließen ist begrenzt. So konstatiert Struss: *„A mathematical formalization of qualitative reasoning methods is developed which is based on a variant of interval mathematics. It is shown that these methods applied to sets of equations are complete but not sound. Moreover, their solutions are not stable with respect to simple variations in the underlying set of equations."* [128], Seite 288.

Größenordnungen des Wachstums

Funktionen, die asymptotisch das gleiche Verhalten zeigen, können qualitativen Klassen zugeordnet werden. Jede dieser Klassen wird durch Angabe einer Referenzfunktion charakterisiert. Entsprechend wird der Aufwand eines Algorithmus und die Komplexität eines Problems in Abhängigkeit der Problemgröße bei der groben Aufwandsanalyse von Algorithmen in der Informatik bestimmten Klassen zugeordnet. So wächst der Aufwand an Rechenzeit oder Speicherplatz für einen Algorithmus in einer Größenordnung

$O(f)$, vergleiche beispielsweise Mehlhorn [86]:

$$\begin{aligned} O(f) &= \{g : \mathbb{N}_0 \to \mathbb{N}_0;\ \exists c > 0\ \exists n_0 \text{ mit } g(n) \leq cf(n) \text{ für alle } n \geq n_0\} \\ \Omega(f) &= \{g : \mathbb{N}_0 \to \mathbb{N}_0;\ \exists c > 0\ \exists n_0 \text{ mit } g(n) \geq cf(n) \text{ für alle } n \geq n_0\} \\ \Theta(f) &= \{g : \mathbb{N}_0 \to \mathbb{N}_0;\ \exists c > 0\ \exists n_0 \text{ mit } \frac{1}{c}f(n) \leq g(n) \leq cf(n) \\ &\qquad \text{für alle } n \geq n_0\} \end{aligned}$$

Die O–Notation wird in Beweisen für obere Schranken, die Ω–Notation wird in Beweisen für untere Schranken benutzt und die Θ–Notation wird verwendet, wenn die Wachstumsrate einer Funktion genau bestimmbar ist. Zum $O(M)$–System von Mavrovouniotis und Stephanopoulos, das ich oben dargestellt habe, besteht trotz der ähnlichen Benennung keine Verbindung.

Die Funktion des tatsächlichen Aufwands $g(n)$ als Funktion der Problemgröße n wird einer Klasse zugeordnet, deren obere Grenze durch eine Funktion f gegeben ist. $O(f)$ bezeichnet eine entsprechende Klasse von Funktionen. Eine quadratische Funktion $2n^2 + 5n$ beispielsweise gehört zur Menge $O(n^2)$.

In die qualitative Systemanalyse wird dieser Ansatz zur Differenzierung von Wirkungen genutzt. Gehört eine qualitative Funktion q_1 zu einer Klasse $O(f_1)$ und eine andere q_2 zur Klasse $O(f_2)$ gibt der Vergleich von f_1 und f_2 an, welche Wirkung stärker ist. Ein Term $q_1(x) - q_2(x)$ ist bei hinreichend großem x entsprechend determiniert. Ebenso kann angegeben werden, daß bestimmte Systembereiche sehr viel stärker und schneller auf Störungen reagieren als andere. Die 'schnellen' Systembereiche können dann gegebenenfalls als Subsystem getrennt betrachtet werden.

Kuipers [71, 72] nutzt hierzu äquivalent ein Konzept, das er als *Time-Scale Abstraction* bezeichnet, um ein komplexes System zu strukturieren. Er entwickelt eine Hierarchie kleiner, interagierender Gleichgewichtsmechanismen. Innerhalb dieser Hierarchie sind für einen gegebenen Mechanismus M langsamer wirkende Mechanismen konstant, was bedeutet, daß sie aus Sicht von M nicht wirken. Schnellere Mechanismen werden von M aus als unmittelbar wirkend angesehen. Eine Störung ausgehend von einem schnelleren Mechanismus wirkt in M wie eine Änderung in einer qualitativen Proportionalität.

Als Exogenisierung (*Exogenizing*) und ins Gleichgewicht bringen (*Equilibrating*) bezeichnen Iwasaki und Simon [61] ganz entsprechend die Differenzierung von Mechanismen nach der Stärke oder Geschwindigkeit ihrer Wirkung. Langsamer wirkende Mechnismen, im Vergleich zu einem Mechanismus M, werden von diesem abgegrenzt, indem sie konstant gesetzt, oder exogenisisiert werden. Schnellere Mechanismen wirken unmittelbar, so daß sie aus der Sicht des Mechanismus M wie Gleichgewichtsbedingungen zu sehen sind: *„Equilibrating generates an abstraction of a dynamic structure by ignoring the short-run dynamics within strongly interactive variables. Exogenization does so by ignoring the very weak interactions that one variable has with others through a slow-moving mechanism.“* [61], Seite 169. Indem die Geschwindigkeit von Mechanismen unterschieden wird, werden ihre Wirkungen nicht absolut vergleichbar. Wird eine Variable jedoch von der Summe zweier gegensätzlich wirkenden Mechanismen beeinflußt, dann kann dieser Konflikt dennoch aufgelöst werden, wenn einer der Mechanismen exogenisiert wird, weil er deutlich langsamer reagiert als der widersprechende, oder wenn einer der Mechanismen unmittelbar wirkt, weil der deutlich stärker oder schneller wirkt.

Teil II

Methoden ökonomischer Analyse

Kapitel 4

Qualitativ mathematische Verfahren der Modellanalyse

In diesem Kapitel führe ich in einige Methoden ein, die in der Analyse ökonomischer Modelle verwendet werden. Zur Darstellung der Methoden führe ich einige prototypische Beispiele ein. Die Ergebnisse der Analyse dieser Beispiele werde ich im dritten Teil dieser Arbeit zur Validierung der Ergebnisse der Methoden qualitativen Schließens heranziehen. Neue Wege in der Analyse ökonomischer Modelle müssen sich meines Erachtens an den Analyseverfahren messen lassen, die dem Ökonomen vertraut sind, und die ihm als Arbeitsmittel zumeist hinreichend aussagefähige Ergebnisse liefern. Ich gehe dabei von der Annahme aus, daß die bekannten Methoden ökonomischer Modellanalyse das Verhalten eines ökonomischen Systems hinreichend gut und unverfälscht offenlegen.

Ich werde im Abschnitt 4.1 zunächst quantitative und qualitative Analyse eines ökonomischen System voneinander abgrenzen. Verbale Argumentation zur Analyse von Modelleigenschaften widme ich den Abschnitt 4.2. Anschließend konzentriere ich mich im Abschnitt 4.3 auf die komparativ statische Analyse und die Stabilitätsanalyse im Abschnitt 4.4 eines Modells und beschreibe die grundlegende Methodik an ausgewählten Beispielen. Es ist an dieser Stelle weder erforderlich noch möglich oder sinnvoll, alle möglichen Analysemethoden aufzulisten und darzustellen. Eine Methodensammlung zu schaffen, ist kein Anliegen meiner Arbeit. Ich werde lediglich eher beispielhaft Methoden beschreiben, die zur Analyse der ausgewählten Beispiele anwendbar sind. Zudem setze ich voraus, daß ein an dieser Arbeit interessierter Leser bereits weitgehend vertraut mit verschiedenen Methoden ist. Ich schließe das Kapitel mit einer Diskussion der Grenzen qualitativ mathematischer Verfahren in der Analyse ökonomischer Modelle.

4.1 Quantitative versus qualitative Modellanalyse

In der Modellanalyse können quantitative und qualitative Methoden unterschieden werden. Quantitative Methoden werden insbesondere in Prognosemodellen und zur Verifikation theoretischer Erkenntnisse an realen Daten eingesetzt. Qualitative Methoden dienen zur Betrachtung grundlegender Verhaltensannahmen, die unabhängig von quantitativen Daten oder Funktionen unterstellt werden.

Die Anwendung ökonometrischer Methoden ist quantitative ökonomische Analyse. Auf Basis einer Theorie, eines qualitativen Modells, wird ein ökonometrisches Modell aufgestellt. Anhand realer Daten werden Modellparameter bestimmt und Aussagen darüber ermöglicht, inwieweit zuerst das ökonometrische und dann das qualitative Modell, also die ökonomische Theorie, zu den realen Daten passen. Schließlich sind mit dem ökonometrischen Modell Prognosen über zukünftige Entwicklungen möglich. Zur quantitativen Analyse sind ebenfalls die Methoden der numerischen Simulation zu zählen, die ich im Kapitel 5 beschreibe.

Die Motivation von Forschern oder Forscher*communities*, quantitative Analyse durch qualitative zumindest zu ergänzen, beschreibt Dague folgendermaßen: *„These communities were mainly motivated, on the one hand by the lack of quantitative data for building conventional numerical models, and on the other hand by the wish to distinguish between conclusions derived from specific numeric patterns in the model and from general structural features.“* [17], Seite 119. Für Ökonomen steht in der Regel der zweite motivierende Aspekt im Mittelpunkt, so auch in dieser Arbeit.

„By qualitative analysis we mean the analysis of the general properties of the model, abstracted from the single numerical case“, schreibt Gandolfo [38], Seite 22. Die qualitative Analyse gliedert sich nach Gandolfo in *i)* die Bestimmung des Gleichgewichtspunktes, *ii)* die komparativ statische Analyse, *iii)* die Stabilitätsanalyse und *iv)* die Analyse der Sensitivität der Parameterwerte. In dieser Arbeit konzentriere ich mich auf Gandolfos Teile *ii)* und *iii)*. Die Existenz eines Gleichgewichtspunktes ist in allen von mir betrachteten Modellen gegeben, weshalb ich auf *i)* nicht ausdrücklich eingehe. Die Sensitivität von Parameterwerten betrachte ich in bezug auf qualitative Analyse nicht. Für den späteren Vergleich mit den Ergebnissen qualitativer Simulation ist die Betrachtung von Parameterwerten nicht relevant.

Der in der Einleitung beschriebene Volkswirt, der an der Tafel in Diagrammen Kurven verschiebt, ist dabei, ein Modell qualitativ zu analysieren. Qualitative Analyse hat in der Ökonomie eine lange Tradition. Angefangen bei Adam Smith, der noch rein verbal argumentierend, die aus seinem Modellansatz resultierenden Reaktionen analysierte, über Walras, der die marginalistische Revolution einleitete und damit für die Anwendung komplizierter Differentialgleichungsmodelle und deren Analyse durch die Methoden der qualitativen Mathematik in der Ökonomie den Boden bereitete, bis hin zu heutigen Ökonomen werden die unterschiedlichsten qualitativen Methoden zur Modellanalyse eingesetzt.

4.2 Verbale Argumentation

In vielen Wissenschaftsdisziplinen ist Argumentation als geeignetes Mittel zur Analyse von Situationen, die durch unvollständiges, unsicheres, inkonsistentes und ungenaues Wissen gekennzeichnet sind, erkannt und beschrieben worden (vergleiche beispielsweise bei Polya [111]). Ausgangspunkt jeder Analyse ist ein reales System. Der erste Schritt zur Analyse ist die Modellbildung. In der Ökonomie wird, wie dargestellt, ein qualitatives Modell wirtschaftlicher Zusammenhänge erstellt. Die Analyse des Verhaltens eines Modells mittels verbaler Argumentation baut nicht auf einem formal beschriebenen Modell auf. Die zu betrachtenden Eigenschaften des Modells, Zusammenhänge zwischen Systemkomponenten oder das Verhalten von Systemkomponenten werden nicht im Rahmen eines formalen Systems beschrieben. Die Beschreibung kann neben verbalen Formulierungen auch graphische Darstellungen und mathematische Gleichungen enthalten, die jeweils einen Teil des Modells spezifizieren. Aus dieser Beschreibung heraus werden qualitative Schlüsse abgeleitet. Die Reaktionen der verschiedenen Systemkomponenten auf exogene Einflüsse und gegebenenfalls erkannte Rückwirkungen werden verbal oder auch graphisch dargestellt. Aus diesen Reaktionen wird das Verhalten des Gesamtsystems bestimmt. Argumentierend ist bei entgegengesetzten Wirkungen zu klären, welche Wirkung die anderen dominiert.

Für die Analyse muß ein solches Modell nun zunächst ein Gleichgewicht besitzen, einen Ruhepunkt oder einen Pfad gleichgewichtigen Wachstums. Aus dem Modell heraus ergeben sich bestimmte Reaktionen auf Störungen, die die Modellwelt aus diesem Gleichgewicht bringen. In einfachen Modellwelten kann die resultierende Entwicklung verbal, mit qualitativen Werten wie *hoch*, *niedrig*, *groß*, *klein*, *schnell* oder *langsam* argumentierend, beschrieben werden. Adam Smith beschreibt so die Anpassung des Preises an den *natürlichen* Preis in seinem Markträumungsmodell. Verbale Argumentation wird zum besseren Verständnis unterstützt durch graphische Darstellungen der Zusammenhänge. *„Figures are not only the object of geometric problems but also an important help for all sorts of problems in which there is nothing geometric at the outset.“*, schreibt Polya [110], Seite 103.

Verbale Argumentation ist das Äquivalent zur qualitativen Simulation aus dem Kontext ökonomischer Modellanalyse. Ein System wird rein qualitativ beschrieben, an die Form von Zusammenhängen werden keine Anforderungen geknüpft. Die Änderungen des Systemzustands werden aus qualitativen, kausalen Wirkungen abgeleitet. Der resultierende Effekt einander widersprechender Wirkungen kann durch weitere qualitative Argumente aufgelöst werden. Die Vorgehensweise in dem in Abschnitt 2.3 beschriebenen Ansatz qualitativer Argumentation und in den in Kapitel 3 dargestellten Methoden qualitativer Simulation entspricht von der dahinter stehenden Idee her der verbalen Argumentation.

Insbesondere bei der Analyse interdependenter Modelle sind der Modellanalyse durch verbale Argumentation jedoch Grenzen gesetzt. In vielen Systemen ist es nicht einfach, Rückwirkungen ohne formale Hilfsmittel überhaupt zu erkennen. In der dynamischen Analyse komplexer Systeme können kaum alle Wirkungen, die im qualitativen Modell beschrieben sind, auch betrachtet werden. Die verbale Argumentation wird entsprechend unterstützt durch Modelldarstellungen, die das Erkennen der wesentlichen Effekte einer betrachteten Situation erleichtern. Dies können neben graphischen Darstellungen auch Formulierungen von Gleichungssystemen sein. Wird ein Gleichungssystem formuliert, das ein System im Gleichgewicht beschreibt, kann dieses durch komparative Statik auch formal analysiert werden. Die dynamische Erklärung des komparativ statischen Verhaltens verbleibt danach zunächst der verbalen Argumentation. Eine anschließende Formulierung des Systemverhaltens in einem dynamischen Modell ermöglicht schließlich auch dessen formale Analyse.

4.3 Komparative Statik

In der komparativ statischen Analyse werden Gleichgewichtssituationen betrachtet. Ein System wird durch die Bedingungen, die in einem Gleichgewicht gelten, beschrieben. Nach einer exogen gegebenen Änderung eines Variablenwertes ergibt sich gemäß den Gleichgewichtsbedingungen ein neuer Gleichgewichtspunkt. Die komparativ statische Analyse vergleicht die Werte der Modellvariablen im neuen mit denen im alten Gleichgewicht. Das qualitative Ergebnis der Analyse zeigt, welche Variablen im neuen Gleichgewicht einen höheren, kleineren oder den gleichen Wert wie im alten Gleichgewicht haben werden.

Für die analytische Bestimmung der komparativ statischen Eigenschaften eines Modells mit mathematischen Methoden, ist das Modell als Gleichungssystem zu beschreiben. Die Gleichungen beschreiben Zusammenhänge zwischen den Modellvariablen, die im Gleichgewicht gelten.

Als Beispiel für komparativ statische Analyse benutze ich ein vereinfachtes Modell einer Ein–Gut–Ökonomie ohne Arbeitsmarkt. Vereinfachend ist insbesondere das Güterangebot gegeben.[1]

$$Y^s = Y^d(p,r) \quad \text{mit} \quad \frac{\partial Y^d}{\partial p} < 0, \quad \text{und} \quad \frac{\partial Y^d}{\partial r} < 0 \tag{4.1}$$

$$M^s = M^d(p,r) \quad \text{mit} \quad \frac{\partial M^d}{\partial p} > 0, \quad \text{und} \quad \frac{\partial M^d}{\partial r} < 0 \tag{4.2}$$

Gleichung (4.1) beschreibt die Gleichgewichtsbedingung für den Gütermarkt. Das gegebene Angebot an Gütern Y^s ist gleich der Nachfrage nach Gütern Y^d, die von Preis p und Zinssatz r negativ abhängig ist. Die Gleichgewichtsbedingung für den Geldmarkt (4.2) setzt das ebenfalls gegebene Geldangebot M^s gleich der Geldnachfrage M^d, die positiv vom Preis und negativ vom Zinssatz abhängig ist.

Das Modell ist qualitativ. Über die Nachfragefunktionen Y^d und M^d werden keine weiteren als die angegebenen Aussagen getroffen, sie werden nicht quantifiziert. Erst eine anschließende numerische Simulation des Modells würde die Annahme einer konkreten Funktion erfordern. Die Güternachfragefunktion könnte dann beispielsweise aus der Annahme einer Nutzenfunktion vom Cobb–Douglas–Typ hergeleitet werden.

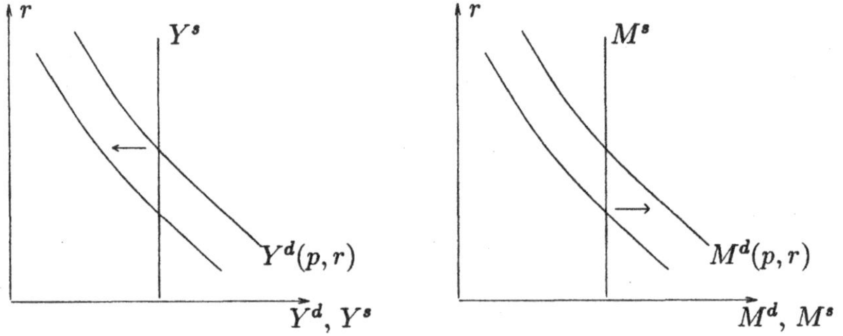

Abbildung 4.1: Güter- und Geldmarkt

Für die komparativ statische Analyse sind beide Märkte simultan zu be-

[1] Ich benutze gerade dieses Modell, weil es im Beitrag von Farley zum Workshop Qualitative Reasoning 1997 [28], auf den ich später in Abschnitt 6.2 eingehen werde, als Beispiel benutzt wird. Berndsen [4] bezieht sich beispielhaft auf ein strukturell ähnliches Modell von Dennis [21], vergleiche Abschnitt 7.1.2.

trachten. Abbildung 4.1 stellt beide Märkte, bei zunächst festem Preis, getrennt dar. Die eingezeichnete Verschiebung der Nachfragekurven ist die jeweilige Reaktion auf einen steigenden Preis. Am Gütermarkt wird bei gleichem Zinssatz weniger nachgefragt, die Nachfragekurve ist nach links verschoben, der Gleichgewichtszinssatz ist niedriger. Der Zusammenhang wird im Zins–Preis–Diagramm in Abbildung 4.2 durch die fallende Gütermarktgleichgewichtskurve $Y^s{=}Y^d$ ausgedrückt. Am Geldmarkt wird hingegen bei steigendem Preis und gleichem Zinssatz mehr nachgefragt, die Kurve im rechten Diagramm der Abbildung 4.1 ist nach rechts verschoben, der Gleichgewichtszinssatz ist höher. Die entsprechende Geldmarktgleichgewichtskurve $M^s{=}M^d$ im Zins–Preis–Diagramm hat positive Steigung.

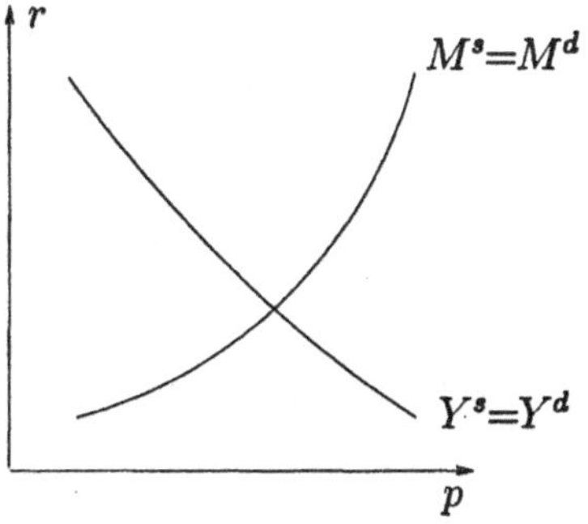

Abbildung 4.2: Zins–Preis–Diagramm

Im Zins–Preis–Diagramm sind Gleichgewichtspreis und -zinssatz durch qualitative graphische Analyse bestimmt. Es sind weder die Kurven quantitativ bestimmt, noch ist einem Punkt auf einer der Achsen ein numerischer Wert zuzuordnen. Zur ebenso qualitativen formalen Analyse werden die beiden Gleichgewichtsbedingungen (4.1) und (4.2) nach dem Zinssatz r aufgelöst. Die resultierenden Funktionen y und m in (4.3), die den Gleichgewichtszinssatz am Güter- und am Geldmarkt bestimmen, beschreiben die Kurven $Y^s{=}Y^d$ beziehungsweise $M^s{=}M^d$ im Zins–Preis–Diagramm in Abbildung 4.2.

$$\left.\begin{aligned} r &= y(Y^s,p) \\ r &= m(M^s,p) \end{aligned}\right\} \quad \Longrightarrow \quad p = g(Y^s,\, M^s) \tag{4.3}$$

Nach Gleichsetzen der Funktionen y und m und Auflösen nach dem Gleichgewichtspreis p ergibt sich dieser als Funktion g der exogen gegebenen Variablen Y^s und M^s. Für eine komparativ statische Analyse der Reaktion des Modells auf exogene Schocks, fehlen noch die Reaktionsrichtungen. Zu deren Bestimmung eignet sich das totale Differential des Gleichungssystems (4.1), (4.2):

$$\begin{aligned} \frac{\partial Y^d}{\partial p}dp + \frac{\partial Y^d}{\partial r}dr &= dY^s \\ \frac{\partial M^d}{\partial p}dp + \frac{\partial M^d}{\partial r}dr &= dM^s \end{aligned} \quad \Leftrightarrow \quad \begin{bmatrix} \frac{\partial Y^d}{\partial p} & \frac{\partial Y^d}{\partial r} \\ \frac{\partial M^d}{\partial p} & \frac{\partial M^d}{\partial r} \end{bmatrix} \begin{bmatrix} dp \\ dr \end{bmatrix} = \begin{bmatrix} dY^s \\ dM^s \end{bmatrix} \tag{4.4}$$

Das Gleichungssystem ist in der Form $Ax = b$ mit $A = \begin{bmatrix} - & - \\ + & - \end{bmatrix}$ in Vorzeichen lösbar (*sign solvable*), vergleiche Bassett et al. [2]. Das Auflösen des totalen Differentials nach dp und dr gibt die Wirkung von Änderungen der exogenen Variablen Y^s und M^s auf die endogenen Variablen p und r:

$$dp = +\gamma_1 dM^s - \gamma_2 dY^s \tag{4.5}$$

$$dr = -\gamma_3 dM^s - \gamma_4 dY^s \tag{4.6}$$

Es gelte $\gamma_j > 0$ für alle $j \in \{1, 2, 3, 4\}$. Eine Erhöhung der Geldmenge ($dM^s > 0$) resultiert in steigenden Preisen und sinkendem Zinssatz. Eine Erhöhung des Güterangebots ($dY^s > 0$) führt dagegen zu sinkenden Preisen und sinkendem Zinssatz.

Dieses Ergebnis kann gleichfalls graphisch bestimmt werden. Eine Erhöhung der Geldmenge entspricht einer Verschiebung der M^s–Kurve im Geldmarktdiagramm Abbildung 4.3 links. Bei gegebenem Preis ist der Gleichgewichtszinssatz nun kleiner als vorher. Dies spiegelt sich wider in einer Verschiebung der Geldmarktgleichgewichtskurve $M^s = M^d$ nach unten im Zins–Preis–Diagramm, Abbildung 4.3 rechts. Im neuen Gleichgewicht von Güter- und Geldmarkt ist der Preis höher und der Zinssatz kleiner als vorher. Die Wirkung einer Änderung des Güterangebotes wird analog bestimmt.

Die komparative Statik verdeckt Rück- und Wechselwirkungen zwischen den ökonomischen Variablen in Ungleichgewichtssituationen, da nur Gleichgewichtssituationen betrachtet werden. Für eine Erklärung des Weges aus einer Ungleichgewichtssituation in ein neues Gleichgewicht wären Annahmen zum dynamischen Verhalten des Systems zu treffen. So zum Beispiel

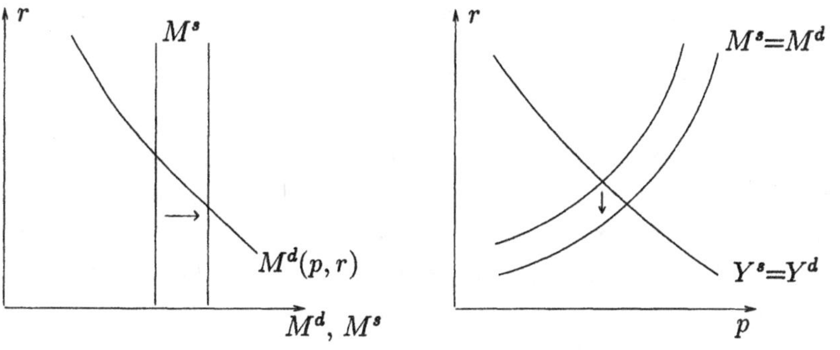

Abbildung 4.3: Komparative Statik

die Annahme, daß der Zinssatz auf die Überschußnachfrage am Geldmarkt reagiert. Die Erhöhung der Geldmenge führt dann zu einem sinkenden Gleichgewichtszinssatz am Geldmarkt. Die Nachfrage steigt mit sinkendem Zinssatz. Bei diesem Zinssatz herrscht am Gütermarkt Überschußnachfrage. Wenn weiter angenommen wird, daß der Preis auf die Überschußnachfrage am Gütermarkt reagiert, dann wird der Preis in dieser Situation steigen. Steigende Preise haben aber ihrerseits wieder Rückwirkungen auf den Geldmarkt, sie führen dort zu einer steigenden Geldnachfrage.

Wenn eine verbale Analyse des dynamischen Systemverhaltens nicht in der Lage ist, diesen Prozeß vollständig zu klären, muß sich eine explizit dynamische Modellierung und Analyse anschließen. Statische Modelle zeigen die Gleichgewichtszustände des Systems, unter Annahme von Stabilität bewegt sich das System bei jeder Änderung einer exogenen Variablen in einen neuen Gleichgewichtszustand. Erst ein dynamisches Modell beschreibt den Weg von einem Gleichgewicht in ein anderes, modelliert also auch temporäre, instabile Ungleichgewichtszustände. Notwendig ist die dynamische Betrachtung des Systems zudem, um zu prüfen, ob ein neues Gleichgewicht überhaupt erreichbar ist. Die Ergebnisse komparativ statischer Analyse sind folglich nur dann von Bedeutung, wenn das neue Gleichgewicht sich tatsächlich einstellt, es also stabil ist. Vergleiche Samuelsons *correspondence principle* in [119].

4.4 Analyse dynamischer Modelle mit qualitativer Mathematik

In diesem Abschnitt will ich die Analyse von dynamischen ökonomischen Modellen beschreiben, die in analysierbarer Form als Systeme von Differentialgleichungen beschrieben sind. Die Beschreibung von dynamischen ökonomischen Systemen in Differentialgleichungen geht zurück auf Walras, siehe beispielsweise Morishima [93]. Differentialgleichungssysteme werden mit den Methoden der qualitativen Mathematik qualitativ analysiert. Ohne Parameter zu quantifizieren, werden Aussagen über die Dynamik eines Modells getroffen. Zu den qualitativ mathematischen Methoden zählt auch die oben dargestellte komparativ statische Analyse.

Ein negativ rückgekoppeltes System

Ein vertrautes Beispiel für einen qualitativ unterstellten funktionalen Zusammenhang ist die gebräuchliche neoklassische Produktionsfunktion $Y = F(K, L)$. Für diese Produktionsfunktion werden positive aber abnehmende Grenzerträge unterstellt:

$$F_K > 0, \quad F_L > 0, \quad F_{KK} < 0, \quad F_{LL} < 0 \quad \text{und} \quad F_{KL} = F_{LK} > 0.$$

Die Funktion ist stetig differenzierbar. Die Steigung der Funktion ist streng positiv und abnehmend. In dieser Form wird die Gestalt der Funktion qualitativ beschrieben. Die neoklassische Produktionsfunktion bildet den Kern des neoklassischen Wachstumsmodells von Solow. Dieses Modell werde ich als erstes Beispiel für ein dynamisches Modell, das ein Systemverhalten qualitativ beschreibt, verwenden.

Solow nimmt eine konstante Sparquote s zwischen Null und Eins an. Die gesamtwirtschaftliche Ersparnis ist gleich diesem Anteil am Einkommen Y. Für die das Einkommen ergebende Produktion wird die neoklassische Produktionsfunktion angenommen:

$$S = sY = sF(K, L) \tag{4.7}$$

Bei flexiblen Preisen und Löhnen sind alle Märkte im Gleichgewicht. Die Ersparnis ist gleich den Investitionen. Der Kapitalstock wächst mit der

Ersparnis. Das Wachstum des Kapitalstocks K pro Beschäftigtem L ist gleich der Pro–Kopf–Ersparnis:

$$\frac{\dot{K}}{L} = sf(k) \tag{4.8}$$

$f(k)$ ist die intensive Form der qualitativ unterstellten neoklassischen Produktionsfunktion $F(K, L)$ mit $k = \frac{K}{L}$, der Kapitalintensität. Sie beschreibt die Produktion pro Beschäftigtem. $sf(k)$ ist die Pro–Kopf–Ersparnis.

Das Arbeitsangebot L^s wächst mit einer konstanten Rate n. Bei flexiblen Löhnen ist das Arbeitsangebot gleich der Zahl der Beschäftigten. Die Kapitalerweiterung, die notwendig ist, um ein konstantes Verhältnis von Kapital zu Arbeit in der Produktion zu ermöglichen, folgt als nK. Die Fundamentalgleichung der neoklassischen Wachstumstheorie bestimmt mit diesen Annahmen die Dynamik des Verhältnisses von Kapital zu Arbeit:

$$\dot{k} = sf(k) - nk \tag{4.9}$$

Die Änderung der Kapitalintensität in der Zeit $\dot{k}$ ist gleich der Pro–Kopf–Ersparnis abzüglich der aus dem Wachstum des Arbeitsangebots resultierenden Kapitalerweiterung pro Kopf. In Abbildung 4.4 links sind diese beiden Komponenten der Fundamentalgleichung graphisch dargestellt.

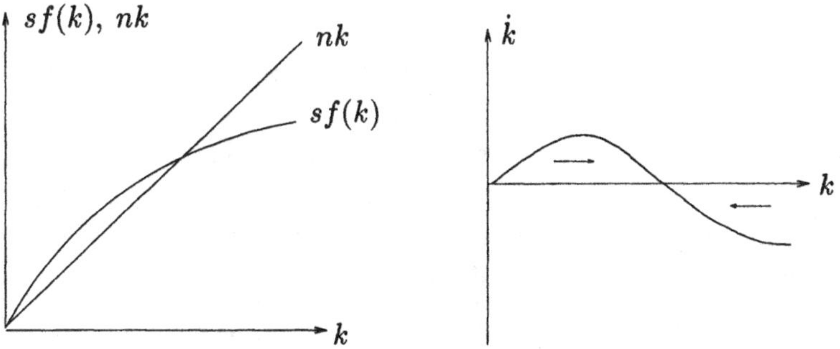

Abbildung 4.4: Solow–Modell

Für das Solow–Modell kann eine qualitative Gleichgewichtsanalyse durchgeführt werden, die ergibt, daß nach einem exogenen Schock unmittelbar wieder ein Vollbeschäftigungsgleichgewichtspunkt angenommen wird. Abbildung 4.4 rechts zeigt, daß sich die Kapitalintensität in Richtung auf die gleichgewichtige Kapitalintensität entwickelt. Das Gleichgewicht des negativ rückgekoppelten Modells ist unter den getroffenen Annahmen global asymptotisch stabil, vergleiche Flaschel [32].

Es ist somit für eine Analyse des Modells nicht erforderlich, eine konkrete Gestalt der Produktionsfunktion zu unterstellen. Eine solche Annahme muß erst für eine numerische Analyse getroffen werden, die in einem anderen, komplizierteren Rahmen nötig wird, wenn mit Hilfe des mathematischen Instrumentariums keine Aussagen mehr getroffen werden können. Es werden aber bereits einige Annahmen getroffen, die eine mathematische Analyse erst ermöglichen. Die exakte Form der Differentialgleichungen wird unterstellt, es wird in der Regel ein linearer oder linearisierbarer Zusammenhang unterstellt. Linearisierbarkeit ist gewiß eine scharfe Annahme, und es wird nicht mehr allgemein davon ausgegangen, daß das Ergebnis der Analyse des Verhaltens des Modells unabhängig von dieser Annahme ist.

Ein interdependentes Modell

Das vereinfachte Modell einer Ein–Gut–Ökonomie ohne Arbeitsmarkt (4.1), (4.2) habe ich komparativ statisch analysiert. Das Ergebnis der Analyse ist die Richtung, in der ein neues Gleichgewicht liegt, ausgehend von einem alten Gleichgewicht, das durch einen exogenen Schock gestört wurde. Die komparativ statische Analyse sagt nichts über den Weg aus, den das System in den neuen Gleichgewichtspunkt nehmen wird und somit auch nicht, ob ihn das System überhaupt erreichen wird. Der Weg in ein Gleichgewicht und die Stabilität eines Gleichgewichts sind durch eine Analyse eines entsprechenden dynamischen Modells zu klären.

Das dynamische Modell dieser Ökonomie hat dessen Systemverhalten im Ungleichgewicht zu modellieren. Ich nehme an, der Preis reagiert auf die Überschußnachfrage am Gütermarkt, und die Änderung des Zinssatzes in der Zeit ist bestimmt durch die Überschußnachfrage am Geldmarkt:

$$\dot{p} = \alpha_1\Big(Y^d(p,r) - Y^s\Big) \tag{4.10}$$

$$\dot{r} = \alpha_2\Big(M^d(p,r) - M^s\Big) \tag{4.11}$$

Für die partiellen Ableitungen der Nachfragefunktionen gelte weiterhin:

$$\begin{aligned} Y_p^d &= \frac{\partial Y^d}{\partial p} < 0, \qquad Y_r^d = \frac{\partial Y^d}{\partial r} < 0 \qquad \text{und} \\ M_p^d &= \frac{\partial M^d}{\partial p} > 0, \qquad M_r^d = \frac{\partial M^d}{\partial r} < 0. \end{aligned}$$

Für die Analyse des Modells mit Hilfe des *Routh–Hurwitz–Theorems* ist die Jacobi–Matrix der ersten Ableitungen des System aufzustellen. Das Routh–Hurwitz–Theorem werde ich hier nicht weiter darstellen, ich verweise hierfür auf die Literatur, beispielsweise auf El'sgol'c [26], Hirsch, Smale [54] oder Quirk, Saposnik [113]. Dem Theorem zufolge verhält sich das Modell stabil, wenn die Determinante der Jacobi–Matrix positiv und die Spur der Matrix negativ ist. Ein Gleichgewichtspunkt bei positiver Determinante und negativer Spur ist ein stabiler Wirbel oder ein stabiler Knoten. Ein Gleichgewichtspunkt bei positiver Determinante und positiver Spur ist instabil, eine negative Determinante kennzeichnet einen Sattelpunkt.

$$\mathcal{J} = \begin{pmatrix} \alpha_1 Y_p^d & \alpha_1 Y_r^d \\ \alpha_2 M_p^d & \alpha_2 M_r^d \end{pmatrix} \tag{4.12}$$

Die Determinante und die Spur der Jacobi–Matrix $\mathcal{J}$ des Systems, die in Gleichung (4.12) dargestellt ist, sind unmittelbar zu bestimmen:

$$Det(\mathcal{J}) = \alpha_1\alpha_2(Y_p^d M_r^d - Y_r^d M_p^d) \qquad Spur(\mathcal{J}) = \alpha_1 Y_p^d + \alpha_2 M_r^d \tag{4.13}$$

Unter den getroffenen Annahmen weist die Jacobi–Matrix die folgende Vorzeichenstruktur auf:

$$\mathcal{J} = \begin{pmatrix} - & - \\ + & - \end{pmatrix}$$

Die Vorzeichen von Determinante und Spur der Matrix sind eindeutig bestimmt:

$$\begin{aligned} Det(\mathcal{J}) &= \alpha_1\alpha_2(\underbrace{Y_p^d M_r^d}_{+} - \underbrace{Y_r^d M_p^d}_{-}) && > 0 \\ Spur(\mathcal{J}) &= \alpha_1 Y_p^d + \alpha_2 M_r^d && < 0 \end{aligned}$$

Das beschriebene Modell hat ein stabiles Gleichgewicht. Nach einer exogenen Störung wird sich das System also tatsächlich in den komparativ statisch bestimmten neuen Gleichgewichtspunkt bewegen. Weitergehende

Analysen zeigen, ob das System das Gleichgewicht auf direktem Wege erreicht, oder ob einige Werte überschießen. Sind die Eigenwerte der Jacobi-Matrix des Systems komplex, dann ist die Anpassung zyklisch, der Gleichgewichtspunkt ist ein Wirbel.

Zyklisches Verhalten

Das Goodwin-Modell (vergleiche Goodwin [41]) ist ein prototypisches Modell, das neutrales zyklisches Verhalten beschreibt. Aus diesem Grunde stelle ich das Modell beispielhaft etwas breiter ausgeführt vor. Nach einer Störung, die das Modell aus dem Gleichgewicht bringt, bewegt sich das beschriebene System auf einem konstanten Orbit um den (neuen) Gleichgewichtspunkt herum.

Der Arbeitsmarkt steht im Goodwin-Modell im Mittelpunkt, Güter- und Geldmarkt treten dagegen in der ursprünglichen Darstellung des Modells völlig in den Hintergrund, vergleiche hierzu auch Vosgerau [136]. Lohnquote und Beschäftigungsgrad sind die Größen, die die Situation am Arbeitsmarkt beschreiben. Die Lohnquote ist der Anteil des erwirtschafteten Outputs Y, der zur Entlohnung des Faktors Arbeit aufgewendet wird. Die reale Lohnsumme wird mit ωL bezeichnet. Der Reallohn ist gleich ω, L ist die Beschäftigung. Die Lohnquote ergibt sich daraus als $u = \frac{\omega L}{Y}$ oder in intensiver Form als $u = \frac{\omega l}{y}$ mit der Beschäftigungsintensität $l = \frac{L}{K}$ und $y = \frac{Y}{K}$, dem Durchschnittsprodukt des Kapitals. Der Beschäftigungsgrad ist die Beziehung zwischen Beschäftigung und Arbeitsangebot $V = \frac{L}{L^s}$, beziehungsweise $V = \frac{l}{l^s}$ mit $l^s = \frac{L^s}{K}$ als Beschäftigungsangebot in bezug gesetzt zum Kapitalstock.

Alle Größen werden als real und netto betrachtet. Inflation und Abschreibungen werden vernachlässigt. Goodwin unterstellt ein festes Verhältnis von Output zu eingesetztem Kapital, beziehungsweise einen festen Kapitalkoeffizienten. Das Goodwin-Modell formuliere ich in Wachstumsraten.

$\hat{x}$ bezeichnet die Änderungsrate einer Variablen x in der Zeit: $\hat{x} = \frac{\dot{x}}{x}$

$$y = \bar{y} \tag{4.14}$$
$$\widehat{\left(\frac{y}{l}\right)} = \gamma \tag{4.15}$$
$$\hat{L}^s = n \tag{4.16}$$
$$\hat{\omega} = \phi(V-1) \tag{4.17}$$
$$S = rK = Y - \omega L \tag{4.18}$$
$$\hat{K} \equiv \frac{S}{K} = (1-u)\bar{y} \tag{4.19}$$
$$\hat{u} = \widehat{\left(\frac{\omega l}{y}\right)} = \hat{\omega} - \widehat{\left(\frac{y}{l}\right)} \tag{4.20}$$
$$\hat{V} = \hat{Y} - \widehat{\left(\frac{y}{l}\right)} - \hat{L}^s \tag{4.21}$$

Die Arbeitsproduktivität $\frac{y}{l}$ wächst mit der konstanten Rate γ. Das heißt, es wird Harrod–neutraler technischer Wandel unterstellt, der technische Wandel wirkt sich auf die Produktivität der Arbeit aus, und das Durchschnittsprodukt des Kapitals bleibt konstant. Die Wachstumsrate des Arbeitsangebots L^s ist fest und als n gegeben. Der Reallohn ω reagiert entsprechend einer Phillips–Relation auf Ungleichgewichte am Arbeitsmarkt.

Goodwin nimmt klassisches Sparverhalten an. Die Arbeiter in diesem Modell konsumieren mit Konsumneigung 1, die Konsumneigung der Kapitalisten ist gleich Null. Die gesamtwirtschaftliche Ersparnis S ist demnach gleich den Profiten rK. Von möglichen Ungleichgewichten zwischen Güterangebot und –nachfrage wird abgesehen. Die Unternehmer sind somit nicht von der Nachfrageseite beschränkt und produzieren unter Vollauslastung des Kapitalstocks. Der Kapitalstock wächst bei Vernachlässigung von Abschreibungen mit der Ersparnis.

Die Änderungsrate der Lohnquote $\hat{u}$ ist unter den getroffenen Annahmen als die Differenz aus Lohnanpassungsrate und der Rate des Arbeitsproduktivitätswachstums bestimmt. Der Beschäftigungsgrad läßt sich umformulieren in $V = \frac{Y\,l/y}{L^s}$. Die Rate der Änderung des Beschäftigungsgrades wird hieraus durch logarithmische Differentiation bestimmt.

Da der Output je Kapitaleinheit als konstant angenommen wird, ist die

Wachtumsrate des Outputs gleich der des Kapitalstocks. Die Investitionen sind definitorisch gleich der Ersparnis. Die aggregierte Ersparnis der Wirtschaft ist gemäß den Annahmen das Produkt aus Profitquote und Output, $S = (1-u)Y$. Die Wachstumrate des Kapitalstocks wird daraus abgeleitet formuliert.

Aus den Gleichungen (4.14) bis (4.21) resultiert das dynamische System des ursprünglichen Goodwin–Modells:

$$\hat{V} = (1-u)\bar{y} - \gamma - n \tag{4.22}$$

$$\hat{u} = \phi(V-1) - \gamma \tag{4.23}$$

Ein Gleichgewicht existiert. Wenn die Lohnsteigerungen den Produktivitätssteigerungen entsprechen und das Wachstum des Kapitalstocks gleich der Steigerung des Arbeitspotentials ist, dann befindet sich die Modellökonomie im Gleichgewicht. Die Betrachtung der Jacobi–Matrix des Modells führt hier nicht zu einer Aussage zur Stabilität.

$$\mathcal{J} = \begin{pmatrix} 0 & -\bar{y}V^0 \\ \phi u^0 & 0 \end{pmatrix}$$

Zwar ist die Determinante der Matrix positiv, doch bei einer Spur von Null ist das Routh–Hurwitz–Theorem nicht erfüllt. Die Analyse der Stabilitätseigenschaften des Modells kann mit *Liapunovs direkter Methode* vorgenommen werden. Durch Aufstellen einer Liapunov–Funktion zeigt das Goodwin–Modell neutrale Zyklizität. Die unterstellten Verhaltensannahmen erzeugen einen konstanten Orbit um den Gleichgewichtspunkt.

Das Modell ist mit den als konstant angenommenen Parametern $\bar{y}$, γ, ϕ und n einfacher zu beschreiben als:

$$\hat{V} = -g(u)$$

$$\hat{u} = h(V)$$

Ich führe zwei Funktionen $G(u)$ und $H(V)$ ein, die die folgenden Eigenschaften haben:

$$G'(u) = \frac{g(u)}{u}, \quad \text{mit} \quad G(u_0) = 0 \;\text{ und }\; G(u) > 0 \;\; \forall\, u \neq u_0$$

$$H'(V) = \frac{h(V)}{V}, \quad \text{mit} \quad H(V_0) = 0 \;\text{ und }\; H(V) > 0 \;\; \forall\, V \neq V_0$$

Das Tupel (V_0, u_0) bezeichnet den Gleichgewichtspunkt. Die Funktionswerte von $g(u)$ sind kleiner als Null für $(1-u)\bar{y}-\gamma-n<0$, gleich Null im Gleichgewicht und sonst größer als Null. Wenn die Stammfunktion $G(u)$ der Funktion nach Voraussetzung bei u_0 den Funktionswert Null liefert, heißt das, $G(u)$ ist eine u–förmige Kurve mit Minimum im Gleichgewicht. Für $H(V)$ gilt das entsprechende. Im Gleichgewicht sind die Ableitungen der Funktionen G und H gleich Null. Die zweiten Ableitungen sind positiv. Die Funktionen sind eindeutig bestimmt und streng konvex.

Die Summe dieser Funktionen, $L(V,u) = H(V) + G(u)$, bildet einen Kegel über der u, V–Ebene mit Minimum im Gleichgewichtspunkt: $L'(V_0, u_0) = 0$ und $L''(V_0, u_0) > 0$. $L(V,u)$ hat im Gleichgewicht einen Funktionswert von Null und ist außerhalb des Gleichgewichts größer Null. Sie erfüllt die Voraussetzungen für eine Liapunov–Funktion, wenn die Zeitableitung von L in einer Umgebung des Gleichgewichts kleiner oder gleich Null ist:

$$\begin{aligned}\dot{L}(V,u) &= \frac{h(V)}{V}\dot{V} + \frac{g(u)}{u}\dot{u} \\ &= h(V)\hat{V} + g(u)\hat{u} \\ &= -h(V)g(u) + g(u)h(V) \;=\; 0\end{aligned}$$

Die Zeitableitung von L ist immer gleich Null. Die Beschäftigungs–Lohnquoten–Dynamik ist damit für jeden Anfangswert streng periodisch, wobei die Amplitude und Zykluslänge vom jeweiligen Anfangswert abhängen (vergleiche Hirsch, Smale [54], Seiten 193f).

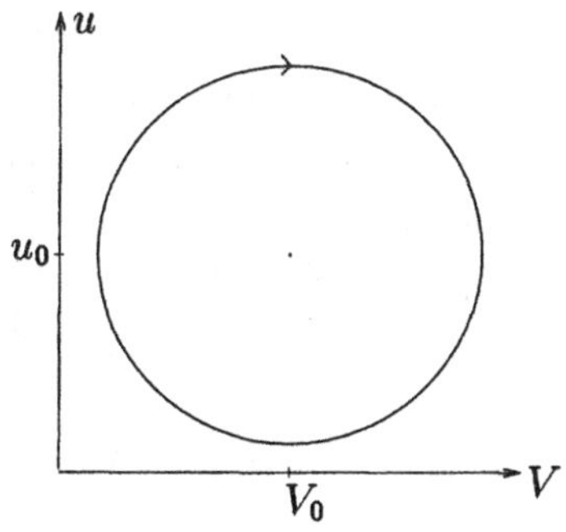

Abbildung 4.5: Goodwin–Modell

Ein einfaches Beispiel

An den beiden beschriebenen Modellen, dem Gütermarktmodell und dem Goodwin–Modell, sind alle Verhaltensweisen eines zweidimensionalen Modells zu veranschaulichen. Als Beispiel für die qualitative Analyse im dritten Teil der Arbeit möchte ich jedoch ein Modell verwenden, das noch leichter intuitiv überschaubar ist.

Ich betrachte eine interdependente Anpassungsregel für Preis und Produktion in einem einfachen Markträumungsmodell nach Walras, vergleiche Morishima [93]. Die Änderung des Preises in der Zeit ist eine Funktion der Überschußnachfrage am Gütermarkt. Es gibt viele Anbieter, und keiner der Anbieter hat Preissetzungsmacht. Die Zahl der Unternehmen, die Güter produzieren und am Markt anbieten, sei fest. Ich nehme an, die Unternehmen produzieren nicht die zum jeweiligen Preis gewinnoptimale Ausbringungsmenge, sondern sie passen ihre Produktion langsam in der entsprechenden Richtung an. Die Änderung der am Markt angebotenen Menge ist eine Funktion des Überschusses des Preises über die Kosten. Die Anpassungsregel wird als auch als *cross–dual* bezeichnet, weil die Wirkungen überkreuz angenommen werden: Mengen wirken auf die Preisentwicklung, und der Preis wirkt auf die Mengenentwicklung.

$$\dot{y}^s = \alpha(p - c) \tag{4.24}$$
$$\dot{p} = \beta(y^d - y^s) \tag{4.25}$$

Wieder werden lineare Zusammenhänge unterstellt. Die Überschußnachfrage $y^d - y^s$ wirkt mit konstanter Anpassungsgeschwindigkeit β auf den Preis. Bei Erhöhung der Nachfrage um eine Einheit erhöht sich der Preis um β und das ganz unabhängig davon, wie hoch das Niveau des Preises oder das Marktvolumen ist. Entsprechend wirkt der Überschuß des Preises p über die Kosten c mit konstanter Anpassungsgeschwindigkeit α auf das Angebot.

$$\mathcal{J} = \begin{pmatrix} -\alpha c_{y^s} & \alpha \\ -\beta & \beta y^d_p \end{pmatrix} \tag{4.26}$$

$$Det(\mathcal{J}) = \alpha\beta\left(1 - c_{y^s} y^d_p\right) \qquad Spur(\mathcal{J}) = -\alpha c_{y^s} + \beta y^d_p \tag{4.27}$$

Für die Analyse des Modells mit Hilfe des Routh–Hurwitz–Theorems ist wiederum die Jacobi–Matrix $\mathcal{J}$ der ersten Ableitungen des System aufzustellen. Die Determinante und die Spur der Matrix in (4.27) lassen auf stabiles Verhalten schließen, wenn die Kosten mit der Produktionsmenge steigen ($c_{y^s} > 0$) und die partielle Ableitung der Nachfrage nach dem Preis größer Null ist ($y_p^d < 0$). Die Determinante der Matrix $\mathcal{J}$ ist dann positiv, die Spur ist negativ. Das Theorem gilt weiterhin, wenn nur eine der beiden partiellen Ableitungen gleich Null ist. Fallen die Kosten mit der Angebotsmenge oder hängt die Nachfrage positiv vom Preis ab, dann verhält sich das System instabil.

Im Fall konstanter Kosten ($c_{y^s} = 0$) und einer unelastischen Nachfrage ($y_p^d = 0$) ist die Spur der Jacobi–Matrix gleich Null. Dies weist auf neutrale Zyklizität hin, was ich mit Hilfe Liapunovs direkter Methode beweisen kann. In diesem Fall ist das Modell einfacher zu beschreiben als:

$$\begin{aligned} \dot{y}^s &= g(p) \\ \dot{p} &= -h(y^s) \end{aligned}$$

Ich führe zwei Funktionen $G(p)$ und $H(y^s)$ ein, die die folgenden Eigenschaften haben:

$$\begin{aligned} G'(p) &= g(p), \quad \text{mit} \quad G(c) = 0 \ \text{und} \ G(p) > 0, \quad p \neq c \\ H'(y^s) &= h(y^s), \quad \text{mit} \quad H(y^d) = 0 \ \text{und} \ H(y^s) > 0, \quad y^s \neq y^d \end{aligned}$$

Das Tupel (y^d, c) bezeichnet den Gleichgewichtspunkt. Die Funktionen $G(p)$ und $H(y^s)$ sind genauso zu interpretieren wie die beiden entsprechenden Funktionen in der Analyse des Goodwin–Modells. Die Summe dieser Funktionen $L(y^s, p) = H(y^s) + G(p)$ ist die Liapunov–Funktion, die einen Kegel über der y^s, p–Ebene mit Minimum im Gleichgewichtspunkt bildet. Die Ableitung der Funktion L ist immer gleich Null:

$$\begin{aligned} \dot{L}(y^s, p) &= h(y^s)\dot{y}^s + g(p)\dot{p} \\ &= h(y^s)g(p) - g(p)h(y^s) \ = \ 0 \end{aligned}$$

Die dargestellte Dynamik von Güterangebot und Preisniveau ist damit für Anfangswerte in einer hinreichend kleinen Umgebung um das Gleichgewicht streng periodisch.

Das beschriebene interdependente Modell verhält sich zyklisch. Die Gleichgewichtspunkte des Systems sind Wirbel. Eine Variante des Modells, deren Gleichgewichtspunkte Knoten sind, unterstellt Anpassungsvorschriften, in denen Mengen auf Mengen und Preise auf Preise reagieren. Alle sonstigen Annahmen gelten weiterhin:

$$\dot{y}^s = \alpha(y^d - y^s) \tag{4.28}$$

$$\dot{p} = \beta(c - p) \tag{4.29}$$

Das Modell hat den selben Gleichgewichtspunkt, wie die in den Gleichungen (4.24), (4.25) beschriebene Variante.

$$\mathcal{J} = \begin{pmatrix} -\alpha & \alpha y_p^d \\ \beta c_{y^s} & -\beta \end{pmatrix}$$

$$Det(\mathcal{J}) = \alpha\beta\left(1 - c_{y^s} y_p^d\right) \qquad Spur(\mathcal{J}) = -\alpha\beta$$

Eine Gleichgewichtsanalyse des Modells ergibt, daß die Spur der Matrix immer kleiner als Null ist. Der Gleichgewichtspunkt des Modells ist nach dem Routh–Hurwitz–Theorem stabil, wenn die Determinante der Jacobi-Matrix größer als Null ist, also wenn gilt $c_{y^s} y_p^d < 1$. Die Bedingung ist erfüllt, wenn die Grenzkosten nicht sinken ($c_{y^s} \geq 0$) und die Nachfrage nicht positiv preiselastisch ist ($y_p^d \leq 0$).

4.5 Grenzen qualitativ mathematischer Modellanalyse

Qualitative Analyse ökonomischer Modelle ist nichts Neues, ganz im Gegenteil. Einige analytische Verfahren zur qualitativen Analyse habe ich beschrieben und an Beispielen demonstriert. Warum also soll es Sinn machen, Methoden des qualitativen Schließens, also Methoden aus der künstlichen Intelligenz, auf ökonomische Analyse anzuwenden? Ich sehe hier zunächst drei Gründe, die diese Aufgabe rechtfertigen. Zum einen bedingt die Anwendung qualitativ mathematischer Methoden, daß ein Modell in der zugehörigen analysierbaren Form als Gleichungssystem oder in Differentialgleichungen formuliert wird. Alle mathematischen Eigenschaften eines

Gleichungssystems werden vorausgesetzt. Darüber hinaus bestehen Anforderungen an die Struktur des Gleichungssystems. Die Allgemeingültigkeit des analysierten Modells wird mehr oder weniger stark eingeschränkt.[2] Zum zweiten sind bei komplizierteren Modellen die aus qualitativen mathematischen Methoden resultierenden Ergebnisse nicht immer ökonomisch interpretierbar. Während sich ein Simulationsergebnis zwar auf einen Spezialfall bezieht, aber durch Veranschaulichung des Prozesses in der Regel ökonomisch erklärbar ist, sind die Stabilitätsbedingungen, wie sie sich aus mathematischen Methoden ergeben, nicht selten zu abstrakt, um ohne weiteres für ein reales System interpretierbar zu sein. Zum dritten sind die mathematischen Methoden begrenzt. Werden Modelle zu groß, bringt die qualitative mathematische Analyse kein Ergebnis mehr. Als zu groß muß in diesem Sinne oftmals schon ein dynamisches Modell gelten, das die Wirkung auf mehr als drei ökonomische Variablen betrachtet.

Auch ohne für Parameter einen numerischen Wert zu unterstellen oder für qualitative Zusammenhänge quantitative Funktionen anzugeben, beinhaltet die gewählte mathematische Form bereits Annahmen, die die unterstellten Verhaltensannahmen über das hinaus konkretisieren, was eigentlich intendiert ist. Die formale Modellbildung steht vor dem Problem, ein Modell zu finden, das den Anforderungen der qualitativen Mathematik genügt und das nur solche Annahmen enthält, die den Kern des Gedankenmodells nicht verfälschen. Es ist leicht vorstellbar, daß bestimmte Annahmen, die bei der Bestimmung eines Differentialgleichungssystems getroffen werden, zu Wirkungen führen, die nur für diesen Spezialfall spezifisch sind und die allgemeine Grundtendenz nicht repräsentieren.

Um die qualitativen mathematischen Analysemethoden anwenden zu können, sind die bereits angesprochenen einschränkenden Annahmen nötig. Insbesondere werden linearisierbare Zusammenhänge unterstellt. Indem bestimmte Zusammenhänge in linearen Differentialgleichungen konkretisiert werden, beschreibt die formale Darstellung einen Spezialfall des all-

[2] In meinem Beitrag zum Workshop Qualitative Reasoning 1997 [127] stützte ich mich vornehmlich auf diesen Aspekt. Inzwischen würde ich ihn jedoch eher neben die beiden folgenden stellen wollen.

gemeineren, verbal formulierten Modells. Die Frage stellt sich, ob die Ergebnisse der Analyse des Modells von dieser Annahme abhängen.

Was ist erklärbar und was ist Chaos?

Die Annahme, daß ökonomische Prozesse nach bestimmten (linearen) Regeln verlaufen, und die Entwicklung solcher Prozesse in der Realität entsprechend diesen Regeln vorhersagbar ist, ist nicht unumstritten. Was der Ökonometriker als Rauschen (*Noise*) bezeichnet, sind meist kurzfristige Schwankungen, die nicht durch das beschriebene Modell erklärt werden können. Das Rauschen wird aus den Daten gefiltert, ehe ein ökonometrischer Modellansatz anhand dieser Daten geschätzt wird.

Seit gut zwei Jahrzehnten bietet die Chaos–Theorie einen anderen Blickwinkel auf solche nicht zu erklärenden Datenanomalien. Als erste griffen Ökologen den neuen Ansatz auf. Die Analyse ökologischer Modelle ist eng verwandt zu ökonomischer Modellanalyse. In beiden Wissenschaften sind die realen Systeme zu komplex, um vollständig abgebildet zu werden, und es ist zu wenig über die tatsächlichen Zusammenhänge zwischen verschiedenen Systemkomponenten bekannt. Modelle sind in diesen und anderen „weichen“ Wissenschaften immer mehr oder weniger dünne Approximationen oder gar Karikaturen der realen Welt, wie es Gleick [40] in seiner eher populär gehaltenen Beschreibung der Chaos–Theorie–Forschung ausdrückt. Dies ist nicht als Kritik an der Vorgehensweise in der Ökologie oder der Ökonomie zu verstehen, sondern als Beschreibung einer Notwendigkeit, die durch das jeweilige reale System bedingt ist.

Komplexe Zusammenhänge in ökologischen Systemen werden durch Anpassungsvorschriften vergleichsweise einfacher Form dargestellt und zur Analyse letztlich in linearisierten Differentialgleichungen beschrieben. Die Komplexität des realen Wirtschaftsprozesses fordert in der Ökonomie das gleiche Vorgehen. Schon simple nicht–lineare Zusammenhänge führen jedoch zu den in der Chaos–Theorie beschriebenen Effekten nicht vorhersagbarer Schwankungen. In ökonomischen wie ökologischen Lehrbüchern werden lös- und analysierbare Modelle beschrieben, die ein erklärbares Verhalten demonstrieren. Nicht–lineare Zusammenhänge werden durch lineare approximiert. Die Bedingungen, unter denen eine solche Approximation des realen Systems das gleiche Verhalten zeigt, sind kaum zu benennen. Für ökonomische Zusammenhänge trifft dies wohl ebenso zu. Lineare Approximationen zur Beschreibung einfacher isolierter Teilprozesse können die falsche Art Approximation sein, um das Verhalten komplexer Systeme zu verstehen.

Unerklärliche Schwankungen werden durch zyklische Entwicklungen oder Anpassungen beschrieben. Dies nicht zuletzt deshalb, weil periodische Schwankungen das komplizierteste stabile Muster darstellen, die durch lineare Systeme zu beschrieben sind. „*When* [investors] *see a complicated pattern of prices, they look for some periodicity wrapped in a little random noise. And scientific experimenters, in physics or chemistry or biology, are no different.*“ erklärt Gleick [40], Seite 68.

Die Diskussion darüber, ob ein System durch eine lineare Beschreibung approximiert werden kann, führt weiter in eine Diskussion der Aussagekraft von Analyseergebnissen, die auf Basis linearisierter Modelle nach Anwendung mathematischer Methoden gewonnen wurden. Wenn scheinbar zufälliges Verhalten eines Systems nicht nur durch zufälliges Rauschen in den Daten erklärt, sondern durch einfache nicht–lineare Gleichungen beschrieben werden kann, eröffnet dies neue Argumente.

In meiner Arbeit möchte ich diese Diskussion, die ich hier nur ganz knapp skizziert habe, nicht weiterführen. Mir geht es zunächst nicht um die Entwicklung einer Modellbeschreibung und Methodik, die komplexe Systeme besser beschreibt und reale Daten besser erklärt. Es geht mir um Methoden, die einfache idealisierte Modellsysteme analysieren können und dabei aber *nicht* voraussetzen, beschriebene Zusammenhänge seien linearisierbar.

Kapitel 5

Quantitative Systemsimulation

In den verschiedensten Bereichen von Wissenschaft und Praxis werden Simulationen eingesetzt, um komplizierte Prozesse und das Verhalten von Systemen visualisieren und analysieren zu können. Ein Anwendungsgebiet der Systemsimulation ist die Analyse komplexer ökonomischer Modelle.

In diesem Kapitel gebe ich einen knappen Überblick über die Methoden der Systemsimulation, soweit sie für die Analyse ökonomischer Modelle relevant sind. Ziel des Kapitels ist es, eine Einordnung und Abgrenzung der qualitativen Simulation zu ermöglichen. Durch die Abgrenzung von bestehenden Simulationskonzepten wird die besondere Leistungsfähigkeit der qualitativen Simulation erkennbar. Genauso wie bei meiner Beschreibung ökonomischer Analysemethoden in Kapitel 4 erhebe ich auch hier nicht den Anspruch, eine vollständige, klassifizierende Darstellung der Methoden und ihrer Anwendungen zu geben.

Bei gegebenem Ziel, das Verhalten eines qualitativen Modells zu erklären, ist die quasi–kontinuierliche Simulation Thema des Abschnitts 5.2. Ein quasi–kontinuierliches Simulationsmodell beschreibt ein System, in dem kontinuierliche Zeit unterstellt ist, insbesondere ein Differentialgleichungssystem. Ich beschreibe knapp die Methodik und an zwei Beispielen die Anwendung des Euler–Verfahrens zur Simulation von Differentialgleichungssystemen. Als Ansatz mit erweiterten Beschreibungsmöglichkeiten stelle ich den System–Dynamics–Ansatz vor. Es wird deutlich, daß die quasi–kontinuierliche Simulation einen numerischen Spezialfall eines qualitativen Modells betrachtet. Funktionale Zusammenhänge, die im ökonomischen Kontext im Sinne qualitativer Proportionalitäten betrachtet werden, werden zu quantitaiven Zusammenhängen konkretisiert.

In Abschnitt 5.3 stelle ich die wesentlichen Systemsichten der diskreten Simulationsmethoden dar, mit denen in diskreter Zeit beschriebene Modelle dynamisch betrachtet werden. Daran anschließend beschreibe ich die Methode der Mikrosimulation, eine spezielle Variante diskreter Simulation, die vornehmlich in wirtschafts- und sozialwissenschaftlichen Fragestellungen Anwendung findet. Im letzten Abschnitt dieses Kapitels skizziere ich zusammenfassend die Möglichkeiten und die Grenzen der Anwendung der Methoden der Systemsimulation.

Im folgenden Abschnitt 5.1 benenne ich zunächst die Annahmen, auf denen die Modellierung eines Systems basiert und gebe grobe Kategorien von Modellierungen an.

5.1 Systemmodellierung

Ein System wird betrachtet als eine Menge von Komponenten, die miteinander in Beziehung stehen und zur Erfüllung einer bestimmten Funktionalität interagieren. Die Komponenten eines Modellsystems beschreiben Teile des realen Systems. Eine Komponente ist durch eine Menge von Merkmalen beschrieben. Sind die Merkmale veränderlich, dann kann eine Systemkomponente verschiedene Zustände annehmen. Ein Zustand einer Komponente ist durch die Ausprägungen seiner Merkmale beschrieben. Die Gesamtheit der Komponenten beschreibt das System als Ganzes. Der Zustand des Systems ist beschrieben durch die Zustände seiner Komponenten. Folgen von Systemzuständen beschreiben das Verhalten eines Systems.

Die Methoden der Systemsimulation gehen davon aus, daß die Menge der Dateneingaben durch die Systembeschreibung auf die Menge der Ausgabedaten abgebildet wird. Die *Systemannahme* unterstellt, daß Vorgänge im abzubildenden realen System als Eingabe–Ausgabe–System betrachtet werden können. Ein System erhält Eingabedaten, die die Anfangswerte ihrer Komponenten bestimmen und dadurch eine bestimmte Ausgangssituation beschreiben. Bestimmte Komponenten eines Systemzustandes haben wiederum Verbindung mit der Umgebung des beschriebenen Systems und sind damit Ursache möglicher Wirkungen, die über die Systemgrenzen hinausgehen. Diese Annahme ermöglicht es, ein reales System auf ein Modellsystem abzubilden und Ergebnisse der Analyse des Modellsystems für das reale System zu interpretieren.

Weitergehend sichert die *Simulationsannahme*, daß das Modellsystem in eine analysierbare Form übertragen werden kann. Diese Annahme ist aus einem allgemeineren Prinzip abgeleitet, das Haugeland als Automatisierungsprinzip (*Automation Principle*) (vergleiche [48], Seite 82f) bezeichnet: Ein System kann automatisiert werden, wenn jede zulässige Zustandsänderung eines formalen Systems vollständig durch einen Algorithmus bestimmt ist. Die analysierbare Form ist in diesem Fall das Simulationsmodell, das auf einem Computer ausführbar, also automatisiert ist und analysiert werden kann. Es gibt eine Abbildung, die die Eingaben des Modellsystems in entsprechende Eingaben der analysierbaren Form abbildet und eine zweite Abbildung, die die Ausgaben des Simulationsmodells auf Ausgaben des Modellsystems abbildet. Die Simulationsannahme sichert zu, daß die Ergebnisse der Modellsimulation für das Modellsystem interpretiert werden können.

Modellen realer Systeme, die in die analysierbare Form eines implementierten Simulationsmodells umgesetzt sind, sind Kategorien zuzuordnen. In meiner Darstellung folge ich Page [103]: Ein Modell kann statisch sein oder dynamische Zustandsübergänge abbilden. Ein statisches Modell beschreibt einen Zustand, und ein dynamisches Modell beschreibt die Reaktion eines Modells auf Einflüsse aus der Systemumgebung. Dynamische Modelle mit Rückkopplungen werden auch als kybernetische Modelle bezeichnet. Ein dynamisches Modell kann konzeptionell in kontinuierlicher Zeit oder in diskreter Zeit formuliert sein. Zustandsänderungen in einem Modell in kontinuierlicher Zeit lassen sich durch stetige Funktionen beschreiben. In einem diskreten Modell erfolgen Zustandsänderungen in Sprüngen zu bestimmten Zeitpunkten. Modelle können deterministisch sein und für bestimmte Eingabewerte eine eindeutig festgelegte Ausgabe liefern. Die Ausgaben stochastischer Modelle sind dagegen durch Wahrscheinlichkeiten zu beschreiben.

Auf den Sinn und Zweck von Modellbildung und Simulation im allgemeinen werde ich pointiert und beispielhaft eingehen. Ein hinreichendes, wenn auch vielleicht nur intuitives Verständnis setze ich beim Leser dieser Arbeit voraus. Ich skizziere grob mögliche Ziele, die mit Hilfe der Systemsimulation verfolgt werden können.

Zielstellung von Simulation

Bei der Ausführung der Simulation auf einem Rechner wird mit numerischen Daten gearbeitet. Seien dies die Momente der Verteilung von Aufenthalts- oder Zwischenankunftszeiten neben anderen Merkmalen von Objekten in der diskreten Simulation oder insbesondere Niveaugrößen, Parameter und Änderungsraten im Rahmen der quasi–kontinuierlichen Simulation, die ich erläutern werde. Was ist nun aber das Ziel einer solchen Simulation? Je nach Zielstellung wird ein entsprechendes Modell aufgestellt. Dabei werden Prognose-, Optimierungs-, Gestaltungs- und Erklärungsmodelle unterschieden.

Prognosemodell: Die Systemsimulation kann dazu benutzt werden, die Reaktion eines Systems auf Kombinationen von Eingabewerten zu bestimmen, oder die Auswirkung unterstellter Verhaltensannahmen vorherzusagen. Kombinationen von Eingabewerten und unterstellte Verhaltensannahmen führen zu einem Systemverhalten. Das Ziel der Simulation eines solchen Prognosemodells ist die Abschätzung künftiger Systemzustände unter verschiedenen Eingabewerten oder Verhaltensannahmen.

Optimierungsmodell: Wenn die Auswirkungen von Eingabewerten oder auch Systemparametern abgeschätzt werden, dann können nach gegebenen Kriterien auch optimale Parametereinstellungen ermittelt werden. In diesen und in vergleichbaren Situationen ist das Ziel gerade ein numerisches Ergebnis. In den Begriffen der unterstellten Systemannahme sind die Modellinputs, die Parameter zur optimalen Steuerung des Modelloutputs, das Ergebnis. Beispiele für solche Anwendungen lassen sich zu Hauf finden, man denke nur an das beliebte Beispiel der Steuerung des Verkehrsflusses über eine Kreuzung mit Hilfe einer Ampelanlage. Hier wird ein Optimierungsmodell simuliert.

Gestaltungsmodell: Die Folgen bestimmter Entscheidungen sind in vielen Fragestellungen der Entscheidungsunterstützung von Interesse, beispielsweise wenn es gilt, die Folgen eines Steuerreformvorschlages zu untersuchen. Die numerischen Simulationsergebnisse geben einen Ausblick auf das zu erwartende Steueraufkommen und andere Effekte, wie zum Beispiel Änderungen in der Einkommensverteilung. In anderen Fällen geht es möglicherweise um Entscheidungsunterstützung im Vergleich möglicher Alternativen: Jemand möchte zwischen Alternativen wählen und ist daran interessiert, die beste oder zumindest eine akzeptable Alternative zu finden. Das numerische Ergebnis eines Simulationslaufes ist dann als solches ohne Bedeutung und wird nur in Relation zu anderen Ergebnissen interessant; vielleicht interessiert darüber hinaus noch, ob das Ergebnis in einen bestimmten Bereich fällt. Ein typisches Beispiel ist die Anordnung von Bedienstationen, möglicherweise in einem Produktionsprozeß, für die es mehrere Alternativen gibt. Es kommt darauf an, nach irgendwelchen gegebenen Kriterien qualifizierte Anordnungen zu finden, unter Berücksichtigung bestimmter Nebenbedingungen. Das numerische Simulationsergebnis ist von ordinaler Bedeutung. Modelle mit solchem Verwendungszweck werden als Gestaltungsmodelle bezeichnet.

Erklärungsmodell: Ein weiterer Anwendungsbereich ist die Suche nach einer Systemstruktur. Das Simulationsmodell dient dazu, die Struktur des Modellsystems als Abbild eines betrachteten realen Systems zu bestimmen. Ausgehend von Anfangsannahmen bezüglich der Zusammenhänge zwischen Systemkomponenten und deren Verhalten, wird untersucht, inwieweit das Modell in der Lage ist, einen realen Prozeß abzubilden. Reale Daten stehen zur Verfügung, an denen die Simulationsergebnisse gemessen werden können. Aus der Abweichung der simulierten Systemausgaben zu den entsprechenden, beobachteten Daten wird auf Unzulänglichkeiten in der Modellstruktur und in den unterstellten Verhaltensannahmen geschlossen. Das Ziel ist eine Modellstruktur, die ein Systemverhalten erzeugt, das dem realen System entspricht. Diese Modellstruktur muß allerdings nicht der Struktur des realen Systems entsprechen, da unterschiedliche Strukturen zum gleichen Verhalten führen können. Die Übereinstimmung mit der Empirie ist notwendig aber nicht hinreichend. Die Entscheidung, welches Modell die Struktur des realen Systems adäquat abbildet, wird auf Basis eines qualitativen, theoretischen Modells getroffen. Die Anwendung der Simulation, aus gegebenen Systemeingaben und -ausgaben auf ein geeignetes Modellsystem zu schließen, findet sich in der Ökonometrie und im empirischen Test insbesondere komplexer Hypothesen zu dynamischem Systemverhalten. Das Simulationsmodell dient als Erklärungsmodell. Ist nur die Struktur eines Modells qualitativ bekannt und stehen keine Ausgangsdaten zur Verfügung, dann ist das Verhalten eines qualitativen Modells zu erklären. Für eine Simulation sind Daten der qualitativen Variablen, für die keine numerischen Werte existieren, künstlich zu quantifizieren. In jedem Falle wird, auch wenn ein allgemeiner, qualitativer Fall betrachtet werden soll, eine konkrete Situation modelliert. In der Regel sind in derartigen Situationen die numerischen Ergebnisse ebenfalls nicht von Interesse. Qualitative Ausgangsdaten werden in numerische Werte überführt, um nach Ablauf der Simulation wieder qualitativ interpretiert zu werden. Zahlreiche Anwendungen lassen sich nennen aus dem Bereich der Naturwissenschaften, beispielsweise aus der Physik, aber auch aus den Wirtschafts- und Sozialwissenschaften, insbesondere in der volkswirtschaftlichen Modellanalyse.

5.2 Quasi–kontinuierliche Simulation

Mit den Methoden der Systemsimulation kann das Verhalten von Modellen betrachtet werden, die mathematisch nicht mehr geschlossen analysiert werden können. Auch wenn ein Modell nur einen geringen Teil der Realität abbildet und noch immer weit davon entfernt ist, die Wirklichkeit tatsächlich in ihrer Komplexität widerzuspiegeln, ist die Möglichkeit der qualitativ mathematischen Analyse begrenzt: Ein qualitatives volkswirtschaftliches Modell, das aus mehr als drei Differentialgleichungen besteht, ist mit den Methoden der qualitativen Mathematik häufig nicht mehr zu analysieren.

Die ökonomische Fragestellung, die ich in dieser Arbeit betrachte, ist die Frage nach dem grundsätzlichen Verhalten eines qualitativ formulierten Modells. Gesucht ist die Reaktion auf einen exogenen Schock, der das System in eine Ungleichgewichtssituation versetzt. Für die numerische Simulation eines solchen Modells ist es erforderlich, die Werte der Modellvariablen in numerischen Werten und die qualitativen Zusammenhänge in quantitativen Funktionen abzubilden. Es wird eine konkrete Situation als Spezialfall des allgemeineren qualitativen Modells betrachtet. Zu numerischen Methoden zur Analyse von Differentialgleichungen siehe beispielsweise Ortega und Poole [101].

Das numerische Ergebnis der Simulation ist nicht das Ziel, sondern nur ein Zwischenschritt, der wieder verallgemeinernd oder qualitativ zu interpretieren ist, um das Verhalten des allgemeinen Modells zu bestimmen. Eine weitergehende Relevanz der Ergebnisse über den betrachteten numerischen Spezialfall hinaus ist über umfassende Parametersensitivitätsanalysen zu sichern.

Simulation *eines quasi-kontinuierlichen Modells*
  $i := 0$
  setze Anfangswerte
  wiederhole
    $i := i + 1$
    bestimme Δx *für alle dynamisch abhängigen Variablen* x
    $x_{t_i} := x_{t_{i-1}} + \Delta x$
    löse das System der Gleichgewichtsbedingungen mit x_{t_i}
  bis *Abbruchbedingung erfüllt*

Abbildung 5.1: Algorithmus der quasi-kontinuierlichen Simulation

Im Unterschied zur qualitativ mathematischen Analyse des dynamischen Modellverhaltens können in quasi-kontinuierlicher Simulation auch aus Differentialgleichungen und Gleichgewichtsbedingungen bestehende, gemischte Modelle analysiert werden. Mit den durch die Differentialgleichung beschriebenen Änderungen wird zu jedem Zeitpunkt das System der Gleichgewichtsbedingungen gelöst. Aus den resultierenden Variablenwerten folgt die Änderung der dynamisch abhängigen Variablen zum folgenden Zeitpunkt. Abbildung 5.1 skizziert den Simulationsalgorithmus.

Ein Beispiel für ein komplexes interdependentes System

Für die Darstellung eines einfachen Beispiel skizziere ich kurz die in [126] erweiterte Variante des interdependenten Markträumungsmodells, welches in Kapitel 4 in den Gleichungen (4.24) und (4.25) als Differentialgleichungssystem dargestellt ist. Die erweiterte Variante betrachtet eine Ökonomie mit zwei Gütern und zwei Faktoren, die bei unterstellter interdependenter Anpassung zu analysieren ist:

$$\begin{aligned}
\dot{p}_1 &= \alpha_1(y_1^d - y_1^s) && (5.1)\\
\dot{p}_2 &= \alpha_2(y_2^d - y_2^s) && (5.2)\\
\dot{q}_1 &= \beta_1(f_1^d - f_1^s) && (5.3)\\
\dot{q}_2 &= \beta_2(f_2^d - f_2^s) && (5.4)\\
\dot{y}_1^s &= \gamma_1(p_1 - c_1) && (5.5)\\
\dot{y}_2^s &= \gamma_2(p_2 - c_2) && (5.6)\\
y_1^d &= y_1^{d_H}(p_1, \ldots) + y_1^{d_F}(y_1^s, y_2^s) && (5.7)\\
y_2^d &= y_2^{d_F}(y_1^2, y_2^s) && (5.8)\\
f_1^d &= f_1^{d_F}(y_1^s, y_2^s) && (5.9)\\
f_2^d &= f_2^{d_F}(y_1^s, y_2^s) && (5.10)\\
c_1 &= c_1(y_1^s) && (5.11)\\
c_2 &= c_2(y_2^s) && (5.12)\\
f_1^s &= f_1^{s_H}(p_1, \ldots) && (5.13)\\
f_2^s &= f_2^{s_H} = const && (5.14)
\end{aligned}$$

Die Nachfrage der Haushalte nach Gut 1 ist, basierend auf einer Nutzenfunktion, als Funktion $y_1^{d_H}(p_1, \ldots)$ der aktuellen Preise und der Haushaltserstausstattung mit Gütern und Faktoren unterstellt. Ganz entsprechend bieten die Haushalte eine Menge des Faktors 1, gemäß einer Angebotsfunktion $f_1^{s_H}(p_1, \ldots)$, die von den aktuellen Preisen und der Haushaltserstausstattung abhängig ist, an. Das Angebot $f_2^{s_H}$ an Faktor 2 entspricht dagegen der Ausstattung der Haushalte mit dem Faktor und ist damit konstant. Gut 2 und Faktor 2 werden neben Gut 1 und Faktor 1 für die Produktion der Güter 1 und 2 nachgefragt. Die Nachfrage der Firmen $y_2^{d_F}$ nach Gut 2 sowie die Faktornachfragen $f_1^{d_F}$ und $f_2^{d_F}$ sind über die in den Firmen unterstellten Produktionstechnologien als Funktionen der Produktionsmengen der beiden Güter y_1^s und y_2^s bestimmt. Die genauso zu ermittelnde Nachfrage der Firmen $y_2^{d_F}$ nach Gut 1 ist zur Nachfrage der Haushalte nach Gut 1 zu addieren.

Die Preise der Güter p_1 und p_2 sowie der Faktoren q_1 und q_2 entwickeln sich in Reaktion auf die Überschußnachfrage am Markt des jeweiligen Gutes oder Faktors. Die Produktionsmengen der Güter y_1 und y_2 entwickeln sich entsprechend der Differenz zwischen Preis und den Produktionskosten einer Einheit, die sich als Funktion der jeweils produzierten Menge ermitteln lassen. Vergleiche zur interdepenten Tâtonnement–Anpassung wiederum Morishima [93].

Die Gleichungen (5.7)–(5.14), die die Nachfrage nach Gütern und Faktoren, das Faktorangebot und die Produktionskosten bestimmen, können in die Differentialgleichungen (5.1)–(5.6) eingesetzt werden. Das resultierende dynamische System ist vollständig interdependent und mit den in Kapitel 4 beschriebenen mathematischen Methoden nicht ohne weiteres zu analysieren. In der Jacobi–Matrix sind keine separierbaren Teilsysteme auszumachen.

Bestimmte weitere Annahmen bewirken eine Dimensionsreduktion. Wird Walrasianische Preisanpassung unterstellt, dann geschieht die Anpassung der Güterpreise p_1 und p_2 schneller als die Anpassung der Faktorpreise und der Angebotsmengen. Angebot und Nachfrage an den Gütermärkten sind mit dieser Annahme nach jeder Störung unmittelbar wieder ausgeglichen. Für die Differentialgleichungen (5.1) und (5.2) wird die jeweilige Gleichgewichtsbedingung des Gütermarktes in das Modell eingefügt. Die Dimension des dynamischen Systems ist reduziert.

Sollen keine Annahmen, aus denen auch eine Dimensionsreduktion folgt, getroffen werden, dann kann das Verhalten des Modells durch Simulation analysiert werden. Für eine Analyse des Modells mit quasi–kontinuierlicher Simulation sind zunächst alle bislang nur qualitativ gegebenen Funktionen durch quantitative Funktionen zu ersetzen. Beispielsweise werden lineare Produktionstechnologien unterstellt. Für die Nutzenfunktion der Haushalte kann eine Funktion vom Cobb–Douglas–Typ angenommen werden. Für die Parameter der Funktionen sind bestimmte Werte numerisch anzugeben.

Die Nachfragefunktionen nach Gütern und Faktoren, die Faktorangebotsfunktionen und die Kostenfunktionen sind im analysierbaren Simulationsmodell nun durch einen quantitativen Spezialfall der im ursprünglichen Modell qualitativ gegebenen Funktionen abgebildet.

Zeit ist auf einem digitalen Rechner nicht wirklich kontinuierlich darstellbar. Konzeptionell kontinuierliche Zeit wird in der quasi–kontinuierlichen Simulation durch kleine diskrete Zeitschritte angenähert. Die in kontinuierlicher Zeit definierten Differentialgleichungen werden durch Verfahren, wie das Euler–Verfahren, in diskrete Zeit übertragen. Das Euler–Verfahren problematisiere ich unten am Beispiel des Goodwin–Modells.

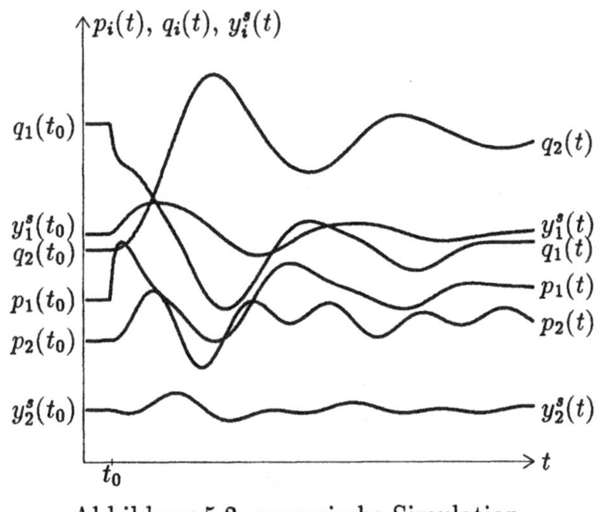

Abbildung 5.2: numerische Simulation

Abbildung 5.2 (aus [126]) zeigt die Ergebnisse einer numerischen Simulation des Modells nach einem exogenen Schock im Zeitpunkt t_0. Die Erstausstattung der Haushalte mit Gut 1 wird halbiert. Der Anpassungsprozeß läßt einen deutlich zyklischen Verlauf in einen neuen stabilen Gleichgewichtspunkt erkennen. Inwieweit dieses Ergebnis der Simulation des Modells verallgemeinert werden kann, ist durch Parametersensitivitätsanalysen zu prüfen. Es ist zu prüfen, ob sich das stabile Verhalten des Modells nicht aus einer spezifischen Kombination der Annahmen zu Parameterwerten ergibt.

Durch Modifikationen lassen sich signifikante Änderungen der Anpassung erreichen, die weitergehende Analysen des Systemverhaltens ermöglichen. Wenn beispielsweise die Haushalte alle Güter nachfragen und auch Faktor 2 gemäß einer Angebotsfunktion anbieten, wirkt dies stabilisierend auf den Prozeß. Das Verhalten der Haushalte als ein stabilisierendes Element des Systemverhaltens hat verstärkten Einfluß (vergleiche wiederum [126]). Ähnliches ist zu beobachten, wenn es zwei Typen von Firmen mit verschiedenen Produktionstechnologien gibt, die bei unterschiedlichen Güter- und Faktorpreisverhältnissen in Nachfrage und Angebot entsprechend verschieden reagieren. Beide Modifikationen wirken bei gleich starkem exogenem Schock stabilisierend auf den Anpassungsprozeß.

Ein Beispiel für das Euler–Verfahren

Als ein Anwendungsbeispiel für das Euler–Verfahren in quasi–kontinuierlicher Simulation verwende ich das Goodwin–Modell, das ich in Abschnitt 4.4 beschrieben habe. Das Goodwin–Modell ist ein prototypisches Modell für neutrale Zyklizität. Die numerische Simulation des Modells zeigt, daß Simulationen eines Modells nicht in jedem Falle zu den gleichen Ergebnissen führen wie eine mathematische Analyse des gleichen Modells. Eine quasi–kontinuierliche Simulation kann nicht tatsächlich kontinuierliche Zeit umsetzen sondern nur annähern.

Die Gleichungen (5.15) und (5.16) beschreiben das dynamische System des ursprünglichen Goodwin Modells:

$$\hat{V} = (1 - lq)\bar{y} - \gamma - n \tag{5.15}$$

$$\hat{lq} = \phi(V - 1) - \gamma \tag{5.16}$$

Die Abbildung 5.3 stellt das Ergebnis einer quasi–kontinuierlichen Simulation des Modells dar. Erkennbar wird, daß die Zyklen von Lohnquote und Beschäftigungsgrad zeitlich versetzt sind.

Die Simulation läßt jedoch keinen stabilen Orbit erkennen, sondern zeigt einen nach außen drängenden, explosiven Verlauf des dynamischen Prozes-

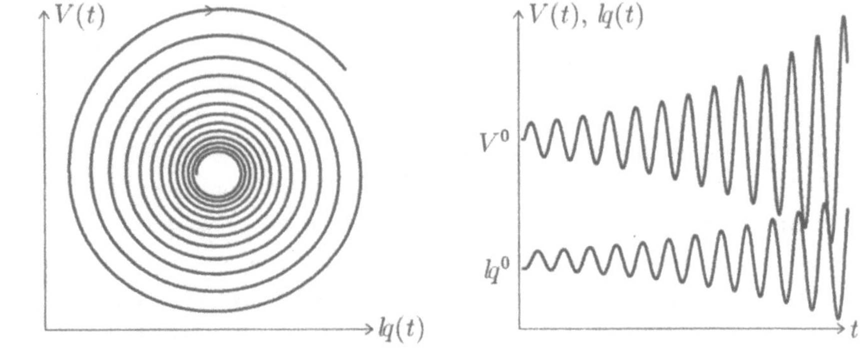

Abbildung 5.3: Simulation des Goodwin–Zyklus mit Hilfe des Euler–Verfahrens

ses. Die Ursache liegt im verwendeten Euler–Verfahren zur Approximation der Differentialgleichungen begründet. Eine dynamische Gleichung der Form $\dot{x} = g(y)$ wird umgesetzt als $x(t+h) = x(t) + hg(y)$. Eine in Wachstumsraten formulierte dynamische Gleichung der Form $\hat{x} = g(y)$ wird durch $x(t+h) = x(t) + h\,x(t)g(y)$ approximiert:

$$\begin{aligned} V(t+h) &= V(t) + hV(t)((1 - lq)\bar{y} - \gamma - n) \\ lq(t+h) &= lq(t) + h\,lq(t)(\phi(V-1) - \gamma) \end{aligned}$$

Beim Euler–Verfahren wird die tatsächliche Bewegung des dynamischen Systems durch eine Taylor–Entwicklung mit Abbruch nach dem ersten Glied angenähert. Es wird also in jedem Punkt eine Tangente angelegt und entsprechend der Schrittweite h der nächste Punkt bestimmt. Bei zyklischem Verlauf liegt der durch diese Methode bestimmte Punkt in jedem Falle weiter außen als der tatsächliche. Je kleiner h gewählt wird, desto schwächer wird die nach außen drängende Tendenz des Modells, vergleiche Ortega und Poole [101].

Eine Überprüfung der Stabilität des diskreten Modells zeigt ebenfalls Instabilität. Die Jacobi–Matrix des Systems bestimmt sich wie folgt:

$$\mathcal{J} = \begin{pmatrix} 1 & -\bar{y}V \\ \phi lq & 1 \end{pmatrix}$$

Die Routh–Hurwitz Ungleichungen für den diskreten Fall:

$$\begin{aligned} |Spur(\mathcal{J})| &< |1 + Det(\mathcal{J})| \\ |Det(\mathcal{J})| &< 1 \end{aligned}$$

können bei $Spur(\mathcal{J}) = 2$ nicht erfüllt sein (vergleiche Marglin [80], Seiten 43f und 182f).

System–Dynamics

Ein anderer Ansatz, dynamische Systeme zu modellieren, ist Forresters System–Dynamics [36]. Sein Beschreibungsmittel ist graphischer Art und flexibler zu handhaben als die Formulierung von Differentialgleichungen. Mit Hilfe dieser Modellierungstechnik und der darauf aufbauenden Simulationsmethode hat Forrester sein Welt–Modell entwickelt. Der Club of Rome führte seine berühmte Untersuchung zu den Grenzen des Wachstums anhand eines System–Dynamics–Modells (vergleiche Meadows [83, 84, 85]). Stellvertretend für andere Anwendungen im wirtschaftswissenschaftlichen Bereich nenne ich die Arbeiten von Hirschhäuser [55], Romer [118] und Sommer [125] zu Konjunkturanalyse, Unternehmensentwicklung und makroökonomischer Modellierung.

Wie in Differentialgleichungen auch, werden Niveaugrößen und ihre Entwicklung betrachtet. Niveaugrößen und die zugehörigen Niveauänderungen sind die beiden Variablentypen des Ansatzes. Der Wert einer Niveaugröße, wie beispielsweise des Güterangebots, des Preisniveaus oder des Kapitalstocks, wächst und schrumpft um bestimmte Beträge. Das Wachsen und Schrumpfen einer Niveaugröße wird durch Zu- und Abflüsse beschrieben. Zu jeder Niveaugröße gibt es eine Quelle, aus der entsprechend dem Zufluß „Material“ in Einheiten der Niveaugröße zufließt, und es gibt eine Senke, in die entsprechend dem Abfluß Material abfließt. Die Änderungen sind in der Modellierung wie Ventile zu interpretieren. Quelle und Senke stehen für Schnittstellen zur Systemumgebung.

Die Änderung einer Niveaugröße ist ausschließlich durch die zugehörigen Zu- und Abflüsse bestimmt. Hat eine Niveaugröße keinen Zufluß, dann bildet sie eine Ausstattung ab, deren Menge durch die Systemdynamik nur schrumpfen kann. Solche Niveaugrößen sind beispielsweise natürliche Ressourcen, wie die Vorräte an fossilen Brennstoffen. Eine Niveaugröße ohne Abfluß beschreibt die Akkumulation von Material, das durch die Systemdynamik nicht wieder reduziert werden kann. Ein Beispiel sind nicht abbaubare Schadstoffe. Unveränderliche Niveaus werden als Parameter eingefügt.

Niveauänderungen sind nur durch Niveaugrößen bestimmt; sie wirken nicht direkt auf andere Niveauänderungen, sondern nur über eine Niveaugröße. Ein Zufluß kann durch die gleichen oder durch andere Niveaugrößen beeinflußt sein, wie, beziehungsweise als, der zugehörige Abfluß. Die Änderung des Wertes einer Niveaugröße in der Zeit wird getrennt nach Zu- und Abfluß modelliert.

Aus einer Kombination von Niveaugrößen sind die Werte anderer Variablen abzuleiten. Dies können insbesondere Verhältnisse, wie die Kapitalintensität, oder Multiplikatoren sein. Verhältnisse können auch als Parameter vorgegeben sein, wie beispielsweise die „normale" Abschreibungsrate. Niveauverhältnisse, abgeleitete Multiplikatoren und Parameter wirken auf Niveaugrößenänderungen. Variablen können den Wert einer Niveaugröße einer zurückliegenden Periode enthalten, wodurch verzögerte Wirkungen ausgedrückt werden können.

Die Komponenten eines Systems sind in einem Graphen durch gerichtete Kanten verbunden. Die Kanten repräsentieren kausale Wirkungen. Jeder geschlossene Pfad in diesem Graphen ist eine Rückwirkungsschleife. Es gibt positive Rückwirkungsschleifen, über die Niveaugrößen steigernd auf ihr eigenes Wachstum oder reduzierend auf ihr Schrumpfen wirken. Positive Rückwirkungen führen zu einem Wachstum der Niveaugrößen. Negative Rückwirkungsschleifen dagegen führen zu einem Ausgleich von Zu- und Abfluß. Wenn ein höherer Wert einer Niveaugröße zu verstärktem Ab- oder vermindertem Zufluß, und ein niedriger Wert zu vermindertem Ab- oder verstärktem Zufluß führt, dann kann sich die Niveaugröße an einen gleichgewichtigen Wert anpassen.

In dem Beispiel in Abbildung 5.4 (aus [36], Seite 24) ist die Entwicklung der Niveaugröße „Capital Investment" in Forresters Weltmodell abgebil-

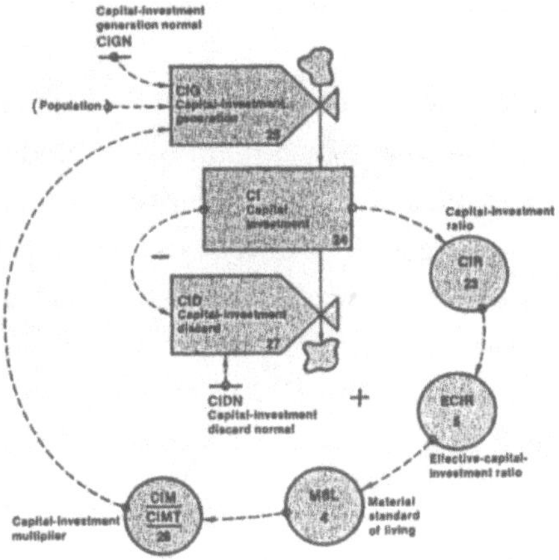

Abbildung 5.4: Ausschnitt aus Forresters Weltmodell

det. Quelle und Senke sind durch wolkenähnliche Symbole dargestellt. Die Änderung der Investitionen beschreiben die wie Ventile aussehenden Symbole am Pfad von der Quelle zur Niveaugröße und von der Niveaugröße zur Senke. In Kreisen sind aus anderen Niveaugrößen und Parametern abgeleitete Variablen dargestellt. Es gibt eine negative Rückwirkung, da höhere Investitionen zu höheren Abschreibungen führen, und es gibt eine positive Rückwirkung über einen Multiplikatoreffekt.

Die Beschreibungsmittel des System–Dynamics–Ansatzes erlauben die Konstruktion hochgradig interdependenter Modelle. Die graphische Darstellung erlaubt auch in größeren Modellen das Erkennen von Rückwirkungen. Die ausdrückliche Einarbeitung nicht–linearer Zusammenhänge in System–Dynamics–Modellen wurde jüngst von Kolk [64] beschrieben.

Die Betrachtung des Verhaltens eines so beschriebenen Modells durch quasi–kontinuierliche Simulation erfolgt wie oben dargestellt in kleinen diskreten Zeitschritten, die kontinuierliche Zeit approximieren.

5.3 Diskrete Simulation

Die Methode der diskreten Simulation betrachtet gleichfalls das dynamische Verhalten eines Systems. Ein dynamisches Modell wird in diskreter Zeit simuliert. Die dynamischen Eigenschaften des Systems werden hier nicht durch ein Differentialgleichungssystem beschrieben, sondern durch die Beschreibung der Reaktion der Systemkomponenten auf Systemzustände und äußere Einflüsse in algorithmischer Form. Reaktionen des Systems werden durch Methoden, die bei Eintreten gegebener Bedingungen ausgeführt werden, algorithmisch beschrieben. Methoden ändern den Zustand des Systems.

In der diskreten Simulation werden Zustandsänderungen an Zeitpunkten betrachtet. Die Entwicklung über ein Zeitintervall, die zu einer solchen Zustandsänderung führt, wird nicht explizit betrachtet. Nach Page [103] kann die Beziehung zwischen Zustand und Zeit auf verschiedene Weise hergestellt werden: Ein *Ereignis* beschreibt die Veränderung des Systemzustands zu einem Zeitpunkt. Ereignisse können exogen verursacht oder endogen bestimmt sein. Eine *Aktivität* abstrahiert von einzelnen Ereignissen und faßt eine Menge von Ereignissen zu einem Handlungsstrang zusammen. Eine Aktivität hat ein Anfangs- und ein Endereignis; sie bildet eine Handlung ab, die zwischen dem Anfangs- und dem Endereignis ausgeführt wird. Die Wirkung des Ergebnisses der Handlung wird dem Endereignis zugeordnet. Zwischen Anfangs- und Endereignis liegende Ereignisse grenzen einzelne Schritte der abgebildeten Handlung ab. Ein *Prozeß* besteht aus einer Menge von Aktivitäten, die einer Systemkomponente zugeordnet werden. Dem Eintreten eines Ereignisses wird ein Zeitpunkt zugeordnet. Die Zeitspanne zwischen zwei Ereignissen ist grundsätzlich variabel. Ein Ereignis kann zu einem beliebigen Zeitpunkt eintreten.

Aus der Beziehung zwischen Zustand und Zeit heraus werden Weltbilder diskreter Simulationsmodelle unterschieden, die ich im folgenden kurz skizzieren werde. Bei Mitrani [92] oder Page [103] finden sich umfassende, weitergehende Beschreibungen der Sichten diskreter Simulationsmodelle. Meine kurzen Darstellungen fasse ich jeweils in der groben Formulierung eines entsprechenden Simulationsalgorithmus zusammen.

Ereignisorientierte Simulation

Ein ereignisorientiertes Simulationsmodell beschreibt das Verhalten der Systemkomponenten durch Ereignisroutinen. Dieses sind Methoden, die ausgeführt werden, wenn ein Ereignis eintritt. Mit jedem möglichen Ereignis ist eine Methode verbunden. Auf diese Weise werden die Zustandsänderungen beschrieben, die mit dem Eintreten eines Ereignisses verbunden sind, nicht aber der Weg zwischen zwei Ereignissen, der zu der Zustandsänderung führt. Einem Ereignis ist ein Zeitpunkt zugeordnet. Die Simulationszeit wird mit dem Eintreten eines Ereignisses auf dessen Zeitpunkt gesetzt.

In einer Implementation eines ereignisorientierten Simulationsmodells werden Ereignisse in einer nach Zeitpunkten sortierten Liste gehalten (vergleiche Page [103]). Die Auswahl des Ereignisses mit dem frühesten Zeitpunkt liefert dann das erste Ereignis aus der Liste. Die Simulationszeit wird auf den mit dem Ereignis verbundenen Zeitpunkt gestellt. Beim Eintreten eines Ereignisses werden durch die Methodenausführung gegebenenfalls zukünftige Ereignisse geplant. Dies können Ereignisse gleicher Art oder andere Ereignisse sein. Beispielsweise kann beim Ereignis eines Impulses aus der Systemumgebung der nächste Impuls zu einem (stochastisch bestimmten) späteren Zeitpunkt geplant werden. Da Handlungen nicht explizit modelliert werden, kann beim Eintreten eines Ereignisses, das den Beginn einer Handlung charakterisiert, das zugehörige Endereignis generiert werden. Geplante Ereignisse werden in die Liste der zukünftigen Ereignisse eingefügt. Der Simulationsalgorithmus bricht ab, wenn entweder ein gegebener Endzeitpunkt überschritten wird oder ein Ereignis eintritt, welches das Ende der Simulation bedeutet.

Ereignisse sind die elementaren Bausteine aller Sichten diskreter Simulationsmodelle. Ein aktivitäts- oder prozeßorientiertes Modell kann auf ein ereignisorientiertes Modell zurückgeführt werden.

Ein Ereignis kann zu einem beliebigen Zeitpunkt eintreten. So ist es nun ebenso möglich, daß der Fortgang der Simulationszeit Ereignisse auslöst. Die Zeitspanne zwischen den Ereignissen ist dann deterministisch fest oder stochastisch variabel. Mitrani [92] formuliert auf diese Weise ein einfaches diskretes Gütermarktmodell. Er unterstellt, daß die Marktdaten in festen Zeitintervallen bestimmt werden. Das System wird nur zu diesen Zeitpunkten betrachtet. Die Zeitpunkte der Ereignisse t_e entsprechen den fortlaufenden Simulationszeitpunkten t_i.

Die Güternachfrage und das -angebot in einem Zeitpunkt t sind durch lineare Zusammenhänge gegeben. Komplexere Zusammenhänge sind ohne weiteres auszudrücken. Linearisierbare Gleichungen sind keine Voraussetzungen für die Anwendung der Systemsimulation. Die Nachfrage hängt von den aktuellen Preisen zum Simulationszeitpunkt t ab, ergänzt um einen stochastischen Wert θ_t. Die Anbieter bieten entsprechend dem Preis zum vorherigen Zeitpunkt $t-1$ an, ebenfalls ergänzt um einen stochstischen Wert φ_t. Der Preis zum Zeitpunkt t ist der Preis, bei dem die Nachfrage gleich dem zu diesem Zeitpunkt gegebenen Angebot ist:

$$y_t^s = c + dp_{t-1} + \varphi_t \tag{5.17}$$
$$y_t^d = a - bp_t + \theta_t \tag{5.18}$$
$$y_t^s = y_t^d \tag{5.19}$$

Für die Parameter a, b, c und d des Modells sind für eine Simulation numerische Werte und für die stochastischen Variablen θ und φ sind Verteilungen anzunehmen. Ein Anfangswert für den Preis ist zu setzen.

Methode *Marktereignis*
Erzeuge θ_{t_i} *und* φ_{t_i} *zufällig*
Bestimme $y_{t_i}^s$ *gemäß Gleichung* (5.17)
Bestimme p_{t_i} *über Gleichung* (5.18) *mit* $y_{t_i}^d = y_{t_i}^s$
plane nächstes Marktereignis zum Zeitpunkt $t_e = t_{i+1}$

Abbildung 5.5: Methode zum Marktereignis im Modell (5.18)–(5.19)

Der Algorithmus der ereignisorientierten Simulation betrachtet in dieser Anwendung eine Folge von Ereignissen eines Typs *Marktereignis.* Bei jedem Eintreten eines Ereignisses wird die mit dem Marktereignis verbundene Methode in Abbildung 5.5 ausgeführt. Die Simulation erzeugt eine Folge von Preis–Mengen–Kombinationen. Jede Ausführung der Methode *Marktereignis* bestimmt eine Preis–Mengen–Kombination. Bei positiven Parameterwerten und kleinen Störungen resultiert eine zyklische Anpassung an den Erwartungswert des Gleichgewichtspunktes im Schnittpunkt der (stochastischen) Angebots- und Nachfragefunktionen. Dieses *Cobweb*–Modell ist stabil. Variationen der Parameterwerte und der unterstellten Verteilungen haben zu zeigen, in welchem Maße die Stabilität von den Annahmen im Ausgangszustand abhängt. So reagiert das Modell bei der Annahme von nicht–linearen Angebots- und Nachfragefunktionen stabil oder instabil, je nachdem, was für ein Preis im Ausgangszustand gesetzt wird.

Aktivitätsorientierte Simulation

Ein aktivitätsorientiertes Simulationsmodell beschreibt ein System durch Aktivitäten. Eine Aktivität ist eine Methode, die nicht an eine bestimmte Systemkomponente gebunden ist. Der durch die Aktivität abgebildete Handlungsstrang faßt eine Menge von Ereignissen und die mit diesen verbundenen Methoden zusammen. Häufig wird ein Ereignis, das den Anfang der Aktivität, und eines, das ihr Ende charakterisiert, zusammengefaßt und die jeweiligen Methoden in der Aktivität zusammengeführt. Das Zusammenfassen einer größeren Folge von Ereignissen ist je nach Situation möglich. An die Ausführung einer Aktivität sind Bedingungen geknüpft, die zu jedem Simulationszeitpunkt erfüllt oder nicht erfüllt sind. Die Bedingungen verknüpfen Merkmale des Systemzustands und gegebenfalls auch die aktuelle Simulationszeit.

Nach der Initialisierung des Systemzustands werden die Bedingungen aller definierten Aktivitäten überprüft. Aktivitäten, deren Bedingungen erfüllt sind, werden gestartet. Mit dem Starten einer Aktivität, ist ein Ereignis verbunden, das gegebenenfalls den Systemzustand verändert. Durch den veränderten Systemzustand können die Bedingungen anderer Aktivitäten erfüllt sein, die dann gestartet werden. Kann keine Aktivität mehr gestartet werden, wird diejenige Aktivität aus der Menge der gestarteten Aktivitäten bestimmt, die als erste beendet werden kann. Die Simulationszeit wird auf den Zeitpunkt des Endes dieser Aktivität gesetzt. Dies und die Beendigung der Aktivität selbst ändern wiederum den Systemzustand. Nach jeder Änderung des Systemzustands wird im folgenden überprüft, welche Aktivitäten gestartet oder beendet werden können.

Prozeßorientierte Simulation

In einem prozeßorientierten Simulationsmodell sind die Methoden, die einer Systemkomponente zugeordnet sind, zu einem Prozeß zusammengefaßt. Ein Prozeß ist aus der Sicht von Ereignissen betrachtet definiert als eine Folge von Ereignissen und den mit diesen verbundenen Methoden. Ein Ereignis kann dabei Teil eines oder mehrerer Prozesse sein. Ein Ereignis, das Teil mehrerer Prozesse ist, kennzeichnet Interaktion von Prozessen. Ein Prozeß bildet das Verhalten einer Systemkomponente und deren Interaktion mit anderen Systemkomponenten ab.

Der Ablauf der Simulation selbst ist in den Prozessen beschrieben. Ein solcher Prozeß kann, wenn er aktiv ist, Merkmalsausprägungen der Systemkomponente, die er abbildet, ändern. Er kann als Umsetzung der Prozeßinteraktion die Aktivierung anderer Prozesse zu bestimmten Zeitpunkten planen und anderen Prozessen Daten bereitstellen. Ein Prozeß kann sich selbst deaktivieren, beenden und andere Prozesse erzeugen. Prozesse kommunizieren über den Austausch von Nachrichten und gemeinsame Daten miteinander.

Mikrosimulation

Die Methode der Mikrosimulation ist eine spezielle Variante der prozeßorientierten diskreten Simulation, die insbesondere auf die Simulation mikroökonomischer oder -soziologischer Modellansätze zugeschnitten ist. In diesem Teil des Abschnitts beschreibe ich die Methode in Grundzügen. Ich ergänze die vorstehende sehr knappe allgemeine Darstellung der prozeßorientierten Simulation, wo dies zum Verständnis der Mikrosimulation notwendig ist. Für ausführlichere Darstellungen siehe beispielsweise Merz [87], Troitzsch [134] oder Vetterle [135].

Mikroanalytische Simulationsmodelle simulieren das Verhalten einer Menge von Objekten, die in Interaktion miteinander stehen, über die Zeit. Bei diesen Objekten handelt es sich in ökonomischen Modellen um einzelne Wirtschaftssubjekte, Haushalte oder Unternehmen. Sie sind die agierenden Komponenten innerhalb eines Systems und werden im mikroanalytischen

Simulationsmodell durch ihre Merkmale und ihr Verhalten beschrieben. Das gesamte System ist indirekt beschrieben durch die Beschreibung seiner Komponenten. Das dynamische Verhalten des Systems ist die Aggregation der Verhaltensweisen der einzelnen Objekte. Jedes Objekt wird durch einen Prozeß beschrieben.

Mikroanalytische Simulationen werden für wirtschafts- und sozialwissenschaftliche Fragestellungen seit den sechziger Jahren eingesetzt, als leistungsfähigere Rechner die quasi–parallele Simulation vieler Objekte und die Auswertung des resultierenden Datenumfangs ermöglichten. Am Anfang standen Simulationsmodelle zur Entscheidungsunterstützung in begrenzten Fragestellungen aus der Sozial- und Steuerpolitik, so beschrieben beispielsweise bei Greenberger [45]. Etwas später wurden solche Modelle für Fragen in der Gesundheits- und Energiepolitik eingesetzt, vergleiche Haveman und Hollenbeck [49]. In Deutschland begründeten Simulationen zur personellen Einkommensverteilung die Verwendung mikroanalytischer Simulation, vergleiche Krupp [65, 66]. In der Politikberatung wurden in den siebziger Jahren Modelle zum Vergleich von alternativen Steuer- und Rentenreformmodellen entwickelt, siehe Frank [37], Krupp sowie Krupp und Glatzer [67, 68]. Nach diesen ersten Anwendungen folgten, nicht zuletzt bedingt durch die enorme Steigerung verfügbarer Rechenleistung, zahlreiche weitere Anwendungen für begrenzte Fragestellungen. Daneben werden Großmodelle entwickelt, mit deren Hilfe direkte und indirekte Folgen politischer Entscheidungen in längerfristig angelegten Szenarien dargestellt werden können.

Auf eine vollständige, detailliertere Auflistung oder gar beispielhafte Darstellungen von jüngeren Anwendungen der Mikrosimulation verzichte ich und benenne nur einige Beispiele. Die Arbeiten von Gordon und Michel [42], Merz [88, 89], Harding [47] oder Nelissen [100] dokumentieren eine Weiterführung der Anwendungen im Bereich der Analyse von Steuerreformkonzepten, Einkommensverteilung und sozialer Entwicklungen. Die Ansätze von Wolff [141] zur Betrachtung der Schattenwirtschaft oder von Oskamp [102] zur Analyse lokaler Wohnraummärkte sind Beispiele für die Anwendungen in angrenzenden Gebieten.

Merkmale, Methoden und Interaktion: Die Merkmale eines Objektes beschreiben die für das Simulationsmodell relevanten Daten, die mit dem jeweiligen Objekt verknüpft sind. Das Verhalten des Objektes ist durch ein Verhaltensmuster festgelegt, das in Form von Methoden dem Objekt zugeordnet wird. Das Verhalten des Objektes in einer bestimmten Situation entspricht dem durch die aktuellen, eigenen Merkmalsausprägungen und äußere Einflüsse konkretisierten Verhaltensmuster. Äußere Einflüsse können systemexogene Einflüsse oder systemendogen bestimmte Nachrichten von anderen Objekten sein. Das Verhalten eines Objektes resultiert in Änderungen der eigenen Merkmalsausprägungen und gegebenenfalls in Nachrichten an andere Objekte. Ein bestimmtes Verhalten wird ausgelöst durch Merkmalsausprägungen, die eine Vorbedingung für das Verhalten erfüllen, oder durch eine Nachricht eines anderen Objektes, die einem verhaltensauslösenden Impuls gleichkommt.

Die Objekte eines mikroanalytischen Modells sind Instanzen verschiedener Klassen. Eine Klasse beschreibt einen bestimmten Objekttyp. In einer Klasse ist festgelegt, welche Merkmale ein Objekt dieser Klasse hat und durch welche Methoden sein Verhalten beschrieben ist. Das individuelle Verhalten von Objekten der gleichen Klasse folgt aus unterschiedlichen Merkmalsausprägungen und aus der Interaktion mit anderen Objekten, die ebenfalls aus ihren individuellen Merkmalsausprägungen heraus spezifisch mit dem betreffenden Objekt kommunizieren. Durch Hinzunahme von stochastischen Termen in die Methoden des Objektes wird Individualität im Verhalten modelliert. Das Verhalten der Objekte wird dadurch nicht-deterministisch. In der Regel besteht ein Mikrosimulationsmodell aus vielen Objekten vergleichsweise weniger Klassen.

Die Beschreibung der nachrichtenbasierten Interaktion zwischen den Objekten legt fest, welche Objekte in welcher Art Beziehung zu anderen Objekten stehen. Das dynamische Verhalten des Systems wird durch das individuelle, interaktive Verhalten der einzelnen Objekte beschrieben. Ist die Menge der Objekte eines Simulationsmodells variabel, ergänzen Festlegungen zur Erzeugung neuer und zum Löschen alter Objekte die Beschreibung des dynamischen Verhaltens. Das Verhalten des Systems ist damit rein mikrofundiert festgelegt. Beschrieben wird das Verhalten einzelner Objekte in seiner individuellen Interaktion mit anderen Objekten. Das Verhalten des modellierten Systems resultiert aus der Aggregation des Verhaltens aller Objekte.

Systemsicht der Modellbeschreibung: Jedes Objekt ist beschrieben durch die Menge seiner Merkmale. Die Merkmale beschreiben die Eigenschaften des Objektes und seiner Umgebung. Sie sind zusammen mit Nachrichten von anderen Objekten die Eingaben der Vorgänge, die durch das Verhalten des Objektes beschrieben werden. Im Sinne der oben beschriebenen Systemannahme, ist jedes einzelne Objekt als System mit Eingaben und Ausgaben zu betrachten. Seine Ausgaben sind in engerem Sinne die Nachrichten des Objektes an andere, mit denen es kommuniziert. Im weiteren Sinne kann auch die Fortschreibung der eigenen Merkmale als Ausgabe angesehen werden. Objekte einer Klasse besitzen die gleichen Merkmale und repräsentieren folglich die gleichen Eingabe–Ausgabe Relation.

Die Methoden eines Objektes beschreiben die Wirkung des Objektes auf das umgebende System. Durch sie sind seine Ausgaben im engeren Sinne festgelegt. Bestimmt wird durch die Modellbeschreibung weiterhin, an welche Objekte, Objektmengen oder an welche systemexogenen Stellen die Ausgaben als Nachricht gesandt werden.

Das reale System wird durch die Gesamtheit der Objekte des Simulationsmodells abgebildet und durch die Beziehungen zwischen den Objekten in seiner Struktur beschrieben. Gleichermaßen wird ein einzelnes Objekt durch die Menge seiner Merkmale abgebildet und durch seine Methoden als System beschrieben. Die Beschreibung des Simulationsmodells umfaßt somit zwei Systemebenen. Ich verzichte darauf, die Grundbegriffe der Mikrosimulation formal einzuführen.[1]

Abstraktion und Konkretisierung: Ein Simulationsmodell ist eine analysierbare Form, die ein gegebenes Modellsystem formalisiert abbildet. Wo-

[1] Eine formale Beschreibung findet sich beispielsweise bei Vetterle, der meint: *„Die Grundbegriffe der Mikrosimulation* [...] *lassen sich wohl über rein formale Definitionen einführen, letztlich wird ihre Bedeutung aber erst in der inhaltlichen Interpretation klar.“* [135], Seite 10. Ich bin überzeugt davon, daß eine formale Definition sehr wohl in der Lage wäre, zum Verständnis beizutragen, wenn auch die von Vetterle gebotene Darstellung dies sicherlich nicht leistet. Ich erspare dem Leser jedoch einen eigenen Ansatz formaler Beschreibung.

rin bestehen aber die Besonderheiten einer Abbildung in die analysierbare Form eines mikroanalytischen Simulationsmodells?

Zunächst ist die Anzahl der Objekte und die Anzahl der Objektklassen, die in einem Simulationsmodell beschrieben werden, begrenzt. Nur für spezielle Fragestellungen können alle relevanten Individuen abgebildet werden. Die Zuordnung von realen Individuen in Klassen ist gegeben in der Beschreibung des Modellsystems. Das Verhältnis der Anzahl von Objekten der verschiedenen Klassen im Simulationsmodell ist ebenso eine folgende Konkretisierung des Modells, wie die Festlegung der Zahl der Objekte einer bestimmten Klasse.

Die Auswahl einer Merkmalsmenge zur Beschreibung von Objekten einer Klasse unterstelle ich als durch das Modellsystem gegeben. Im Simulationsmodell wird die Art der Information, die in einem Merkmal enthalten ist und die in Form einer Nachricht von einem Objekt an ein anderes übermittelt wird, konkretisiert. Im weiteren werden die Methoden eines Objektes konkretisiert. Merkmalsänderungen und Nachrichten an andere Objekte oder die Umwelt werden als Funktion von Merkmalsausprägungen und Nachrichten beschrieben.

Simulation des Systemverhaltens: Für die Simulation eines mikroanalytischen Modells wird grundsätzlich diskrete Zeit unterstellt. Die Zeit verläuft in Intervallen gleicher Länge. Die Zeitpunkte, die den Anfang eines Zeitintervalls beziehungsweise das Ende des davorliegenden Zeitintervalls markieren, sind vollständig geordnet. Das minimale Element der Ordnung ist die Startzeit eines Simulationslaufs. Der Systemzustand zur Startzeit der Simulation ist der Ausgangszustand.

Die Merkmale der Objekte sind zur Startzeit soweit zu initialisieren, bis der Ausgangszustand vollständig bestimmt ist. Zur Initialisierung können reale Daten verwendet werden, insbesondere dann, wenn die Zahl der Objekte im Simulationsmodell der Zahl der Akteure im realen System entspricht. Ist dies nicht der Fall, werden die Objekte entsprechend einer angenommenen oder empirisch ermittelten Verteilung der Merkmalsausprägungen im realen System initialisiert.

Zwischen Ursache und Wirkung vergeht ein Zeitintervall. Sendet ein Objekt zu einem Zeitpunkt t_i eine Nachricht an ein anderes Objekt, dann wird dieses andere Objekt auf die Nachricht zum Zeitpunkt t_{i+1} reagieren. Der Zustand eines Systems zu einem bestimmten Zeitpunkt ist gegeben durch die Merkmalsausprägungen aller Objekte. Im Übergang von einem Zeitpunkt in den darauf folgenden werden die Methoden der Objekte ausgeführt, die das Verhalten des jeweiligen Objektes unter Berücksichtigung seines aktuellen Zustands inklusive gegebenenfalls eingehender Nachrichten anderer Objekte spezifizieren. Die durch die Methodenausführung ausgelösten Änderungen von Merkmalsausprägungen beschreiben den Übergang von einem Zustand in den folgenden. Die Abfolge von Systemzuständen im Simulationsverlauf beschreibt das dynamische Verhalten des Systems.

Zu jedem Zeitpunkt können Objekte auf systemexogene Daten zugreifen, wenn ihre Methoden Informationen aus der Umwelt des Systems benötigen. In diesem Falle ist die Umwelt des Systems gleichsam als Rahmen des Simulationsmodells abzubilden. Dies kann geschehen durch die Bereitstellung von Zeitreihendaten zu allen Zeitpunkten eines Simulationslaufes. Diese Daten können empirisch erhoben oder das Ergebnis anderer Simulationen sein. Gleichfalls ist eine dynamische Generierung von Systeminputs entsprechend einer Verteilung möglich.

5.4 Grenzen der quantitativen Systemsimulation

Die Anwendung von Methoden der Systemsimulation bietet Möglichkeiten, die über die von analytischen Methoden hinausgehen. Dies gilt auch im Kontext der Analyse des Verhaltens qualitativer Modelle. Einige Vorteile nennt Page [103], Seiten 8f, die sich auf die Anwendungssituation volkswirtschaftlicher Modellanalyse übertragen lassen. Page beginnt damit, daß durch Simulation auch Systeme untersucht werden können, die zu komplex sind, um die Voraussetzungen der Anwendung analytischer Verfahren zu erfüllen. Mit numerischer Simulation kann das Verhalten von Modellen betrachtet werden, die für die Anwendung qualitativ mathematischer Methoden zu groß sind, um Analyseergebnisse zu erlauben. Ohne vereinfachende Annahmen zu treffen, die die Dimension des betrachteten Modells reduzieren, kann ein Simulationsmodell einen höheren Grad an Realitätsnähe abbilden. Schließlich ermöglicht die Simulation eines Modells die Visualisierung des Modellverhaltens. Die Auswirkungen von Verhaltensannahmen können in der zeitlichen Entwicklung des Systems Schritt für Schritt verfolgt werden.

Ungeachtet der Vorteile gegenüber analytischen Methoden stößt die Simulation in bezug auf die Anwendung in der Analyse qualitativer Modelle jedoch erkennbar an Grenzen. Keiner der in diesem Kapitel beschriebenen Ansätze zur Systemsimulation ist in der Lage, den Merkmalen der Komponenten eines Systems qualitative Werte zuzuordnen. Eine Merkmalsausprägung ist in jedem Falle ein numerischer Wert. Die Ergebnisse numerischer Simulation sind für das ursprüngliche, qualitative Modell qualitativ zu interpretieren. Sicherlich ist es möglich, über eine Kopplung zu einem Fuzzy–Interface qualitative Eingabewerte für das numerische Modell in numerische Werte zu übertragen und anschließend die numerischen Ausgabewerte wieder qualitativen Werten zuzuordnen, doch ist dies nichts anderes als eine (zweifelhafte) automatische qualitative Interpretation numerischer Werte. Darüber hinaus ist auch keiner der Ansätze in der Lage, qualitativ bekannte Zusammenhänge zu simulieren. Jeder Zusammenhang, der in der ökonomischen Analyse nur qualitativ beschrieben wird, muß für eine Simulation des Modells in einem quantitativen Spezialfall konkretisiert werden. Wenn komplexere Modelle simuliert werden, ist eine Vielzahl von qualitativen Verhaltensannahmen und Beziehungen durch funktional oder algorithmisch beschriebene Zusammenhänge auszudrücken. Ob Simulationsergebnisse verallgemeinerbar sind, ist dann durch aufwendige Sensitivitätsanalysen zu prüfen. Die Zahl der Möglichkeiten, welche Kombination von Parameterwerten und angenommenen Funktionen für das Modellverhalten verantwortlich sein könnten, wächst überproportional mit der Zahl der konkretisierenden Annahmen, also mit der Größe des Modells.

Teil III

Qualitative Modellierung und Analyse

Kapitel 6

Qualitatives Schließen in der Analyse ökonomischer Modelle

Im ersten Teil der Arbeit habe ich eine Reihe von Ansätzen und Methoden qualitativer Analyse und Simulation vorgestellt. Im zweiten Teil der Arbeit habe ich beschrieben, wie in der ökonomischen Analyse mit qualitativ mathematischen Methoden gearbeitet wird, um das Verhalten eines Modells zu analysieren. Ziel dieses Kapitels ist es nun, Anwendungen der Methoden des ersten Teils der Arbeit auf ökonomische Fragestellungen darzustellen. Ich werde zeigen, welche ökonomischen Fragestellungen mit Hilfe der Methoden des ersten Teils beantwortet werden können.

Im Abschnitt 6.1 wende ich die in Kapitel 2 beschriebenen Methoden kausalen Ordnens auf ökonomische Modelle an. Die explizite Betrachtung von Kausalität ist eine Grundvoraussetzung für eine qualitative Simulation eines Modells. Darüber hinaus ist die Offenlegung der kausalen Struktur eines Modells ein wesentlicher Schritt in der Modellanalyse, den die qualitativ mathematischen Methoden nicht gehen: Mathematische Methoden analysieren nicht–kausale Gleichungssysteme.

Farleys Methode qualitativer Argumentation, die auf der kausalen Struktur eines Modells aufsetzt, habe ich in Abschnitt 2.3 beschrieben. Anstatt das Modellverhalten durch Simulation der Reaktion des Systems auf bestimmte Einflüsse zu analysieren, adaptiert er das Abwägen von Argumenten aus dem juristischen Kontext. In Abschnitt 6.2 beschreibe ich eine Anwendung seiner Methode auf ein ökonomisches Modell. Farleys qualitative Argumentation ermittelt die Folgen eines bestimmten exogenen Einflusses auf das System soweit, wie dies ohne eine Simulation des Modellverhaltens möglich ist.

Das komparativ statische und das dynamische Modellverhalten kann mittels qualitativer Simulation analysiert werden. Im Abschnitt 6.3 stelle ich zunächst dar, wie das komparativ statische Verhalten eines Modells durch die Propagation von Wertänderungen durch zunächst nicht–kausale Bedingungen ermittelt wird. Daran anschließend beschreibe ich die qualitative Simulation des dynamischen Verhaltens ökonomischer Modelle. Die dynamischen Eigenschaften eines qualitativ beschriebenen Modells werden herausgearbeitet, indem mittels der Methode qualitativer Simulation Änderungen qualitativer Zustände einzelner Systemkomponenten in Reaktion auf ungleichgewichtige Situationen betrachtet werden.

6.1 Kausale Ordnung ökonomischer Modelle

Zu der Frage, warum Kausalität in der ökonomischen Analyse stärker explizit berücksichtigt werden sollte, schrieb Hicks 1979: „*For I have to come to think that its appearance in economics is a particularly interesting, and particularly revealing, case of the general notion of causality.*“ [53], Seite 1. Das Wissen um ökonomische Zusammenhänge ist zwar nicht vernachlässigbar so aber doch extrem unsicher. Nur wenige ökonomische Gesetze stehen auf einer sicheren Basis. In jedem Modell gibt es Elemente, die als unsicherer anzusehen sind, als die anderen. Eine Beschreibung kausaler Zusammenhänge legt kritische Beziehungen offen. Ökonomische Analyse zielt auf Erklärung aktueller und auf Vorhersage zukünftiger Phänomene. Beobachtungen aus der Vergangenheit werden verallgemeinert zu Wissen, das für Vorhersagen und zur Entscheidungsunterstützung nutzbar ist. Hicks schreibt, „*the economist is concerned with the present, and for the sake of the present with the past.*“ [53], Seite 4. Aus der Vergangenheit heraus werden kausale Zusammenhänge herausgearbeitet. Erkannte kausale Zusammenhänge erlauben nicht nur eine Erklärung aktueller Phänomene und die

Vorhersage zukünftiger, sondern sie ermöglichen auch die Betrachtung von Konsequenzen möglicher Entscheidungen.

Eine kausale Sicht auf ein Modell ist der Ausgangspunkt argumentativer Analyse eines Systems. Ist die kausale Struktur eines Modells gegeben, möglicherweise nach kausalem Ordnen der Modellvariablen, kann das Modellverhalten in Ungleichgewichtssituationen durch verbales Argumentieren beschrieben werden. Verbales Argumentieren ist letztlich eine Simulation des dynamischen Modellverhaltens. In diesem Abschnitt werde ich die Methoden kausalen Ordnens statischer, dynamischer und gemischter Modelle im ökonomischen Kontext anwenden.

6.1.1 Kausalität und komparative Statik

Als Beispiel für ein statisches Modell verwende ich das in Kapitel 4 auf Seite 114 beschriebene Modell (4.1),(4.2) einer vereinfachten Ein–Gut–Ökonomie ohne Arbeitsmarkt. Um die Variablen nach der Methode kausalen Ordnens in statischen Modellen ordnen zu können, sind die Bestimmung von Güter- beziehungsweise Geldnachfrage von den Gleichgewichtsbedingungen zu trennen. Das System besteht aus sechs Gleichungen mit den Variablen Y^s, Y^d, M^s, M^d, p und r:

$$Y^s = Y^d \tag{6.1}$$
$$M^s = M^d \tag{6.2}$$
$$Y^s = exogen \tag{6.3}$$
$$Y^d = f_Y^d(p,r) \tag{6.4}$$
$$M^s = exogen \tag{6.5}$$
$$M^d = f_M^d(p,r) \tag{6.6}$$

$f_Y^d(p,r)$ und $f_M^d(p,r)$ sind hier qualitative Funktionen, die den Zusammenhang von Preis und Zinssatz mit der Güternachfrage beziehungsweise der Geldnachfrage beschreiben. Die Werte von Güter- und Geldangebot sind exogen gegeben.

Die oben genannten Voraussetzungen für die Anwendung der Methode sind erfüllt. Die Vorkommensmatrix M_0 beschreibt das Vorkommen der Variablen in den Gleichungen des Modells. Ich kann die Teilmengen $\{Y^s\}$ und $\{M^s\}$ aus der Matrix M_0 ableiten und zur Menge T_0 zusammenfassen. Die Matrix M_1 wird aus M_0 hergeleitet durch das Streichen der Spalten der Variablen Y^s und M^s und der Zeilen der Gleichungen (6.3) und (6.5). Abbildung 6.1 stellt die Vorkommensmatrizen der Methode kausalen Ordnens dar.

M_0:	Y^s	Y^d	M^s	M^d	p	r
(6.1)	1	1				
(6.2)			1	1		
(6.3)	1					
(6.4)		1			1	1
(6.5)			1			
(6.6)				1	1	1

M_1:	Y^d	M^d	p	r
(6.1)	1			
(6.2)		1		
(6.4)	1		1	1
(6.6)		1	1	1

M_2:	p	r
(6.4)	1	1
(6.6)	1	1

Abbildung 6.1: Vorkommensmatrizen M_0, M_1 und M_2 des Modells (6.1)–(6.6)

T_1 ist aus M_1 und T_2 aus M_2 unmittelbar bestimmbar:

$$\begin{aligned} T_0 &= \{\{Y^s\},\{M^s\}\} \\ T_1 &= \{\{Y^d\},\{M^d\}\} \\ T_2 &= \{\{p,r\}\} \end{aligned}$$

In der Gleichgewichtsbedingung für den Gütermarkt, Gleichung (6.1), ist Y^d in $T_{max}=T_1$ enthalten und Y^s ist in keiner Menge von T_{max} enthalten. Y^d ist somit direkt kausal abhängig von Y^s. In der Gleichgewichtsbedingung für den Geldmarkt, Gleichung (6.2), ist die Geldnachfrage M^d in $T_{max}=T_1$ enthalten. Das Geldangebot M^s ist Element einer Menge in T_0 und nicht in einer Menge von T_{max} enthalten. M^d ist somit direkt kausal abhängig von M^s. In Gleichung (6.4) ist $T_{max}=T_2=\{\{p,r\}\}$, und damit sind Preis und Zinssatz kausal abhängig von der Güternachfrage. Entsprechend sind Preis und Zinssatz über Gleichung (6.6) kausal abhängig von der Geldnachfrage. Die direkten kausalen Abhängigkeiten auf der Seite des Geldmarktes werden analog bestimmt. Der gerichtete Graph in Abbildung 6.2 bildet die direkten kausalen Abhängigkeiten ab.

$$\boxed{\{Y^s\}} \longrightarrow \boxed{\{Y^d\}} \longrightarrow \boxed{\{p, r\}} \longleftarrow \boxed{\{M^d\}} \longleftarrow \boxed{\{M^s\}}$$

Abbildung 6.2: Kausaler Abhängigkeitsgraph des Systems (6.1)-(6.6)

Die so ermittelten kausalen Abhängigkeiten machen aus ökonomischer Betrachtung zunächst wenig Sinn. Es wird schwerfallen zu erklären, die Nachfrage nach Geld oder nach Gütern reagiere auf eine Änderung des jeweiligen Angebots, ohne daß dieser Reaktion Änderungen von Preis und Zinssatz vorausgegangen wären. So ist es denn auch wenig überraschend, daß sich keine solchen Beschreibungen in volkswirtschaftlichen Lehrbüchern wie Barro [1] oder Dornbusch und Fischer [23] finden, die strukturell ähnliche klassische oder auch keynesianische Modelle darstellen. Auch wenn ein statisches Modell betrachtet wird, werden die Effekte eines exogenen Schocks *dynamisch* erklärt.

Das System (6.1)-(6.6) beschreibt Gleichgewichtssituationen. Aus diesem System ist durch komparative Statik zu ermitteln, wo ein neuer Gleichgewichtspunkt liegen wird, den das System nach einem exogenen Impuls annimmt. Die aus diesem System direkt ableitbaren kausalen Abhängigkeiten sind entsprechend komparativ statisch zu interpretieren. Von daher ist der Graph in Abbildung 6.2 durchaus korrekt. Wird beispielsweise der Wert des Geldangebots exogen geändert, muß dies im komparativ statischen Sinne zu einer Anpassung der Geldnachfrage führen. Anders ist ein neues Gleichgewicht nach der exogenen Störung nicht wieder herzustellen. Die induzierte Änderung der Geldnachfrage wirkt dann auf Preis und Zinssatz, die unter Berücksichtigung des Einflusses der Güternachfrage eine Wertekombination finden, die bei unveränderter Güternachfrage den geänderten Wert der Geldnachfrage ermöglicht.

Betrachtet wird komparativ statisch, welche Variablenwerte sich zu ändern haben, um ein neues Gleichgewicht zu ermöglichen. Die Frage, *wie* das System vom gestörten Gleichgewicht in das neue Gleichgewicht gelangt, ist mittels des gegebenen statischen Modells nicht zu beantworten. Informationen zum dynamischen Verhalten des Systems sind nicht im Modell gegeben. Eine Beschreibung, wie das System vom einen zum anderen Gleichgewichtspunkt gelangt, ist aber gerade eine Beschreibung des dynamischen Systemverhaltens. Diese kann die Methode kausalen Ordnens verständlicherweise nicht selbst hinzufügen, wie dies der sein Modell erklärende Ökonom kann.

6.1.2 Kausale Modellbeschreibung

Das dynamische Verhalten des Systems ist folglich explizit zu modellieren, wenn eine entsprechende Erklärung des Modellverhaltens gewünscht ist. Die Gleichgewichtsbedingungen des obigen Modells ersetze ich durch Differentialgleichungen, die das Verhalten des Preises in Reaktion auf Marktungleichgewichte beschreiben. Für die Entwicklung der Nachfrage nach Gütern und Geld nehme ich an, daß sie sich in Richtung der durch den aktuellen Preis und Zinssatz gegebenen „richtigen" Nachfrage anpassen. Je weiter die Nachfrage von diesem Wert entfernt ist, desto schneller verlaufe die Anpassung. Die Änderungen von Geld- und Güterangebot sind wiederum exogen gegeben:

$$\dot{p} = \alpha_1(Y^d - Y^s) \tag{6.7}$$
$$\dot{r} = \alpha_2(M^d - M^s) \tag{6.8}$$
$$\dot{Y^s} = exogen \tag{6.9}$$
$$\dot{Y^d} = \alpha_3(f_Y^d(p,r) - Y^d) \tag{6.10}$$
$$\dot{M^s} = exogen \tag{6.11}$$
$$\dot{M^d} = \alpha_3(f_M^d(p,r) - M^d) \tag{6.12}$$

Die kausalen Abhängigkeiten sind aus dem dynamischen Modell abzulesen. Gemäß den Voraussetzungen von Iwasaki und Simon befindet sich das Modell in kanonischer Form. Jede Variable steht einmal auf der linken Seite einer Differentialgleichung und ist durch diese kausal bestimmt: Eine Differentialgleichung beschreibt die Änderung des Wertes einer Variablen in der Zeit.

Nach dieser Interpretation ist die Modellbeschreibung kausal und die kausale Struktur des Modells vorgegeben. Abbildung 6.3 stellt die kausale Struktur des Modells als kausalen Abhängigkeitsgraphen dar. Im Unterschied zu Abbildung 6.2 sind die Knoten graphisch nur durch die enthaltene Variable gekennzeichnet und nicht durch eine minimale, vollständige Teilmenge, die

die Methode eigentlich ordnet. Hier ist dies möglich, weil es nur einelementige minimale, vollständige Teilmengen gibt.

Gemäß der Methode, wie sie Iwasaki und Simon beschreiben, sind die Zeitableitungen und die zugehörigen Variablen getrennt als Knoten im Graphen berücksichtigt. Die Kanten, die von einer Zeitableitung zur jeweiligen Variable weisen, bezeichnen Iwasaki und Simon als Integrationsbeziehungen. Sie werden durch die Anwendung der Methode erzeugt und bilden keine Gleichung des dynamischen Systems ab.

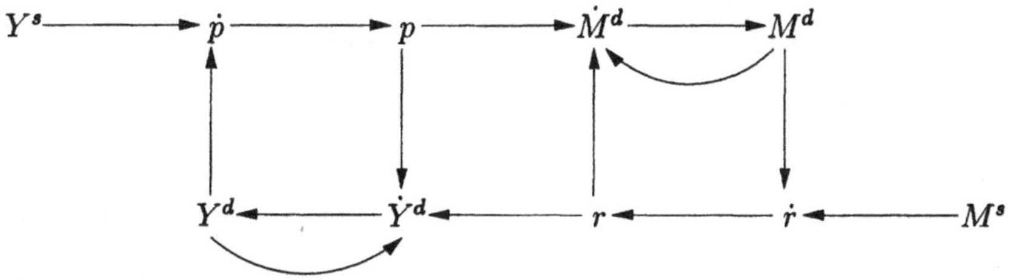

Abbildung 6.3: Kausaler Abhängigkeitsgraph des Systems (6.7)–(6.12)

Werden die Zeitableitungen und die zugehörigen Knoten zusammengefaßt, sind kausale Wirkungen einer Variablen auf ihre eigene Änderung in der Zeit nicht mehr erkennbar. Abbildung 64 stellt den entsprechend reduzierten Abhängigkeitsgraphen dar.

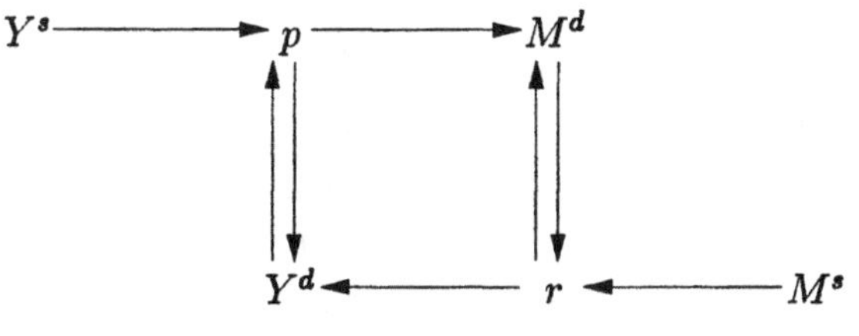

Abbildung 6.4: Vereinfachter kausaler Abhängigkeitsgraph des Systems (6.7)–(6.12)

6.1.3 Kausalität in gemischten Modellen

Ein Modell, das aus Differentialgleichungen und Gleichgewichtsbedingungen besteht, ist bei Iwasaki und Simon ein gemischtes Modell. Eine Differentialgleichung bildet im Modell eine vergleichsweise langsame Wirkung ab, die explizit formuliert wird. Differentialgleichungen werden weiterhin als kausal interpretiert. Gleichgewichtsbedingungen stehen für schnelle Reaktion. In der der Modellierung unterliegenden Zeitgranularität vergeht keine Zeit zwischen Ursache und Wirkung. Die Wirkung greift unmittelbar. Gleichgewichtsbedingungen werden als nicht-kausale Bedingungen interpretiert. In der ökonomischen Analyse werden gemischte Modelle mit der Differenzierung in schnelle und langsame Gleichungen zur Komplexitätsreduktion genutzt. Die schnellen Gleichgewichtsbedingungen können in die Differentialgleichungen eingesetzt werden. Das resultierende erheblich kleinere dynamische Modell kann qualitativ mathematisch analysiert werden.

Unter der Annahme, daß die Nachfrage nach Gütern und nach Geld schnell reagiert, ersetze ich die Marktgleichgewichtsbedingungen des statischen Modells durch die entsprechenden Preis–Mengen–Anpassungsprozesse. Ich führe weiterhin die Variablen Y^e und M^e für die Überschußnachfrage am Güter- und Geldmarkt ein. Die Überschußnachfrage am jeweiligen Markt ist gleich der Differenz von Nachfrage und Angebot. Güter- und Geldnachfrage sind proportional zu Preis und Zinssatz:

$$\dot{p} = \alpha_1 Y^e \tag{6.13}$$
$$\dot{r} = \alpha_2 M^e \tag{6.14}$$
$$Y^s = exogen \tag{6.15}$$
$$Y^d = f_Y^d(p, r) \tag{6.16}$$
$$Y^e = Y^d - Y^s \tag{6.17}$$
$$M^s = exogen \tag{6.18}$$
$$M^d = f_M^d(p, r) \tag{6.19}$$
$$M^e = M^d - M^s \tag{6.20}$$

Für die Anwendung der Methode kausalen Ordnens in gemischten Modellen wird die Modellbeschreibung erweitert. Das erweiterte Gleichungssystem enthält neben den Gleichungen (6.13)–(6.20) zwei weitere Gleichungen, die

Preis und Zinssatz als exogen gegeben definieren:

$$p = exogen \tag{6.21}$$

$$r = exogen \tag{6.22}$$

Die Variablen und ihre Zeitableitungen werden als verschiedene Variablen betrachtet. In einem Zeitpunkt werden durch die Struktur des Modells die Werte der Variablen bestimmt, die nicht dynamisch abhängig sind, und die Zeitableitungen der dynamisch abhängigen Variablen p und r. Diese ändern ihren Wert erst im Laufe der Zeit. Zunächst sind ihre Werte konstant. Anschließend werden Intergrationsbeziehungen eingefügt, die die Variablen kausal von ihren Zeitableitungen abhängig machen.

Die Methode kausalen Ordnens in statischen Modellen wird auf das erweiterte Gleichungssystem (6.13)–(6.22) angewandt. Ich verzichte auf die Darstellung der Vorkommensmatrix M_0. Die 10×10–Matrix ist zu groß, als daß ihre Angabe hier zum Verständnis beitragen könnte. Die minimalen, vollständigen Teilmengen der Ordnung Null sind die einelementigen Mengen $\{Y^s\}$, $\{M^s\}$, $\{p\}$ und $\{r\}$, die jeweils eine als exogen gegebene Variable enthalten. Schließlich resultieren die folgenden Mengen minimaler vollständiger Teilmengen:

$$T_0 = \{\{Y^s\}, \{M^s\}, \{p\}, \{r\}\}$$
$$T_1 = \{\{Y^d\}, \{M^d\}\}$$
$$T_2 = \{\{Y^e\}, \{M^e\}\}$$
$$T_3 = \{\{\dot{p}\}, \{\dot{r}\}\}$$

Der Graph in Abbildung 6.5 stellt die kausale Struktur des gemischten Modells als reduzierten kausalen Abhängigkeitsgraphen dar. Die Knoten der Zeitableitungen sind wiederum mit den Knoten der zugehörigen Variablen zusammengefaßt.

Die Methoden kausalen Ordnens stellen die kausale Struktur eines Modells dar. Sie bilden die Information zum Verhalten eines Systems, die in seiner Modellbeschreibung enthalten ist, in einem kausalen Abhängigkeitsgraphen ab. Die Ermittlung der kausalen Struktur eines Modells ist ein wichtiger erster Analyseschritt. Er schafft eine kausale Gesamtsicht auf ein durch eine Menge zumeist nicht–kausaler Gleichungen beschriebenes Modell.

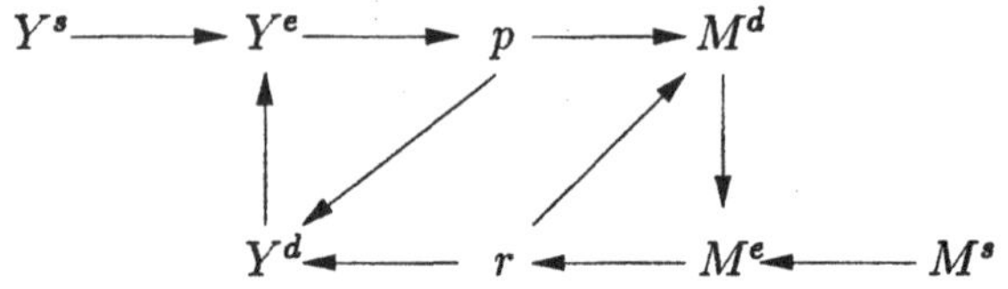

Abbildung 6.5: Kausaler Abhängigkeitsgraph des Systems (6.13)–(6.22)

Die Güte des kausalen Abhängigkeitsgraphen hängt nach Iwasaki und Simon davon ab, ob jede einzelne Gleichung des Systems eine strukturelle Gleichung ist, ob sie also einen Mechanismus repräsentiert. Interessant ist ein Vergleich der Abbildungen 6.4 und 6.5. Beide Abbildungen drücken die gleichen kausalen Zusammenhänge aus. Güternachfrage und -angebot wirken auf den Preis, der seinerseits auf die Nachfrage wirkt. Auf der anderen Seite wirken Geldnachfrage und -angebot auf den Zinssatz, der ebenfalls wieder auf die Nachfrage wirkt. Abbildung 6.4 ließe jede Interpretation eines Zusammenwirkens von Nachfrage und Angebot auf Preis beziehungsweise Zinssatz zu. In Abbildung 6.5 ist die Wirkung von Nachfrage und Angebot am jeweiligen Markt auf Preis und Zinssatz deutlicher. Die Wirkung erfolgt über die Überschußnachfrage am jeweiligen Markt.

Der Unterschied in den Graphen rührt nicht ursächlich von der unterschiedlichen Modellierung als dynamisches oder gemischtes Modell her. Im gemischten Modell ließen sich die Überschußnachfragen eliminieren, wenn die Differentialgleichungen (6.13) und (6.14) wie die Differentialgleichungen (6.7) und (6.8) des dynamischen Modells formuliert werden. Offenbar enthält die Gleichung $\dot{p} = \alpha_1(Y^d - Y^s)$ zwei Mechanismen. Güternachfrage und -angebot wirken nicht unabhängig auf die Änderung des Preises. Steigen Nachfrage und Angebot um den gleichen Betrag, folgt daraus gerade keine Änderung des Preises. Ihre Differenz, die Überschußnachfrage am Gütermarkt, wirkt auf die Änderung des Preises in der Zeit. Die explizite Einführung der Überschußnachfrage in das Modell führt zunächst Güternachfrage und -angebot zusammen. Die Mechanismen sind in verschiedenen Gleichungen ausgedrückt.

Die Methoden kausalen Ordnens beantworten die Frage nicht, ob eine Gleichung eines Systems eine strukturelle Gleichung ist. Die Frage wiegt umso schwerer, weil sie nicht unabhängig vom Abstraktionsgrad des Modells zu beantworten ist. Eine Gleichung kann in einem Modell strukturell sein, im Kontext eines anderen Modells mit geringerem Abstraktionsgrad jedoch möglicherweise nicht. Die Frage kann nur bei der Betrachtung des kausalen Abhängigkeitsgraphen von einem Ökonomen beantwortet werden, der weiß, welche strukturellen Zusammenhänge das Modell beinhaltet.

Insgesamt ist der kausale Abhängigkeitsgraph Grundlage einer verbal argumentierenden Analyse des Modells oder einer Simulation des Modellverhaltens.

6.2 Argumentieren auf kausaler Ordnung

In seinem Artikel zu qualitativer Argumentation wählt Farley [28] eines seiner Beispiele aus dem ökonomischen Kontext. Ohne es explizit zu machen, formuliert er ein dynamisches Modell basierend auf dem bereits mehrfach als Beispiel verwendeten Modell einer vereinfachten Ein-Gut-Ökonomie ohne Arbeitsmarkt. Sein qualitatives Netzwerk in Abbildung 6.6 links (aus [28], Seite 94) entspricht in etwa dem gerichteten Graphen in Abbildung 6.5 auf Seite 170, der aus dem reformulierten Modell (6.13)–(6.20) nach Iwasaki und Simons Methode kausalen Ordnens in gemischten Modellen resultiert. Farley verwendet andere Symbole als ich in dieser Arbeit. Die Güternachfrage Y^d bezeichnet er mit *PD*, das Güterangebot Y^s mit *PS* und die Überschußnachfrage am Gütermarkt Y^e mit *EPD*. Der Zinssatz r heißt in seinem Beispiel *IR*, die Geldnachfrage M^d nennt er *MD*, das Geldangebot M^s und die Überschußnachfrage am Geldmarkt M^e nennt Farley *MS* beziehungsweise *EMD*. Das Farleys Beispiel unterliegende Modell entspricht dem Modell (6.13)–(6.20):

$$\dot{p} = \alpha_1 Y^e \tag{6.23}$$

$$\dot{r} = \alpha_2 M^e \tag{6.24}$$

$$Y^s = exogen \tag{6.25}$$

$$Y^d = f_Y^d(p, r) \tag{6.26}$$

$$Y^e \equiv Y^d - Y^s \tag{6.27}$$

$$M^s = exogen \tag{6.28}$$

$$M^d = f_M^d(p, r) \tag{6.29}$$

$$M^e \equiv M^d - M^s \tag{6.30}$$

Starke Verbindungen in Farleys Graphen sind die Wirkungen von Angebot und Nachfrage auf die Überschußnachfrage am jeweiligen Markt, die sich aus den definitorischen Beziehungen (6.27) und (6.30) ergeben. Die Gleichungen habe ich als Identitäten formuliert, und die starken Verbindungen sind durch entsprechend dickere Pfeile kenntlich gemacht.

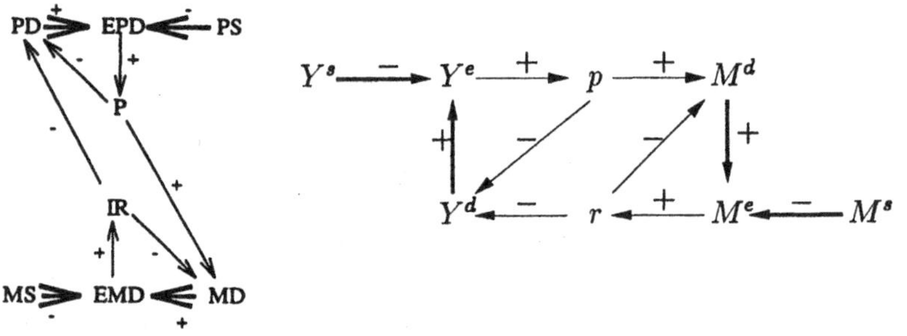

Abbildung 6.6: Qualitatives Netzwerk des Systems (6.23)–(6.29)

In Abbildung 6.6 rechts ist das qualitative Netzwerk, in die von mir verwendete Notation übertragen, dargestellt. Die Knoten M^s und Y^s sind Input–Knoten. Farley nimmt die Zeitableitungen $\dot{p}$ und $\dot{r}$ nicht explizit in seinen Graphen auf. Die Verbindungen zwischen Überschußnachfrage und Preis beziehungsweise Zinssatz sind aber nicht anders als über dynamische Gleichungen wie (6.23) und (6.24) zu erklären. Da der Weg von der Überschußnachfrage über die Zeitableitung zum Preis oder Zinssatz eindeutig ist, habe ich die Zeitableitungen in meiner graphischen Darstellung ebenfalls weggelassen.

Farley untersucht beispielhaft die Wirkung einer exogenen Änderung von Geld- oder Güterangebot auf die Geldnachfrage. Für die Reaktion des Systems auf eine exogene Änderung des Geldangebots M^s kann ich weitergehend die folgenden Argumente aus dem qualitativen Netzwerk ableiten:

$P_1(M^s, \varepsilon, M^e)$	stark, negativ
$P_2(M^s, M^e, r)$	schwach, negativ
$P_3(M^s, M^e, r, Y^d)$	unsicher, positiv
$P_4(M^s, M^e, r, Y^d, Y^e)$	unsicher, positiv
$P_5(M^s, M^e, r, Y^d, Y^e, p)$	unsicher, positiv
$P_6(M^s, M^e, r, Y^d, Y^e, p, M^d)$	unsicher, positiv
$P_7(M^s, M^e, r, M^d)$	unsicher, positiv

Das ε in P_1 kennzeichnet wiederum, daß P_1 ein direktes Argument ist. Es entspricht einer einzelnen Kante im Graphen. Es gibt keine Konflikt–Beziehungen zwischen Argumenten. Nur für die Änderung von M^d gibt es mehr als ein Argument, P_6 und P_7, die jedoch beide in die gleiche Richtung gehen. Alle Argumente sind daher rechtfertigende Argumente. In Übereinstimmung mit den Ergebnissen qualitativ mathematischer Analyse werden die Hypothesen, daß in Reaktion auf ein steigendes Geldangebot der Zinssatz sinkt und der Preis sowie die Geldnachfrage steigen, mit den Argumenten P_2, P_5 sowie P_6 und P_7 angenommen.

Problematisch sind die Argumente P_1, P_3 und P_4. Dies sind rechtfertigende Argumente für ein Sinken der Überschußnachfrage am Geldmarkt M^e und für ein Steigen der Güternachfrage Y^d und der Überschußnachfrage am Gütermarkt Y^e. Die Annahme entsprechender Hypothesen ist jedoch ökonomisch falsch: Die sinkende Überschußnachfrage am Geldmarkt wird durch die steigende Geldnachfrage ausgeglichen, und die steigende Güternachfrage wird anschließend über die Preisreaktion am Gütermarkt auf die zwischenzeitlich positive Überschußnachfrage zurückgeführt werden. „*Under the approach for arguing about the implications of qualitative Models presented here, we accept any acyclic path in a given qualitative network as an allowable argument.*“ [28], Seite 95, womit Farley zyklische Pfade und die aus diesen resultierenden Argumente P_8, P_9 und P_{10} ausschließt.

$P_8(M^s, M^e, r, M^d, M^e)$	unsicher, positiv
$P_9(M^s, M^e, r, Y^d, Y^e, p, Y^d)$	unsicher, negativ
$P_{10}(M^s, M^e, r, Y^d, Y^e, p, Y^d, Y^e)$	unsicher, negativ

Das auf zyklischen Pfaden beruhende Argument P_8 steht in Konflikt zu Argument P_1, P_9 zu P_3 und P_{10} zu P_4. Zyklische Pfade von vornherein auszuschließen, ist eine sinnvolle Annahme, um mögliche Endlosschleifen in der Generierung von Argumenten zu vermeiden. Davon abgesehen ist das simple Zulassen von zyklischen Pfaden als erlaubte Argumente in dieser Problemsituation aber kein hilfreiches Mittel, um den Argumenten P_1, P_3 und P_4 andere entgegenzustellen. Farleys Methode, Argumente zu Fall zu bringen, bringt jedes der genannten zyklischen Argumente zu Fall. Argument P_1 ist stärker als P_8 und bringt P_8 zu Fall. Ein Argument $P_{11}(r, \varepsilon, Y^d)$ ist ein schwaches, negatives Argument und damit stärker, als das unsichere, positive Teilargument (r, Y^d, Y^e, p, Y^d) von P_9 und bringt P_9 damit zu Fall. Schließlich bringt ein Argument $P_{12}(Y^d, \varepsilon, Y^e)$, das stark und positiv und damit stärker ist, als das unsichere, negative Teilargument (Y^d, Y^e, p, Y^d, Y^e) von P_{10}, auf gleiche Weise P_{10} zu Fall. Die auf zyklischen Pfaden beruhenden Argumente sind hier nicht verwendbar, weil sie von den entsprechenden direkten Argumenten zu Fall gebracht werden.

Aus dieser Analyse heraus ist zu folgern, daß die dargestellte Methode qualitativer Argumentation von Farley für Systeme mit Rückwirkungen nicht geeignet ist. In Situationen ohne Rückwirkungen, wie ich den juristischen Kontext, in dem Farley seine Methode entwickelt hat, einschätze, ist sie jedoch ein vielversprechender Ansatz. Dies insbesondere dann, wenn der Ansatz um eine feinere Gewichtung von Argumenten erweitert werden kann, wie es Farley in seinem Ausblick als möglich ansieht.

6.3 Qualitative Simulation

Im folgenden beschreibe ich im Abschnitt 6.3.1 die Analyse des komparativ statischen Verhaltens eines Modells mit dem Ansatz von de Kleer und Brown zu qualitativer Modellierung und Simulation. Die kausale Struktur eines Modells wird hier nicht durch kausales Ordnen der Modellvariablen bestimmt, und die Folgen exogener Einflüsse werden nicht durch argumentierende Betrachtung der kausalen Modellstruktur analysiert. Ich stelle dar, wie de Kleer und Brown das komparativ statische Verhalten eines Modells durch die Propagation von Wertänderungen durch zunächst nicht–kausale Bedingungen dynamisch ermitteln.

Das dynamische Verhalten eines Modells wird im Abschnitt 6.3.2 durch qualitative Simulation analysiert. Der Ansatz von Forbus bietet erweiterte Möglichkeiten zur Modellierung dynamischen Verhaltens. Die dynamischen Eigenschaften eines qualitativ beschriebenen Modells werden herausgearbeitet, indem mittels der Methode qualitativer Simulation Änderungen qualitativer Zustände einzelner Systemkomponenten in Reaktion auf ungleichgewichtige Situationen betrachtet werden. Die qualitative Simulation eines Modells, auf die der Ansatz von Kuipers den Schwerpunkt legt, beschreibt das aus der Beschreibung resultierende Verhalten. Im Abschnitt 6.3.3 stelle ich schließlich die Grenzen der dynamischen Analyse ökonomischer Modelle mittels der im Kapitel 3 beschriebenen Methoden dar.

6.3.1 Simulation komparativ statischen Verhaltens

Im komponentenorientierten Ansatz qualitativer Modellierung und Simulation unterscheiden de Kleer und Brown das Systemverhalten in einem Zustand und mögliche Zustandsübergänge. Das Verhalten eines Systems in einem Zustand legt fest, in welchen Zustand es im folgenden Zustandsübergang übergehen wird. Aus Variablenwerten und gegebenenfalls systemexogenen Einflüssen ergeben sich Wertänderungen, die im Zustandsübergang wirksam werden (vergleiche Abschnitt 3.2).

Die Nähe der Betrachtung des Systemzustands innerhalb eines Zustands zur komparativ statischen Analyse eines ökonomischen Modells ist ohne weiteres zu erkennen. Ein in einem bestimmten Zustand befindliches System wird dahingehend analysiert, wie es auf die Änderung von exogenen Variablen reagiert. Dies entspricht, wie auch Berndsen [4] darlegt, weitgehend der Analyse innerhalb eines gegebenen Zustands des komponentenorientierten Ansatzes.

Exemplarisch werde ich das in Kapitel 4 in den Gleichungen (4.1),(4.2) beschriebene Modell der vereinfachten Ein–Gut–Ökonomie ohne Arbeitsmarkt in Form von qualitativen Zusammenhängen im Sinne dieses Ansatzes beschreiben. Es sind vier Beziehungen nötig: Die ersten beiden Bedingungen, (6.31) und (6.32), ergeben sich direkt aus den jeweiligen Markträumungsbedingungen. Die anderen Beziehungen (6.33) und (6.34) bilden die Einflüsse von Preis und Zinssatz auf Güter- und Geldnachfrage ab:

$$\partial Y^s - \partial Y^d = 0 \tag{6.31}$$

$$\partial M^s - \partial M^d = 0 \tag{6.32}$$

$$\partial Y^d + \partial p + \partial r = 0 \tag{6.33}$$

$$\partial M^d - \partial p + \partial r = 0 \tag{6.34}$$

Die Ableitungen ∂ beschreiben hier Wertänderungen in der Zeit. Das Modell (6.31)–(6.34) beschreibt nicht–kausal zu verstehende Zusammenhänge zwischen den Variablen des Modells im Gleichgewicht. Eine Änderung des Angebots auf Güter- oder Geldmarkt muß gleich einer Änderung der entsprechenden Nachfrage sein. Die drei Variablen Güternachfrage, Preis und Zinssatz stehen in einem Zusammenhang, der besagt, daß die Wertänderung in einer dieser Variablen durch entgegengesetzte Wertänderungen einer oder beider anderer Variablen auszugleichen sind. Ähnliches beschreibt Gleichung (6.34) für den Geldmarkt. Die Bedingungen sind unter Berücksichtigung des ihnen zugrunde liegenden Wertebereichs der Variabeln zu lesen. Die Ableitung ∂x einer Variablen x ist definiert auf der Vorzeichenmenge. Es geht somit beispielsweise in Gleichung (6.34) nicht darum, daß die Geldnachfrage um den gleichen Betrag steigt wie der Preis, sondern darum, daß eine steigende Geldnachfrage eine Reaktion auf einen steigenden Preis sein kann.

Das Verhalten in einem Zustand dieses einfachen Systems ist wegen seiner Vorzeichenlösbarkeit (vergleiche Abschnitt 4.3) eindeutig. Betrachten will ich die exogene Erhöhung des Geldangebots: $\partial M^s > 0$. Die daraus folgenden Wertänderungen anderer Variablen werden durch Propagation der Geldmengenerhöhung durch das beschriebene System bestimmt: Bei Erhöhung des Wertes der Variablen M^s steigt wegen Gleichung (6.32) auch M^d. Die Nachfrage am Gütermarkt kann sich ohne exogene Änderung des Angebotes nicht ändern, was wegen der Gleichungen (6.33) und (6.34) ebenfalls eindeutig zu steigendem Preis und sinkendem Zinssatz führt:

$$\partial M^s = \partial M^d = \partial p = +, \quad \partial r = -$$

Die Analyse des Verhaltens in einem Zustand des Systems erbringt die gleichen Ergebnisse wie die komparativ statische Analyse in Abschnitt 4.3. Eine kausale Erklärung des Systemverhaltens wird mit dem Analyseergebnis des Systems innerhalb eines Zustands noch nicht gegeben.

Die kausale Erklärung des Systemverhaltens wird, gemäß dem von de Kleer und Brown beschriebenen Konzepts mythischer Kausalität, auf dem Weg der Propagation der exogenen Störung, hier der Erhöhung des Geldangebots M^s, durch das System bestimmt: Der Wert von ∂M^s ist gegeben. In Gleichung (6.32) ist ∂M^d *frei* und somit kausal abhängig von ∂M^s. Ab hier sind verschiedene Schritte möglich. Ein neuer Wert von ∂M^d trifft in Gleichung (6.34) auf zwei freie Variablen ∂p und ∂r. Nach einer durch de Kleer und Brown beschriebenen Heuristik wähle ich eine der beiden ∂p als kausal abhängig aus und setze die andere ∂r gleich Null. In Gleichung (6.33), in die der geänderte Wert ∂p propagiert wird, sind wiederum zwei Variablen frei. Ich wähle zunächst ∂Y^d als kausal abhängig und setze ∂r Null. Diese Wahl führt allerdings in Gleichung (6.31) zu einem Widerspruch, da der Änderung von Y^d keine Änderung der exogenen Variablen Y^s entspricht:

$$\partial M^s \overset{(6.32)}{\longrightarrow} \partial M^d \overset{(6.34)}{\longrightarrow} \partial p \overset{(6.33)}{\longrightarrow} \partial Y^d \overset{(6.31)}{\not\longrightarrow} \partial Y^s$$

Es ist nötig, zurückzugehen und an einer der Positionen, an der heuristisch entschieden wurde, anders zu entscheiden. Schließlich führt dies zu vier möglichen Beschreibungen, von denen zwei wegen Widerspruchs herausfallen:

1) $\partial M^s \rightarrow \partial M^d \rightarrow \partial p \rightarrow \partial Y^d \not\rightarrow \partial Y^s$ Widerspruch

2) $\partial M^s \rightarrow \partial M^d \rightarrow \partial p \rightarrow \partial r$

3) $\partial M^s \rightarrow \partial M^d \rightarrow \partial r \rightarrow \partial Y^d \not\rightarrow \partial Y^s$ Widerspruch

4) $\partial M^s \rightarrow \partial M^d \rightarrow \partial r \rightarrow \partial p$

Die widerspruchsfreien zweiten und vierten kausalen Erklärungen enden in einer Rückwirkungsschleife zwischen ∂p und ∂r in den Gleichungen (6.33) und (6.34), die aber entsprechend dem oben Dargestellten nicht weiter betrachtet wird. Interessant zu bemerken ist, daß de Kleer und Brown einen kausalen Zusammenhang zwischen ∂p und ∂r aufdecken, den kausales Ordnen nicht sieht. Dies zeigt beispielhaft den in Kapitel 3 beschriebenen Unterschied zwischen kausaler Ordnung und mythischer Kausalität in der

Behandlung von Rückwirkungsschleifen. Die Interpretation der auf diese Weise ermittelten kausalen Struktur des Modells ist indes die gleiche wie die der kausalen Ordnung eines statischen Modells.

6.3.2 Qualitative Simulation dynamischen Verhaltens

Anpassungsprozesse in einem dynamischen, ökonomischen Modell werden in der Regel in Form von Differentialgleichungen modelliert. Eine Differentialgleichung beschreibt die Änderung einer Variablen in der Zeit gegeben durch einen Term, der zumeist durch die Werte anderer Variablen, seltener auch durch deren Zeitableitung, bestimmt ist. So ist beispielsweise die Änderung des Preises im oben beschriebenen interdependenten Markträumungsprozeß gegeben durch eine Differentialgleichung (4.24) und bestimmt durch die Überschußnachfrage. Gleichermaßen ist die Änderung des Güterangebots in der Zeit durch eine Differentialgleichung (4.25) bestimmt durch den Gewinn beschrieben.

Erweiterung der Modellierung

Der prozeßorientierte Ansatz qualitativer Modellierung und Simulation erweitert insbesondere die Möglichkeiten der Modellierung eines Prozesses. Ein Anpassungsprozeß kann als Prozeß beschrieben weitaus feinere, komplexere Zusammenhänge abbilden, als eine Differentialgleichung. Wechselnde Regime, nicht–lineare oder nicht–stetige Verhaltensannahmen sind in der algorithmischen Beschreibung eines Prozesses genauso formulierbar wie die Einbeziehung binärer oder anderer qualitativer Werte. Durch die anschließende qualitative Simulation des so beschriebenen Modells ist das dynamische Verhalten zu analysieren.

Die durch Differentialgleichungen beschriebenen Inhalte des interdependenten Markträumungsmodells sind gleichfalls durch Prozesse zu beschreiben: Die Individuen des Systems sind das Güterangebot, die Güternachfrage, die Kosten und der Preis. Die Änderung des Preises und des Güterangebots in der Zeit sind als direkte Wirkungen über Prozesse zu beschreiben.

Eine Überschußnachfrage ungleich Null aktiviert den Prozeß der Preisanpassung. Ein Preis ungleich den Kosten ist die Bedingung für die Aktivierung des Angebotsanpassungsprozesses. Indirekte Wirkungen beschreibende funktionale Beziehungen sind gegeben bei Abhängigkeit der Nachfrage vom Preis und der Kosten von der Produktionsmenge, also vom Güterangebot. Eine weitere funktionale Beziehung spezifiziert die Überschußnachfrage als Differenz zwischen Güternachfrage und -angebot. Über die funktionalen Beziehungen interagieren die Prozesse. Auf diese Weise wird ein interdependentes Modell formuliert.

Bei Aktivierung der Markträumungsprozesse werden die Änderungen von Preisen und Mengen in der Zeit simuliert. Die Simulation des Modells ist beendet, wenn keine Bedingung zur Aktivierung eines beschriebenen Prozesses gegeben ist. Im Beispiel stoppt die Simulation gerade dann, wenn die Gleichgewichtsbedingungen des Modells erfüllt sind, wenn die Überschußnachfrage und die Differenz zwischen Preisen und Kosten Null ist.

Qualitative Simulation eines einfachen Beispiels

Während der prozeßorientierte Ansatz von Forbus den Schwerpunkt auf die Modellierung legt, steht die eigentliche Simulation eines qualitativen Modells im Mittelpunkt des bedingungsorientierten Ansatzes von Kuipers. Für ein einfaches Beispiel zur qualitativen Simulation, wie sie Kuipers [74] als dynamische qualitative Simulation beschreibt, wähle ich einen Anpassungsprozeß, der dem auf den Schreibtisch fallenden Bleistift sehr ähnlich ist. In einem Gütermarkt reagiert der Preis p in der Zeit auf die Überschußnachfrage y^e. Die Überschußnachfrage hängt dabei negativ vom Preis ab, wenn unterstellt wird, daß die Nachfrage negativ und das Angebot positiv vom Preis abhängen.

$$\dot{p} = \alpha \, y^e(p), \qquad \frac{dy^e}{dp} < 0 \tag{6.35}$$

Auf den Preis wirkt die Überschußnachfrage ganz ähnlich zur Wirkung der Entfernung des Bleistifts von der Tischplatte auf die Bewegung des Bleistifts. Der genaue funktionale Zusammenhang spielt auch hierbei keine Rolle. Die dynamischen Eigenschaften eines solchen negativ rückgekoppelten Systems sind vom genauen funktionalen Zusammenhang unabhängig, solange dieser monoton ist.

Qualitative Funktionen notiere ich im Zusammenhang qualitativer Simulation als $\mathcal{F}$. Das gemischte Gleichungssystem (6.36),(6.37) beschreibt das einfache Markträumungsmodell durch zwei Bedingungen:

$$\dot{p} = \mathcal{F}(y^e) \tag{6.36}$$

$$y^e = \mathcal{F}(-p) \tag{6.37}$$

Der Wertebereich des Preises ist festgelegt auf den Bereich $0 \ldots \infty$. Die Null segmentiert den Wertebereich der Überschußnachfrage absolut:

$$\begin{array}{lc} p & 0 \ldots \infty \\ y^e & -\infty \ldots 0 \ldots \infty \end{array}$$

Werte können steigen, fallen oder konstant sein. Der Zustand einer qualitativen Variablen ist bestimmt durch zwei Werte: Zunächst der aktuelle Wert oder das aktuelle Intervall auf bzw. in dem die Variable gerade steht, und dann die Bewegungsrichtung (steigend $\uparrow$, fallend $\downarrow$, konstant $\leftrightarrow$ oder unbestimmt ?). Ist nun die Ausgangssituation dadurch beschrieben, daß der Preis über dem Gleichgewichtspreis liegt, dann ist die Überschußnachfrage negativ. Der Preis hängt gemäß Gleichung (6.36) dynamisch von der Überschußnachfrage ab, reagiert also auf positive (negative) Werte der Überschußnachfrage steigend (fallend). Dies führt zu Druck auf den Preis und damit zu steigender Tendenz in der Überschußnachfrage. Die Überschußnachfrage ist in Gleichung (6.37) bestimmt durch eine Funktion, die negativ vom Preis abhängt. Steigt der Preis, sinkt die Überschußnachfrage und umgekehrt. Die beiden Tupel für p: $\big((0,\infty);\downarrow\big)$ und für y^e: $\big((-\infty,0);\uparrow\big)$ beschreiben die Ausgangssituation. Das Modell läßt nun nur den einen Schluß zu, daß nämlich die Überschußnachfrage soweit steigt, bis sie den Wert Null erreicht. Hier ändert sich der Zustand des Modellsystems qualitativ. Zugleich ist ein Ruhezustand erreicht. Entsprechend sind die Resultate bei einem Preis, der anfangs unter dem Gleichgewichtspreis liegt. Das simple, negativ rückgekoppelte System bewegt sich direkt in ein Gleichgewicht.

6.3.3 Grenzen qualitativer Simulation

Um die Grenzen der Methode deutlich zu machen, greife ich wiederum zurück auf das oben in Kapitel 4 in den Gleichungen (4.24) und (4.25) in Form von Differentialgleichungen dargestellte Modell. Es beschreibt interdependente Anpassung von Preisen und Mengen. Das Modell wurde zunächst mit qualitativer Mathematik analysiert und später in einen quantitativen Spezialfall übertragen und numerisch simuliert. In der verwendeten Variante des Modells ist der Wert der Kosten exogen gegeben, und die Güternachfrage verhält sich umgekehrt proportional zum Preis. Das Modell verhält sich in dieser Variante stabil: Aus einer Ungleichgewichtssituation heraus bewegen sich die Modellvariablen in einen gleichgewichtigen Ruhepunkt.

Modellbeschreibung

Unterstellt wird eine positive Wirkung des Gewinns $d = p - c$ auf die Produktion y^s. Ich unterstelle zunächst konstante Kosten. Die Kosten je Einheit produzierten Outputs sind $c = exogen$. Die Überschußnachfrage $y^e = y^d - y^s$ hat einen positiven Effekt auf den Preis p und als Konsequenz auch auf den Gewinn. Ich nehme an, die Nachfrage y^d sei eine negative Funktion des Preises p:

$$\dot{y}^s = \mathcal{F}(d) \tag{6.38}$$
$$\dot{p} = \mathcal{F}(y^e) \tag{6.39}$$
$$d = p - c \tag{6.40}$$
$$y^e = y^d - y^s \tag{6.41}$$
$$y^d = \mathcal{F}(-p) \tag{6.42}$$
$$c = exogen \tag{6.43}$$

Der Gewinn und die Überschußnachfrage können positiv, Null oder negativ sein. Der Preis liegt im Intervall $(0, c)$, also zwischen Null und dem exogen gegebenen Wert der Kosten c, er ist gleich c, oder er ist größer als die Kosten. Das Güterangebot ist positiv. Der Wertebereich der Nachfrage kann durch den Nachfragewert $\bar{y}^d_c$ segmentiert werden, der einem Preis gleich den Kosten entspricht: $\bar{y}_c^d = \mathcal{F}(-c)$. Die Wertebereiche der Variablen sind entsprechend definiert:

$$\begin{array}{lr} y^s & 0\ldots\infty \\ p & 0\ldots c\ldots\infty \\ d & -\infty\ldots 0\ldots\infty \\ y^e & -\infty\ldots 0\ldots\infty \\ y^d & 0\ldots \bar{y}_c^d\ldots\infty \end{array}$$

Schließlich sind eventuelle korrespondierende Wertepaare für die qualitativen Funktionen des Systems anzugeben. Die qualitativen Differentialgleichungen sind so formuliert, daß ein Wert von Null als Argument der qualitativen Funktion auf der rechten Seite zu einer Zeitableitung von Null führen soll. Die Nachfragefunktion liefert bei einem Preis gleich den Kosten den gerade so definierten Funktionswert $\bar{y}_c^d$. Auf der linken Seite der folgenden Auflistung steht die Nummer der Gleichung, zu der die betreffende qualitative Funktion gehört:

$$\begin{array}{ll} (6.38): & ([0],[0]) \\ (6.39): & ([0],[0]) \\ (6.42): & ([c],[\bar{y}_c^d]) \end{array}$$

Grenzwerte setze ich weiterhin überall dort zur Verdeutlichung in eckige Klammern, wo es der Übersichtlichkeit und der Abgrenzung zu Wertintervallen dient.

Das Modell ist damit vollständig beschrieben. Für eine Analyse des Modellverhaltens sind Annahmen zur Ausgangssituation zu treffen. Ich will annehmen, das Güterangebot sei anfangs größer als die -nachfrage und der Preis sei größer als die Kosten. Die Überschußnachfrage ist damit negativ und der Gewinn ist positiv. Die Bewegungsrichtungen der Variablen folgen aus den Bedingungen.

Annahmen zur Ausgangssituation

Die Simulation beginnt in dem durch die Modellbeschreibung und die Annahmen zur Ausgangssituation gegebenen Zustand. Keine Variable befindet sich auf einem Grenzwert. Im Sinne von Kuipers ist dies ein Zustand, der sich über ein Zeitintervall hinweg erstreckt: Er ist von einiger Dauer, da die nächste qualitative Zustandsänderung ein Erreichen eines Grenzwertes ist und das Erreichen eines Grenzwertes aus einem Wertintervall heraus Zeit beansprucht. Den Anfangsbedingungen entsprechend beginnt die Simulation des Modellverhaltens damit im Zeitintervall (t_0, t_1).

Der Preis p beginnt im Wertintervall (c, ∞). Der Startwert von y^d ist folglich das Intervall $(0, \bar{y}_c^d)$. Der Wert von y^s ist das Wertintervall $(0, \infty)$. y^s und p sind dynamisch abhängige Variablen. Ihre Bewegungsrichtung ist gegeben durch die Werte der Variablen d und y^e auf der rechten Seite der Gleichungen (6.38) und (6.39). Der Preis wird mit negativer Überschußnachfrage fallen, das Angebot steigt in Reaktion auf positiven Gewinn. Die Bewegungsrichtungen der Variablen auf der linken Seite der Gleichungen (6.40)–(6.42) hängen mit den Bewegungen und nicht mit den Wert der jeweiligen Variablen auf der rechten Seite dieser Gleichungen zusammen: Die Nachfrage steigt und der Gewinn fällt mit fallenden Preisen. Die Bewegungsrichtung der Überschußnachfrage ist unbestimmt, da sowohl Angebot als auch Nachfrage steigen. Die Situation ist durch die folgenden Tupel vollständig beschrieben:

$$
\begin{array}{llll}
(t_0, t_1): & y^s = \Big((0, \infty); \uparrow\Big) & & d = \Big((0, \infty); \downarrow\Big) \\
& p = \Big((c, \infty); \downarrow\Big) & & y^e = \Big((-\infty, 0); ?\Big) \\
& y^d = \Big((0, \bar{y}_c^d); \uparrow\Big) & &
\end{array}
$$

Qualitative Simulation des Modellverhaltens

Aus der Situation im Zeitintervall (t_0, t_1) heraus wird zunächst der Preis seinen Grenzwert c erreichen. In diesem einfachen Modell ist aus der beschriebenen Situation heraus keine andere Bewegung möglich. Mit einem Preis, der gleich den Kosten ist, ist der Gewinn gleich Null, und das Angebot bleibt konstant. Die Überschußnachfrage ist nicht mehr unbestimmt, sie steigt bei steigender Nachfrage und konstantem Angebot:

$$
\begin{aligned}
t_1: \quad y^s &= \big((0,\infty);\leftrightarrow\big) & d &= \big([0];\downarrow\big)\\
p &= \big([c];\downarrow\big) & y^e &= \big((-\infty,0);\uparrow\big)\\
y^d &= \big([\bar{y}^d_c];\uparrow\big)
\end{aligned}
$$

Im Systemzustand in t_1 ist der Wert des Güterangebots im Wertintervall $(0,\infty)$, und die Bewegungsrichtung ist fest. Nach Kuipers QSIM–Algorithmus wird hier ein neuer Grenzwert erzeugt. Der Grenzwert markiert einen Wendepunkt in der Entwicklung des Güterangebots: Im Zeitintervall (t_0, t_1) steigt das Angebot, im Zeitpunkt t_1 ist es fest, und im Zeitintervall (t_1, t_2) wird das Güterangebot fallen. Ich will die automatisch erzeugten Grenzwerte zunächst nicht berücksichtigen und das Modellverhalten ohne diese Grenzwerte analysieren.

Aus der Situation in t_1 heraus sind zwei Bewegungen möglich. Die Überschußnachfrage kann den Grenzwert Null erreichen und der Preis kann den Grenzwert c verlassen. Das Verlassen eines Grenzwertes bei fortgesetzter Bewegung in die gleiche Richtung wird vorgezogen, da das Verlassen eines Grenzwertes schneller eintritt als das Erreichen eines Grenzwertes aus einem Wertintervall heraus. Der Preis bewegt sich somit in das Interval $(0,c)$. Der Gewinn ist nun kleiner als Null, das Angebot sinkt, die Überschußnachfrage steigt weiter.

$$
\begin{aligned}
(t_1,t_2): \quad y^s &= \big((0,\infty);\downarrow\big) & d &= \big((-\infty,0);\downarrow\big)\\
p &= \big((0,c);\downarrow\big) & y^e &= \big((-\infty,0);\uparrow\big)\\
y^d &= \big((\bar{y}^d_c,\infty);\uparrow\big)
\end{aligned}
$$

Die Überschußnachfrage erreicht zum Zeitpunkt t_2 den Grenzwert Null. Der Preis ist kleiner als c, seine Bewegungsrichtung ist "fest". Mit konstantem Preis verharren auch Gewinn und Nachfrage auf ihrem derzeitigen Wert. Das Angebot hingegen fällt bei negativem Gewinn weiter.

$$
\begin{aligned}
t_2: \quad y^s &= \big((0,\infty);\downarrow\big) & d &= \big((-\infty,0);\leftrightarrow\big)\\
p &= \big((0,c);\leftrightarrow\big) & y^e &= \big([0];\uparrow\big)\\
y^d &= \big((\bar{y}^d_c,\infty);\leftrightarrow\big)
\end{aligned}
$$

Im Zeitpunkt t_2 können für den Preis und davon abhängig auch für den Gewinn und die Güternachfrage neue Grenzwerte generiert werden. Im Zeitpunkt t_2 ändert der Preis seine Bewegungungsrichtung.

Bei fallendem Angebot und verharrender Nachfrage verläßt die Überschußnachfrage weiter steigend den Grenzwert Null. Die Preisbewegung kehrt sich um, die Preise steigen nun bei einer Überschußnachfrage größer als Null. Steigende Preise resultieren in steigendem Gewinn und sinkender Nachfrage, die Bewegungsrichtung der Überschußnachfrage ist bei weiter fallendem Angebot unbestimmt:

$$(t_2, t_3): \quad \begin{aligned} y^s &= \big((0,\infty);\downarrow\big) & d &= \big((-\infty,0);\uparrow\big) \\ p &= \big((0,c);\uparrow\big) & y^e &= \big((0,\infty);?\big) \\ y^d &= \big((\bar{y}^d_c,\infty);\downarrow\big) \end{aligned}$$

Im Übergang aus dem Zeitintervall (t_2, t_3) zum Zeitpunkt t_3 erreicht der Preis wieder den Grenzwert c. Folgend ist der Gewinn gleich Null und die Güternachfrage ist gleich ihrem Grenzwert $\bar{y}^d_c$. Im Unterschied zum Zeitpunkt t_1, in dem der Preis ebenfalls den Grenzwert c erreicht hatte, steigt er hier jedoch bei positiver Überschußnachfrage:

$$t_3: \quad \begin{aligned} y^s &= \big((0,\infty);\leftrightarrow\big) & d &= \big([0];\uparrow\big) \\ p &= \big([c];\uparrow\big) & y^e &= \big((0,\infty);\downarrow\big) \\ y^d &= \big([\bar{y}^d_c];\downarrow\big) \end{aligned}$$

Die Variablen Preis, Gewinn und Güternachfrage verlassen im folgenden Zustandsübergang ihren jeweiligen Grenzwert. Der Preis steigt weiter. Die Bewegungsrichtung des Güterangebots hat sich umgekehrt: Das Güterangebot steigt, die Überschußnachfrage beginnt zu sinken.

$$(t_3, t_4): \quad \begin{aligned} y^s &= \big((0,\infty);\uparrow\big) & d &= \big((0,\infty);\uparrow\big) \\ p &= \big((c,\infty);\uparrow\big) & y^e &= \big((0,\infty);\downarrow\big) \\ y^d &= \big((0,\bar{y}^d_c);\downarrow\big) \end{aligned}$$

Die nächste qualitative Wertänderung ist das Erreichen des Grenzwertes Null der Überschußnachfrage. Der Preis ist zu diesem Zeitpunkt fest, ebenso der Gewinn und die Güternachfrage. Die Überschußnachfrage fällt weiter.

$$
\begin{array}{lrcllcl}
t_4: & y^s & = & \big((0,\infty);\uparrow\big) & d & = & \big((0,\infty);\leftrightarrow\big) \\
 & p & = & \big((c,\infty);\leftrightarrow\big) & y^e & = & \big([0];\downarrow\big) \\
 & y^d & = & \big((0,\bar{y}^d_c);\leftrightarrow\big) & & &
\end{array}
$$

Die weitere Entwicklung des Prozesses ist absehbar. Im nun folgenden Zustandsübergang wird die Ausgangssituation wieder erreicht, und der Zyklus beginnt von neuem:

$$
\begin{array}{lrcllcl}
(t_4,t_5): & y^s & = & \big((0,\infty);\uparrow\big) & d & = & \big((0,\infty);\downarrow\big) \\
 & p & = & \big((c,\infty);\downarrow\big) & y^e & = & \big((-\infty,0);?\big) \\
 & y^d & = & \big((0,\bar{y}^d_c);\uparrow\big) & & &
\end{array}
$$

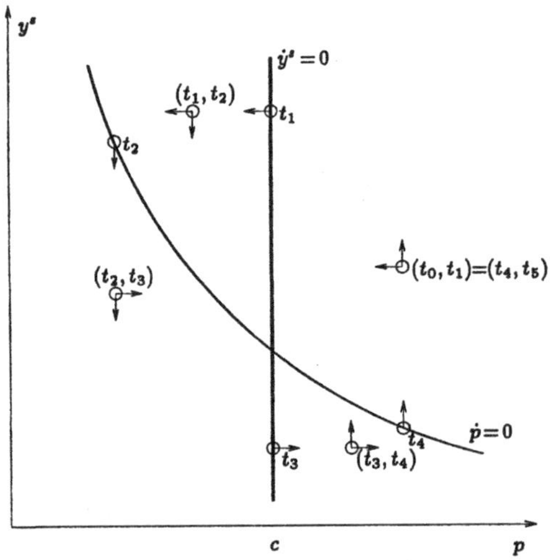

Abbildung 6.7: Verhaltensgraph des Modells (6.38)–(6.43)

Die Abfolge der Systemzustände in der Ordnung der Zeitpunkte und -intervalle ist der Verhaltensgraph, das Ergebnis der Simulation. Der resultierende Verhaltensgraph beschreibt das dynamische Verhalten des Modells. Abbildung 6.7 bildet den Verhaltensgraphen unter Verwendung der Darstellungsmittel eines Phasendiagramms ab. Er stellt die Interaktion und die Entwicklung der dynamisch abhängigen Variablen y^s und p dar. Die Isoklinen sind zum besseren Verständnis hinzugefügt. Die eingetragenen Punkte der Wertepaare (p, y^s) sind qualitativ in Relation zu den Isoklinen zu sehen. Liegt der den Systemzustand beispielsweise im Zeitintervall (t_2, t_3) charakterisierende Punkt etwas weiter links, dann macht dies qualitativ keinen Unterschied aus. Für das Variablenpaar gibt es neun qualitativ unterscheidbare Werttupel: Die Überschußnachfrage kann positiv (y^s unter der $\dot{p} = 0$–Isokline) negativ (y^s über der $\dot{p} = 0$–Isokline) oder gleich Null (y^s auf der $\dot{p} = 0$–Isokline) sein. Der Gewinn kann ebenfalls positiv ($p > c$), negativ ($p < c$) oder gleich Null ($p = c$) sein. Acht der neun möglichen Werttupel werden im Verhaltensgraphen in Abbildung 6.7 zu jeweils einem Zeitpunkt beziehungsweise in einem Zeitintervall angenommen. Das neunte Werttupel liegt im Schnittpunkt der Isoklinen. Die Systemzustände werden in Ergänzung der Werttupeln durch die Bewegungsrichtungen der Variablen y^s und p beschrieben.

Die Ausgangssituation ist der Punkt rechts der $\dot{y}^s = 0$–Isokline und oberhalb der $\dot{p} = 0$–Isokline. Jeder Punkt rechts der $\dot{y}^s = 0$–Isokline und oberhalb der $\dot{p} = 0$–Isokline ist qualitativ durch denselben Wert beschrieben. Die Position der Punkte im Diagramm ist somit nur in Relation zu den Isoklinen von Bedeutung. Läge der den Zustand im Intervall (t_0, t_1) beschreibende Punkt etwas weiter rechts, bedeutete dies keinen qualitativen Unterschied.

Der Prozeß bewegt sich auf einem Orbit gegen den Uhrzeigersinn um den Gleichgewichtspunkt. Der Zustand im Zeitintervall (t_4, t_5) ist qualitativ der gleiche wie im Zeitintervall (t_0, t_1).

Nach dieser Simulation des Modells bewegt sich das abgebildete System auf einem stabilen Orbit um den Gleichgewichtspunkt herum. Die qualitativ mathematische Analyse des Modells ließ jedoch eine stabile Anpassung an den Gleichgewichtspunkt erwarten. Das zyklische Verhalten des Prozesses wird offenbar, nicht aber die Tendenz ins Gleichgewicht. Mit der angenommenen negativen Wirkung des Preises auf die Nachfrage sollte der Prozeß ein stabiles Gleichgewicht erreichen. Die Simulation zeigt ein Modellverhalten, das nicht mit dem durch die Modellstruktur gegebenen übereinstimmt.

Generierung weiterer Grenzwerte

Wie ich bereits angemerkt habe, bietet Kuipers QSIM–Algorithmus jedoch weitere Möglichkeiten durch die Erzeugung von weiteren Grenzwerten im Verlauf der Simulation. An Wendepunkten der Dynamik wird ein Grenzwert gesetzt. Im betrachteten Beispiel markieren die Zeitpunkte t_1, t_2, t_3 und t_4 solche Wendepunkte. In t_1 und t_3 ist der Preis gleich den Kosten und die Bewegungsrichtung des Güterangebots kehrt sich von steigend auf fallend beziehungsweise von fallend auf steigend um. In t_2 und t_4 ist die Überschußnachfrage gleich Null und die Bewegungsrichtung des Preises ändert sich. Zu diesen Zeitpunkten können Grenzwerte generiert werden.

Die Simulation des Modells mit der Erzeugung neuer Grenzwerte wie oben in einzelnen Schritten nachzuverfolgen, ist zwar möglich, ist aber wegen der Verzweigung der Simulation aus einigen Zuständen heraus nicht mehr übersichtlich darstellbar. Ich werde daher auf eine detaillierte Beschreibung verzichten. Das Ergebnis dieser Ergänzung des Simulationsalgorithmus ist mit Hilfe der Abbildung 6.7 erklärbar: Die vier Zeitpunkte t_1, t_2, t_3 und t_4 sind dadurch gekennzeichnet, daß der Systemzustand auf einer Isokline liegt. Die den Systemzustand in t_1 und t_3 charkaterisierenden Punkte liegen auf der $\dot{y}^s = 0$–Isokline, die anderen beiden liegen auf der $\dot{p} = 0$–Isokline. Ein zu diesen Zeitpunkten generierter Grenzwert ist gleichsam eine Markierung auf der Isokline. Die Wertebereiche der Variablen p und y^s sind nach dem Übergang in das Intervall (t_4, t_5) durch die neuen Grenzwerte weiter segmentiert:

$$y^s \qquad 0 \dots g_{t_3} \dots g_{t_1} \dots \infty$$

$$p \quad 0 \dots g_{t_2} \dots c \dots g_{t_4} \dots \infty$$

Im Zeitintervall (t_4, t_5) sind die qualitativen Zustände der Variablen unter Berücksichtigung dieser Grenzwerte gegeben. Durch die Generierung der Grenzwerte werden im Ablauf der Simulation weitere Zustandsübergänge nötig, die die Numerierung der Zeitpunkte verschieben, was ich hier aber vernachlässige:

$$\begin{aligned} (t_4, t_5): \qquad y^s &= \big((g_{t_3}, g_{t_1}); \uparrow\big) \qquad \dots \\ p &= \big((c, g_{t_4}); \downarrow\big) \qquad \dots \\ &\dots \end{aligned}$$

Aus dieser Situation heraus gibt es nun drei Möglichkeiten:

Stabiles Verhalten: Der Preis kann auf den Grenzwert c fallen. In dem Falle erreicht der Anpassungsprozeß die senkrechte $\dot{y}^s = 0$–Isokline während das Güterangebot noch im Wertintervall (g_{t_3}, g_{t_1}) liegt. Im Vergleich zum Systemzustand im Zeitpunkt t_1 liegen die qualitativen Werte nach einem vollständigen Orbit dichter am Gleichgewicht. Es ist auf stabiles Verhalten zu schließen.

Instabiles Verhalten: Das Güterangebot erreicht den Grenzwert g_{t_1} und steigt weiter. Im anschließenden Zustandsübergang wird das Güterangebot den Grenzwert wieder verlassen. Danach erreicht der Preis den Grenzwert c. In dem Falle erreicht der Anpassungsprozeß die $\dot{y}^s = 0$–Isokline während das Güterangebot im Wertintervall (g_{t_1}, ∞) liegt. Im Vergleich zum Systemzustand im Zeitpunkt t_1 liegen die qualitativen Werte nach einem vollständigen Orbit nun weiter vom Gleichgewicht entfernt. Es ist auf Instabilität zu schließen.

Stabiler Orbit: Der Preis und das Güterangebot erreichen gleichzeitig ihre Grenzwerte. Hier erreicht der Anpassungsprozeß die $\dot{y}^s = 0$–Isokline an der gleichen Stelle wie im Zeitpunkt t_1. Es ist auf neutrale Zyklizität zu schließen.

Aus den qualitativen Informationen, die im Zeitintervall (t_4, t_5) im Systemzustand enthalten sind, ist nicht zu erschließen, ob sich das System stabil, instabil oder neutral zyklisch verhalten wird. Die Simulation verzweigt in drei mögliche Entwicklungen. Das „richtige“ Verhalten wird als mögliches Verhalten beschrieben. Es ist durch einen Pfad im Verhaltensgraphen repräsentiert. Die anderen Pfade bilden die zwar grundsätzlich denkbaren aber in dieser konkreten Modellstruktur „falschen“ Modellverhalten ab. Die Analyse des Modells durch qualitative Simulation führt nicht zu einem aussagekräftigen Ergebnis.

Kapitel 7

Heuristisches Schließen

Heuristisches Schließen ist ein Begriff, der nach der Arbeit von Berndsen [4] für qualitative Simulation, erweitert um die Nutzung heuristischer Regeln zur Einschränkung zulässiger Zustandsübergänge, steht. In der ersten und breit dargestellten Heuristik verwendet Berndsen kausales Ordnen. Er beschreibt einen eigenen Ansatz, der die Möglichkeiten nutzt, die weitergehend aus einer kausalen Modellbeschreibung heraus bestehen. In zwei weiteren Heuristiken nutzt er Größenordnungen des Wachstums zur Differenzierung zwischen verschieden schnellen Anpassungsprozessen sowie Tiefensuche zum schnellen Auffinden eines gleichgewichtigen Systemverhaltens im Verhaltensgraphen, dem Graphen der Systemzustände, der das Ergebnis der qualitativen Simulation eines Modells ist. Die drei Heuristiken verbunden mit Berndsens Ansatz werde ich in diesem Kapitel darstellen und kritisch hinterfragen. Im Bereich des qualitativen Schließens gilt Berndsens Arbeit nach wie vor als diejenige, die sich sehr intensiv mit der Frage der Übertragung des qualitativen Schließens auf ökonomische Systeme beschäftigt. Von daher verdient dieser Ansatz nicht nur eine knappe Benennung, sondern eine vollständige Skizzierung.

Anhand der Beschreibung des Ansatzes und mit Hilfe verschiedener Beispiele werde ich zeigen, daß das heuristische Schließen das beschriebene Problem mangelnder Aussagefähigkeit der Ergebnisse qualitativer Simulation nicht löst. Berndsen zielt nicht auf Analyseergebnisse, die vergleichbar mit denen anderer Methoden sind, sondern er zielt auf die eher technische Fragestellung, wie der kombinatorischen Explosion der Anzahl der nach möglichen Zustandsübergängen zu untersuchenden Systemzustände zu begegnen ist. Insofern löst Berndsen ein Problem, daß man insbesondere bezüglich ökonomischer Modelle noch gar nicht hat. Erst die qualitative Simulation umfangreicherer Modelle wird durch überproportional wachsenden Rechenaufwand behindert und ist irgendwann nicht mehr rechenbar. Schon die Analyse kleiner Modelle führt jedoch nicht zu aussagekräftigen Ergebnissen, was insbesondere auch die von Berndsen als Beispiel herangezogenen Modelle dokumentieren. Bei der Analyse umfangreicherer Modelle mit den gleichen Methoden gibt es keinen Anlaß, auf bessere Ergebnisse zu hoffen.

Berndsen hat den Anspruch, eine Modellierung und Analyse ökonomischer Modelle darzustellen, die eher *ökonomischer Intuition* entspricht als andere Ansätze. Meine Darstellung wird zeigen, daß seine Methode kausalen Ordnens bei interdependenten Modellen zu einer Strukturbeschreibung führt, die rückwirkungsfrei ist und damit ökonomischer Intuition entgegen steht. Darüberhinaus baut seine Methode auf dem Vorhandensein von Zeitableitungen auf, die Tâtonnement–Prozesse in kontinuierlicher Zeit beschreiben, und von verzögerten Abhängigkeiten, die Entscheidungsprozesse in diskreter Zeit abbilden. Im Algorithmus der qualitativen Simulation eines Modells werden die Rückwirkungen, die in dem kausal geordneten Abbild des Modells zunächst nicht mehr enthalten sind, quasi wieder eingefügt. Der Konflikt zwischen kontinuierlicher und diskreter Zeitdarstellung wird in der Simulation jedoch nicht gelöst sondern in einer Art und Weise vernachlässigt, die der ökonomischen Interpretation von verzögerten Abhängigkeiten nicht genügt.

In Teil 7.1 dieses Kapitels skizziere ich Berndsens Sicht auf qualitative Modellbeschreibung und Simulation. Anhand des von ihm selbst eingeführten Beispiels verdeutliche ich Berndsens Ausgangspunkt. Teil 7.2 enthält die kritische Beschreibung der kausalen Semantik, die den Bedingungen, in denen ein Modell beschrieben ist, zugeordnet wird. Ich stelle hieran anschließend die auf der kausalen Modellbeschreibung aufbauende Kausalitäts–Heuristik und die beiden weiteren Heuristiken zur Aufwandsreduktion in der qualitativen Simulation allgemein und anhand von Beipielen dar. In Teil 7.3 schließlich bewerte ich die Möglichkeiten und Grenzen des Ansatzes in der ökonomischen Modellanalyse.

7.1 Das Fundament der Methode

In der Beschreibung eines Modells greift Berndsen zurück auf die Ansätze von de Kleer und Brown sowie Kuipers, die ich im Kapitel 3 beschrieben habe, und erweitert die Modellbeschreibung um explizit kausale, verzögerte Zusammenhänge. Berndsen stellt den Mechanismen aus dem physikalischen Kontext, wie sie von Iwasaki und Simon verstanden werden, im ökonomischen Kontext das Konzept des Marktes gegenüber. Das deutliche Herausheben des Marktes erinnert nachhaltig an die von Forbus beschriebenen Prozesse. Explizit modelliert werden solche Prozesse jedoch nicht.

7.1.1 Qualitative Modellierung und Simulation

Die Semantik der bekannten Beschreibungsmittel wird teilweise verändert. Ich halte es daher für sinnvoll, Berndsens Systembeschreibung und seine Analyse des Systemverhaltens knapp darzustellen in den Gliederungspunkten, die ich auch in Abschnitt 3 verwendet habe. Die von Berndsen verwendete Notation erscheint mir für meine Zwecke unnötig kompliziert. Er bereitet über seine Notation schon die spätere Implementation eines Simulators vor. Ich beschreibe seinen Ansatz in einfacherer Form aber inhaltlich unverändert.

Variablen und Wertebereiche

Für Variablenwerte beschränkt sich Berndsen auf die Menge $\{-, 0, +, ?\}$, *„because the information on which the quantitative economic systems are based, is in terms of this simple quantity space."* Die Null ist hier jedoch im Unterschied zu den anderen Ansätzen nicht absolut zu sehen, sondern sie ist gleichzusetzen mit dem Anfangswert einer Variablen. *„In comparative statics, the initial state is an equilibrium state, thus "0" represents the old* *equilibrium value.*" [4], Seite 55. Ein Wert „+" oder „−" bezeichnet demnach einen Wert, der über beziehungsweise unter dem Anfangswert liegt. Bei einem Wert „?" ist der Variablenwert unbestimmt und kann auf, über oder unter dem Anfangswert der Variablen liegen. In Situationen, in denen der qualitative Wert einer Variablen nicht von Interesse ist, wird für diesen der Platzhalter λ gesetzt, der den gesamten Wertebereich $(-\infty, \infty)$ beziehungsweise $(0, \infty)$ repräsentiert. Die von Berndsen eingeführte qualitative Algebra entspricht der von Kuipers (siehe Seite 72). Für die Werte der Ableitungen von Variablen gilt bei Berndsen das gleiche wie bei Kuipers. Der qualitative Zustand einer Variablen ist gekennzeichnet durch ihren Wert und dessen Ableitung. Für Berndsen entspricht eine Variable jedoch keiner stetig differenzierbaren Funktion. Er setzt lediglich Stetigkeit voraus. Im Unterschied zu Kuipers nutzt Berndsen keine weitere Segmentierung des qualitativen Wertebereichs durch Grenzwerte. Im ökonomischen Kontext lassen sich, wie dargestellt, nur selten sinnvolle Grenzwerte benennen.

Beschreibung eines Systems

Ein System wird beschrieben durch Bedingungen. Berndsen unterscheidet fünf Typen von Bedingungen:

- Ein Variablenwert kann exogen gegeben sein, was durch eine Bedingung der Form $z = exogen$ beschrieben wird.
- Eine funktionale Beziehung der Form $x = \mathcal{F}(y)$ beschreibt einen streng monotonen, positiven Zusammenhang zwischen x und y. Für streng monotone, negative Zusammenhänge werde ich in meiner Wiedergabe kein anderes Symbol als bei positiven Zusammenhängen benutzen. Anstatt wie Berndsen zwischen positiven (M^+) und negativen (M^-) Zusammenhängen zu unterscheiden, benutze ich für solche Funktionen jeweils das Symbol $\mathcal{F}$, gegebenenfalls mit negiertem Parameter, das ich für alle qualitativen, streng monoton positiven Zusammenhänge verwende. Funktionale Zusammenhänge bilden wechselseitige Beziehungen zwischen Variablen innerhalb des gleichen Zeitpunktes ab.

- Der dritte Bedingungstyp drückt Additionen in Bedingungen wie $x = y + z$ aus. Differenzen werden durch Nutzung des unären Operators „$-$“ ebenfalls als Addition formuliert. Ich unterlasse dies in dieser Arbeit, indem ich Differenzen formuliere, die ohne weiteres in entsprechende Additionen überführbar wären. Für Berndsen geben Bedingungen dieses Typs definitorische Zusammenhänge und Identitäten an. In seiner Arbeit sind derlei additive Bedingungen etwas weiter gefaßt. Indem Berndsen solche Bedingungen Kuipers folgend als $ADD(x, y, z)$ formuliert, drücken sie nicht nur Additionen aus, sondern auch Zusammenhänge, die proportional zu einer Addition sind. Mit Hilfe von qualitativen Funktionen ließe sich eine Addition als $x = \mathcal{F}\big(\mathcal{F}(y) + \mathcal{F}(z)\big)$ formulieren. Für die in meiner Arbeit verwendeten Zusammenhänge besteht hierfür jedoch keine Notwendigkeit, so daß ich die Beschreibung von Additionen in der einfachen Form belasse, wie ich dies auch bei der Beschreibung von Kuipers Ansatz in Abschnitt 3.3 getan habe.

- Vornehmlich zur Beschreibung von Tâtonnement–Anpassungsprozessen dienen Zeitableitungen der Form $\dot{x} = \mathcal{F}(y)$. Der Wert von y bestimmt nicht den Wert sondern die Bewegungsrichtung von x, wie die Überschußnachfrage die Bewegungsrichtung des Preises im Preis–Tâtonnement bestimmt. Die qualitative Funktion $\mathcal{F}(y)$ bestimmt die Stärke der Wirkung von y auf die Änderung von x, also soviel wie die Anpassungsgeschwindigkeit. Qualitativ bekannt von dieser Funktion ist jedoch gleichfalls nur ihre streng positive Monotonie. Zwei Tâtonnement–Prozesse können in ihrer Anpassungsgeschwindigkeit zunächst nicht unterschieden werden.

- Schließlich erweitert Berndsen die so bereits bei Kuipers definierten Bedingungstypen um einen weiteren: Er läßt explizite Verzögerungen zu, wenn eine Variable vom Wert einer anderen zu einem zurückliegenden Zeitpunkt abhängt: $x_t = \mathcal{F}(y_{t-1})$. Solche Bedingungen beschreiben bespielsweise Entscheidungsprozesse, in denen die Entscheidung von Werten der Vorperiode abhängt. Im Blick hat er dabei beispielsweise die keynesianische Konsumfunktion. Die qualitative Funktion $\mathcal{F}(y_{t-1})$ beschreibt auch hier einen streng monotonen, positiven Zusammenhang. Ersetze ich in der Bedingung $x_t = \mathcal{F}(y_{t-1})$ die Variable x_t durch den Konsum C_t in Periode t und y_{t-1} durch das Einkommen Y_{t-1} der Vorperiode, dann könnte $\mathcal{F}(Y_{t-1})$ im quantitativen Modell als $\bar{C} + cY_{t-1}$ gegeben sein, mit $\bar{C}$ als autonomem Konsum und c als Konsumneigung. Eine verzögerte Bedingung entspricht einer verzögerten funktionalen Beziehung. Die Verzögerung legt ein Zeitintervall zwischen Ursache und Wirkung, was verzögerte Bedingungen wie Zeitableitungen zu explizit kausalen Bedingungen macht.

Ein Modell, beschrieben durch diese fünf Bedingungsstypen, muß insgesamt zwei geforderte Eigenschaften aufweisen: Die Zahl der Variablen muß gleich der Zahl der Bedingungen sein. Eine Koeffizientenmatrix im entsprechenden quantitativen Modell hätte somit vollen Rang. Die zweite geforderte Eigenschaft ist, daß jede Variable genau einmal auf der linken Seite einer Bedingung erscheint.

Verhalten eines Systems

Für die qualitative Simulation eines durch die genannten Bedingungstypen beschriebenen Systems gibt Berndsen erlaubte Zustandsübergänge für Variablenwerte an. Die erlaubten Zustandsübergänge beschreiben für jeden möglichen qualitativen Zustand einer Variablen die möglichen Folgezustände. Das qualitative Verhalten einer Variablen während der Simulation wird durch die Folge qualitativer Zustände beziehungsweise die Folge erlaubter Zustandsübergänge beschrieben.

Der qualitative Zustand des Systems wird durch die qualitativen Zustände der Systemvariablen bestimmt. Das qualitative Verhalten des Systems ist durch eine Folge der qualitativen Systemzustände gegeben. Der Ausgangszustand ist in der Regel der Zustand direkt nach einer exogenen Störung eines Gleichgewichtszustands. Ein solcher Zustand ist die Wurzel des aus einem qualitativen Modell resultierenden Verhaltensgraphen. Alle möglichen Entwicklungen, die aus einer bestimmten Störung resultieren können, werden durch diesen gerichteten Graphen dargestellt (*complete envision-*

ment). Die erreichbaren qualitativen Systemzustände sind die Knoten des Graphen, verbunden durch Kanten, die die erlaubten Zustandsübergänge abbilden. Die Zahl der Knoten ist endlich, da die Zahl der möglichen qualitativen Systemzustände, gegeben durch die Zahl der Systemvariablen und deren mögliche qualitative Zustände, fest ist. Die Menge der möglichen qualitativen Verhaltensweisen des Systems ist nicht endlich, der Graph ist nicht zyklenfrei. Ein Graph, der für jede mögliche exogene Störung das qualitative Verhalten des Systems beschreibt (*total envisionment*), wäre die Entsprechung zu einer mathematischen Analyse der Stabilitätseigenschaften und der komparativ statischen Eigenschaften des Systems. Vergleiche hierzu auch Forbus [34].

Ein *Gleichgewichtszustand* ist ein qualitativer Zustand eines Systems, in dem jede Variable einen festen Wert hat. Die Ableitung aller Variablenwerte ist gleich Null. Ein *Gleichgewichtsverhalten* des Systems wird durch den kürzesten Pfad von der Wurzel zu einem Gleichgewichtszustand beschrieben. Ein *stabiler Zustand* ist ein Zustand, von dem aus jeder erlaubte Zustandsübergang zu dem gleichen Zustand zurückführt. So ist ein Gleichgewichtszustand auch ein stabiler Zustand, genauso wie ein Zyklus der Länge eins ein stabiler Zustand ist. Ein *stabiles Verhalten* wird durch den kürzesten Pfad von der Wurzel in einen stabilen Zustand beschrieben. Schließlich ist *zyklisches Verhalten* beschrieben durch einen Zyklus im Graphen. Die Menge der Pfade, die zyklisches Verhalten beschreiben, enhält die Menge der Pfade, die stabiles Verhalten beschreiben, die wiederum die Menge der Pfade enthält, die Gleichgewichtsverhalten beschreiben.

Zeit

Der qualitative Zustand einer Variablen ist gekennzeichnet durch einen Wert und dessen Bewegungsrichtung und Änderung in der Zeit. Zeit wird bei Berndsen repräsentiert durch eine Folge von m überlappungsfreien Zeitintervallen gleicher Länge: $T = \{[t_0, t_1), \ldots, [t_{m-1}, t_m)\}$. Der qualitative Zustand einer Variablen in einem solchen Zeitintervall ist bei Berndsen durch eine Momentaufnahme zu Beginn des Intervalls beschrieben. Das heißt, der angegebene Wert der Variablen ist der Wert zu Beginn des Zeitintervalls und die Bewegungsrichtung der Variablen wird dann ausgehend von diesem Wert über das Zeitintervall hinweg beibehalten. Die tatsächliche Bestimmung der aus Wertänderungen resultierenden neuen Werte geschieht erst wieder zum Anfang des folgenden Zeitintervalls.

Wenn Berndsen von der Bestimmung von Werten in einem Zeitintervall spricht, dann meint er nach seinen Festlegungen gerade die Werte zu deren Anfang und die über die Periode hinweg wirksamen Wertänderungen. Die Bestimmung von Variablenwerten zu einem bestimmten Zeitpunkt entsprechend den in den Bedingungen festgelegten Abhängigkeiten geschieht analog zu de Kleer und Brown in mythischer Zeit, in Zeitschritten also, die unterhalb der Zeitgranularität liegt, von der ausgehend das System modelliert wurde. Berndsen postuliert, daß die Abhängigkeiten zu einem Zeitpunkt in einer Folge von n sehr kleinen Zeitschritten, deren erster an diesem Zeitpunkt beginnt, wirken. Im $k$ten Zeitintervall reicht ein solcher Zeitschritt von einem Zeitpunkt τ_{k_i} bis zum Zeitpunkt $\tau_{k_{i+1}}$. Der erste Zeitschritt beginnt zum Anfang t_k des jeweiligen Zeitintervalls, der letzte Zeitschritt endet spätestens zu Beginn des folgenden Zeitintervalls t_{k+1}: $t_k = \tau_{k_0} < \tau_{k_1} < \ldots < \tau_{k_n} \leq t_{k+1}$. Der letzte Zeitschritt, der zur Bestimmung des Systemzustands im Zeitintervall $[t_k, t_{k+1})$ notwendig ist, hat hiernach erst zu Beginn des folgenden Zeitintervall abgeschlossen zu sein. Diese Möglichkeit steht jedoch in Widerspruch zu Berndsens Festlegung, Variablenwerte seien die Werte zu Beginn eines Zeitintervalls. Der Zeitschritt von $\tau_{k_{n-1}}$ bis τ_{k_n}, der den Systemzustand zu einem Zeitpunkt t_k bestimmt, muß demnach zumindest dicht bei dem Zeitpunkt t_k und hinreichend weit entfernt von t_{k+1}, dem Beginn des folgenden Zeitintervalls, abgeschlossen sein.

Von besonderem Interesse ist dies in der Semantik der Zeitableitungen und der verzögerten Bedingungen. Bei der Zeitableitung ergibt sich die Bewegungsrichtung einer Variablen über ein Zeitintervall aus Werten zu Beginn genau dieses Zeitintervalls. Eine verzögerte Bedingung dagegen bestimmt die Bewegungsrichtung einer Variablen über ein Zeitintervall aus Werten zu Beginn des vor diesem Zeitintervall liegenden Intervalls.

7.1.2 Des Beispiels erster Anlauf

In den Ausführungen in seinem dritten Kapitel verweist Berndsen auf die Schwierigkeit, ein qualitatives Modell aufzustellen. Er bezieht sich dort insbesondere auf quantitative ökonometrische Modelle als Ausgangspunkt. Einem solchen stellt er später seine qualitative Modellbeschreibung gegenüber und problematisiert, daß die Ergebnisse numerischer Simulation nicht ohne weiteres mit den Ergebnissen qualitativer Simulation vergleichbar sind. Erschwert ist ein solcher Vergleich nicht zuletzt dadurch, daß qualitative Simulation auch Lösungen generiert, die tatsächlich gar nicht erreichbar sind (vergleiche Kapitel 6.3.3). Meines Erachtens ist der Vergleich von qualitativer und numerischer Simulation nicht sonderlich vielversprechend. Entsprechend zu meinem Vorgehen im vorstehenden Kapitel, werde ich demzufolge die Ergebnisse von Berndsens Ansatz denen qualitativ mathematischer Analyse gegenüberstellen.

Beschreibung des Beispielmodells Als Beispiel verwendet Berndsen ein keynesianisches Modell nach Dennis [21]. Das Modell ist strukturell ähnlich dem einfacheren Modell (4.1), (4.2) aus Kapitel 4, Seite 114. Beschrieben durch die fünf Bedingungstypen liest sich das Modell wie folgt:

$$Y = C + I \tag{7.1}$$
$$M^d = M^Y + M^r \tag{7.2}$$
$$M^e = M^d - M^s \tag{7.3}$$
$$M^Y = \mathcal{F}(Y) \tag{7.4}$$
$$M^r = \mathcal{F}(-r) \tag{7.5}$$
$$\dot{r} = \mathcal{F}(M^e) \tag{7.6}$$
$$M^s = exogen \tag{7.7}$$
$$C_t = \mathcal{F}(Y_{t-1}) \tag{7.8}$$
$$I_t = \mathcal{F}(-r_{t-1}) \tag{7.9}$$

Das Einkommen Y ist gegeben als Summe von Güternachfrage C und den Investitionen I. Die Geldnachfrage M^d ist die Summe der einkommensabhängigen Geldnachfrage M^Y und der zinsabhängigen Geldnachfrage M^r. Die Überschußnachfrage am Geldmarkt M^e ist die Differenz aus

Geldnachfrage und dem exogen gegebenen Geldangebot M^s. Die Änderung des Zinssatzes r in der Zeit ist bestimmt durch die Überschußnachfrage am Geldmarkt. Die Güternachfrage ist eine Funktion des Einkommens der Vorperiode, und die Investitionen sind eine Funktion des Zinssatzes der Vorperiode.

Als befremdlich, aber bei Berndsen nicht problematisiert, erscheint in diesem Modell die Modellierung der Zeit in der Modellbeschreibung. Gleichung (7.6) ist eine Differentialgleichung, setzt also kontinuierliche Zeit voraus. Die Änderung des Zinssatzes resultiert zu jedem Zeitpunkt aus der Überschußnachfrage am Geldmarkt. Die qualitative Funktion $\mathcal{F}$ repräsentiert die Gestalt der Anpassungsfunktion. Hingegen sind die Güternachfrage in Gleichung (7.8) und die Investition in Gleichung (7.9) in diskreter Zeit beschrieben. Wie kontinuierliche und diskrete Zeit innerhalb dieses Modells zu interpretieren sind und gehandhabt werden können, bleibt zunächst offen. Die oben beschriebene Sicht der Zeit und die Semantik von verzögerten Bedingungen bedeuten eine kontinuierliche Umsetzung der verzögerten Bedingungen.

Mathematische Analyse des Beispielmodells Um auf Referenzanalyseergebnisse zurückgreifen zu können, analysiere ich das Modell zunächst mathematisch. Hier sehe ich zwei mögliche Vorgehensweisen für die Untersuchung des Modellverhaltens mit Hilfe der in Kapitel 4 beschriebenen Methoden. Zur expliziten Betrachtung von Differenzen–Differentialgleichungen siehe beispielsweise Bellman [3]. Die erste Möglichkeit ist, kontinuierliche Zeit anzunehmen und die verzögerten Zusammenhänge in funktionale Beziehungen zu überführen. Der keynesianische Multiplikator wird dann ebenfalls durch eine Differentialgleichung beschrieben. Die zweite ist, den Zins–Tâtonnement als schnelles Subsystem auszukoppeln.

Aus der ersten Variante resultiert das folgende linearisierte interdependente keynesianische Differentialgleichungssystem:

$$\dot{r} = \alpha(M^d(Y,r) - M^s) \qquad M_Y^d > 0,\ M_r^d < 0 \tag{7.10}$$

$$\dot{Y} = \beta(Y^d(Y,r) - Y) \qquad Y_Y^d > 0,\ Y_r^d < 0 \tag{7.11}$$

Partielle Ableitungen habe ich in Kurzform dargestellt. M_r^d steht für $\frac{\partial M^d}{\partial r}$. Die Stabilitätsanalyse nach dem Routh–Hurwitz–Theorem zeigt, daß das Modell unter der üblichen und hier nicht weiter zu begründenden Annahme, daß die Konsumneigung kleiner als Eins ist, stabil reagiert.

$$\mathcal{J} = \begin{pmatrix} \alpha M_r^d & \alpha M_Y^d \\ \beta Y_r^d & \beta(Y_Y^d - 1) \end{pmatrix} = \begin{pmatrix} - & + \\ - & - \end{pmatrix} \quad \text{bei } Y_Y^d - 1 < 0$$

$$\begin{aligned} spur\mathcal{J} &= \alpha M_r^d + \beta(Y_Y^d - 1) &&= (-) + (-) && < 0 \\ det\mathcal{J} &= \alpha\beta\Big(M_r^d(Y_Y^d - 1) - Y_r^d M_Y^d\Big) &&= \Big((-)(-) - (-)(+)\Big) && > 0 \end{aligned}$$

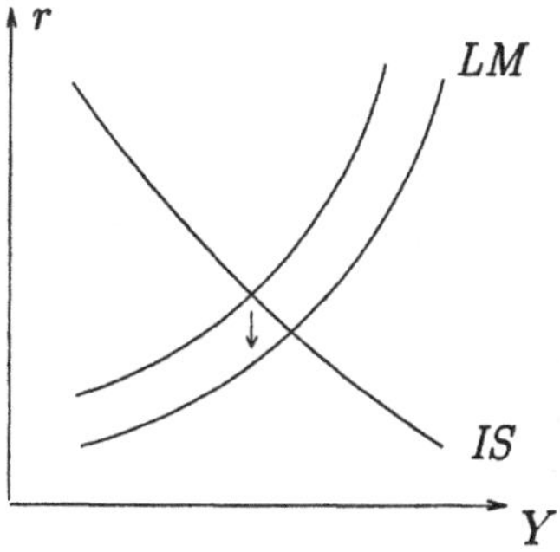

Abbildung 7.1: Erhöhung des Geldangebots

Eine komparativ statische Analyse im entsprechenden IS–LM Diagramm in Abbildung 7.1 liefert die Reaktion des Modells auf die von Berndsen betrachtete Erhöhung des Geldangebots. Nach Erhöhung des Geldangebots $dM^s > 0$ gilt im neuen Gleichgewichtspunkt im Unterschied zum alten: $dM^d > 0$, $dY^d > 0$, $dY > 0$ und $dr < 0$.

Alternativ hierzu kann der Zins–Tâtonnement als schnelles Subsystem betrachtet und das System separiert werden. Der Zins–Tâtonnement selbst ist als negativ rückgekoppeltes System stabil. Der Zinssatz geht als Funktion von Einkommen und Geldangebot in die weiteren Gleichungen ein. Gleichung (7.6) wird ersetzt durch:

$$r = \mathcal{F}(Y, -M^s) \tag{7.12}$$

Ich bediene mich hierbei der erweiterten Definition qualitativer Funktionen mit mehr als einem Parameter, die Berndsen ebenfalls später für alle Bedingungen nutzt. Der Zinssatz hängt streng monoton steigend vom Einkommen und streng monoton fallend vom Geldangebot ab. Auf ein steigendes Geldangebot folgt somit ein zunächst sinkender Zinssatz. Die Investitionen sind damit letztlich eine Funktion von Einkommen und Geldangebot, wenn $\mathcal{F}(Y, -M^s)$ aus Gleichung (7.12) für r in Gleichung (7.9) eingesetzt wird.

$$\Delta Y = I(Y, M^s) + C(Y) - Y \tag{7.13}$$

Die Gleichung (7.13) bestimmt die Änderung des Einkommens von einer Periode zur nächsten als Differenzengleichung. Die Investitionen hängen negativ und die Konsumgüternachfrage hängt positiv vom Einkommen ab. Mit der bereits oben genutzten Annahme einer Konsumneigung kleiner Eins handelt es sich auch hier um ein negativ rückgekoppeltes System, welches stabil auf eine Änderung des Geldangebots reagiert. In einem neuen Gleichgewicht nach exogener Erhöhung des Geldangebots steigen Geldnachfrage, Güternachfrage, Einkommen und sinkt der Zinssatz. Die komparativ statischen Eigenschaften des Modells werden durch die im Vergleich zum Differentialgleichungssystem (7.10), (7.11) hier andere Modellierung der Dynamik nicht verändert.

Qualitative Simulation des Beispielmodells Das Modell (7.1)-(7.9) wird von Berndsen simuliert. Seine Simulation erzeugt nach exogener Erhöhung des Geldangebots einen Graphen mit 57 Knoten. Im Laufe der Simulation werden demnach 57 qualitative Zustände unterschieden. Es gibt ein Gleichgewichtsverhalten, acht andere Pfade beschreiben stabiles Verhalten, und es gibt mehr als 300 Pfade mit Zyklen einer Länge von bis zu vier Knoten. Die Pfade stabilen Verhaltens zeigen jeweils eine bestimmte Tendenz. Wird die Überschußnachfrage am Geldmarkt als Referenz gewählt, zeigen vier der acht stabilen Pfade eine Tendenz in ein Gleichgewicht und zwar dadurch, daß die Überschußnachfrage negativ ist und steigt oder positiv ist und fällt. Zwei Pfade entfernen sich durch steigende positive oder fallende negative Überschußnachfrage von einem Gleichgewichtspunkt. Die zwei übrigen Pfade sind durch feste Überschußnachfrage beziehungsweise festes Überschußangebot gekennzeichnet.

Soweit ist Berndsens Analyse nicht mehr und nicht weniger als eine qualitative Simulation, wie ich sie im Kapitel 6.3.3 beschrieben habe. Aus den Ergebnissen der Simulation heraus ist nicht entscheidbar, wie das System auf die Erhöhung der Geldnachfrage reagieren wird. Nach qualitativ mathematischer Analyse hat das System stabil zu reagieren und einen neuen Gleichgewichtszustand anzunehmen. Die Simulation zeigt, daß ein solches Gleichgewichtsverhalten möglich ist, kann aber anderes Verhalten nicht ausschließen. Es wird kein denkbares Verhalten ausgeschlossen.

Von Interesse ist nun noch, wie die dynamische Anpassung des Zins–Tâtonnement aus Gleichung (7.6), die kontinuierliche Zeit unterstellt, in der Simulation im Vergleich zu den verzögerten Anpassungen in diskreten Zeitschritten von Güternachfrage und Investitionen in den Gleichungen (7.8) und (7.9) umgesetzt wird. Im Ausgangszustand nach Erhöhung der Geldmenge ist die Überschußnachfrage am Geldmarkt negativ, demzufolge sinkt der Zinssatz, und die zinsabhängige Geldnachfrage M^r steigt. Nach einem Zustandsübergang bleibt das Geldangebot weiterhin fest, die Überschußnachfrage am Geldmarkt steigt in Richtung Null. Der Zinssatz hat ein höheres Niveau erreicht, was aber nicht ablesbar ist, er bleibt positiv. Berndsen betrachtet hier nur die Überschußnachfrage am Geldmarkt als Variablenwert, alle anderen Variablenwerte liegen irgendwo im Intervall $(0, \infty)$ und werden durch den Platzhalter λ ausgedrückt. Die Bewegungsrichtung des Zinssatzes wird über die Bestimmung der Überschußnachfrage am Geldmarkt innerhalb jedes Zustandes unmittelbar bestimmt. Seinen Wert ändert der Zinssatz, auch wenn dies nicht explizit deutlich wird, im Zustandsübergang, entsprechend der im Vorzustand festgelegten Richtung.

In der Tabelle 7.1 zeige ich die ersten drei Systemzustände auf dem Pfad, der das Gleichgewichtsverhalten beschreibt (aus [4], Seite 61).[1] Wie beschrieben, bestimmt sich die Bewegungsrichtung des Zinssatzes innerhalb

[1] Das Gleichgewichtsverhalten ist definiert als der kürzeste Pfad in einen Gleichgewichtszustand. Dieser Pfad enthält daher einige bei Berndsen erlaubte Zustandsübergänge, die bei Kuipers nicht erlaubt wären, so beispielsweise das Überspringen des Grenzwertes Null der Überschußnachfrage am Geldmarkt im Übergang von t_1 auf t_2. Wie sich dies mit der von Berndsen geforderten Stetigkeit der Entwicklung der Variablenwerte verträgt, stellt er nicht dar. Für meine Untersuchung ist dies nicht entscheidend. Berndsens erlaubte Zustandsübergänge will ich nicht problematisieren.

	$[t_0, t_1)$	$[t_1, t_2)$	$[t_2, t_3)$
C	(λ,*fest*)	(λ,*fest*)	(λ,*steigend*)
I	(λ,*fest*)	(λ,*steigend*)	(λ,*steigend*)
M^Y	(λ,*fest*)	(λ,*steigend*)	(λ,*steigend*)
M^r	(λ,*steigend*)	(λ,*steigend*)	(λ,*fallend*)
M^d	(λ,*steigend*)	(λ,*steigend*)	(λ,*fallend*)
M^s	(λ,*steigend*)	(λ,*fest*)	(λ,*fest*)
M^e	($-$,*fest*)	($-$,*steigend*)	($+$,*fallend*)
r	(λ,*fallend*)	(λ,*fallend*)	(λ,*steigend*)
Y	(λ,*fest*)	(λ,*steigend*)	(λ,*steigend*)

Tabelle 7.1: Ausschnitt aus Berndsens qualitativer Simulation

eines Zustands. Die Überschußnachfrage am Geldmarkt ergibt sich unmittelbar aus Geldangebot und Geldnachfrage. Die Geldnachfrage ist ebenso unmittelbar bestimmt durch Funktionen des Einkommens und des aktuellen Zinssatzes. Die eigentliche Wertänderung des Zinssatzes bleibt in den Zustandsübergängen verborgen, der Wert des Zinssatzes verharrt beim positiven Platzhalter λ.

Wie werden nun die in diskreter Zeit verzögerten Zusammenhänge umgesetzt? Oben habe ich bereits dargestellt, daß die Semantik der verzögerten Abhängigkeiten und der Sicht auf Zeit während der Simulation bedeutet, daß die Bewegungsrichtung einer verzögert abhängigen Variablen über ein Zeitintervall durch andere Variablenwerte zu Beginn des davor liegenden Zeitintervalls bestimmt wird. Der Wert der verzögerten Variablen entwickelt sich folgend über das betrachtete Zeitintervall entsprechend der so bestimmten Bewegungsrichtung.

In t_2 steigt die Güternachfrage in Reaktion auf ein in t_1 steigendes Einkommen. Erst in einem Zeitpunkt t_3 stünde ein qualitativ höherer Wert des Einkommens zu erwarten, der aber wiederum nicht erkennbar bliebe. Die Investitionen steigen in t_1 und t_2 in Reaktion auf sinkende Zinssätze in t_0 und t_1. Beschrieben werden sollen Entscheidungsprozesse: Die Investitionen in t_1 werden gemäß dem Modell in Gleichung (7.9) bestimmt über eine Funktion des Zinssatzes in t_0, und die Güternachfrage in t_2 über eine Funktion des Einkommens in t_1. Die Entscheidungen, in welchem Umfang Investitionen getätigt und Güter nachgefragt werden, werden auf Grundlage von Daten des zurückliegenden Zeitpunktes getroffen. In der Simulation findet sich dies jedoch nicht wieder. Nicht der Wert sondern die Bewegungsrichtung des Wertes einer verzögert definierten Variablen ergibt sich aus den Variablenwerten des vorangegangenen Zustandes. Der Wert einer solcherart verzögert definierten Variablen ändert sich jedoch erst im anschließenden Zustandsübergang. Die Umsetzung der verzögerten Wirkungen geschieht nicht in diskreten Zeitschritten, wie es die Gleichungen (7.8) und (7.9) suggerieren, sondern vielmehr in kontinuierlicher Zeit wie bei den per Zeitableitung definierten Tâtonnement–Prozessen, nur um ein Zeitintervall verzögert. Es handelt sich also weniger um einen Entscheidungsprozeß auf Basis von Vergangenheitswerten als um eine verzögerte Tâtonnement–Anpassung. Überzeugen kann dies aus ökonomischer Sicht nicht.

7.2 Heuristische Erweiterungen

Die Analyse des Modells hat Hinweise für jedes denkbare Verhalten des modellierten Systems geliefert. Vor dem Hintergrund der mathematischen Analyse kann dies natürlich kaum befriedigen. Mögliche Schlußfolgerungen sind nun, daß entweder die angewandte Methodik nicht ausreicht, um das Systemverhalten aus der Simulation des Modells heraus zu beschreiben, oder daß die im Modell enthaltene explizit gemachte Information nicht hinreichend ist. Berndsen geht auf dieses Problem jedoch gar nicht ein. Seine Argumentation geht in eine andere Richtung. Die Analyse eines hinreichend großen Modells führt zu überproportional wachsendem Aufwand, zu kombinatorischer Explosion. Die Zahl der möglichen Verhaltensweisen eines Systems steigt exponentiell in der Dimension des Zustandraumes, also mit der Zahl der Systemvariablen und den möglichen qualitativen Zuständen einer einzelnen Variablen. Im Kapitel 3 habe ich dieses Problem der Umsetzung qualitativer Simulation bereits dargestellt. Berndsen ergänzt die Modellbeschreibung um explizite Kausalität und weiterhin die qualitative Simulation des kausal beschriebenen Modells um drei Heuristiken zur Reduktion der zu expandierenden Systemzustände. Ich werde mich an dieser Stelle nicht sonderlich für die Aufwandsreduktion interessieren, sondern darauf achten, ob mit der veränderten Methodik aussagekräftige Analyseergebnisse erreichbar sind. Auf den algorithmischen Aufwand einer Implementation werde ich in dieser Arbeit nicht weiter eingehen. Ich verweise auf Berndsens Ausführungen [4] und auf Nayak [97].

In diesem Teil des Kapitels beschreibe ich im Abschnitt 7.2.1 Berndsens Ansatz kausaler Ordnung. Anschließend verdeutliche ich seine Herangehensweise in Abschnitt 7.2.2 am Beispiel des oben bereits beschriebenen Modells (7.1)-(7.9). Die *Kausalitäts-Heuristik* nutzt die kausale Ordnung des Modells in der qualitativen Simulation des Modells, was ich in Abschnitt 7.2.3 und weiter anhand des Beispiels in Abschnitt 7.2.4 kritisch darstelle. In den Abschnitten 7.2.5 und 7.2.6 skizziere ich knapper die *Größenordnungs-Heuristik* und die *Gleichgewichts-Heuristik.*

7.2.1 Kausale Ordnung

Die erste Heuristik, die Berndsen einführt, ist die Kausalitäts-Heuristik (*causality heuristic*). Die Heuristik nutzt eine Methode kausalen Ordnens, die weitgehend äquivalent zu den in Abschnitt 2.2 beschriebenen Methoden ist. Anstelle von vollständigen, minimalen Teilmengen wählt Berndsen vollständig interdependente Teilsysteme als Ausgangspunkt. Innerhalb eines solchen Teilsystems resultiert hier eine andere kausale Ordnung. „*This causal ordering technique presupposes more economic knowledge than the other approaches. Consequently, it yields better results in the sense that the causal ordering is more in accordance with "economic intuition"*" [4], Seite 69.

Es wird sich herausstellen, daß für Berndsens Methode die verzögerten Abhängigkeiten entscheidend sind. Er schließt aus, daß eine Variable zu irgend einem Zeitpunkt Ursache der Änderung ihres eigenen Wertes zu diesem Zeitpunkt sein kann. Zyklische Abhängigkeiten in der Bestimmung von Variablenwerten eines Zeitpunktes sind auf diese Weise eliminiert. Autoregressive Zusammenhänge sind damit nicht ausgeschlossen, sondern sind über verzögerte Zusammenhänge auszudrücken. Berndsen erzeugt einen zyklenfreien kausalen Einflußgraphen. Die darauf aufbauende Heuristik sortiert dann all die Zustandsübergänge aus, die nicht durch eine entsprechende Kante im kausalen Einflußgraphen gedeckt sind.

Der Bedingungsgraph

Zunächst wird ein Bedingungsgraph aufgestellt. Die verschiedenen Typen von Bedingungen erhalten jetzt ihre explizit kausale Bedeutung. Jede Systemvariable wird einem Knoten des Graphen zugeordnet. Die gerichteten Kanten bilden die kausalen Abhängigkeiten ab. Eine exogen gegebene Variable wird nur exogen beeinflußt und besitzt demzufolge im Graphen keine ankommenden Kanten von anderen Systemvariablen. Eine Addition beschreibt definitorische Zusammenhänge und Identitäten. Die Variablen auf der rechten Seite der Bedingung bestimmen über eine solche Bedingung kausal die Variable auf der linken Seite. Dies setzt voraus, daß solche Zusammenhänge auch bereits kausal sinnvoll aufgestellt werden. Ein definitorischer Zusammenhang wie $M^e = M^d - M^s$ ist sicherlich begründbar kausal zu interpretieren. Der gleiche Zusammenhang kann jedoch auch als $M^d = M^e + M^s$ geschrieben werden. Berndsen schreibt, *„We argue that it is more natural to reason from the parts to the whole than vice versa. [...] If a variable A "depends on" the set of variables $B_1, \ldots, B_2$ then the constraint [...] is appropriate"* [4], Seite 75. Die kausale Interpretation einer solchen Bedingung setzt demnach voraus, daß sie bereits in entsprechendem Sinne aufgestellt worden ist. Es muß in der ökonomischen Modellbeschreibung klar sein, was die Teile sind und was das Ganze. Berndsen unterstreicht zwar, *„in order to derive a causal ordering which agrees with "economic intuition", it is important that the set of constraints is modelled on the basis of economic knowledge."* [4], Seite 75, sagt aber nicht ausdrücklich, daß die Bedingungen bereits kausal interpretierbar aufgestellt werden müssen. Erst an späterer Stelle schreibt er, *„that our method employs knowledge about the way economists "read" structural equations."* [4], Seite 84. Damit meint er unzweifelhaft, daß Wissen um Kausalität in das Modell aufgenommen wird. Wenn aber viele Bedingungen des Modells kausal interpretierbar aufgestellt werden, ist es später nicht verwunderlich, daß seine Methode kausalen Ordnens auf ein solches Modell angewandt zu besseren Ergebnissen führt, als andere Methoden, die aus nicht kausal formulierten Modellen kausale Abhängigkeiten herauslesen.

Aus der Anwendung auf physikalische Systeme heraus schreiben Grantham und Ungar zu kausalen, gerichteten Bedingungen: *„Generating these relations requires a deeper understanding of the mechanism of the particular physical phenomena being modelled."* [44], Seite 87. Ein hinreichend kompliziertes System vollständig kausal zu formulieren, ist schwieriger als es nicht kausal zu beschreiben, und nicht in jedem Falle ist eine kausale Beschreibung möglich. Darüber hinaus ist nicht jeder Zusammenhang allgemein kausal zu beschreiben. Wissen um Kausalität ist weniger allgemein als Wissen über nicht kausale, funktionale Beschreibungen, konstatieren Iwasaki und Simon, da Wissen um die Kausalität mancher Zusammenhänge nicht unabhängig ist von *„a specific circumstance in which it is applied."* [61], Seite 144. Berndsen findet einen gangbaren Weg durch seine Festlegung der kausalen Semantik der Bedingungstypen. Ist das notwendige Wissen, um eine Bedingung gerichtet zu formulieren, nicht verfügbar, dann ist eine funktionale Beziehung die adäquate Beschreibung.

Eine funktionale Beziehung der Form $x = \mathcal{F}(y)$ drückt gleichzeitige Kausalität (*contemporaneous causality*)[2] aus, vergleiche Hicks [53]. Es ist eine

---

[2]Was gleichzeitige Kausalität bedeutet, beschreibt Hicks selbst am besten. Ich zitiere aus [53] eine etwas längere Passage zur Erklärung, da ich mich in einer Wiedergabe in eigenen Worten kaum klarer ausdrücken könnte: *„There is one case of non-separable causes which is very generally recognized. We may assert that A and A* are both causes of B, yet we do not believe it to be possible that one could accur without the other. If not-A, then not-A*; if not-A*, then not-A. We cannot then distinguish between them by considering a not-A, in which A* is present, or a not-A*, in which A is present; for neither of these alternatives can be constructed. The only alternative involving them which can be constructed is that in which neither is present.*
Is such a relation, between A and A, a causal relation? It is very like a causal relation, since it states that not-A implies not-A*; it seems to be a causal relation both ways. If, however, we holt to Hume's principle, that cause preceedes effect, it cannot be a causal relation; for if it were, A would have to precede A*, and A* precede A; and that is impossible. However, it was recognized, indeed by Kant himself, that there is an analogy between such*

Beziehung, in der Ursache und Wirkung nicht situationsunabhängig unterschieden werden können. Grundsätzlich beeinflußt jede Variable die andere zum gleichen Zeitpunkt. Je nach umgebender Situation wird eine der beiden möglichen Richtungen präferiert, und die Beziehung wird gerichtet. Je nach Kontext, in den eine solche Bedingung eingebettet wird, hängt also x kausal von y ab oder y hängt kausal von x ab. Ein eigentlich nicht kausaler, symmetrischer Zusammenhang wird erst durch umgebende gerichtete Einflüsse asymmetrisch und unidirektional. Ein ganz einfaches Beispiel für eine Bedingung der Form $x = \mathcal{F}(y)$ in einem entsprechenden Kontext, ist ein Kontext, der y als exogen gegeben beschreibt. In diesem Fall ist die kausale Abhängigkeit $y \longrightarrow x$ unmittelbar klar.

Bei einer funktionalen Beziehung wie $M^Y = \mathcal{F}(Y)$ aus Gleichung (7.4) sagt nun eine ökonomische Interpretation, daß die Geldnachfrage bedingt ist durch das Einkommen. Daß das Einkommen (direkt) kausal von der *einkommensabhängigen* Geldnachfrage abhängig sein sollte, ist nicht plausibel. In Berndsens Beispiel wird sich zeigen, daß der ökonomische Kontext zu einer aus dynamischer Sicht heraus sinnvollen Wahl der Richtung des kausalen Zusammenhangs führt. Befördert wird dies nicht zuletzt durch die geforderte Eigenschaft, daß jede Variable nur einmal auf der linken Seite einer Bedingung erscheint. Auch diese Forderung führt implizit dazu, daß ein System bereits unter Berücksichtigung von Kausalität modelliert wird. Die Wirkung auf jede Variable wird damit weitgehend festgelegt: Steht eine Variable auf der linken Seite einer funktionalen Beziehung, kann sie nur noch auf der rechten Seite in anderen Bedingungen vorkommen. Wird diese Variable in einem bestimmten Kontext nun nicht über eine andere funktionale Beziehung kausal bestimmt, dann ist sie nur über die rechte Seite der funktionalen Beziehung kausal von anderen Systemvariablen abhängig. Ob allgemein angenommen werden kann, daß im Zweifelsfall, insbesondere bei interdependenten funktionalen Beziehungen, die ökonomisch sinnvolle Alternative präferiert wird, bleibt dahingestellt. Für meine

a relation and that of causality. In the English translation of his Critique, *the relation is called* reciprocity; *but his German word was* Wechselwirkung; *the literal translation of that is* mutual causality. *It would indeed seem logical to accept that mutual causality is a kind of causality; and if one accepts that effect cannot come before cause, it is a kind of causality that must be* contemporaneous.", Seiten 18f.

Arbeit lasse ich diese Fragestellung als weniger bedeutend ebenfalls unbeantwortet. Berndsen liegt jedoch auf einer Linie mit Iwasaki und Simon, die mit ihrer Methode kausalen Ordnens für gemischte Modelle, in Modellen bestehend aus Differentialgleichungen und funktionalen Zusammenhängen, ein ähnliches Vorgehen motivieren: *„If a computer program can make use of circumstantial information to reconstruct causal relations from knowledge of mathematical relations, knowledge can be represented in a more general form of equations than when the knowledge of causal relations is pre-coded.“* [61], Seite 144.

Eine Bedingung, die die Änderung einer Variablen in der Zeit durch Angabe der Zeitableitung von einer anderen Variablen abhängig macht, beschreibt einen kausalen Zusammenhang, wie dies bereits bei Iwasaki oder Kuipers der Fall ist. Die verzögerten Bedingungen sind ebenfalls unmittelbar kausal zu interpretieren. Der Wert einer Variablen wird von dem Wert einer oder mehrerer anderer Variablen in der Vorperiode abhängig gemacht. Zwischen Ursache und Wirkung vergeht Zeit, die Semantik, die Richtung des kausalen Zusammenhangs ist eindeutig.

Der Bedingungsgraph bildet die kausal interpretierten Bedingungen in Form eines gerichteten Graphen ab. Der Graph ist nicht zyklenfrei. Die Kanten sind bewertet mit den entsprechenden Vorzeichen positiver und negativer Abhängigkeiten. Besonders kenntlich macht Berndsen im Bedingungsgraph Zeitableitungen und verzögerte Abhängigkeiten. In den kommenden eigenen und den aus Berndsen wiedergegebenen Abbildungen kennzeichne ich Kanten, die Zeitableitungen repräsentieren, mit $\frac{\partial}{\partial t}$ über der Kante. Kanten, die verzögerte Abhängigkeiten abbilden, kennzeichne ich neben dem Vorzeichen mit $t{-}1{\rightarrow}t$.

Der kausale Einflußgraph

Ein kausaler Einflußgraph bildet die Wirkung ab, die ein exogen bestimmter oder ein zeitlich versetzter Einfluß auf das beschriebene System hat. Die kausalen Wirkungen auf andere Systemvariablen zum Zeitpunkt eines solchen Einflusses werden abgebildet. Jede Kante im kausalen Einflußgraphen entspricht einer Wirkung, die in mythischer Zeit zur Bestimmung des

Systemzustandes an diesem Zeitpunkt greift. Ein kausaler Einflußgraph ist zyklenfrei. Die Zahl der Kanten ist somit gleich der Zahl der kleinen Zeitschritte $[\tau_{k_i}, \tau_{k_{i+1}})$, in denen der Systemzustand zu einem Zeitpunkt k bestimmt wird. Der Ausgangspunkt eines solchen Pfades ist ein exogener Einfluß oder ein verzögerter Einfluß, der aus dem Systemzustand zum Zeitpunkt $k-1$ folgt.

Zur Erstellung kausaler Einflußgraphen werden die Systemvariablen kausal geordnet. Berndsen beschreibt ein mehrstufiges Verfahren, das damit beginnt, alle verzögerten Abhängigkeiten zu streichen. Die mit $t\!-\!1\!\rightarrow\! t$ gekennzeichneten Kanten werden entfernt. Er erhält dadurch einen nicht-temporalen Bedingungsgraphen. Dieser Graph *„consists of links which correspond to constraints that operate on variables within the same time-interval.“* [4], Seite 77. Kanten, die Zeitableitungen abbilden, bleiben enthalten. Über die zeitliche Erstreckung der Tâtonnement–Prozesse im Vergleich zu verzögerten Abhängigkeiten wird wiederum keine Aussage gemacht.

Der Graph wird im nächsten Schritt kondensiert, was nichts anderes bedeutet als daß vollständig interdependente Teilsysteme zusammengefaßt werden. Im Bedingungsgraphen ist ein vollständig interdependentes Teilsystem zu finden als eine Menge von Knoten, in der es einen Pfad von jedem Knoten zu jedem anderen Knoten dieser Menge gibt. Die Zerlegung in vollständig interdependente Teilsysteme ist äquivalent zu der Zerlegung in minimale, vollständige Teilmengen, die Iwasaki und Simon in dem von ihnen vorgestellten Verfahren vornehmen (vergleiche Abschnitt 2.2).

Exogen bestimmte und nur verzögert abhängige Variablen sind die einfachsten, einelementigen Teilsysteme, die nicht von anderen Systemvariablen abhängig sind. Diese bilden die Menge V_0. In Analogie zu Iwasaki und Simon werde ich diese Menge als Menge vollständig interdependenter Teilsysteme der Ordnung Null bezeichnen. Die Mengen V_i mit $i > 0$ bezeichnen entsprechend vollständig interdependente Teilsysteme der Ordnung i, die nur von anderen Teilsystemen aus Mengen V_j niedrigerer Ordnung ($i < j \leq 0$) abhängig sind. Soweit die kausale Ordnung auf den Teilsystemen nicht offensichtlich ist, kann sie ganz analog zu der in Abschnitt 2.2 beschriebenen Methode ermittelt werden: Jede Variable einer

Gleichung gehört zu einem vollständig interdependenten Teilsystem einer bestimmten Ordnung. Gleichungen mit Variablen, zugehörig zu Teilsystemen unterschiedlicher Ordnung, bestimmen die kausale Ordnung zwischen den Teilsystemen. Enthält eine Gleichung jeweils mindestens eine Variable eines vollständig interdependenten Teilsystems aus V_i und aus V_j mit $i < j$ dann ist das Teilsystem aus V_j kausal abhängig von dem Teilsystem aus V_i.

Die Menge V_0 wird für die folgenden Schritte zerlegt in zwei Mengen. Die erste dieser beiden Mengen V_0^{exogen} enthält exogen bestimmte Variablen. Die zweite Menge $V_0^{t-1 \to t}$ enthält nur verzögert abhängige Variablen, die deshalb von anderen Systemvariablen kausal unabhängig sind, weil die Kanten, die verzögerte Abhängigkeiten abbilden, entfernt wurden. Die Menge V_0 insgesamt ist die Menge der Variablen, die zu einem Zeitpunkt nicht von anderen Variablen kausal abhängig sind. Als notwendig für die Anwendbarkeit seiner Methode fordert Berndsen an dieser Stelle eine weitere Eigenschaft der Modellbeschreibung, indem er annimmt, daß $V_0 = V_0^{exogen} \cup V_0^{t-1 \to t} \neq \emptyset$ gilt.

Unter Nutzung der vollständig interdependenten Teilsysteme werden die Knoten im jetzt folgenden Schritt numeriert. Entsprechend den beiden Mengen V_0^{exogen} und $V_0^{t-1 \to t}$ werden zwei Teilgraphen definiert. Ein Teilgraph enthält all die Knoten, die von Knoten aus V_0^{exogen} erreichbar sind. Ein anderer Teilgraph enthält die Knoten, zu denen ein Pfad ausgehend von den Knoten aus $V_0^{t-1 \to t}$ existiert. Die so definierten Knotenmengen sind nicht disjunkt. Die Numerierung der Knoten erfolgt getrennt für die Teilgraphen. Die Knoten in V_0 erhalten die Nummer 0. Sukzessive werden die Knoten entsprechend der kausalen Ordnung auf den Teilsystemen im kondensierten Bedingungsgraphen numeriert. Die Nummern entsprechen der minimalen Pfadlänge von einem Knoten aus V_0 zu dem jeweiligen Knoten. Ich verzichte hier auf eine Definition des numerierten Bedingungsgraphen und eine Beschreibung des Numerierungsalgorithmus mit Mitteln der Graphentheorie und verweise den an Details interessierten Leser auf Berndsens Arbeit.

Aus den beiden numerierten Teilgraphen, die auf Basis der Mengen V_0^{exogen} und $V_0^{t-1 \to t}$ definiert wurden, werden im letzten Schritt zwei kausale Einflußgraphen erzeugt, indem all die Kanten gestrichen werden, deren Ausgangsknoten eine höhere Nummer hat als der Zielknoten der Kante. Ein kausaler Einflußgraph ist entsprechend zyklenfrei.

7.2.2 Fortsetzung des Beispiels

Der Bedingungsgraph des Beispiels In Abbildung 7.2 ist der Bedingungsgraph dargestellt, der das von Berndsen als Beispiel verwendete Modell (7.1)–(7.9) abbildet. Jede Bedingung des Modells findet sich in dem Graphen in ihrer kausalen Interpretation wieder. Knoten mit exogenen Variablen haben keine ankommenden Kanten. Die Kanten, die additive Bedingungen, verzögerte Abhängigkeiten und Zeitableitungen abbilden, sind von den auf der rechten Seite der Bedingungen stehenden Variablen zu der auf der linken Seite gerichtet. Funktionale Bedingungen werden symmetrisch durch zwei gerichtete Kanten abgebildet.

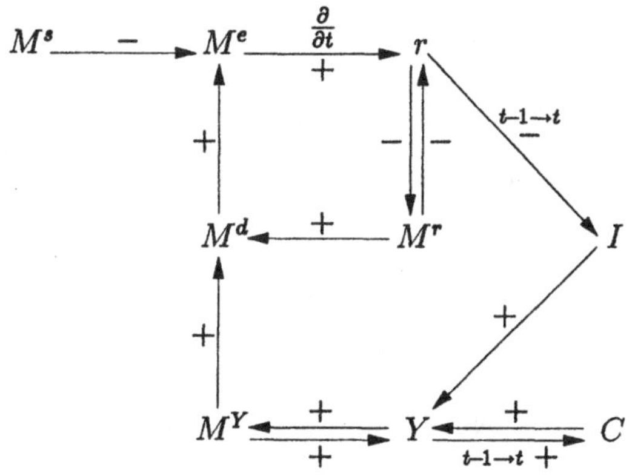

Abbildung 7.2: Bedingungsgraph des Modells (7.1)–(7.9)

Es gibt eine gerichtete Kante von der Überschußnachfrage am Geldmarkt M^e zum Zinssatz r, die eine Zeitableitung beschreibt. Zwei Kanten, $r \rightarrow I$ und $Y \rightarrow C$ und stehen für verzögerte Abhängigkeiten. Der Einfluß vom Einkommen auf die Konsumnachfrage ist verzögert, die Konsumnachfrage und die Investitionen bestimmen aber durch einen definitorischen Zusammenhang ohne Verzögerung das Einkommen. Die zunächst symmetrischen Wechselwirkungen zwischen dem Einkommen und der einkommensabhängigen Geldnachfrage M^Y sowie zwischen dem Zinssatz und der zinsabhängigen Geldnachfrage M^r folgen aus funktionalen Bedingungen und wirken zum gleichen Zeitpunkt.

Der in Abbildung 7.2 dargestellte Graph ist die kausal interpretierte Darstellung des in Bedingungen formulierten Modells.

Die kausalen Einflußgraphen des Beispiels In Abbildung 7.3 ist der nicht–temporale Bedingungsgraph dargestellt. Dieser Graph enthält nur die Kanten, die Abhängigkeiten zu einem Zeitpunkt abbilden. Verzögerte Abhängigkeiten wurden entfernt. Neben den exogen bestimmten haben nun auch im Modell ausschließlich verzögert abhängige Variablen keine ankommenden Kanten.

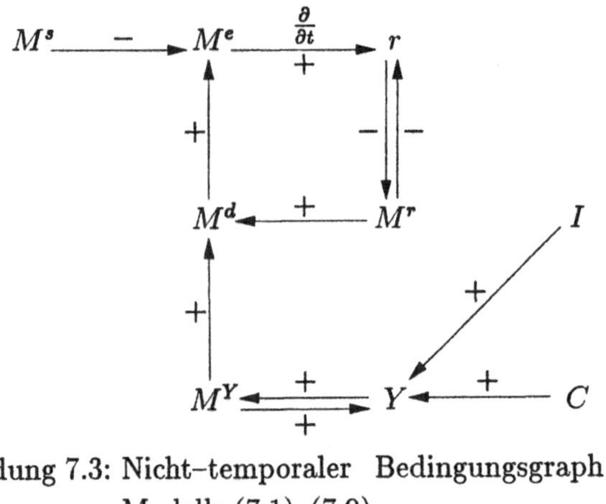

Abbildung 7.3: Nicht–temporaler Bedingungsgraph des Modells (7.1)–(7.9)

Den aus dem nicht–temporalen Bedingungsgraphen abgeleiteten, kondensierten Bedingungsgraphen zeigt Abbildung 7.4. Die Menge der vollständig interdependenten Teilsysteme der Ordung Null $V_0 = \{\{M^s\}, \{C\}, \{I\}\}$ enthält die kausal unabhängigen Variablen: Das exogene Geldangebot sowie die verzögert abhängige Güternachfrage und die Investitionen $\left(V_0^{exogen} = \{\{M^s\}\}\text{ und } V_0^{t-1 \to t} = \{\{C\}, \{I\}\}\right)$. Es gibt ein vollständig interdependentes

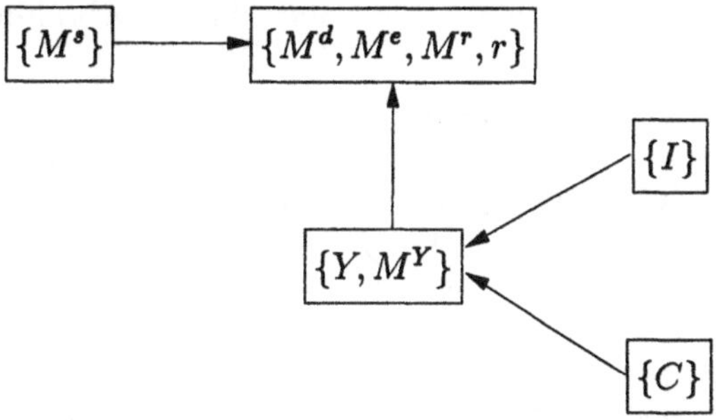

Abbildung 7.4: Kondensierter Bedingungsgraph des Modells (7.1)–(7.9)

Teilsystem der Ordnung Eins V_1, das nur von Systemvariablen aus V_0 kausal abhängig ist. Das Teilsystem enthält das Einkommen und die einkommensabhängige Geldnachfrage. Schließlich bildet V_2 mit den Variablen M^d, M^e, M^r und r ein vollständig interdependentes Teilsystem der Ordnung Zwei abhängig von V_0 und V_1. Die kausale Ordnung auf den Teilsystemen ist in Abbildung 7.4 dargestellt. Die Äquivalenz zum Verfahren von Iwasaki und Simon wird beispielhaft deutlich, wenn ich das System unter Fortlassung der verzögerten Bedingungen entsprechend minimalen, vollständigen Teilmengen ordne. Der resultierende kausale Graph in Abbildung 7.5 unterscheidet sich nur durch das Aufspalten des vollständig interdependenten Subsystems $\{Y, M^Y\}$ in zwei minimale, vollständige Teilmengen von dem Graphen in Abbildung 7.4.

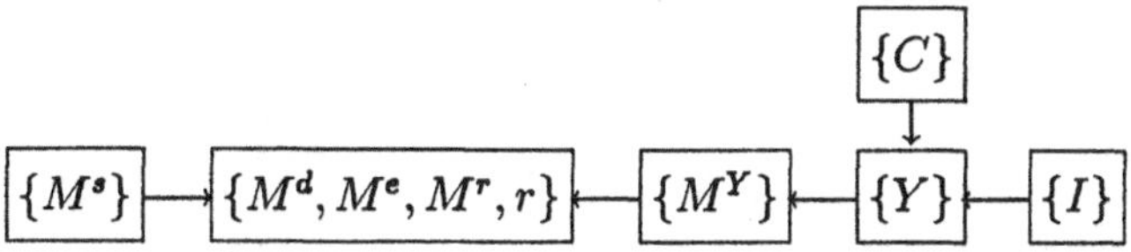

Abbildung 7.5: Kausale Ordnung der minimalen, vollständigen Teilmengen des Modells (7.1)–(7.9) nach Iwasaki und Simon

Aus dem nicht-temporalen Bedingungsgraph aus Abbildung 7.3 heraus werden zur Anwendung des Numerierungsalgorithmus zwei Teilgraphen definiert. Die weiteren Schritte stelle ich im einzelnen nur für den durch

$V_0^{exogen} = \{\{M^s\}\}$ definierten Teilgraphen dar. In Abbildung 7.6 links ist der Teilgraph dargestellt.

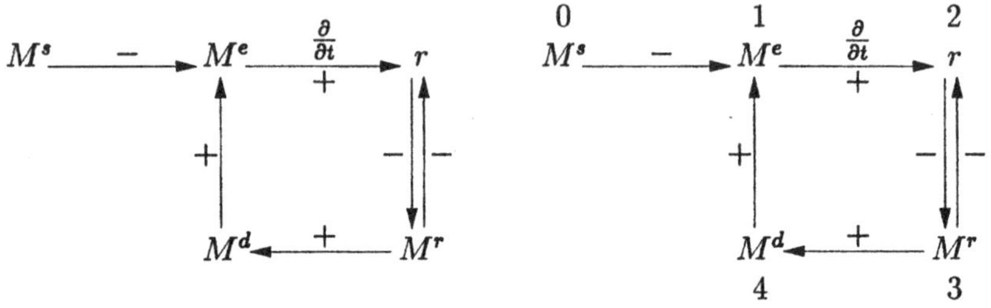

Abbildung 7.6: Durch $T_0^{exogen} = \{\{M^s\}\}$ definierter Teilgraph und numerierter Bedingungsgraph des Modells (7.1)-(7.9)

Der Knoten M^s erhält die Nummer 0. Als erster Knoten in der Menge $\{M^d, M^e, M^r, r\}$ ist M^e von M^s aus erreichbar und erhält die Nummer 1. Folgend werden die Knoten r, M^r und M_d mit 2, 3 und 4 numeriert. Gestrichen werden jetzt die Kanten $M^r \to r$ (von Nummer 3 zu Nummer 2) und $M^d \to M^e$ (von Nummer 4 zu Nummer 1). Den so gebildeten kausalen Einflußgraphen zeigt Abbildung 7.7 links.

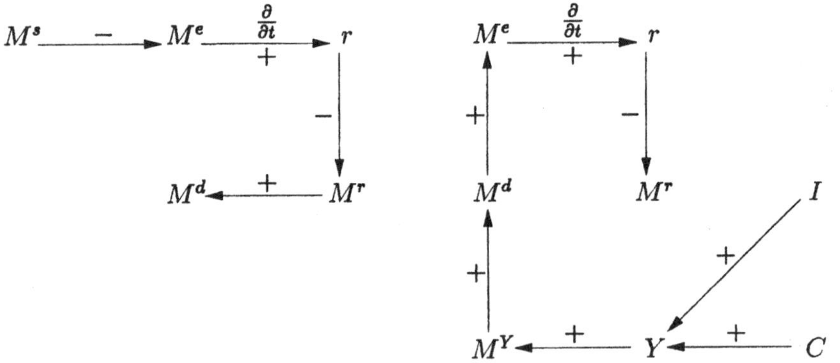

Abbildung 7.7: Kausale Einflußgraphen des Modells (7.1)-(7.9)

Nach dem gleichen Verfahren wird der andere kausale Einflußgraph ausgehend von den verzögert abhängigen Variablen C und I gebildet. Dieser Graph ist in Abbildung 7.7 rechts dargestellt. Der in Abbildung 7.3 dargestellte nicht–temporale Bedingungsgraph wird durch Streichung des Knotens M^s und der Kante von M^s zu M^e zu dem relevanten Teilgraphen reduziert. Nach Anwendung des beschriebenen Numerierungsalgorithmus werden schließlich die drei Kanten $M^Y \rightarrow Y$, $M^r \rightarrow r$ und $M^r \rightarrow M^d$ gestrichen.

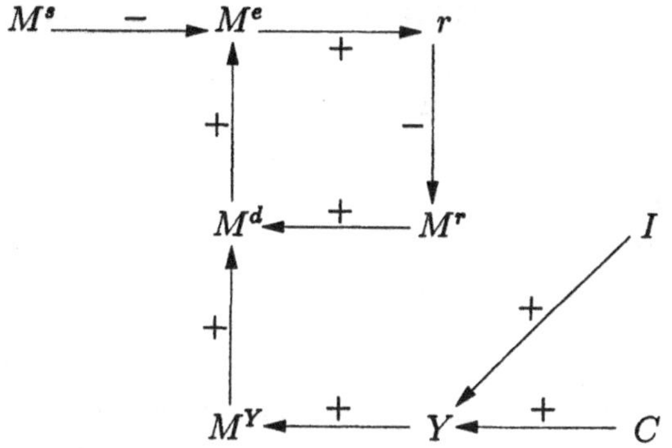

Abbildung 7.8: Kausale Ordnung des Modells (7.1)–(7.9) nach Iwasaki und Simon

Die resultierenden kausalen Einflußgraphen zeigen ausgehend von einem kausal beschriebenen Modell eine andere Ordnung der Systemvariablen als die, die nach Anwendung der Methode von de Kleer und Brown oder der Methode von Iwasaki und Simon erweitert auf dynamische Modelle folgen würde. Diese Ansätze gehen abgesehen von der explizit kausalen Zeitableitung grundsätzlich von einem nicht kausal formulierten Modell aus. Insbesondere die Ordnung der Systemvariablen innerhalb eines vollständig interdependenten Teilsystems ist je nach angewandter Methode verschieden. Abbildung 7.8 zeigt den nach dem Streichen der verzögerten Zusammenhänge, entsprechend der auf dynamische Systeme erweiterten Methode von Iwasaki und Simon gebildeten Graphen der kausalen Ordnung der Systemvariablen. Die Unterschiede zu den kausalen Einflußgraphen in Abbildung 7.7 sind tatsächlich eher gering. Werden die Güternachfrage und die Investitionen zunächst als exogen gegeben angenommen, was offenbar das entscheidende Element in Berndsens Ansatz ist, entsprechen sich die Graphen bis auf die bei Iwasaki und Simon weiterhin enthaltenen eventuellen Zyklen. Im Beispiel bleibt die zyklische Abhängigkeit von Zinssatz, zinsabhängiger Geldnachfrage, kummulierter Geldnachfrage und der Überschußnachfrage am Geldmarkt, die wieder die Änderung des Zinssatzes in der Zeit bestimmt, bestehen.

7.2.3 Qualitative Simulation und kausale Ordnung

Nach Berndsen führt sein Ansatz zu einer kausalen Ordnung, *„which is more likely to represent "economic intuition" than the causal orderings produced by the* [other] *theories"* [4], Seite 84. Für mich widerspricht jedoch ein zyklenfreier kausaler Einflußgraph einer kausalen ökonomischen Interpretation eines interdependenten Modells mit Rückwirkungszyklen.

Die Rückwirkungen, die in den kausalen Einflußgraphen des Modells zunächst ausgeschlossen wurden, greifen wieder in der qualitativen Simulation des Modells. Bei einer exogenen Erhöhung des Geldangebots ist der relevante kausale Einflußgraph zunächst derjenige mit Wurzel M^s aus Abbildung 7.7 links. Die Geldmengenerhöhung beeinflußt die Überschußnachfrage am Geldmarkt, die ihrerseits auf den Zinssatz wirkt. Der veränderte Zinssatz bewirkt eine Änderung der zinsabhängigen Geldnachfrage, was letztlich die Geldnachfrage insgesamt berührt. Im folgenden wird entsprechend dem kausalen Einflußgraphen ausgehend von Güternachfrage und Investitionen simuliert. Die verzögert abhängigen Variablen verhalten sich innerhalb eines Zeitpunktes wie exogen gegeben. Nach einem Zeitintervall erhalten sie einen neuen Wert, der aus den Werten des Beginns des gerade vergangenen Zeitintervalls gegeben ist. Diese neuen Werte werden durch den entsprechenden kausalen Einflußgraphen propagiert, was den Systemzustand zum Anfang des folgenden Zeitintervalls bestimmt.

Nach der *Kausalitäts-Heuristik* sind nur solche Systemzustände erreichbar, die mit den kausalen Einflußgraphen des Systems kompatibel sind. Mehrdeutigkeiten werden entsprechend reduziert, indem Wirkungen von Knoten, die keine Vorgänger des gerade betrachteten Knotens im kausalen Einflußgraphen sind, nicht betrachtet werden. Ein mit dem kausalen Einflußgraphen kompatibler Zustand einer Variablen ist durch die Werte der Variablen definiert, von denen sie direkt kausal abhängig ist, und durch die Bewertung der Kanten zwischen den bestimmenden Variablen und der betrachteten.

Der aus der Simulation resultierende Verhaltensgraph, der Graph von Systemzuständen, dessen Pfade das Systemverhalten beschreiben (*causal envisionment*), hat die Eigenschaft, daß jeder Systemzustand auf Übergänge im jeweils relevanten kausalen Einflußgraphen zurückführbar ist.

Der resultierende Graph der Systemzustände bietet die Basis für eine Erklärung des Systemverhaltens. Berndsen greift zurück auf Papineau [104], der eine kausale Kette als Folge von Ereignissen zu aufeinanderfolgenden Zeitpunkten beschreibt, so daß jedes Ereignis ein direkter Auslöser des folgenden ist. Diese Definition einer kausalen Kette paßt zu der Folge qualitativer Systemzustände auf einem Pfad durch den Graphen.

7.2.4 Die Kausalitäts–Heuristik im Beispiel

Die qualitative Simulation des oben beschriebenen Modells ergibt einen Zustandsgraphen mit nur noch 15 Knoten, anstelle von 57 ohne Anwendung der Kausalitäts–Heuristik. Es gibt nicht mehr über 300 sondern nur noch einen Zyklus, der bis zu vier Knoten umfaßt. Dieser Zyklus spiegelt gerade oszillierendes Verhalten am Geldmarkt wider, was belegt, daß die Rückwirkungen des Modells, die im kausalen Einflußgraphen ausgeschlossen sind, in der Simulation des Modells wieder greifen. Es gibt mit Anwendung der Heuristik keinen Pfad, der Gleichgewichtsverhalten beschreibt. Eine ganze Reihe Zyklen umfaßt mehr als vier Knoten. Von den vier Pfaden, die stabiles Verhalten beschreiben, zeigen jeweils zwei bei Betrachtung der Überschußnachfrage am Geldmarkt eine Tendenz zum Gleichgewicht beziehungsweise eine Tendenz vom Gleichgewicht fort. Dem Ziel, eine Analyse des Modells mit korrekten, aussagekräftigen Ergebnissen zu generieren, ist Berndsen mit der Anwendung der Kausalitäts–Heuristik nicht nähergekommen. Dagegen ist die Zahl der untersuchten Systemzustände merklich reduziert, womit Berndsen immerhin einen Schritt in Richtung auf das von ihm gesetzte Ziel getan hat.

Ein anderes Beispiel

An einem anderen Beispiel will ich darstellen, daß die Anwendung der Kausalitäts–Heuristik in der dargestellten Form nur beim Vorhandensein verzögerter Abhängigkeiten möglich ist. Wenn ich das in Kapitel 4 dargestellte Modell (4.24), (4.25) einer interdependenten Tâtonnement–Anpassung von Preis und Güterangebot entsprechend der erlaubten Bedingungen bei Berndsen reformuliere, besteht das Modell (7.14)–(7.19) zunächst aus den Zeitableitungen (7.14), die die Wirkung der Überschußnachfrage am Gütermarkt ye auf den Preis p, und (7.15), die die Wirkung des Stückgewinns d auf die Änderung des Güterangebots y^s beschreibt. Die funktionalen Bedingungen (7.18) und (7.19) erklären den negativen Zusammenhang zwischen Preis und Güternachfrage y^d beziehungsweise den positiven Zusammenhang zwischen Güterangebot und den Stückkosten. Schließlich liefern die definitorischen additiven Bedingungen (7.16) die Überschußnachfrage am Gütermarkt als Differenz von Güternachfrage und -angebot und (7.17) den Stückgewinn als Differenz von Preis und Stückkosten:

$$\dot{p} = \mathcal{F}(y^e) \tag{7.14}$$
$$\dot{y}^s = \mathcal{F}(d) \tag{7.15}$$
$$y^e = y^d - y^s \tag{7.16}$$
$$d = p - c \tag{7.17}$$
$$y^d = \mathcal{F}(-p) \tag{7.18}$$
$$c = \mathcal{F}(y^s) \tag{7.19}$$

Der resultierende Bedingungsgraph in Abbildung 7.9 ist nicht kausal zu ordnen. Das ganze Modell ist mit allen Variablen ein einziges vollständig interdependentes Teilsystem. Die geforderte Eigenschaft $V_0^{exogen} \cup V_0^{t-1 \to t} \neq \emptyset$ ist verletzt.

Um eine weitere Darstellung des Ansatzes zu ermöglichen, ersetze ich nun die Bedingung (7.19) durch die Annahme (7.20):

$$c = exogen \tag{7.20}$$

Die Kosten pro Stück sind mit dieser Bedingung exogen gegeben. Die Menge $V_0 = V_0^{exogen} = \{\{c\}\}$ ist damit die Menge vollständig interdependen-

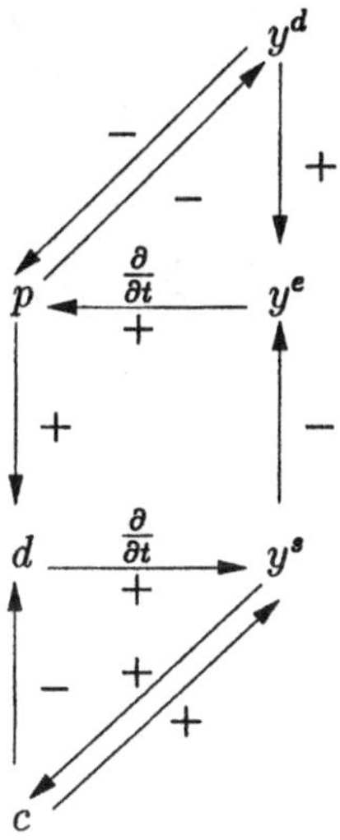

Abbildung 7.9: Bedingungsgraph des Modells (7.14)–(7.19)

ter Teilsysteme der Ordnung Null. Der gerichtete Graph nach der Methode kausalen Ordnens von Iwasaki und Simon ergibt den aus zwei Knoten bestehenden kondensierten Bedingungsgraphen: $\boxed{\{c\}} \longrightarrow \boxed{\{p, d, y^s, y^d, y^e\}}$. Die Menge $\{c\}$ ist das einzige vollständig interdependente Teilsystem der Ordnung Null. Alle weiteren Modellvariablen bilden die minimale, vollständige Teilmenge der Ordnung Eins. Die kausale Ordnung auf den beiden Mengen bedarf keiner weiteren Worte.

Der resultierende Bedingungsgraph ist in Abbildung 7.10 links dargestellt. Ganz analog gibt Berndsens Numerierungsregel dem Knoten c die Nummer 0. In Abbildung 7.10 mitte sind alle Knoten mit entsprechenden Nummern angegeben. Im Diagramm ganz rechts sind schließlich all die Verbindungen von Knoten mit absteigender Nummer gestrichen. Die Verbindung von der Nachfrage auf die Überschußnachfrage, vom Preis auf den Deckungsbeitrag und von der Nachfrage zum Preis sind im kausalen Einflußgraphen nicht mehr enthalten. Damit ist der Graph zyklenfrei. Von der symmetrischen, funktionalen Bedingung (7.18) bleibt nur die Wirkung vom Preis auf die Nachfrage, die Wirkung von der Nachfrage auf den Preis wird gestrichen.

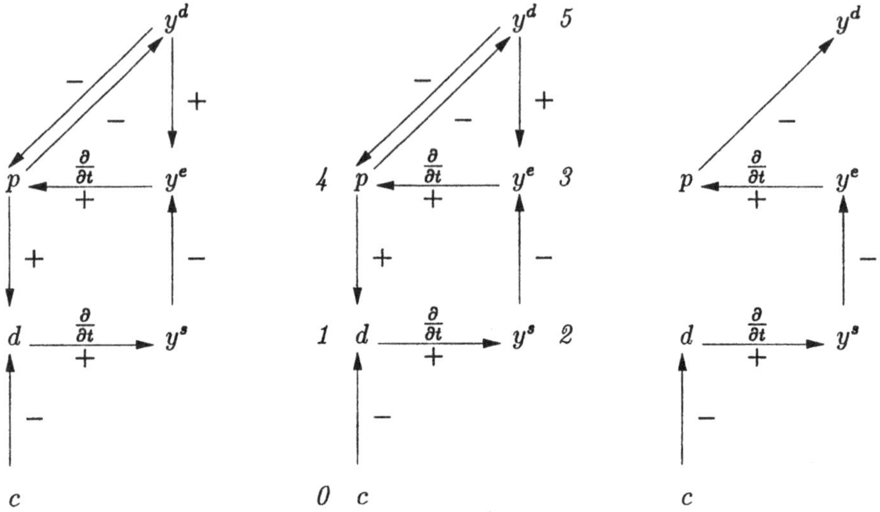

Abbildung 7.10: Bedingungsgraph und kausaler Einflußgraph des Modells (7.14)–(7.18), (7.20)

Dies geschieht wohlgemerkt nicht aus kausalen ökonomischen Überlegungen heraus, die durchaus angestellt werden könnten. Welche Verbindung gestrichen wird, hängt im Verfahren der Knotennumerierung nicht von der Bedingung selbst ab, sondern vom Kontext, in den sie gebettet ist.

Schließlich will ich auch die zweite funktionale Bedingung (7.18) ersetzen durch eine Bedingung, die die Nachfrage als exogen bestimmt beschreibt:

$$y^d = exogen \tag{7.21}$$

Auch die Nachfrage ist nun exogen gegeben. In Abbildung 7.11 links ist der zugehörige (nicht-temporale) Bedingungsgraph abgebildet. Die Menge der vollständig interdependenten Teilsysteme der Ordnung Null enthält die Mengen $\{c\}$ und $\{y^d\}$. Dies ergibt den aus drei Knoten bestehenden gerichteten Graphen:

$$\boxed{\{c\}} \longrightarrow \boxed{\{p, d, y^s, y^e\}} \longleftarrow \boxed{\{y^d\}}.$$

Der Algorithmus zur Knotennumerierung und das Streichen von Pfaden,

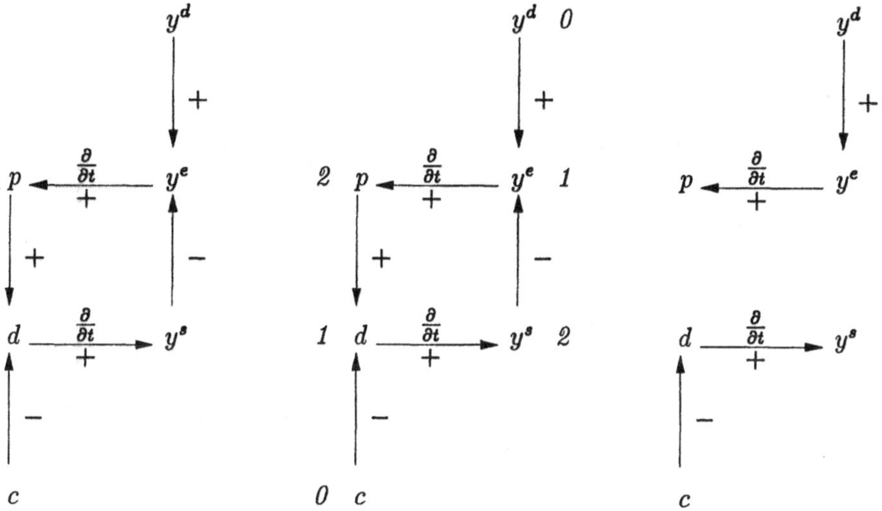

Abbildung 7.11: Bedingungsgraph und kausaler Einflußgraph des Modells (7.14)–(7.17), (7.20), (7.21)

die Knoten mit absteigender Nummer miteinander verbinden, führt schließlich zu den zwei kausalen Einflußgraphen in Abbildung 7.11 rechts. Die zyklische Struktur des Modells ist in seinem kausalen Abbild nicht mehr erkennbar. Darüber hinaus ist der kausale Einflußgraph auf zwei ökonomisch unplausible Rumpfgraphen reduziert, da die Numerierung der Knoten nach Berndsens Algorithmus von allen Variablen aus V_0^{exogen} ausgehend erfolgt und nicht für jede einzelne unabhängig von den anderen. Das System wird bei kausaler Betrachtung in zwei Teile separiert.

Um einiges plausibler wird der kausale Einflußgraph, wenn er für jede Systemvariable aus V_0^{exogen} getrennt erstellt wird. Ausgehend von den Stückkosten c wird zunächst die Kante $y^d \longrightarrow y^e$ von der (exogenen) Güternachfrage zur Überschußnachfrage am Gütermarkt aus dem Bedingungsgraphen entfernt. Zur Bestimmung des anderen von der Güternachfrage y^d ausgehenden Graphen wird die Kante $c \longrightarrow d$ von den Stückkosten zum Stückgewinn entfernt. Die beiden auf diese Weise bestimmten kausalen Einflußgraphen zeigt Abbildung 7.12.

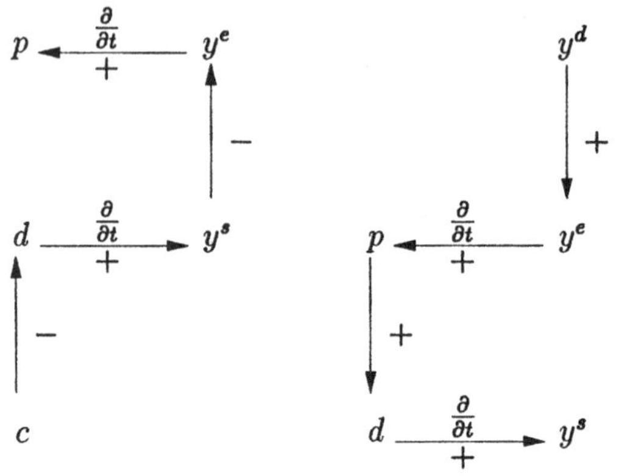

Abbildung 7.12: Kausale Einflußgraphen des Modells (7.14)–(7.17), (7.20), (7.21) getrennt für Systemvariablen aus V_0

Was folgt nun aus diesen kausalen Ereignisgraphen? Da es keine verzögerten Abhängigkeiten gibt, gibt es nur kausale Einflußgraphen mit exogenem Ursprung. Der Wert der exogenen Variablen ändert sich jedoch nur im ersten Zeitpunkt. Nach dem beschriebenen Verfahren kann nicht mit Unterstützung der Kausalitäts–Heuristik weiterverfahren werden. Die Simulation wäre mit der Bestimmung des Systemzustands im ersten Zeitpunkt bereits beendet. Die besondere Stellung der verzögerten Abhängigkeiten in Berndsens Ansatz ist wiederum deutlich.

7.2.5 Größenordnungen des Wachstums

Im Abschnitt 3.5.3 habe ich die grundlegenden Ansätze zum Vergleich qualitativer Werte in Größenordnungen beschrieben. In Abschnitt 3.5.4 skizziere ich bereits ihre Anwendbarkeit auf den Vergleich von Anpassungsprozessen. Reagiert ein Anpassungsprozeß deutlich schneller als ein anderer und ist die von ihm ausgelöste Anpassung deutlich stärker als die eines anderen Prozesses, dann dominiert der eine Anpassungsprozeß den anderen. Dieses nutzt Berndsen zur Konfliktauflösung in seiner *Größenordnungs–Heuristik.*

Dem Modell werden weitere Annahmen hinzugefügt. Diese Annahmen enthalten Aussagen zur Stärke bestimmter Wirkungen im Vergleich zu anderen, mit denen diese Wirkungen während der Simulation in Konflikt stehen können. Berndsen unterstellt, daß *„relatively unimportant effects can be "assumed away" by introducing assumptions about the relative order of magnitude of causal effects.“* [4], Seite 93. Eine einfache, grobe Möglichkeit dies umzusetzen ist, die schwächeren Wirkungen bereits in der Modellierung zu vernachlässigen und gar nicht in das Modell aufzunehmen. In Situationen, in denen kein Konflikt zwischen verschieden starken Wirkungen besteht, ist ein solches Modell jedoch wenig aussagekräftig. Daher formuliert Berndsen Aussagen, die die Stärke von Wirkungen zueinander in Relation setzen, die aber nur im Konfliktfall während eines Simulationslaufes als Entscheidungsmittel greifen sollen.

Wenn eine Menge von Variablen x_i $(i=1,\ldots,n)$ auf eine Variable y wirkt, definiert Berndsen echte disjunkte Teilmengen D_j $(j=1,\ldots,m$ und $m\leq n)$ der Menge der Variablen x_i die verschieden starken Einfluß auf y haben. Die Teilmengen sind geordnet nach ihrer Wirkung auf y. Eine dominante Teilmenge in einer bestimmten Situation ist die Teilmenge, deren Wirkung in Abhängigkeit von den Variablenwerten in dieser Situation stärker ist, als die aller anderen Teilmengen: Grundsätzlich ist die dominante Teilmenge die erste Teilmenge D_1 entsprechend der Ordnung auf den Teilmengen. Wenn die Variablen der Teilmenge D_1 jedoch einen qualitativen Zustand (0,*fest*) oder (λ,*fest*) haben, dann geht von diesen keine Wirkung aus. Die in der Ordnung nächste Teilmenge, von deren aktuellen Variablenwerten, wenn sie ungleich (0,*fest*) oder (λ,*fest*) sind, eine Wirkung ausgehen kann, ist dann die dominante Teilmenge. Die Wirkung, die durch die dominante Teilmenge ausgelöst wird, ist die dominante Wirkung.

In das Modell werden Größenordnungsbedingungen eingefügt, die eine Ordnung von Teilmengen für jede verzögerte und jede additive Bedingung vorgeben. Eine Bedingung der Art $x = w + y - z$ wird im Konfliktfall durch eine zusätzliche Information, die Größenordnungsbedingung $(\{y\},\{w,z\})$, unterstützt. Sind die Variablenwerte alle durch λ belegt, dann wird die Bewegungsrichtung von x gegeben durch die Bewegungsrichtung von y, wenn diese nicht *fest* ist, also wenn y sich nicht in dem qualitativen Zustand (λ,*fest*) befindet. y hat dann wegen seines aktuellen Zustands, von dem keine Wirkung ausgeht, keine Wirkung auf x. Im Falle, daß die Bewegungsrichtung von y *fest* ist, ist die Bewegungsrichtung von x durch die Bewegungsrichtung des Terms $w-z$ gegeben. Hier kann es wiederum einen Konflikt geben, wenn w und z die gleiche Bewegungsrichtung aufweisen.

In der qualitativen Simulation wird das dargestellte Ordnungsschema konkurrierender Wirkungen als *Größenordnungs-Heuristik* verwendet. Es werden nur solche Zustandsübergänge akzeptiert, die den gegebenen Größenordnungsbedingungen entsprechen. Der resultierende Verhaltensgraph (*order of magnitude envisionment*) enthält nur die entsprechend erreichbaren qualitativen Systemzustände.

Aus ökonomischen Überlegungen heraus erscheint diese Heuristik noch immer als eher grob, wenn auch weitaus besser als die vorab skizzierte Variante, nur die stärkste Wirkung überhaupt zu modellieren. Die Auswahl der dominanten Wirkung in einer Situation geschieht ausschließlich über das Vorzeichen dieser Wirkung. Ein eigentlicher Vergleich von Größenordnungen findet nicht statt. Ist der Wert der Variablen, oder der Menge von Variablen, deren Wirkung als die stärkste Wirkung festgelegt wurde, ungleich Null beziehungsweise ist ihre Bewegungsrichtung nicht *fest*, dann ist diese Wirkung dominant.

Für das von ihm als Beispiel verwendete Modell (7.1)-(7.9) gibt Berndsen drei Größenordnungsbedingungen an, für die Bedingungen (7.1)-(7.3), in denen ein Konflikt auftreten kann.

$$Y = C + I \qquad (\{I\}, \{C\}) \tag{7.22}$$
$$M^d = M^Y + M^r \qquad (\{M^Y\}, \{M^r\}) \tag{7.23}$$
$$M^e = M^d - M^s \qquad (\{M^d\}, \{M^s\}) \tag{7.24}$$

Die Investitionen haben eine stärkere Wirkung auf das Einkommen als die Güternachfrage. In dem beschriebenen Modell mag dies begründbar sein, da die Güternachfrage selbst nur vom Einkommen abhängt, die Investitionen aber durch den Zinssatz beeinflußt werden, also nicht durch eine Rückwirkung der eigenen Wirkung auf das Einkommen. Ganz sicher ist sich Berndsen seiner ökonomischen Interpretation offenkundig nicht: Um einen zyklenfreien Verhaltensgraphen als Ergebnis der qualitativen Simulation zu erhalten, dreht er die Ordnung zwischen Güternachfrage und Investitionen ohne weiteres um.

Die einkommensabhängige Geldnachfrage M^Y hat eine stärkere Wirkung auf die gesamte Geldnachfrage als die zinsabhängige, spekulative Geldnachfrage M^r, was zunächst als plausibel erscheint. In Situationen mit starken Zinssatzänderungen, die direkt auf die Geldnachfrage und nur indirekt über die Investitionen auf die einkommensabhängige Geldnachfrage wirken, kann jedoch gerade das Gegenteil richtig sein. Wieso die Geldnachfrage eine stärkere Wirkung auf die Überschußnachfrage am Geldmarkt hat als das Geldangebot, leuchtet nicht unmittelbar ein. Die Bedingung ist aus Sicht der Simulation heraus verständlich, da die Bewegungsrichtung des exogen bestimmten Geldangebots nur in dem ersten Zeitintervall von *fest* verschieden sein wird. Dann aber hat die direkte Wirkung des Geldangebots auf die Überschußnachfrage am Geldmarkt in jedem Falle stärker zu sein, als eine indirekte, durch Einkommens- oder Zinssatzänderungen induzierte Wirkung der Geldnachfrage.

Der Algorithmus der qualitativen Simulation nutzt die Größenordnung–Heuristik zur Auflösung von Konflikten. Im Konfliktfall wird nicht jede mögliche Auflösung betrachtet, sondern nur die, die durch die relevante Größenordnungsbedingung vorgegeben ist. Der bei einer entsprechenden Simulation des Beispielmodells resultierende Verhaltensgraph enthält kein Gleichgewichtsverhalten. Die Wirkungen, die in einem Gleichgewicht ausgeglichen sein müssen, können nicht ausgeglichen sein, wenn eine Wirkung durch eine Größenordnungsbedingung vorab als im Vergleich stärker angenommen wird. Die gegeneinander wirkenden Einflüsse von Güternachfrage und Investitionen auf das Einkommen sind durch die Größenordnungsbedingung in eine Richtung verschoben. Gleichgewichtsverhalten kann sich nicht mehr durchsetzen. Es gibt zwei Pfade, die stabiles Verhalten mit Tendenz zum Gleichgewicht zeigen. Dominieren die Investitionen die Güternachfrage, dann enthält der Graph einige längere Zyklen. Insgesamt werden 15 verschiedene Systemzustände betrachtet; dies sind deutlich weniger, als ohne Anwendung einer Heuristik.

Auch wenn die Größenordnungs–Heuristik gewiß ein vielversprechender Ansatz ist, erweist sich die Umsetzung doch als zu schwach, um die Aussagekraft der Analyseergebnisse zu verbessern. Die Informationen zu Größenordnungen der Stärke von Wirkungen werden ad hoc definiert und greifen auf vorab festgelegte Weise unter zu geringer Berücksichtigung der jeweiligen Situation im Simulationsverlauf.

7.2.6 Tiefensuche im Verhaltensgraphen

Die *Gleichgewichts-Heuristik* werde ich nur ganz kurz inhaltlich beschreiben, sie bietet nur begrenzt Unterstützung der Modellanalyse. Grundlage der Heuristik ist die Annahme von Stabilität. Unter der Annahme, daß sich ein System nach exogener Störung stabil verhält, es also unmittelbar einen neuen Gleichgewichtspunkt annimmt, ermöglicht die Heuristik ein schnelles Auffinden des Gleichgewichtsverhaltens.

Diese zielgerichtete Suche nach einem Pfad im Verhaltensgraphen, der das unterstellte gleichgewichtige Verhalten beschreibt, wählt aus jedem Systemzustand heraus zunächst denjenigen Zustandsübergang aus der Menge möglicher Zustandsübergänge, der die schnellste Entwicklung in einen Gleichgewichtszustand verspricht.

Bestimmte Systemvariablen beschreiben die Situation an einem bestimmten Markt, wie zum Beispiel die Überschußnachfrage am Geldmarkt: Als Argument einer Zeitableitung bestimmt die Überschußnachfrage am Geldmarkt die Änderung des Marktpreises r. Berndsen bezeichnet solche Variablen wie M^e im Beispiel als Marktvariablen. Er betrachtet Marktvariablen während der Simulation immer mit dem vollständigen qualitativen Zustand und verwendet nicht den Platzhalter λ, um den Wert der Variablen zu beschreiben. Eine Marktvariable bewegt sich auf ein Gleichgewicht zu, wenn ihr Zustand als (+,*fallend*), (−,*steigend*) oder (0,*fest*) beschrieben ist. Andere Variablen, ob verzögert abhängig oder nicht, verhalten sich gleichgewichtig, wenn sie in einem Zustand mit Bewegungsrichtung *fest* sind.

Die Gleichgewichts-Heuristik bestimmt nun für jeden möglichen Folgezustand aus einem Systemzustand heraus die Mengen der Variablen, die sich in Richtung auf ein Gleichgewicht beziehungsweise gleichgewichtig verhalten, und die, die dies nicht tun. Gemäß einer Kostenfunktion, werden für jeden Zustandsübergang die Übergangskosten bestimmt. Der Zustandsübergang mit den geringsten Kosten, der also den größten Schritt in Richtung auf ein Gleichgewicht bedeutet, wird durchgeführt. Der Pfad, der insgesamt die geringsten Kosten verursacht, beschreibt das Gleichgewichtsverhalten. Dieser als A^*-Prozedur bekannte heuristische Suchalgorithmus findet auf diese Weise mittels Branch and Bound das Gleichgewichtsverhalten im Verhaltensgraphen. Zur A^*-Prozedur vergleiche beispielsweise Winston [140].

Für die Analyse eines Modells ist die Gleichgewichts-Heuristik hilfreich, wenn die Stabilitätseigenschaften bekannt sind, und der direkte Weg aus einem Gleichgewichtszustand nach exogener Störung in ein neues Gleichgewicht von Interesse ist. Da nur der Weg minimaler Länge in ein neues Gleichgewicht gesucht wird, liefert eine Simulation nach der Gleichgewichts-Heuristik die komparativ statischen Eigenschaften des Systems. Andere Pfade in das neue Gleichgewicht sind möglich, werden aber nicht betrachtet.

7.3 Heuristisches Schließen in ökonomischer Modellanalyse

Der Ansatz heuristischen Schließens von Berndsen verbindet qualitative Simulation mit Heuristiken zur Reduktion der Zahl möglicher Zustandsübergänge aus einem Systemzustand heraus. Er erreicht deutliche Fortschritte im Bemühen, die kombinatorische Explosion der zu untersuchenden Systemzustände einzugrenzen. Der Aufwand zur Simulation der Modelle, die er als Beispiel verwendet, ist deutlich reduziert.

In meiner Arbeit interessiert eher die Frage, inwieweit Berndsen seinem Anspruch, Modellierung und Analyse eines Modells im Sinne ökonomischer Intuition zu ermöglichen, gerecht geworden ist. Darüber hinaus war zu untersuchen, ob die Verwendung von Heuristiken zur Reduktion der zu untersuchenden Systemzustände auch zu aussagekräftigeren Simulationsergebnissen führt. Meine Darstellung des Ansatzes hat gezeigt, daß Berndsen die Leistungsfähigkeit der qualitativen Simulation in diesem Punkte nicht verbessert. Wenn jedoch ein Ausgangs- und ein Endzustand bereits bekannt sind und ein möglicher Weg im Verhaltensgraphen zwischen diesen Zuständen gesucht ist, dann wird man diesen Weg über seinen Ansatz mit weniger Aufwand finden.

Berndsens Beitrag zur Einbringung ökonomischer Intuition in qualitative Modellierung und qualitative Simulation beziehungsweise Analyse besteht insbesondere in der kausalen Formulierung eines Modells. Berndsen stellt fest, daß eine kausale Betrachtung statischer Modelle, die einen Gleichgewichtszustand beschreiben, nicht zu ökonomisch sinnvollen Ergebnissen führt. Daraus leitet er ab, den zunächst bis auf die Zeitableitungen bei Kuipers nicht kausalen, symmetrischen Bedingungen in ihrer Semantik eine explizit kausale Bedeutung zu geben. Eine qualitative Simulation eines Modells arbeitet letztlich immer über Zuweisungen. Jeder Variablenwert wird aus anderen Variablenwerten ermittelt und zugewiesen. Eine verbale Erklärung der komparativ statischen Modelleigenschaften zieht ebenfalls kausale Überlegungen, die aus den dynamischen Eigenschaften des Modells resultieren, zu Hilfe. Wenn Annahmen zu kausalen Abhängigkeiten zwischen Systemvariablen getroffen werden können, ist es nach Betrachtung ökonomischer Überlegungen nur folgerichtig, zur qualitativen Simulation kausale Bedingungen zu nutzen. Symmetrische Beziehungen, für die keine unidirektionale kausale Abhängigkeit zwischen den beteiligten Systemvariablen allgemein angenommen werden kann, werden erst durch den Kontext kausaler Bedingungen kausal interpretiert.

Den Bedingungstypen, die Kuipers verwendet, fügt Berndsen verzögerte Bedingungen hinzu. Die Interpretation einer verzögerten Bedingung ist, daß ökonomische Entscheidungen auf Basis der Daten der Vorperiode getroffen werden. Es wird diskrete Zeit vorausgesetzt. Die verzögerten Bedingungen werden neben den kontinuierliche Zeit voraussetzenden Zeitableitungen in der Modellierung verwendet. Der Widerspruch zwischen Bedingungen in diskreter und kontinuierlicher Zeit wird zunächst nicht problematisiert oder gar aufgelöst. Die Semantik der verzögerten Bedingungen, wie sie im Simulationsalgorithmus zum Tragen kommt, entspricht nicht der ökonomischen Intuition und überträgt die verzögerten Bedingungen in kontinuierliche Zeit. Die Umsetzung entspricht verzögerten Zeitableitungen. Die Anwendbarkeit der Kausalitäts–Heuristik bedingt jedoch das Vorhandensein von verzögerten Bedingungen. Diese Abhängigkeit des Ansatzes von verzögerten Bedingungen, die ökonomischer Intuition widersprechen, kann aufgelöst werden, wenn die Zeitableitungen selbst in ihrer Semantik in Richtung der verzögerten Abhängigkeiten verändert werden. Die Stelle der verzögerten Bedingungen im kausalen Ordnen und der anschließenden Simulation unter Nutzung der Kausalitätsheuristik nehmen dann die Zeitableitungen ein. Da über die Länge der Zeitintervalle nichts ausgesagt wird, und Zeitableitungen bei Kuipers oder wie Prozesse bei Forbus als explizit kausal und zeitbeanspruchend gesehen werden, erscheint eine solche Modifikation des Ansatzes als ein gangbarer Weg. Dieser Weg wird beispielsweise von Iwasaki und Simon in ihrer Methode kausalen Ordnens aus Differentialgleichungen und Gleichgewichtsbedingungen bestehender, gemischter Modelle gegangen (vergleiche Abschnitt 2.2.2).

Die Kausalitäts–Heuristik selbst basiert auf einer kausalen Ordnung der Modellvariablen, die jede Rückwirkung ausschaltet. Nach jedem Zustandsübergang wird der kausale Einflußgraph durchlaufen und der Systemzustand entsprechend der aktuellen Werte von exogenen oder verzögert abhängigen Variablen hergestellt. Die zyklenfreie kausale Ordnung der Systemvariablen spiegelt nicht die ökonomische Sicht auf kausale Zusammenhänge in interdependenten Modellen wider. Rückwirkungen werden nicht ausgeschlossen, aber sie greifen erst über den Simulationsalgorithmus. Die Analyse des Modells wird nicht verbessert, eher im Gegenteil, denn das gleichgewichtige Verhalten, das gemäß mathematischer Analyse aufgedeckt werden sollte, ist gerade wegen der angenommenen Ordnung auf konkurrierenden Wirkungen nicht mehr im resultierenden Verhaltensgraphen enthalten.

Konflikte in Bedingungen werden mit Hilfe der Größenordnungs–Heuristik aufgelöst. Entgegengesetzt wirkende Einflüsse werden entsprechend einer vorab festgelegten Rangfolge aufgelöst. Bereits in der Modellierung ist aus ökonomischen Überlegungen heraus festzulegen, welcher Einfluß im Konfliktfalle andere Einflüsse dominiert. Die Konfliktauflösung in der Modellierung nimmt nur begrenzt Bezug auf Variablenwerte in einer bestimmten Konfliktsituation. Auch wenn eine Nutzung eines Vergleichs konkurrierender Wirkungen in Größenordnungen vielversprechend erscheint, ist die statische Umsetzung doch zu grob und erweist sich als eher schwach in der Verbesserung der Analyseergebnisse. Eine Betrachtung der Größenordnungen solcher Wirkungen kann feiner auf die aktuelle Situation abgestimmt werden, wenn dynamisch nicht nur die Vorzeichen der von Null verschiedenen Wirkungen sondern auch ihre Stärke betrachtet werden. Eine entsprechend deutlichere Verbesserung der Analyseergebnisse ist zu erwarten.

Nach der Gleichgewichts–Heuristik wird im Verhaltensgraphen ein Pfad gesucht, der Gleichgewichtsverhalten beschreibt. Auf diese Weise können die komparativ statischen Eigenschaften des Modells schnell über zielgerichtete qualitative Simulation ermittelt werden. Eine dynamische Betrachtung des Weges von einem Gleichgewicht wird nur eingeschränkt unterstützt, da nur der kürzest mögliche Pfad betrachtet wird.

Im folgenden Kapitel werde ich einige Aspekte aus Berndsens Ansatz aufgreifen und modifiziert wiederverwenden.

Kapitel 8

Qualitative Simulation interdependenter Zusammenhänge

In diesem Kapitel werde ich einen eigenen Ansatz qualitativer Modellierung und die Methode qualitativer Simulation interdependenter Zusammenhänge darstellen. Der Ansatz erweitert die Möglichkeiten der Betrachtung relativer Größenordnungen und unterstützt die Simulation eines Modells durch geeignete Heuristiken. Anders als Berndsen erreiche ich durch die Ergänzung des Ansatzes um Heuristiken nicht nur eine Aufwandsreduktion, sondern ich ermögliche darüber hinaus spezifischere Aussagen über das Verhalten interdependenter Modelle. Ich formuliere ein Modell rein qualitativ unter erheblich schwächeren Annahmen als es für die Anwendung qualitativ mathematischer Methoden als Differentialgleichungssystem zu formulieren wäre. Mit meiner Methode qualitativer Simulation interdependenter Zusammenhänge gelingt es mir, Analyseergebnisse zu erreichen, die im Ergebnis denen qualitativ mathematischer Analyse entsprechen. Insbesondere die Annahme linearisierbarer Gleichungen kann fallengelassen werden.

Im Kapitel 6 ist anhand von Anwendungen der im ersten Teil dieser Arbeit beschriebenen qualitativen Methoden auf die Analyse ökonomischer Modelle deutlich geworden, daß diese Methoden zu schwach sind, um hinreichend spezifische Schlüsse selbst in kleinen, rein qualitativen, interdependenten Modellen zu erlauben. Die von mir vorgestellte Methode qualitativer Simulation interdependenter Zusammenhänge ist zunächst an der Anwendung auf kleine Modelle orientiert. Potentiale zur Verbesserung der Methode, die in ihrer Anwendung auf große Modelle Bedeutung erlangen werden, stelle ich heraus; auch wenn ich sie selbst nicht nutze. In dieser Arbeit konzentriere ich mich auf die bislang ungelösten Probleme in der Betrachtung kleiner Modelle.

Wesentliche Teile des in diesem Kapitel beschriebenen Ansatzes qualitativer Modellierung sind aus den vorab dargestellten Ansätzen entnommen. So ist die in Abschnitt 8.1 vorgestellte Abstraktion des realen Systems und die Beschreibung eines Modells eine Verbindung von Elementen der in den Kapiteln 3 und 7 beschriebenen Sichten. Der Kern meines Ansatzes ist der in Abschnitt 8.2 dargestellte Vergleich zweier qualitativer Werte, der eine Betrachtung der Entwicklung zweier Variablen im Verhältnis zueinander ermöglicht. Mein Konzept der Verwendung relativer Größenordnungen baut auf den in Abschnitt 3.5 beschriebenen Konzepten auf. Die Modellbeschreibung wird zur Unterstützung um eine explizite Spezifikation vergleichbarer Variablen erweitert. Hieraus ergeben sich weitreichende Folgen für den Ablauf der in Abschnitt 8.3 beschriebenen qualitativen Simulation eines Modells. Die Propagation von Werten in einem Zeitpunkt berücksichtigt durch die kausale Semantik der Bedingungen der Modellbeschreibung den Vergleich von Größenordnungen qualitativer Werte. In Zustandsübergängen ändern sich nicht nur qualitative Werte, sondern gegebenenfalls auch deren Verhältnis zueinander, was in entsprechenden heuristischen Regeln seinen Niederschlag findet.

Im anschließenden Kapitel 9 zeige ich an einigen, schon in den vorstehenden Kapiteln verwendeten Beispielen die erweiterten Möglichkeiten insbesondere in der Analyse interdependenter, zyklischer Anpassungsprozesse. Im zweidimensionalen Fall kann ich an Modellvarianten mit prototypischem Verhalten die Analysefähigkeiten meiner Methode demonstrieren.

8.1 Abstraktion und Modellbeschreibung

Eine Variable eines Modells spiegelt einen bestimmten Aspekt eines realen Systems wider. In ökonomischen Modellen ist der Abstraktionsgrad vergleichsweise hoch. Der Abstand zwischen den Aspekten des realen Systems und deren Abbildung in einer Variablen ist groß. Eine Variable ist folglich ein rein qualitativer aggregierender Ausdruck komplexer realer Teilsysteme. Ein ökonomisches Modell stellt Zusammenhänge zwischen solchen Variablen dar und ist entsprechend ebenso qualitativer Natur. Die Zusammenhänge zwischen Variablen, die Abstraktionen ganzer Komplexe der Wirklichkeit sind, entsprechen keinen quantifizierbaren Zusammenhängen im realen System, sondern sind deren Aggregation. Das Wissen über Zusammenhänge ist unvollständig, nur begrenzt verifizierbar und qualitativ.

Der Wertebereich einer ökonomischen, qualitativen Variablen ist kaum absolut zu segmentieren. Abhängig von der umgebenden Modellstruktur kann oftmals nur festgestellt werden, daß der Wert einer Variablen positiv ist oder der Wertebereich der Vorzeichenmenge entspricht. In einem einfachen Markträumungsmodell ist zum Beispiel die Nachfrage nicht nach oben beschränkt. Die Überschußnachfrage kann negativ, Null oder positiv sein. Mehr Information enthält das Modell nicht. Je komplizierter das Modell wird und je mehr Werte dem Modell exogen vorgegeben werden, desto mehr Grenzwerte resultieren für sonst nicht segmentierbare Wertebereiche. Wird das Markträumungsmodell beispielsweise um einen Arbeitsmarkt erweitert, für den das Arbeitsangebot exogen gegeben wird, folgt aus dem Arbeitsangebot das Güterangebot bei Vollbeschäftigung und daraus schließlich ein Grenzwert zur Segmentierung des Wertebereichs der Nachfrage. Die Nachfrage kann nun zwischen Null und dem Vollbeschäftigungsangebot oder über dem Vollbeschäftigungsangebot liegen.

Je nach Modellstruktur wird eine absolute Segmentierung des Wertebereichs einer Variablen mithin mehr oder weniger weitgehend möglich sein. Ich übernehme die Formulierung des Wertebereichs einer Variablen von Kuipers, der eine Folge von Intervallen und Grenzwerten beschreibt:

$$x : \Big\{(g_1, g_2), [g_2], (g_2, g_3), \ldots, [g_{n-1}], (g_{n-1}, g_n)\Big\}$$

Eine qualitative Variable x ist definiert auf einem so gegebenen Wertebereich. Die Möglichkeit, in einem Simulationsalgorithmus analog zu Kuipers QSIM weitere Grenzwerte dynamisch zu erzeugen, will ich zwar nicht besonders in den Mittelpunkt rücken, grundsätzlich aber beibehalten.

Die äußeren Grenzwerte soll eine Variable generell nicht als Wert annehmen können: Der Wertebereich muß als erstes und letztes Element der Folge ein offenes Intervall enthalten. Ist für ein x der Wertebereich mit $\{(0, \infty)\}$ gegeben, kann sie nur einen qualitativen Wert haben, nämlich den Wert $(0, \infty)$. Die Variable ist in ihrem qualitativen Wert konstant. Die Werte 0 oder ∞ kann sie nicht annehmen. Diese Annahme führt zu einer einfacheren Darstellung des Simulationsalgorithmus. Es ist keine kritische Annahme, sondern sie dient lediglich der Vereinfachung.

Die Grenzwerte und Intervalle sind durch die gegebene Folge geordnet. Weitere Annahmen über die Wertemenge treffe ich nicht. Eine Summe zweier positiver Grenzwerte g_1 und g_2 wird größer als g_1 und größer als g_2 sein. Ob sie aber größer oder kleiner als ein dritter Grenzwert g_3 ($g_1 < g_2 < g_3$) sein wird, ist nicht zu entscheiden. Arithmetische Operationen auf Werten der qualitativen Wertebereiche liefern in der Regel kein Ergebnis, das einem Element des Wertebereichs zuzuordnen wäre. Die ordinale Ordnung der Elemente des Wertebereichs läßt einen solchen Schluß nicht zu.

Eine Variable ist eine stetige Funktion in der Zeit. Hat eine Variable zu einem bestimmten Zeitpunkt einen bestimmten Wert, dann kann sie zu dem auf diesen Zeitpunkt folgenden Zeitpunkt nur den gleichen beziehungsweise einen in der durch den Wertebereich definierten Folge direkt davor oder direkt danach gegebenen Wert haben. Ein Zeitpunkt entspricht dem Ereignis der qualitativen Zustandsänderung. Ich unterstelle eine ordinale Zeitdimension.

Der Zustand einer qualitativen Variablen umfaßt neben ihrem Wert aus der gegebenen Wertemenge noch ihre Bewegungsrichtung. Die Bewegungsrichtung kann steigend ($\uparrow$), fallend ($\downarrow$), fest ($\leftrightarrow$) oder unbestimmt (?) sein. Ist ihre Bewegungsrichtung steigend (fallend), kann der Wert einer Variablen zum folgenden Zeitpunkt keinen in der Folge vor (hinter) ihrem aktuellen liegenden Wert annehmen. Ist die Bewegungsrichtung fest, dann kann sich der qualitative Wert einer Variablen nicht ändern. Eine Variable mit Wertebereich $\Big\{(0,\infty)\Big\}$ ist zwar in ihrem qualitativen Wert konstant, aber sie kann dennoch eine von „fest“ verschiedene Bewegungsrichtung haben. Ihre Bewegung führt jedoch nicht zu einer qualitativen Wertänderung.

Zusammenhänge zwischen Variablen werden als kausale, direkte Wirkungen in Form qualitativer Differentialgleichungen und in nicht–kausalen Bedingungen beschrieben. Die Typen von Zusammenhängen entsprechen denen bei Kuipers. Meine vereinfachte Darstellung der Bedingungstypen von Kuipers in den Abschnitten 3.3 und 6.3.2 werde ich beibehalten.

Eine qualitative Differentialgleichung bildet eine direkte Wirkung des Funktionswertes auf der rechten Seite der Gleichung auf die Entwicklung der Variablen auf der linken Seite ab. Ich will qualitative Differentialgleichungen im Sinne eines Prozesses bei Forbus oder eines Mechanismus bei Iwasaki und Simon verstehen (vergleiche Kapitel 2 und 3).

$$\dot{y} = \mathcal{F}(x) \tag{8.1}$$

Eine qualitative Funktion $\mathcal{F}$ repräsentiert einen positiven, monotonen Zusammenhang. Negative Zusammenhänge werden durch Negation der Argumentvariablen x ausgedrückt. Die Beschreibung der Funktion kann ohne weiteres auf mehr als eine Argumentvariable erweitert werden. Aus Gründen der Vereinfachung verwende ich qualitative Funktionen zunächst nur mit einer Argumentvariablen.

Qualitative Proportionalitäten werden durch funktionale Bedingungen beschrieben. Funktionale Bedingungen sind nicht–kausal und können umformuliert werden:

$$\begin{aligned} y &= \mathcal{F}(x) \\ x &= \mathcal{F}(y) \end{aligned} \tag{8.2}$$

Über die Gestalt qualitativer Funktionen ist nur bekannt, daß sie monoton steigen. Weitergehende Annahmen werden zunächst nicht unterstellt. In bestimmten Situationen ist aber der Funktionswert zu einem bestimmten Wert der Argumentvariablen bekannt. Eine Differentialgleichung wie in Gleichung (8.1) beschrieben, wird typischerweise so verstanden, daß die Änderung von y in der Zeit ($\dot{y}$) gleich Null sei, wenn der

Wert der Argumentvariablen x gleich Null ist. Kuipers läßt solche Informationen als korrespondierende Wertepaare in das Modell einfließen. $([0],[0])$ wäre ein korrespondierendes Wertepaar zur qualitativen Funktion in der Differentialgleichung (8.1). Wenn weitere Wertepaare nicht angegeben werden können, ist $([0],[0])$ einziges Element der Menge korrespondierender Wertepaare der Funktion. Werte können hier wie oben Grenzwerte und auch Intervalle sein. Wenn die qualitative Proportionalität (8.2) beispielsweise den Zusammenhang zwischen Beschäftigung und Güterangebot ausdrückt, könnte für die Funktion $\mathcal{F}$ in der Bedingung die Menge $\Big\{([0],[0]);(\mathit{Vollbeschäftigung}, \mathit{MaxProduktion})\Big\}$ als Menge korrespondierender Wertepaare angegeben werden.

Arithmetische Bedingungen beschreiben Operationen mit qualitativen Variablen. Berndsen folgend will ich durch arithmetische Bedingungen eher definitorische Zusammenhänge ausgedrückt wissen, die ich aber entgegen seiner Festlegung als zunächst nicht–kausal ansehe. Wiederum aus Gründen der Vereinfachung beschränke ich die Darstellung auf Terme mit maximal zwei Variablen:

$$z = x + y \tag{8.3}$$

$$z = xy \tag{8.4}$$

$$z = -x \tag{8.5}$$

Wie funktionale sind auch arithmetische Bedingungen nicht–kausal. Die Gleichungen können umformuliert werden. Die Positionierung einer Variablen auf der linken Seite ist keine kausale Aussage. Durch Kombination von Negation und Addition beziehungsweise Multiplikation sind weitere Terme mit zwei Variablen zu konstruieren:

$$z = x - y \qquad z = -x - y \qquad z = -xy$$

Insbesondere die Multiplikation werde ich in den anschließenden Abschnitten nicht weiter betrachten und mich auf eine Summe oder Differenz zweier qualitativer Variablen konzentrieren. Multiplikationen sind vergleichsweise unproblematisch, auch in ihrer Handhabung in der qualitativen Simulation in Abschnitt 8.3.

Variablen, deren Wert exogen gegeben ist, werden durch den letzten Bedingungstyp explizit exogenisiert:

$$z = exogen \tag{8.6}$$

Eine als exogen gegeben deklarierte Variable ändert ihren Wert nicht, und ihre Bewegunsgrichtung verharrt auf „fest“.

Für das aus diesen Bedingungstypen gebildete Gleichungssystem will ich die Annahmen von Iwasaki und Simon für gemischte Modelle fordern, die sichern, daß kein Teilsystem über- oder unterdeterminiert ist (vergleiche Abschnitt 2.2.2). Die Methode kausalen Ordnens in gemischten Modellen von Iwasaki und Simon ist damit anwendbar.

8.2 Vergleich qualitativer Werte

Qualitative Werte müssen qualitativ unterscheidbare Situationen auch unterscheidbar widergeben können. Nur dann werden bei der Betrachtung eines Prozesses, der sich beispielsweise zyklisch einem Gleichgewicht annähert, durch qualitative Simulation spezifische Analyseergebnisse möglich. Der Wertebereich von Variablen in ökonomischen Modellen ist in der Modellierung zumeist nicht sinnvoll zu segmentieren. Die Werte zentraler Modellvariablen bleiben während des gesamten Simulationslaufes im bedeutungslosen Intervall $(0, \infty)$. Grenzwerte können nicht angegeben werden. Dynamische, im Verlauf der Simulation erzeugte Grenzwerte führen nicht zu entscheidbaren Situationen. Die kritischen Größen eines Modells sind nicht miteinander vergleichbar. Nähern sich zwei Werte zyklisch einander an, ist in einem bestimmten Abschnitt des Zyklus der eine Wert größer als der andere. Bei Betrachtung dieser Abschnitte in zwei aufeinanderfolgenden Zyklen ist nicht zu entscheiden, ob die Differenz zwischen den Größen kleiner oder größer geworden ist oder ob sie gleich geblieben ist.

Auf die gleiche Weise bewegt sich in der qualitativen Simulation des Preis–Tâtonnement der Preis, wenn die Nachfrage nicht gleich dem Angebot ist, ganz unabhängig von der Höhe der Überschußnachfrage. Im Eiermarkt würde dies zu gleicher Preisreaktion führen, wenn die Überschußnachfrage

10 Eier oder eine Million Eier beträgt. Viel plausibler wäre es anzunehmen, daß sich der Preis bei einer Überschußnachfrage nahe Null nur ganz langsam, wenn überhaupt bewegt. Bei einer hinreichend geringen Überschußnachfrage würde man wohl auch von Markträumung reden, wenn Nachfrage und Angebot von der gleichen Größenordnung sind.

Für die Modellanalyse ist es nicht relevant zu wissen, ob irgendwelche Paare von Größen absolut in der gleichen Größenordnung liegen. Entscheidend ist, wie sich bestimmte Größen zueinander verhalten und wie sich die Entfernung zwischen ihnen entwickelt. Ein entsprechendes Entfernungsmaß ist nicht unabhängig von den betrachteten Variablen. Vergleichbar werden Entfernungen eher dann, wenn sie als relative Entfernungen, bezogen auf den absoluten Betrag einer der beiden Größen betrachtet werden. Aber dennoch wird sich ein Preis, der um 2% über den Kosten liegt, möglicherweise anders auswirken, als eine Nachfrage, die 2% über dem Angebot liegt, und diese wieder anders, als eine prozentual gleichgroße Überschußnachfrage auf einem anderen Gütermarkt. Da somit ein allgemeines Maß relativer Größenordnungen meines Erachtens nicht hilfreich ist, werde ich vom Vergleich qualitativer Werte nur das verlangen, was zur qualitativen Modellanalyse notwendig ist. Notwendig ist indes die Betrachtung von Paaren, oder möglicherweise in erweiterten Modellen von Tupeln, vergleichbarer Größen.

Für meine Arbeit folgt nun, daß der qualitative Zustand einer Variablen durch ihren qualitativen Wert und ihre Bewegungsrichtung nicht ausreichend beschrieben ist. Die Modellierungsansätze, wie ich sie im Kapitel 3 vorgestellt habe, lassen einen wichtigen Aspekt des Zustands einer qualitativen Variablen außer Acht, nämlich ihr Verhältnis zu anderen Variablen, mit denen sie in unmittelbarer Interaktion steht.

In Abschnitt 3.5 habe ich eine ganze Reihe von Ansätzen zu qualitativen Wertebereichen dargestellt. Für die Anwendung in der Analyse ökonomischer Modelle, wie ich sie skizziert habe, sind absolute Segmentierungen des Wertebereichs qualitativer Variablen von geringem Nutzen. In Abschnitt 8.1 habe ich dies kurz anhand des Beispiels eines Markträumungsmodells motiviert. Anders als in physikalisch–technischen Systemen sind die Wertebereiche von Variablen in ökonomischen Systemen nicht durch den umgebenden Kontext absolut zu segmentieren. Intervallgrenzen wären ad hoc anzugeben und ließen sich kaum je aus der Modellierung des Systems ableiten. Für viele andere Fragestellungen ist das Verhältnis der beiden Größen zueinander von Bedeutung. Weitaus eher geeignet ist die Betrachtung relativer Größenordnungen: Im Abschnitt 3.5.3 habe ich dargestellt, daß Raiman sowie Mavrovouniotis und Stephanopoulos Systeme einführen, die den Vergleich von Variablenwerten in Größenordnungen erlauben. Sie ermöglichen den Vergleich von Angebot und Nachfrage in Fragestellungen, wie sie in der Ökonomie häufig sind, ob Angebot und Nachfrage weit auseinander, oder dicht beieinander liegen oder ob sie von der gleichen Größenordnung sind. Die Systeme ermöglichen nicht nur den Vergleich der Werte qualitativer Variablen, sondern erlauben weiterhin arithmetische Operationen. Jedoch ist eine Bewegung einer Variablen aus einer Größenordnung in eine andere in beiden Systemen formal nicht darstellbar, da die definierten Größenordnungen nicht überlappen. Weil darüberhinaus die Größenordnung jedes Variablenwertes für sich betrachtet wird, hängt der Vergleich zweier Größen kritisch von Größenordnungsübergängen ab. Dague erweitert die Ansätze um die Möglichkeit, stetige Änderungen der Größenordnung abzubilden, bleibt aber dabei, Größenordnungen als Wert an die Variable zu binden und deren Größenordnung nur über Anwendung der Vergleichsoperatoren mit anderen Variablenwerten in Bezug zu setzen (vergleiche ebenfalls Abschnitt 3.5.3). Zwar eröffnet die Bindung von Größenordnungen an Variablenwerte die Möglichkeit, hybride, qualitativ–quantitative Modelle zu formulieren, doch in der Anwendung in rein qualitativen, interdependenten Modellen ist auch Dagues Erweiterung nicht ausreichend. Meines Erachtens besitzt eine Bindung der Größenordnungen an den Vergleich zweier Variablenwerte weitaus mehr Potential. In ökonomischen Modellen wird diese Sicht dadurch unterstützt, daß nur wenige Variablen miteinander vergleichbar sind, und nur vergleichbare Variablenpaare oder Variablenmengen entsprechend betrachtet werden können.

Aus der Vergleichbarkeit zweier Variablen folgt nicht, daß die Wertebereiche der Variablen die gleichen Wertemengen umfassen. Typischerweise wird es auch keinen Grenzwert geben, der erreicht ist, wenn die vergleichbaren Variablen den gleichen Wert haben. Gäbe es diesen Grenzwert, wäre mit dessen Hilfe ein Vergleich der beiden Variablen ohne Betrachtung relativer Größenordnungen möglich.

Ich stelle nun einen eigenen Ansatz vor, in dem ich die Betrachtung von Größenordnungen nicht an einzelne Variable, sondern an den Vergleich vergleichbarer Variablen binde. Da ich mich nur auf den Vergleich konzentriere, ist es möglich, den Ansatz eher intuitiv als formal zu formulieren. Ich beschreibe ein heuristisches Konzept und stelle kein formales System auf. Axiome und Regeln für arithmetische Operationen auf Größenordnungen benötige ich nicht.

Definition der Relationen

Die Modellbeschreibung, wie ich sie in Abschnitt 8.1 dargestellt habe, ergänze ich um einen Vergleich qualitativer Werte. Mein Ansatz ist an das oben in Abschnitt 3.5.3 dargestellte FOG–System von Raiman und das $O(M)$–System von Mavrovouniotis und Stephanopoulos angelehnt.

Zunächst führe ich Bereiche um einen Variablenwert herum ein. Die Umgebung *Punkt*(x) um einen Wert ist eine einelementige Menge, die nur den Wert einer Variablen x selbst umfaßt. Wie dieser Variablenwert ausgedrückt wird, lasse ich offen. Es muß sich nicht um einen Wert des definierten Wertebereichs einer Variablen handeln. *Punkt*(x) enthält einen Grenzwert oder einen zahlenmäßig nicht exakt bekannten Wert innerhalb eines Wertintervalls des Wertebereichs der Variablen x. Die Information, wo beispielsweise in einem Wertintervall $(0, \infty)$ die Umgebung *Punkt* liegt, muß nicht gegeben sein:

$$Punkt(x) \in x.wert \tag{8.7}$$

Auf der Menge *Punkt*, die alle möglichen Umgebungen *Punkt*(x) einschließt, sind drei Relationen definiert, die einen Vergleich von Werten ermöglichen. $x = y$ ist dann *wahr*, wenn der Wert von x gleich dem von y ist: $Punkt(x) \cap Punkt(y) \neq \emptyset$. Die Relation „=“ kann als Wertevergleich zwischen Werten der definierten Wertebereiche der Variablen verstanden werden: Zwei Grenzwerte können direkt verglichen werden, zwei Intervalle können deckungsgleich sein beziehungsweise ein Intervall kann das andere überdecken und ein Grenzwert kann im Bereich eines Intervalls liegen. Die Relationen $x > y$ und $x < y$ sind genauso selbsterklärend. Die auf der Menge *Punkt* definierten Relationen setzen eine geordnete Wertemenge voraus:

$$=, >, < : \mathit{Punkt} \times \mathit{Punkt} \rightarrow \{\mathit{wahr}, \mathit{falsch}\} \qquad (8.8)$$

Weiter gefaßt ist die Umgebung *NaheBei*(x) des Wertes einer Variablen x, die Werte einschließt, die in der Nähe des Wertes liegen. Die Definition der Menge *NaheBei*(x) ist mit einem Parameter ε parametrisiert.

$$\mathit{NaheBei}_\varepsilon(x) = \{x' \mid (1-\varepsilon)\mathit{Punkt}(x) < x' < (1+\varepsilon)\mathit{Punkt}(x),\ \varepsilon > 0,\ \varepsilon\ \mathit{klein}\}$$

Der Parameter ε sei *klein*. Was dies bedeutet, ist nicht allgemein sondern anwendungsabhängig zu klären. Für jede Variable, die eine Komponente oder eine Eigenschaft des realen System beschreibt, ist festzulegen, welches Intervall um einen beliebigen Variablenwert noch als „in der Nähe dieses Wertes" anzusehen ist. Den Vergleich zweier Werte basierend auf den $\mathit{NaheBei}_\varepsilon(x)$–Umgebungen will ich nun nur dann als sinnvoll ansehen, wenn zwei Größen *vergleichbar* sind. Ein Vergleich zweier ökonomischer Größen oder allgemein zweier qualitativer Variablen ist nur dann aussagekräftig, wenn es sich um zwei vergleichbare Größen handelt. Meiner Ansicht nach macht es wenig Sinn, die qualitativen Werte zweier beliebiger Variablen x und y zu vergleichen. Ein Vergleich von Preis und Nachfrage $p = Y^d$ ist schon wegen unterschiedlicher Einheiten auf beiden Seiten der Gleichung nicht möglich. Ein Vergleich der Nachfrage nach Eiern mit der Nachfrage nach Oberklasse PKW–Limousinen scheitert dagegen nicht an unterschiedlichen Einheiten, wenn beide Nachfragemengen im Wert zu aktuellen Preisen oder in der Anzahl nachgefragter Einheiten angegeben werden. Für einen Vergleich der beiden Größen müßte jedoch ein spezieller Zusammenhang geschaffen werden, um ihm Sinn zu geben. Die Nachfrage nach Eiern hat in aller Regel inhaltlich nichts mit der Nachfrage nach Oberklasse PKW–Limousinen zu tun. Beim Vergleich zweier Werte auf den *Punkt*–Mengen sind diese Überlegungen ebenfalls anzustellen. Da aber eine *Punkt*–Menge nicht explizit variablenabhängig parametrisiert ist, ist die Einschränkung eines Vergleichs auf vergleichbare Variablen weniger deutlich.

Aus der Modellierung eines Systems heraus ist abzuleiten, beziehungsweise in der Modellierung des Systems ist ausdrücklich festzulegen, welche Variablen vergleichbar sind. Für diese vergleichbaren Größen existiert ein gemeinsames ε. Soll die Nachfrage nach Eiern mit dem Angebot an Eiern verglichen werden, dann sind die entsprechenden $NaheBei_\varepsilon(x)$–Umgebungen mit dem gleichen Parameterwert ε zu definieren. Es ist im qualitativen Modell nicht nötig zu wissen, wie groß der Parameter ε im konkreten Fall ist. Der Parameter ε für die Nachfrage nach Eiern ist gewiß ein anderer als der für die Nachfrage nach Oberklasse PKW–Limousinen. Ich kann keine Aussage darüber treffen, wie sich die betreffenden Parameter *verschiedener* Paare zueinander verhalten. Operationen mit verschiedenen $NaheBei_\varepsilon(x)$–Umgebungen, die derlei voraussetzen, sind nicht zulässig.

Zwei vergleichbare Werte sind von der gleichen Größenordnung, wenn sich die jeweiligen mit dem gleichen Parameter ε definierten $NaheBei_\varepsilon(x)$–Umgebungen überlappen.

$$x \approx_\varepsilon y \quad \Leftrightarrow \quad NaheBei_\varepsilon(x) \cap NaheBei_\varepsilon(y) \neq \emptyset \tag{8.9}$$

$x \approx_\varepsilon y$ entspricht in etwa $x\, Vo\, y$ bei Raiman. Die Relation $\approx_\varepsilon$ ist definiert als Funktion auf den durch die $NaheBei_\varepsilon(x)$–Umgebungen definierten Mengen:

$$\approx_\varepsilon : NaheBei_\varepsilon \times NaheBei_\varepsilon \rightarrow \{wahr, falsch\} \tag{8.10}$$

Vier weitere Relationen leite ich aus den definierten Relationen ab. Die abgeleiteten Relationen kennzeichne ich nicht mehr mit dem Parameter ε. Sie werden mit Hilfe der Relation $\approx_\varepsilon$ definiert, was bedeutet, daß auch diese Relationen nur auf vergleichbare Variablen anzuwenden sind. $x \sim< y$ bedeutet, daß die Werte von x und y von der gleichen Größenordnung sind, der Wert von x aber kleiner ist als der Wert von y. Ist x größer als y und von der gleichen Größenordnung wie y, gilt $x >\sim y$:

$$x \sim< y \;\Leftrightarrow\; x \approx_\varepsilon y \wedge x < y \tag{8.11}$$

$$x >\sim y \;\Leftrightarrow\; x \approx_\varepsilon y \wedge x > y \tag{8.12}$$

Sind x und y nicht von der gleichen Größenordnung, gilt entweder $x \ll y$ oder $x \gg y$. Während $x < y$ aussagt, daß der Wert von x kleiner ist als der von y, bedeutet $x \ll y$, daß x deutlich kleiner ist als y, nämlich daß x in einer anderen Größenordnung als y liegt:

$$x \ll y \Leftrightarrow \neg(x \approx_\varepsilon y) \wedge x < y \tag{8.13}$$

$$x \gg y \Leftrightarrow \neg(x \approx_\varepsilon y) \wedge x > y \tag{8.14}$$

Das System von Relationen ist erweiterbar. Wenn zur Analyse größerer interdependenter Modelle die Differenzierung mit Hilfe der $NaheBei_\varepsilon(x)$–Umgebungen nicht ausreicht, ist es ohne weiteres möglich, eine größere Umgebung um die $NaheBei_\varepsilon(x)$–Umgebung herum zu definieren. So wie die $NaheBei_\varepsilon(x)$–Umgebung eines Variablenwertes die *Punkt*–Menge enthält, so enthält die erweiternd definierte Umgebung die $NaheBei_\varepsilon(x)$–Umgebung. Die größere Umgebung würde durch einen weiteren Parameter beschrieben, der genauso wie ε spezifisch für ein vergleichbares Paar Variablen zu definieren ist. Die Definition immer größerer Umgebungen ist ohne weiteres möglich. Das System ist nicht formal wie die beschriebenen FOG- oder $O(M)$–Systeme, sondern es ist aus rein qualitativen Überlegungen hergeleitet. An die Umgebungen werden keinerlei Voraussetzungen geknüpft, die notwendig wären, um formale Ableitung ausführen zu können. Die Verwendung der Umgebungen ist heuristisch und auf begründbare Operationen eingeschränkt.

Ergänzung der Modellbeschreibung

Vergleichbare Variablen sind aus der Modellbeschreibung zu identifizieren. Aus der Angabe einer arithmetischen Bedingung der Art $z = x - y$ folgt, daß x und y vergleichbar sind, da sonst ihre Differenz keine inhaltlich sinnvolle Größe ist. Nehme ich eine kausale Betrachtung der Bedingung hinzu, dann wird mit der Formulierung beschrieben, daß x und y den Wert von z bestimmen, wenn z kausal von der rechten Seite der Gleichung abhängt. In dieser Situation interagieren x und y, wenn nicht eine der beiden Größen durch zeitliche Abstraktion von der anderen unterschieden werden kann. Würde beispielsweise x exogenisiert, genügt es, den Wertebereich von y durch einen Grenzwert, der dem exogen gegebenen Wert von x entspricht, absolut zu segmentieren.

Ich möchte trotz der Möglichkeit, vergleichbare Variablen aus der Modellbeschreibung abzuleiten, bereits in der Modellierung eine explizite Angabe vergleichbarer Variablen ermöglichen. Ein wenig Redundanz verhilft zu besserem Überblick. Die Modellbeschreibung aus Abschnitt 8.1 ergänze ich um eine Angabe der Art:

$$x \quad \textit{ist vergleichbar mit} \quad y \tag{8.15}$$

Durch die Information in (8.15) werden x und y als vergleichbare Variablen spezifiziert.

Zur Beschreibung des Zustands zweier vergleichbarer Variablen gehört nun der Vergleich qualitativer Werte. Der qualitative Zustand einer Variablen, die mit einer (oder mehreren) anderen Variablen in Interaktion steht, wird entsprechend ergänzt. Der qualitative Zustand eines Systems ist gegeben durch die qualitativen Zustände aller Systemvariablen. Dies schließt das Verhältnis der vergleichbaren Variablen zueinander ein.

Die Betrachtung der Größenverhältnisse vergleichbarer Variablen stellt zusätzliche Informationen zur Auflösung widersprüchlicher Situationen bereit: Gilt für die arithmetische Bedingung $z = x - y$, daß z von dem Term auf der rechten Seite der Gleichung kausal abhängig ist, und liegen sowohl der Wert von x als auch der von y im Intervall $(0, \infty)$, dann ist die Situation widersprüchlich: z kann negativ, positiv oder gleich Null sein. Die dynamische Mitführung des Verhältnisses zwischen x und y während der qualitativen Simulation löst den Konflikt auf, abhängig von der jeweiligen Entwicklung von x und y. Während Berndsen relative Größenordnungen widersprüchlicher Effekte vorab festlegt (vergleiche Abschnitt 7.2.5), erlaubt dieser Ansatz einen Vergleich der Effekte abhängig von der Situation und dem Weg in die Situation.

Welche Variablen sind nun in einer Modellbeschreibung als vergleichbar zu spezifizieren? Vergleichbare Variablen, die während eines Anpassungsprozesses auf bestimmte Weise interagieren, sind in der Simulation dieses Prozesses gesondert zu betrachten. Dieses sind insbesondere solche Variablen, die sich für ein Gleichgewicht einander annähern müssen, beziehungsweise deren Wirkung auf andere Variablen gleichgewichtig zu sein hat. Sind solche Wirkungen auf Variablen nicht direkt miteinander zu vergleichen, dann sind Variablen als vergleichbar zu spezifizieren, in denen sich der Effekt dieser (entgegengesetzten) Wirkungen zeigt. In Abschnitt 9.6 des folgenden Kapitels stelle ich ein entsprechendes Beispiel vor. Das Beispiel in

Abschnitt 9.3 zeigt, daß es nicht zu falschen Simulationsergebnissen führt, wenn Variablenpaare unnötigerweise als vergleichbar spezifiziert werden.

8.3 Qualitative Simulation

Die qualitative Simulation eines wie beschrieben formulierten Modells betrachtet nur Zustände, die qualitativ verschieden sind. Ausgehend von einer gegebenen Situation, wobei ich eine ungleichgewichtige Situation als Ausgangspunkt nehmen werde, wird eine Folge von Zustandsübergängen betrachtet. Ein Zustandsübergang bedeutet die qualitative Änderung des Zustands mindestens einer Variablen. Diese Änderung wirkt sich über die gegebene Menge von Bedingungen auf andere Variablen aus. Der Effekt des Zustandsübergangs wird durch die Menge der Bedingungen propagiert, bis alle Bedingungen erfüllt sind. Aus dem qualitativen Zustand des Systems folgt der nächste Zustandsübergang. Qualitative Zustandsänderungen berühren gegebenenfalls auch das Verhältnis zwischen vergleichbaren Variablen; sie berühren das Verhältnis der Variablenwerte zueinander.

Den qualitativen Zustand eines Systems zu einem Zeitpunkt und innerhalb eines Zeitintervalls will ich nicht unterscheiden. So wie es auch Forbus oder de Kleer und Brown tun, betrachte ich explizit nur Zeitpunkte. Zeitpunkte sind gleichsam Momentaufnahmen in der Systementwicklung. Der qualitative Zustand des Systems an zwei aufeinanderfolgenden Zeitpunkten unterscheidet sich in dem qualitativen Zustand mindestens einer Variablen. Der Zustandsübergang, der zu dieser Änderung geführt hat, spiegelt das Verhalten des Systems im Zeitintervall zwischen den Zeitpunkten wider. Die Zeitintervalle haben unterschiedliche Länge, die nicht vorgegeben ist. Erst aus der nächsten qualitativen Änderung ergibt sich ein neuer Zeitpunkt und damit das Ende eines Zeitintervalls. Über die Dauer eines Zeitintervalls und über die zeitliche Erstreckung der in diesem Intervall ablaufenden Systemdynamik können keine Aussagen gemacht werden.

Der Algorithmus der qualitativen Simulation, den ich in Abbildung 8.1 darstelle, beginnt mit der Erstellung eines kausalen Abhängigkeitsgraphen durch kausales Ordnen der Systemvariablen, das ich in Abschnitt 8.3.1 kurz

Algorithmus *Qualitative Simulation*
kausales Ordnen der Modellbeschreibung (→ 8.3.1)
erzeuge Ausgangszustand zu $t_i = t_0$
wiederhole
Propagation in einem Zeitpunkt (→ 8.3.2)
Zustandsübergang im Zeitintervall (→ 8.3.3)
nächster Zeitpunkt t_{i+1}
bis *Abbruchbedingung erfüllt*

Abbildung 8.1: Algorithmus der qualitativen Simulation

anspreche. Nach dem Setzen der Anfangswerte vollzieht sich der weitere Simulationsverlauf in der Generierung einer Abfolge von Zeitpunkten und dazwischenliegenden Zeitintervallen. Der qualitative Zustand des Systems zu einem Zeitpunkt wird durch Propagation geänderter Werte durch die Menge der Bedingungen entsprechend der im kausalen Abhängigkeitsgraphen beschrieben Richtung ermittelt. Dies beschreibe ich in Abschnitt 8.3.2 durch die kausale Semantik der Bedingungen. Aus dem qualitativen Zustand des Systems zu einem bestimmten Zeitpunkt ergibt sich das Verhalten des Systems über das folgende Zeitintervall hinweg. Das Verhalten in Reaktion auf den qualitativen Zustand zu einem Zeitpunkt drückt sich in Wertänderungen der Variablen aus. Die damit verbundene Änderung des Systemzustands wird als Zustandsübergang bezeichnet. In Abschnitt 8.3.3 beschreibe ich zulässige Zustandsübergänge und deren Umsetzung. Sind keine zulässigen Zustandsübergänge mehr ausführbar, ist die Abbruchbedingung des Algorithmus erfüllt.

Das Ergebnis der Simulation ist ein gerichteter Verhaltensgraph. Die Knoten des Graphen repräsentieren den Systemzustand zu einem bestimmten Zeitpunkt. Die Kanten bilden Zustandsübergänge im Intervall zwischen zwei aufeinander folgenden Zeitpunkten ab. Der Verhaltensgraph kann verzweigt sein, wenn es aus einem Zeitpunkt heraus mehrere mögliche Zustandsübergänge gibt. Die Zeitpunkte entlang eines Pfades sind ordinal geordnet.

8.3.1 Kausalität in der Modellbeschreibung

Die Modellbeschreibung besteht aus qualitativen Differentialgleichungen, die direkte kausale Wirkungen abbilden, und aus nicht–kausalen, symmetrischen Bedingungen, durch die direkte Wirkungen indirekt auf weitere Variablen wirken. Die kausalen Abhängigkeiten, die über indirekte Wirkungen bestehen, will ich in einem ersten Analyseschritt über die Methoden kausalen Ordnens in gemischten Modellen von Iwasaki und Simon bestimmen. Die Methode habe ich im Abschnitt 2.2.2 vorgestellt. Die Voraussetzungen zur Anwendung der Methode sind annahmegemäß erfüllt. Wie ich es dort eingeführt habe, fasse ich Variablen und ihre Ableitungen im Graphen nachträglich zu einem Knoten zusammen. Kanten, die die Wirkung von Differentialgleichungen abbilden, kennzeichne ich durch $\frac{\partial}{\partial t}$ über der Kante. Die Kanten bezeichne ich überdies mit der Nummer der jeweiligen Modellgleichung, die die hinter der Kante stehende Bedingung beschreibt.

Der resultierende kausale Abhängigkeitsgraph bildet den Weg der Propagation von Zustandsänderungen durch die Menge der Bedingungen ab. Die Bedingungen sind nun nicht mehr als symmetrisch anzusehen, sondern entsprechend dem Kontext, in den sie gebettet sind, als asymmetrische, gerichtete Wirkungen. In einem Zeitpunkt werden ausgehend von den Variablen, deren Zustand sich geändert hat, die Zustände der anderen Variablen bestimmt. Während des Simulationslaufes ist der Weg der Propagation und sind die Richtungen kausaler Wirkung damit gegeben. Die kausale Struktur des Systems ist durch die Menge der Bedingungen implizit festgelegt und muß nicht im Sinne mythischer Kausalität für jede Wertpropagation neu bestimmt werden. Die Struktur des Modells ist gegeben, und sie wird während der Simulation zunächst nicht verändert. Die kausale Struktur des Modells ist somit aus der Modellstruktur vorab abzuleiten.

8.3.2 Propagation in einem Zeitpunkt

Im Verlauf der Simulation wird durch die Propagation von Werten durch den kausalen Abhängigkeitsgraphen der qualitative Zustand des Systems zu einem Zeitpunkt bestimmt. Die Semantik der Kanten des kausalen Abhängigkeitsgraphen folgt aus der kausalen Semantik der dahinter stehenden Bedingungen. Dies können Differentialgleichungen, funktionale oder arithmetische Bedingungen sein. Kanten, die exogenisierenden Bedingungen vom in Gleichung (8.6) beschriebenen Typ entsprächen, kommen im Graphen nicht vor. Eine exogen gegebene Variable hat als Knoten keine ankommenden Kanten.

Qualitative Differentialgleichungen

In einer qualitativen Differentialgleichung bestimmt der Wert der Funktion auf der rechten Seite die Bewegungsrichtung der Variablen auf der linken Seite. Die Semantik der Bedingung kann wie folgt formuliert werden:

$$\dot{y} = \mathcal{F}(x) \quad \Leftrightarrow \quad y.richtung := \begin{cases} \downarrow & \text{falls } \mathcal{F}(x) < 0 \\ \leftrightarrow & \text{falls } \mathcal{F}(x) = 0 \\ \uparrow & \text{falls } \mathcal{F}(x) > 0 \end{cases} \tag{8.16}$$

Die von dem Wert der Funktion $\mathcal{F}(x)$ ausgehende Richtung der weiteren Entwicklung von y wirkt entsprechend sofort. Die daran anschließende Änderung des Wertes von y benötigt Zeit und wird erst nach einem Zustandsübergang wirksam.

Funktionale Bedingungen

Funktionale Bedingungen legen die Bewegungsrichtung und unter gewissen Einschränkungen auch den Wert der kausal abhängigen Variablen fest. Enthält das Modell eine funktionale Bedingung $y = \mathcal{F}(x)$, dann kann y von x oder auch x von y abhängig sein. Im zweiten Falle kann die Bedingung in $x = \mathcal{F}(y)$ umformuliert werden, weshalb ich die tatsächliche kausale Abhängigkeit an dieser Stelle nicht berücksichtigen muß. Ich nehme also an, x wirke auf y:

$$y = \mathcal{F}(x) \quad \Leftrightarrow \quad \begin{cases} y.richtung & := \; x.richtung \\ y.wert & := \; \begin{cases} \mathcal{F}(x) & \text{falls } \exists \left(x.wert, \mathcal{F}(x)\right)_{\mathcal{F}} \\ y.wert & \text{sonst} \end{cases} \end{cases}$$

x und y entwickeln sich in die gleiche Richtung. Der Wert von y ändert sich nicht abrupt sondern von einem Zeitpunkt zum nächsten kontinuierlich. x und y entwickeln sich nicht nur über ein Zeitintervall, sondern während der gesamten Simulation kontinuierlich in der jeweils durch x gegebenen Richtung. Die qualitative Funktion $\mathcal{F}$ erlaubt nur in explizit vordefinierten Ausnahmesituationen eine Festlegung des Wertes von y: Die Bedingung $\exists\left(x.wert, \mathcal{F}(x)\right)_{\mathcal{F}}$ ist wahr, wenn der qualitative Wert von x gegeben und für die qualitative Funktion $\mathcal{F}$ ein korrespondierendes Wertepaar für den Argumentwert $x.wert$ definiert ist. In dem Falle wird dem Wert von y der entsprechende Funktionswert zugewiesen. Anderenfalls bleibt er zunächst unverändert und wird sich gegebenenfalls im folgenden Zustandsübergang entsprechend der gegebenen Richtung im für y gegebenen Wertebereich bewegen. Korrespondierende Wertepaare einer qualitativen Funktion sind gleichsam synchronisierende Punkte in der qualitativ proportionalen Entwicklung der beiden Variablen.

Arithmetische Bedingungen

Die Auswertung einer arithmetischen Bedingung erfordert gegebenenfalls die Einbeziehung des Vergleichs der Werte interagierender Variablen. Variablen interagieren, wenn sie gemeinsam den qualitativen Zustand einer anderen Variablen bestimmen. Ich werde hier eine Bedingung betrachten, in der zwei Variablen auf eine dritte Variable wirken: $z = x - y$. Eine arithmetische Bedingung ist genauso wie eine funktionale Bedingung ohne weiteres entsprechend der kausalen Struktur des umgebenden Modells so umzuformulieren, daß die Variable auf der linken Seite der Bedingung die kausal abhängige Variable ist. Für die Darstellung sei also z kausal abhängig von x und y. Für die Behandlung der Bedingung sind nun zwei Fälle zu unterscheiden, die aus der umgebenden Struktur des Modells folgen. Entweder sind beide Variablen x und y endogene, vergleichbare Variablen oder eine der beiden Variablen ist exogen gegeben.

Differenz einer endogenen und einer exogenen Variablen Ist eine der beiden Variablen x und y als exogen gegeben definiert, dann wird es einen aus der Bedingung resultierenden Grenzwert für die andere Variable geben, und die Bedingung ist zu bewerten. Ich nehme an, y ist exogen gegeben und der Wertebereich von x ist durch den Grenzwert $y.wert$ segmentiert. Ein Vergleich von $x.wert$ mit $y.wert$ ist damit möglich. Der Wert der endogenen Variablen x liegt über, unter oder auf dem Grenzwert $y.wert$. Generell gestattet die Bedingung keine genaue Bestimmung des Wertes der abhängigen Variablen. Daraus, daß eine der beiden Variablen exogen gegeben ist und die andere Variable einen Wert relativ zu dem exogen gegeben Wert besitzt, resultiert, daß die Differenz positiv, negativ oder gleich Null ist. Wenn die abhängige Variable einen positiven oder einen negativen Wert zugewiesen bekommt, ist ein entsprechendes Intervall negativer oder positiver Werte auszuwählen. Im Blick habe ich hier vornehmlich eine abhängige Variable mit dem Wertebereich $\left\{(-\infty, 0), 0, (0, \infty)\right\}$. Die Zuordnung eines Intervalls folgt dann unmittelbar; der Wertebereich entspricht gerade der Vorzeichenmenge. Ist die Differenz gleich Null, wird die Null der abhängigen Variablen zugewiesen. Die Null ist damit ein durch die Struktur des Modells gegebener Grenzwert der Variablen z. Die Richtung der abhängigen Variablen ist bestimmt durch die Richtung der Variablen x:

$$\left.\begin{array}{lcl} z & = & x - y \\ y & = & exogen \end{array}\right\} \Leftrightarrow \left\{\begin{array}{lcl} z.richtung & := & x.richtung \\ z.wert & := & \left\{\begin{array}{ll} - & \text{falls } x.wert < y.wert \\ 0 & \text{falls } x.wert = y.wert \\ + & \text{falls } x.wert > y.wert \end{array}\right. \end{array}\right.$$

Ist x anstatt y exogen gegeben, ändert sich für die Bestimmung des Wertes von z nichts, und die Richtung ist wegen der Subtraktion als die umgekehrte Richtung der Variablen y gegeben.

Differenz zweier vergleichbarer Variablen Sind die Variablen x und y als vergleichbar spezifiziert, dann handelt es sich im Regelfall um endogene Variablen. Eine der Variablen kann exogen sein, wenn in der anderen, endogenen Variablen der Effekt entgegengesetzter Wirkungen zu beobachten ist. Ich nehme an, daß das Modell die Angabe x *ist vergleichbar mit* y beinhaltet. Sind x und y beide positiv und haben einen qualitativen Wert, der dem Intervall $(0, \infty)$ entspricht, dann liegt eine in ökonomischen Modellen häufige Situation vor. Die Differenz der beiden Werte wäre unbestimmt, wenn nicht der Vergleich der beiden Variablen unterstützende Informationen lieferte. Die relativen Größenordnungen lassen den Schluß zu, ob die Differenz der Variablen ein positives oder ein negatives Resultat oder die Null ergibt.

Die Bewegungsrichtung der abhängigen Variablen ist mit den gegebenen Informationen hingegen in Konfliktsituationen nicht ohne weiteres zu bestimmen. Die Addition von zwei Variablen führt zu nicht entscheidbaren Situationen, wenn sich die Variablen in entgegengesetzte Richtungen bewegen. Tabelle 8.1 definiert die Addition von Bewegungsrichtungen. Ich unterstelle, daß eine Bewegungsrichtung unverändert bleibt, wenn sie zu einer Bewegungsrichtung „fest“ ($\leftrightarrow$) addiert wird. Eine unbestimmte Richtung (?) bleibt hier ebenfalls unbestimmt. Wird aber eine unbestimmte Bewegungsrichtung zu einer steigenden oder fallenden Richtung addiert, dann nehme ich die steigende oder fallende als dominierend gegenüber der unbestimmten Richtung an. Die Annahme ist heuristisch und für alle in dieser Arbeit beschriebenen Anwendungen unkritisch. Die unbestimmte Richtung kann ebenso als dominierend angenommen werden.

$x.richtung \oplus y.richtung$

$. \oplus .$	$\downarrow$	$\leftrightarrow$	$\uparrow$	?
$\downarrow$	$\downarrow$	$\downarrow$	?	$\downarrow$
$\leftrightarrow$	$\downarrow$	$\leftrightarrow$	$\uparrow$	?
$\uparrow$	?	$\uparrow$	$\uparrow$	$\uparrow$
?	$\downarrow$	?	$\uparrow$	?

$\ominus\, x.richtung$

$\ominus .$	
$\downarrow$	$\uparrow$
$\leftrightarrow$	$\leftrightarrow$
$\uparrow$	$\downarrow$
?	?

$x.richtung \ominus y.richtung$

$. \ominus .$	$\downarrow$	$\leftrightarrow$	$\uparrow$	?
$\downarrow$	?	$\downarrow$	$\downarrow$	$\downarrow$
$\leftrightarrow$	$\uparrow$	$\leftrightarrow$	$\downarrow$	?
$\uparrow$	$\uparrow$	$\uparrow$	?	$\uparrow$
?	$\uparrow$	?	$\downarrow$	?

Tabelle 8.1: Arithmetik der Bewegungsrichtungen

Bei der Negation einer Bewegungsrichtung $\ominus\, x.richtung$, wie sie zur Auswertung einer Bedingung der Form $z = -x$ benötigt wird, kehren sich die Bewegungsrichtungen „steigend“ und „fallend“ jeweils um. Die Subtraktion zweier Bewegungsrichtungen $x.richtung \ominus y.richtung$, die für die Auswertung der genannten Bedingung $z = x - y$ erforderlich ist, ist aus Addition und Negation herzuleiten.

Die Bestimmung der Bewegungsrichtung in (8.17) erfolgt gemäß der Definition des Operators $.\ominus.$ in Tabelle 8.1. Der Wert der abhängigen Variablen wird als resultierendes Vorzeichen angegeben. Ein entsprechendes Wertintervall ist wiederum auszuwählen:

$$\left.\begin{array}{l} z = x - y \\ x \ \textit{ist vergleichbar mit} \ \ y \end{array}\right\} \Leftrightarrow$$

$$\Leftrightarrow \left\{\begin{array}{l} z.richtung := x.richtung \ominus y.richtung \\ z.wert := \left\{\begin{array}{ll} - & \text{falls } x \ll y \vee x \sim< y \\ 0 & \text{falls } x = y \\ + & \text{falls } x \gg y \vee x >\sim y \end{array}\right. \end{array}\right. \tag{8.17}$$

Ausschöpfung des Potentials

Bei der Auswertung arithmetischer Bedingungen ist die resultierende Richtung nicht in jedem Falle bestimmt. Aus dem Vergleich der qualitativen Werte von x und y kann nicht auf die relative Stärke ihrer Bewegung geschlossen werden. Werden so gegensätzliche Richtungen addiert, ist die Summe unbestimmt. Eine Lösung dieser Unbestimmtheit kann die Einführung eines zusätzlichen Vergleichs qualitativer Werte sein, nämlich des Vergleichs der Bewegungsgeschwindigkeiten zweier interagierender Variablen im Sinne von $\dot{x}$ *ist vergleichbar mit* $\dot{y}$. Die Entwicklung der Größenordnung der Bewegungsgeschwindigkeiten wäre durch die Zustandsübergänge, über Zeitintervalle hinweg zu verfolgen. Hier sehe ich Erweiterungsmöglichkeiten, die ich jedoch nur skizzieren will und in den anschließenden Abschnitten nicht weiter verwenden werde.

In den bereits in der Modellbeschreibung enthaltenen Informationen steckt weiteres Potential, das zur Bestimmung der Bewegungsrichtung in manchen bislang unbestimmten Situationen genutzt werden kann: Ich betrachte weiterhin die arithmetische Bedingung $z = x - y$. Sind die Werte der beiden

Variablen x und y von der gleichen Größenordnung, kann erweiternd geschlossen werden, daß die Differenz einem Wert „nahe" Null entspricht. Der Wert von z ist in dem Falle Element der Menge $\mathit{NaheBei}_\varepsilon(0)$, definiert mit dem Parameter ε der Variablen x und y. In jedem Falle kann der Wert von z aus der Relation zwischen x und y folgernd in Relation zum Wert Null gesetzt werden.

Ich nehme nun an, eine Variable z, die einen Wert ungleich aber „nahe" Null besitzt, ist Argument einer qualitativen Funktion in einer Differentialgleichung, für die ein korrespondierendes Wertepaar $([0],[0])$ gegeben ist. Dann kann geschlossen werden, daß auch der Funktionswert $\mathcal{F}(z)$ „nahe" Null und die durch die Differentialgleichung beschriebene direkte Wirkung vergleichsweise „schwach" ist. Das Symbol $\not\uparrow$ bezeichne im folgenden eine schwach steigende und das Symbol $\not\downarrow$ eine schwach fallende Bewegungsrichtung. Die Auswertung einer qualitativen Differentialgleichung aus (8.16) wird für den Fall, daß für z entsprechende Informationen verfügbar sind, erweitert:

$$\dot{y} = \mathcal{F}(z) \quad \Leftrightarrow \quad y.\mathit{richtung} := \begin{cases} \downarrow & \text{falls } \mathcal{F}(z) \ll 0 \\ \not\downarrow & \text{falls } \mathcal{F}(z) \sim< 0 \\ \leftrightarrow & \text{falls } \mathcal{F}(z) = 0 \\ \not\uparrow & \text{falls } \mathcal{F}(z) >\sim 0 \\ \uparrow & \text{falls } \mathcal{F}(z) \gg 0 \end{cases} \tag{8.18}$$

Ich betrachte nun wieder die arithmetische Bedingung $z = x - y$. Die Variable y ist über eine Differentialgleichung wie in (8.18) bestimmt, x ist ebenso oder anders bestimmt. In einer Situation, in der sich die beiden Variablen in entgegengesetzte Richtungen bewegen, kann es nun sein, daß sich die eine Variable vergleichsweise schwach gegenüber der anderen bewegt. In dem Fall ist die Differenz der entgegengesetzten Wirkungen bestimmt. Die vergleichsweise schwache Bewegungsrichtung wird von der anderen dominiert. Ein nicht entscheidbarer Konflikt besteht nun noch, wenn sich beide Variablen in gleicher Stärke in die gleiche Richtung entwickeln.

Tabelle 8.2 auf Seite 257 definiert die erweiterte Arithmetik der Bewegungsrichtungen. Ich nehme dabei an, daß eine schwache Bewegungsrichtung sich gegenüber anderen nicht durchsetzen kann. Wird eine unbestimmte oder eine vergleichsweise stärkere zu einer schwachen Bewegungsrichtung addiert, dann wird die schwache Bewegungsrichtung dominiert. Die Unterschiede in der Stärke der Bewegungsrichtung sehe ich als Unterschiede in Größenordnungen. Eine in Größenordnung stärkere Bewegung dominiert damit eine vergleichsweise schwache. In Situationen, in denen vergleichende Informationen zur Stärke gegensätzlicher Richtungen verfügbar sind, können spezifischere Aussagen über die resultierende Richtung der Bewegung gemacht werden, wenn auch nicht jede unbestimmte Situation aufgelöst wird.

Die Bewegungsrichtung der Variablen z, gegeben über die Bedingung $z = x - y$, ist nun unter Nutzung des Operators $.\widetilde{\ominus}.$, der in Tabelle 8.2 definiert ist, bestimmt:

$$\left.\begin{array}{l} z = x - y \\ x \;\; \textit{ist vergleichbar mit} \;\; y \end{array}\right\} \Leftrightarrow$$

$$\Leftrightarrow \left\{\begin{array}{l} z.richtung := x.richtung \,\widetilde{\ominus}\, y.richtung \\ z.wert := \left\{\begin{array}{rl} \ll 0 & \text{falls } x \ll y \\ \sim< 0 & \text{falls } x \sim< y \\ 0 & \text{falls } x = y \\ >\sim 0 & \text{falls } x >\sim y \\ \gg 0 & \text{falls } x \gg y \end{array}\right. \end{array}\right. \tag{8.19}$$

Der Wert von z kann nicht weiter durch ein Element der Vorzeichenmenge ausgedrückt werden. Er muß die Information, ob er „nahe" Null liegt, beinhalten. Diese wird gegebenenfalls benötigt, wenn z als Argument in einer Differentialgleichung verwendet wird, wie in (8.18) beschrieben.

Die in Tabelle 8.2 definierte erweiterte Richtungsarithmetik und die darauf aufbauend definierte Semantik von Differentialgleichungen und arithmetischen Bedingungen in (8.18) und (8.19) werde ich im weiteren mit folgender Begründung nicht verwenden: Die Möglichkeit, qualitative Werte zu vergleichen, wird vorausgesetzt. Die auf Basis der erweiterten Arithmetik der Bewegungsrichtungen beschriebene Semantik der Bedingungen fußt auf der Annahme, daß die aus einer Differenz zweier vergleichbarer

$x.richtung\,\widetilde{\oplus}\,y.richtung$

$.\widetilde{\oplus}.$	↓	↙	↔	↗	↑	?
↓	↓	↓	↓	↓	?	↓
↙	↓	↙	↙	?	↑	?
↔	↓	↙	↔	↗	↑	?
↗	↓	?	↗	↗	↑	?
↑	?	↑	↑	↑	↑	↑
?	↓	?	?	?	↑	?

$\widetilde{\ominus}\,y.richtung$

$\widetilde{\ominus}.$	
↓	↑
↙	↗
↔	↔
↗	↙
↑	↓
?	?

$x.richtung\,\widetilde{\ominus}\,y.richtung$

$.\widetilde{\ominus}.$	↓	↙	↔	↗	↑	?
↓	?	↓	↓	↓	↓	↓
↙	↑	?	↙	↙	↓	?
↔	↑	↗	↔	↙	↓	?
↗	↑	↗	↗	?	↓	?
↑	↑	↑	↑	↑	?	↑
?	↑	?	?	?	↓	?

Tabelle 8.2: erweiterte Arithmetik der Bewegungsrichtungen

Variablen resultierende Bewegung in ihrer Stärke auch nach Größenordnungen unterscheidbar ist. Diese Annahme ist insbesondere angreifbar, weil über die Funktion $\mathcal{F}$ auf der rechten Seite einer qualitativen Differentialgleichung mit Ausnahme ihrer Monotonie keine Aussagen getroffen werden sollen. Eine Unterscheidung der Stärke der Bewegungsrichtungen nach Größenordnungen würde aber eine hinreichende Steilheit der Funktion voraussetzen. Vergleichsweise stärkere Störungen eines Gleichgewichts müßten sich in einer vergleichsweise starken Anpassung niederschlagen, was in vielen Situationen zunächst durchaus plausibel sein mag. Bei einer Erweiterung der Umgebungen um einen Wert über die Mengen *Punkt*(x) und *NaheBei*$_\varepsilon(x)$ hinaus, könnten jedoch kaum mehr unterschiedliche Stärken der Bewegungsrichtungen aus dem qualitativen Wertevergleich abgeleitet werden, ohne den qualitativen Funktionen ihren qualitativen Charakter zu nehmen.

8.3.3 Zustandsübergänge

In diesem Abschnitt werde ich zulässige Änderungen des qualitativen Zustands einer Variablen von einem Zeitpunkt auf den nächsten definieren. Innerhalb eines Zeitintervalls können nur solche Variablen ihren Zustand ändern, die eine steigende oder fallende Bewegungsrichtung haben. Hat eine Variable zu einem Zeitpunkt die Bewegungsrichtung „fest“, dann ist ihre Zeitableitung gleich Null, und ihr Wert wird sich im anschließenden Zeitintervall nicht ändern.

Den in Tabelle 8.3 definierten Zustandsänderungen liegt die Annahme zu Grunde, daß die Bewegungsrichtung einer Variablen nur zu einem Zeitpunkt, nicht aber in einem Zeitintervall geändert werden kann, nämlich dann, wenn aus Wertänderungen, die im davor liegenden Zeitintervall stattfanden, Bewegungsrichtungsänderungen resultieren. Diese werden durch Propagation der Wertänderungen durch die Menge der Bedingungen bestimmt, wie ich oben beschrieben habe. Die Semantik der Bedingungen bestimmt mögliche Änderungen der Bewegungsrichtung. Über ein Zeitintervall hinweg bleibt die Bewegungsrichtung einer Variablen unverändert, da nur aus qualitativen Wertänderungen Bewegungsrichtungsänderungen folgen können. Innerhalb eines Zeitintervalls finden keine qualitativen Wertänderungen statt, da eine qualitative Wertänderung gerade bedeutet, daß ein Zeitintervall beendet und der nächste Zeitpunkt erreicht ist.

Wertänderungen

Wertänderungen über ein Zeitintervall ergeben sich aus Zeitableitungen, die steigende oder fallende Bewegung des Variablenwertes ausdrücken. Bewegt sich eine Variable nicht oder ist ihre Bewegungsrichtung unbestimmt, dann bleiben ihr Wert und ihr qualitativer Zustand unverändert. Dies ist in den Zustandsübergängen 2., 4., 7. und 10. in Tabelle 8.3 ausgedrückt.

	t_k		t_{k+1}
1.	$\big([g_i]; \downarrow\big)$	$\Rightarrow$	$\big((g_{i-1}, g_i); \downarrow\big)$
2.	$\big([g_i]; \leftrightarrow\big)$	$\Rightarrow$	$\big([g_i]; \leftrightarrow\big)$
3.	$\big([g_i]; \uparrow\big)$	$\Rightarrow$	$\big((g_i, g_{i+1}); \uparrow\big)$
4.	$\big([g_i]; ?\big)$	$\Rightarrow$	$\big([g_i]; ?\big)$
5.	$\big((g_i, g_{i+1}); \downarrow\big)$	$\Rightarrow$	$\big((g_i, g_{i+1}); \downarrow\big)$
6.	$\big((g_i, g_{i+1}); \downarrow\big)$	$\Rightarrow$	$\big([g_i]; \downarrow\big)$
7.	$\big((g_i, g_{i+1}); \leftrightarrow\big)$	$\Rightarrow$	$\big((g_i, g_{i+1}); \leftrightarrow\big)$
8.	$\big((g_i, g_{i+1}); \uparrow\big)$	$\Rightarrow$	$\big((g_i, g_{i+1}); \uparrow\big)$
9.	$\big((g_i, g_{i+1}); \uparrow\big)$	$\Rightarrow$	$\big([g_{i+1}]; \uparrow\big)$
10.	$\big((g_i, g_{i+1}); ?\big)$	$\Rightarrow$	$\big((g_i, g_{i+1}); ?\big)$

Tabelle 8.3: Zustandsübergänge im Zeitintervall (t_k, t_{k+1})

Ist der Wert einer Variablen gleich einem Grenzwert ihres Wertebereichs und ist die Bewegungsrichtung der Variablen „steigend“ oder „fallend“, dann wird der Wert der Variablen den Grenzwert verlassen. Ist die Bewegungsrichtung der Variablen „steigend“ („fallend“), dann ist ihr neuer Wert das Intervall, dessen untere (obere) Grenze der verlassene Grenzwert ist. Das Verlassen eines Grenzwertes geschieht sehr schnell. Das Zeitintervall, während dem ein Grenzwert verlassen wird, ist entsprechend von marginaler Dauer. Die Zustandsübergange 1. und 3. formulieren die entsprechenden Wertänderungen.

Wenn der Wert einer Variablen ein Intervall aus dem definierten Wertebereich ist, folgt nicht zwangsläufig, daß im Zustandsübergang der Grenzwert, der die obere oder untere Grenze des jeweiligen Intervalls bildet, erreicht wird. In bestimmten Situationen ist dies gar nicht möglich, nämlich dann, wenn das aktuelle Intervall das erste (letzte) Intervall des definierten Wertebereichs bei fallender (steigender) Bewegung ist: Eine Wertänderung würde in diesen Situationen zu einem Verlassen des definierten Wertebereichs führen. Auch wenn das aktuelle Intervall nicht am Rand des Wertebereichs liegt, wird nicht immer der anschließende Grenzwert erreicht: Wenn eine qualitative Zustandsänderung einer anderen Variablen den Systemzustand ändert, was einen neuen Zeitpunkt bedeutet, bevor die erste Variable die Grenze des aktuellen Intervalls erreicht hat, ändert sich ihr Zustand im dann abgeschlossenen Intervall ebenfalls nicht. Dies kann dann der Fall sein, wenn eine andere Variable einen Grenzwert verläßt, was wie gerade dargestellt, sehr schnell passiert, in jedem Falle schneller als das Erreichen einer Intervallgrenze. Die Zustandsübergänge 5. und 8. ermöglichen das beschriebene Verharren im qualitativen Zustand trotz fallender oder steigender Bewegung der Variablen. Die verbleibenden Zustandsübergänge 6. und 9. formulieren das Erreichen eines Grenzwertes als Zustandsübergang.

Auswahl einer Zustandsänderung

Zu einem Zeitpunkt gibt es typischerweise mehrere Variablen, die eine steigende oder fallende Bewegungsrichtung besitzen. Aus jeder solchen Bewegungsrichtung folgt wie beschrieben eine Wertänderung. Zu klären ist die Frage, welche möglichen Wertänderungen in dem folgenden Zeitintervall wirksam werden. Die Heuristik, die ich zur Entscheidung solcher Konfliktsituationen definiere, ist an Kuipers QSIM–Algorithmus orientiert. Sie ist sehr einfach und bietet in Situationen, in denen dies erforderlich wird, Potential für Verbesserungen.

Die Voraussetzung eines Zustandsübergangs einer bestimmten Art ist für eine Variable erfüllt, wenn die Variable in einem Zeitpunkt t_k einen qualitativen Zustand hat, den der in Tabelle 8.3 beschriebene Zustandsübergang zum Ausgangspunkt hat. So sind beispielsweise die Bedingungen für die Zustandsübergänge 1. oder 3. gegeben, wenn der qualitative Wert einer Variablen, bei fallender oder steigender Bewegungsrichtung, gleich einem Grenzwert ihres definierten Wertebereichs ist.

Heuristik zur Auswahl einer Zustandsänderung:

i) **Falls** es Variablen gibt, für die die Voraussetzungen für die Zustandsübergänge 1. oder 3. gegeben sind, **dann** werden die entsprechenden Zustandsänderungen ausgeführt. Sind die Voraussetzungen für mehrere Variablen zum gleichen Zeitpunkt gegeben, dann verlassen im folgenden (kurzen) Zeitintervall all jene Variablen ihren Grenzwert.

ii) **Falls** die Bedingung für *i)* nicht erfüllt ist und es genau eine Variable oder eine Menge von Variablen, deren Werte durch arithmetische Bedingungen oder korrespondierende Wertepaare verbunden sind, gibt, für die Zustandsübergänge 6. oder 9. ausgeführt werden können, **dann** wird der Zustandsübergang für die Variable beziehungsweise diese Variablen ausgeführt.

iii) **Falls** die Bedingung für *ii)* nicht erfüllt ist und es mehrere Variablen gibt, für die die Voraussetzungen der Zustandsübergänge 6. oder 9. gegeben sind, **dann** verzweigt die Simulation. Für jeweils eine Teilmenge der Menge der Variablen wird die Wertänderung gemäß Zustandsübergang 6. beziehungsweise 9. vollzogen, und für die anderen wird der Zustandsübergang 5. oder 8. angewandt.

iv) **Falls** die Bedingung für *iii)* nicht erfüllt ist, **dann** stoppt die Simulation in einem Ruhezustand, falls keine Variable eine steigende oder fallende Bewegungsrichtung aufweist. Die Simulation stoppt in einer ungleichgewichtigen Situation, wenn der Wert der Variablen mit steigender (fallender) Bewegungsrichtung gleich dem oberen (unteren) Intervall des definierten Wertebereichs ist.

Im Fall *ii)* ist die Rede von Variablen, deren Werte durch arithmetische Bedingungen oder korrespondierende Wertepaare verbunden sind. Was dies bedeutet, ist kurz an zwei Beispielen zu erklären: Gilt $z = x - y$ und $y = exogen$, dann wird es im Wertebereich von x einen Grenzwert geben, der dem exogenen Wert von y entspricht. Ändert sich nun der Wert von x auf diesen Grenzwert, dann folgt daraus, daß z gleich Null ist. x und z werden somit ohne Verzweigung der Simulation in einem Zustandsübergang einen Grenzwert erreichen. Gilt $y = \mathcal{F}(x)$ und gibt es ein korrespondierendes

Wertepaar zu der Funktion $\mathcal{F}$, das mit dem nächsten Zustandsübergang einer der beiden Variablen erreicht würde, dann erreichen auch hier beide Variablen ohne Verzweigung den Grenzwert. Die Konstellation in *ii)* impliziert, daß nur eine Variable beziehungsweise eine Menge wie beschrieben verbundener Variablen eine steigende oder fallende Bewegung besitzt.

Bei Eintreten des Falls *iii)* wird eine Verzweigung ausgeführt. Können mehrere Variablen aus einem Intervall heraus einen Grenzwert erreichen, dann ist nicht zu entscheiden, welche Variable ihren Grenzwert als erste erreicht. Alle Variablen zwingend gleichzeitig am Grenzwert ankommen zu lassen, ist ebenfalls kein plausibler Weg. Die Simulation betrachtet alle Möglichkeiten. Für jede Variable, beziehungsweise jede Menge im Sinne des vorstehenden Absatzes verbundener Variablen, wird angenommen, sie reagiere schneller als die anderen und erreiche vor diesen den jeweiligen Grenzwert. Darüberhinaus werden auch die Möglichkeiten betrachtet, daß Variablen, die nicht durch Bedingungen verbunden sind, gleichzeitig den Grenzwert erreichen. Die Zahl der Verzweigungen ist gleich der Zahl aller nichtleeren Teilmengen der Menge der Variablen, die einen Grenzwert erreichen können, wobei verbundene Variablen als eine Variable zu betrachten sind.

Für die Analyse des resultierenden verzweigten Verhaltensgraphen ist eine Verzweigung zu interpretieren: Jede Kante von dem verzweigenden Knoten aus bedeutet, daß eine Variable oder eine Menge von Variablen schneller reagiert als die anderen. Die Pfade im Verhaltensgraphen sind auf diese Weise inhaltlich zu unterscheiden und zu interpretieren.

Vergleich qualitativer Werte

Aus Wertänderungen in Zustandsübergängen folgen gegebenenfalls Änderungen im Größenverhältnis von Variablenwerten. Zwei Variablen x und y, die vergleichbar sind, entwickeln sich über ein Zeitintervall hinweg unabhängig voneinander. Aus der Differenz ihrer Wertänderungen ist auf Änderungen im Größenverhältnis zu schließen. Die Differenz ihrer Wertänderung ist nun eine unbestimmte Größe, so daß ich wiederum eine Heuristik definiere, nach der das Verhältnis zwischen den Variablenwerten geändert wird.

Das Verhältnis zwischen zwei Variablen ändert sich dann, wenn eine der beiden Variablen ihren Wert hält und die andere sich bewegt oder wenn sich beide Variablen in entgegengesetzte Richtungen bewegen.

t_k				t_{k+1}		
$x(\uparrow)$	$=$	$y(\leftrightarrow)$	$\Rightarrow$	$x(\uparrow)$	$>\sim$	$y(\leftrightarrow)$
$x(\uparrow)$	$>\sim$	$y(\leftrightarrow)$	$\Rightarrow$	$x(\uparrow)$	$\gg$	$y(\leftrightarrow)$
$x(\uparrow)$	$\gg$	$y(\leftrightarrow)$	$\Rightarrow$	$x(\uparrow)$	$\gg$	$y(\leftrightarrow)$
$x(\uparrow)$	$\sim<$	$y(\leftrightarrow)$	$\Rightarrow$	$x(\uparrow)$	$=$	$y(\leftrightarrow)$
$x(\uparrow)$	$\ll$	$y(\leftrightarrow)$	$\Rightarrow$	$x(\uparrow)$	$\sim<$	$y(\leftrightarrow)$
$x(\downarrow)$	$=$	$y(\leftrightarrow)$	$\Rightarrow$	$x(\downarrow)$	$\sim<$	$y(\leftrightarrow)$
$x(\downarrow)$	$>\sim$	$y(\leftrightarrow)$	$\Rightarrow$	$x(\downarrow)$	$=$	$y(\leftrightarrow)$
$x(\downarrow)$	$\gg$	$y(\leftrightarrow)$	$\Rightarrow$	$x(\downarrow)$	$>\sim$	$y(\leftrightarrow)$
$x(\downarrow)$	$\sim<$	$y(\leftrightarrow)$	$\Rightarrow$	$x(\downarrow)$	$\ll$	$y(\leftrightarrow)$
$x(\downarrow)$	$\ll$	$y(\leftrightarrow)$	$\Rightarrow$	$x(\downarrow)$	$\ll$	$y(\leftrightarrow)$

Abbildung 8.2: Änderung des Verhältnisses qualitativer Werte im Zeitintervall (t_k, t_{k+1})

Tabelle 8.2 beschreibt die Änderung des Größenverhältnisses zwischen den Werten der Variablen x und y, wenn der Wert der Variablen x über ein Zeitintervall steigt, was ich mit $x(\uparrow)$ bezeichne, beziehungsweise fällt, $x(\downarrow)$, und der Wert von y unverändert bleibt, $y(\leftrightarrow)$. Andere Übergänge sind möglich, wenn aus den Werten der beteiligten Variablen ein anderes Größenverhältnis direkt zu erschließen ist: Beispielsweise gilt im Zeitpunkt t_k, daß $x \gg y$. Im Zeitpunkt t_{k+1} ist nun aber bekannt, daß die Differenz aus x und y gleich Null ist, woraus folgt, daß $x = y$ gilt. Das Größenverhältnis $x >\sim y$ gilt zu keinem Zeitpunkt, da mit diesem Größenverhältnis keine qualitative Zustandsänderung verbunden war, die das Intervall (t_k, t_{k+1}) unterbrochen hätte.

Die Heuristik, die aus den Wertänderungen einer Variablen auf die Änderung des Größenverhältnisses schließen läßt, ist wiederum einfach und gewiß kritisierbar. Für die Relationen, die die Größenverhältnisse zwischen zwei Variablen beschreiben, wird eine ordinale Ordnung unterstellt. Entwickeln sich die beiden Variablen voneinander fort, wird das in der Ordnung folgende Größenverhältnis angenommen. Die Änderung der Größenverhältnisse im Falle eines fallenden (steigenden) Wertes der Variablen y entspricht den in Tabelle 8.2 dargestellten Übergängen.

Berücksichtigung von Zeitintervallen unterschiedlicher Länge

Die Heuristik setzt keine Zeitintervalle gleicher Länge voraus, sie berücksichtigt aber auch deren unterschiedliche Länge nicht. Für eine Verbesserung der Heuristik in dieser Richtung sehe ich zwei Möglichkeiten: Die starke Form ist, in den Zeitintervallen marginaler Länge, in denen eine Variable einen Grenzwert verläßt (Anwendung der Zustandsübergänge 1. oder 3. aus Tabelle 8.3), anzunehmen, daß keine Änderungen der Größenverhältnisse zwischen Variablen möglich sind, es sei denn für die Variablen bestand die Relation $x = y$. Die schwache Form einer Verbesserung ist, Änderungen der Größenverhältnisse in den Zeitintervallen marginaler Länge nur dann nicht zuzulassen, wenn aus der Änderung des Größenverhältnisses eine Änderung des qualitativen Wertes einer oder mehrerer Variablen folgte. Dies ist insbesondere der Fall, wenn das Größenverhältnis der betrachteten vergleichbaren Variablen x und y auf „=“ zu ändern wäre. Im folgenden werde ich mit der schwachen Form arbeiten.

Abbruchbedingung des Simulationsalgorithmus

Die Abbruchbedingung für den Simulationsalgorithmus ist erfüllt, wenn in der Auswahl einer Zustandsänderung Fall *iv)* eintritt, also das simulierte Systemverhalten in einem Ruhepunkt stabil bleibt. Die Abbruchbedingung ist ebenfalls erfüllt, wenn ein Zustand erreicht wird, der bereits im Verhaltensgraphen vorkommt. Die Abbruchbedingung gilt bei Verzweigungen unabhängig für jeden zu verfolgenden Pfad.

Kapitel 9

Anwendungen qualitativer Simulation interdependenter Zusammenhänge

Die im Kapitel 8 vorgestellte Methode qualitativer Simulation interdependenter Zusammenhänge werde ich in diesem Kapitel zunächst auf das interdependente Markträumungsmodell mit Tâtonnement–Anpassung von Preisen und Mengen anwenden. Das Modell habe ich in dieser Arbeit bereits mehrfach als Beispiel benutzt. In Abschnitt 6.3.3 habe ich gezeigt, daß eine qualitative Simulation des Modells nach der Methode von Kuipers nicht zu den erwarteten Ergebnissen führt. Die Auswahl der Beispielvarianten in diesem Abschnitt zeigt die Analysefähigkeit meiner Methode im zweidimensionalen Fall.

Das Beispiel in Abschnitt 9.6 zeigt die Analysefähigkeiten der Methode qualitativer Simulation interdependenter Zusammenhänge auch für das an verschiedener Stelle als Beispiel verwendete Modell einer vereinfachten Ein–Gut–Ökonomie ohne Arbeitsmarkt. In Abschnitt 6.3.1 habe ich die Analyse des Modells nach dem Ansatz von de Kleer und Brown entsprechend einer komparativ statischen Analyse dargestellt. In Kapitel 7 habe ich die Analyse eines vergleichbaren Modells nach Berndsens Ansatz heuristischen Schließens beschrieben. Weder de Kleer und Brown noch Berndsen erreichen befriedigende Analyseergebnisse.

In Abschnitt 9.7 greife ich das Beispiel der in Kapitel 3 zur Beschreibung der Sichten qualitativer Modellierung und Simulation beschriebene Modell der verbundenen Wassertanks auf. Die Anwendung meiner Methode qualitativer Simulation interdependenter Zusammenhänge führt zu den gleichen Ergebnissen wie Kuipers QSIM-Algorithmus, der in diesem Fall alle tatsächlich erreichbaren Möglichkeiten herausarbeitet.

Anhand der Beispiele werde ich die Anwendung der beschriebenen heuristischen Methode qualitativer Simulation interdependenter Zusammenhänge demonstrieren. Den in Form eines Phasendiagramms abgebildeten Verhaltensgraphen stelle ich jeweils der detaillierten Darstellung der Systemzustände im Verlauf der Simulation voran. Der Verhaltensgraph zeigt das Ergebnis der qualitativen Simulation indem der Systemzustand zu den Simulationszeitpunkten graphisch dargestellt wird. Die detaillierte Angabe der Simulationsschritte demonstriert das Funktionieren der Methode und das Zustandekommen der Zustandsübergänge und der Systemzustände im Verhaltensgraphen. Ich mache daher für jeden Zustandsübergang deutlich, nach welchem Teil der Methode vorgegangen wird. Ich empfehle denjenigen Lesern, die eher an den Ergebnissen der qualitativen Simulation interessiert sind, die mit *Iteration der Zustandsübergänge* überschriebenen Abschnitte mit detaillierter Darstellung des Simulationsalgorithmus zu überspringen.

9.1 Ein Beispiel für stabile zyklische Anpassung

An die Darstellung in Abschnitt 6.3.3 anknüpfend werde ich zunächst die dort verwandte Variante des interdependenten Markträumungsmodells mit Tâtonnement-Anpassung von Preisen und Mengen als Beispiel verwenden. Die Kosten werden als exogen gegeben vorausgesetzt. Die Nachfrage hängt negativ vom Preis ab. Eine qualitativ mathematische Analyse des Modells unter diesen Annahmen läßt einen stabilen Anpassungsprozeß ins Gleichgewicht erwarten. Die qualitative Simulation des Modells mit qualitativem Vergleich führt zum gleich Ergebnis.

Modellbeschreibung

Das gemischte Gleichungssystem (9.1)–(9.5) beschreibt das Modell so, wie ich es auch in Kapitel 7 auf Seite 220 dargestellt habe. Die Änderung des Güterangebots in der Zeit ist durch eine Differentialgleichung abhängig vom Gewinn, dem Überschuß des Preises über die Kosten, bestimmt. Die Änderung des Preises ist entsprechend in Abhängigkeit von der Überschußnachfrage nach Gütern gegeben. Die Nachfrage ist eine monoton fallende Funktion des Preises. Die Kosten werden durch Gleichung (9.6) als exogen gegeben vorausgesetzt.

$$\dot{y}^s = \mathcal{F}(d) \tag{9.1}$$

$$\dot{p} = \mathcal{F}(y^e) \tag{9.2}$$

$$d = p - c \tag{9.3}$$

$$y^e = y^d - y^s \tag{9.4}$$

$$y^d = \mathcal{F}(-p) \tag{9.5}$$

$$c = exogen \tag{9.6}$$

Güterangebot und die Güternachfrage sind als vergleichbare Variablen spezifiziert:

$$y^s \;\; ist\ vergleichbar\ mit \;\; y^d \tag{9.7}$$

Das Güterangebot kann Werte im Bereich zwischen Null und ∞ annehmen. Grenzwerte zur Segmentierung des Wertebereichs können aus dem Modell heraus nicht angegeben werden. Das gleiche gilt zunächst für die Güternachfrage. Ein Grenzwert zur Segmentierung des Wertebereichs der Güternachfrage ist der Wert der Nachfrage, wenn der Preis gleich den Kosten ist. Er folgt aus der qualitativen Proportionalität (9.5). Der Wertebereich der Überschußnachfrage und des Gewinns entspricht der Vorzeichenmenge. Beide sind Beispiele für die oben genannten typischen Ergebnisse solcher arithmetischen Bedingungen. Der Wertebereich des Preises ist durch den exogen gegebenen Wert der Kosten segmentiert. Der Grenzwert folgt aus der Kombination der beiden Variablen in Gleichung (9.3). Der Preis ist entweder kleiner, gleich oder größer als die Kosten:

$$\begin{aligned}
y^s: &\quad \{(0,\infty)\} \\
y^d: &\quad \{(0,\bar{y}^d_c),[\bar{y}^d_c],(\bar{y}^d_c,\infty)\} \\
y^e: &\quad \{(-\infty,0),[0],(0,\infty)\} \\
d: &\quad \{(-\infty,0),[0],(0,\infty)\} \\
p: &\quad \{(0,c),[c],(c,\infty)\}
\end{aligned}$$

Schließlich sind noch eventuelle korrespondierende Wertepaare für die qualitativen Funktionen des Systems anzugeben. Die qualitativen Differentialgleichungen sind so formuliert, daß ein Wert von Null als Argument der qualitativen Funktion auf der rechten Seite zu einer Zeitableitung von Null führen soll. Die Nachfragefunktion liefert bei einem Preis gleich den Kosten den gerade so definierten Funktionswert $\bar{y}^d_c$:

$$\begin{aligned}
(9.1): &\quad \{([0],[0])\} \\
(9.2): &\quad \{([0],[0])\} \\
(9.5): &\quad \{([c],[\bar{y}^d_c])\}
\end{aligned}$$

Die kausale Struktur des Modells

Die Methode kausalen Ordnens in gemischten Modellen nach Iwasaki und Simon beginnt mit der Ergänzung des Modells um zwei Bedingungen, die die Variablen, die durch eine Differentialgleichung bestimmt sind, noch einmal als exogen gegeben deklarieren. Für die Anwendung der Methode werden dann die Variable und ihre Zeitableitung als verschiedene Variablen betrachtet:

$$\begin{aligned}
y^s &= exogen \\
p &= exogen
\end{aligned}$$

Ich verzichte auf die Darstellung der Vorkommensmatrix des Modells und auf eine ausführliche Darstellung der Anwendung der Methode. Das so erweitert formulierte Modell wird in minimale, vollständige Teilmengen geordnet:

$$\begin{aligned} T_0 &= \Big\{\{c\},\{y^s\},\{p\}\Big\} \\ T_1 &= \Big\{\{y^d\},\{d\}\Big\} \\ T_2 &= \Big\{\{y^e\},\{\dot{y}^s\}\Big\} \\ T_3 &= \Big\{\{\dot{p}\}\Big\} \end{aligned}$$

Die Gleichungen des Modells bestimmen die kausalen Abhängigkeiten zwischen den minimalen, vollständigen Teilmengen. Beispielsweise enthält Gleichung (9.1) die Variablen $\dot{y}^s$, die Element einer minimalen vollständigen Teilmenge der Ordnung 2 ist, und d, als Element einer minimalen vollständigen Teilmenge der Ordnung 1. $\dot{y}^s$ ist damit kausal abhängig von d. Im kausalen Abhängigkeitsgraphen wird die Kante von d nach $\dot{y}^s$ durch $\frac{\partial}{\partial t}$ gekennzeichnet. Differentialgleichungen repräsentieren langsamere Wirkungen als andere Bedingungen. Zusätzlich kennzeichne ich die Kante mit (9.1), der Nummer der Gleichung.

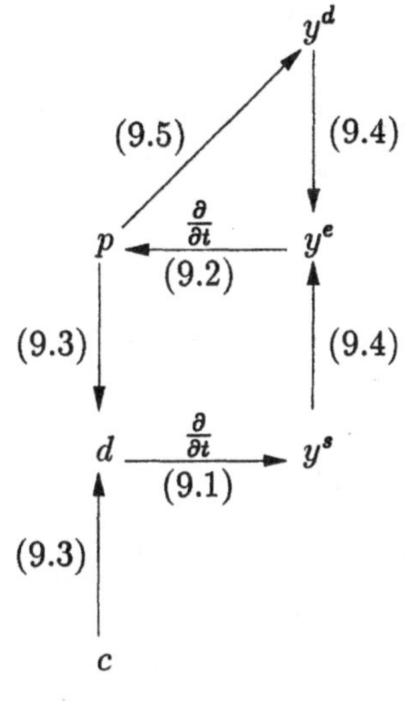

Abbildung 9.1: kausaler Abhängigkeitsgraph des Modells (9.1)–(9.6)

Abbildung 9.1 stellt die kausale Struktur des Modells im kausalen Abhängigkeitsgraphen graphisch dar. Die Knoten der Zeitableitungen und der zugehörigen Variablen habe ich zu jeweils einem Knoten zusammengefaßt.

Propagation der Anfangswerte

Als Startsituation werde ich wie oben in Abschnitt 6.3.3 die Situation wählen, in der das Güterangebot größer ist als die -nachfrage und der Preis größer ist als die Kosten.

$$\begin{array}{lrcl rcl} t_0: & y^s & = & \big((0,\infty);\ldots\big) & d & = & \big(\ldots;\ldots\big) \\ & p & = & \big((c,\infty);\ldots\big) & y^e & = & \big(\ldots;\ldots\big) \\ & y^d & = & \big(\ldots;\ldots\big) & y^d & \ll & y^s \end{array}$$

Die Werte, so wie sie durch die Anfangsannahmen gesetzt sind, werden durch den kausalen Abhängigkeitsgraphen propagiert. Der Wert des Preises bestimmt die Werte von Nachfrage und des Überschusses des Preises über die (exogenen) Kosten. Nachfrage und Angebot bestimmen die Überschußnachfrage. Die Überschußnachfrage bestimmt die Bewegungsrichtung des Preises, der Gewinn liefert die Bewegungsrichtung der Angebotsmenge. Von der Bewegungsrichtung des Preises sind wiederum die Bewegungsrichtungen von der Nachfrage und dem Gewinn bestimmt. Die Bewegungsrichtungen der Güternachfrage und des -angebots wirken auf die Bewegungsrichtung der Überschußnachfrage. Alle fehlenden Werte sind bestimmt. Die Anfangsannahmen waren ausreichend zur Bestimmung des qualitativen Zustands des Systems in der Startsituation:

$$\begin{array}{lrcl rcl} t_0: & y^s & = & \big((0,\infty);\uparrow\big) & d & = & \big((0,\infty);\downarrow\big) \\ & p & = & \big((c,\infty);\downarrow\big) & y^e & = & \big((-\infty,0);?\big) \\ & y^d & = & \big((0,\bar{y}^d_c);\uparrow\big) & y^d & \ll & y^s \end{array}$$

Einzig unbestimmt ist die Bewegungsrichtung der Überschußnachfrage. Entsprechend der definierten Arithmetik der Bewegungsrichtungen ist die Differenz zweier steigender Bewegungsrichtungen unbestimmt.

Der Verhaltensgraph

Abbildung 9.2 zeigt den Weg des dynamischen Prozesses. Die dicken Linien stellen die Isoklinen dar. Der Bereich zwischen den Linien oberhalb und unterhalb der $\dot{p} = 0$–Isokline ist *nahe* zu der Isokline. Die eingezeichneten Punkte repräsentieren den qualitativen Systemzustand. Die qualitativen Werte und die Bewegungsrichtungen von Güterangebot und Preis kennzeichnen den Systemzustand.

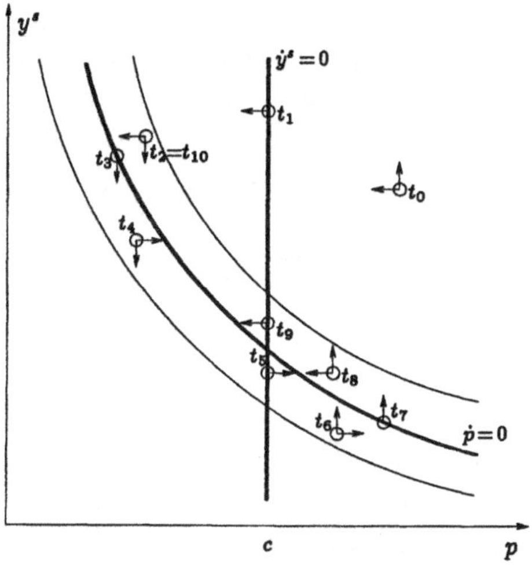

Abbildung 9.2: Verhaltensgraph des Modells (9.1)–(9.7)

Die Simulation beginnt wie oben in dem mit t_0 gekennzeichneten Punkt rechts der $\dot{y}^s = 0$–Isokline und oberhalb der $\dot{p} = 0$–Isokline. Die Position des Punktes im Diagramm ist somit nur in Relation zu den Isoklinen von Bedeutung. Läge der den Zustand im Zeitpunkt t_0 beschreibende Punkt etwas weiter rechts, bedeutete dies keinen qualitativen Unterschied. Für das Variablenpaar (p, y^s) gibt es 15 mögliche Werttupel: Der Preis kann größer als die Kosten sein (rechts der $\dot{y}^s = 0$–Isokline), er kann kleiner (links der $\dot{y}^s = 0$–Isokline) oder gleich den Kosten sein (auf der $\dot{y}^s = 0$–Isokline). Das Güterangebot kann wesentlich größer als die -nachfrage sein (über der Umgebung nahe der $\dot{p} = 0$–Isokline), es kann in der gleichen Größenordnung aber größer als die -nachfrage sein (in der Umgebung nahe der $\dot{p} = 0$–Isokline über der $\dot{p} = 0$–Isokline). Entsprechendes gilt für ein Güterangebot kleiner als die Nachfrage. Und es kann schließlich gleich der -nachfrage sein (auf der $\dot{p} = 0$–Isokline). Im Übergang vom Systemzustand im Zeitpunkt t_9 auf t_{10} scheint es falsch zu sein, einen Systemzustand bei höherem Güterangebot einzuzeichnen. Alle Wertepaare im Bereich rechts der $\dot{y}^s = 0$–Isokline, nahe und oberhalb der $\dot{p} = 0$–Isokline sind aber qualitativ gleich.

Der Verhaltensgraph bildet die Folge der Systemzustände ab, wie sie aus der qualitativen Simulation resultieren. Die Zustände sind mit den Zeitmarken t_0 bis t_{10} gekennzeichnet. Die Folge der Systemzustände zeigt einen zyklischen Prozeß. Nachdem der Prozeß im Zeitintervall (t_3, t_4) die $\dot{p} = 0$–Isokline wieder verlassen hat, bleibt er im Bereich nahe zu dieser Isokline. Die Ursache für diesen Effekt ist, wie während der Simulation offenkundig wird, der stabilisierende Effekt der preiselastischen Güternachfrage.

Iteration der Zustandsübergänge

In der beschriebenen Startsituation t_0 gibt es drei Variablen, die im nächsten Zeitpunkt ihren Wert qualitativ ändern können. Dieses sind der Preis, der den Grenzwert c erreichen kann, die Nachfrage, die den Grenzwert $\bar{y}_c^d$ erreichen kann, und schließlich der Gewinn, der sich dem Grenzwert 0 nähert. Diese Variablen sind jedoch im Sinne des Falls *ii)* bei der Auswahl einer Zustandsänderung, eine Menge von Variablen, deren Werte durch arithmetische Bedingungen oder korrespondierende Werte verbunden sind: Erreicht p den Grenzwert c, dann ist wegen der arithmetischen Bedingung (9.3) auch d gleich 0, und wegen des korrespondierenden Wertepaares der qualitativen Funktion in Bedingung (9.5) ist die Nachfrage gleich $\bar{y}_c^d$. Damit ist Fall *ii)* gegeben, und alle drei Variablen erreichen im nächsten Zeitpunkt den jeweiligen Grenzwert. Das Größenverhältnis zwischen y^d und y^s ändert sich nicht, da sich Güternachfrage und -angebot über das Zeitintervall in die gleiche Richtung bewegen. Die Wertänderungen im Zeitintervall (t_0, t_1) sind bei Anwendung des Falls *ii)* der Heuristik gegeben als:

$$\left.\begin{array}{rcl} p & = & \big((c,\infty);\downarrow\big) \\ d & = & \big((0,\infty);\downarrow\big) \\ y^d & = & \big((0,\bar{y}_c^d);\uparrow\big) \end{array}\right\} \xrightarrow[(t_0,t_1)]{ii)} \left\{\begin{array}{rcl} p & = & \big([c];\ldots\big) \\ d & = & \big([0];\ldots\big) \\ y^d & = & \big([\bar{y}_c^d];\ldots\big) \end{array}\right.$$

Die Bewegungsrichtungen der Variablen p, d und y^d im Zeitpunkt t_1 werden erst durch die Propagation der Wertänderungen bestimmt. Die Propagation der von diesen qualitativen Wertänderungen ausgehenden Variablen durch den kausalen Abhängigkeitsgraphen ergibt im Unterschied zum Systemzustand im Zeitpunkt t_0 eine Änderung der Bewegungsrichtung des Güterangebots auf „fest" und steigende Überschußnachfrage. Die Bewegungsrichtungen von Preis, Nachfrage und des Gewinns ändern sich gegenüber der Startsituation nicht:

$$
\begin{array}{llll}
t_1: & y^s = \big((0,\infty);\leftrightarrow\big) & d = \big([0];\downarrow\big) \\
& p = \big([c];\downarrow\big) & y^e = \big((-\infty,0);\uparrow\big) \\
& y^d = \big([\bar{y}^d_c];\uparrow\big) & y^d \ll y^s
\end{array}
$$

Im Zeitintervall (t_1, t_2) werden Preis, Nachfrage und Gewinn den jeweiligen Grenzwert wieder verlassen. Fall *i)* der Heuristik zur Auswahl einer Zustandsänderung ist gegeben. Bei steigender Güternachfrage und festem -angebot ändert sich über dieses Zeitintervall auch das Verhältnis zwischen den beiden Variablen. Gemäß der schwachen Form der Heuristik ändert sich das Verhältnis auch während des kurzen Zeitintervalls, da die Verhältnisänderung keine Wertänderung induziert. Die Überschußnachfrage bewegt sich auf den Grenzwert 0 zu, kann diesen aber gemäß der unterstellten Heuristik nicht schneller erreichen, als die genannten Variablen ihren jeweiligen Grenzwert verlassen werden.

$$
\left.\begin{array}{lcl}
p &=& \big([c];\downarrow\big) \\
d &=& \big([0];\downarrow\big) \\
y^d &=& \big([\bar{y}^d_c];\uparrow\big) \\
y^d &\ll& y^s
\end{array}\right\}
\xrightarrow[(t_1,t_2)]{i)}
\left\{\begin{array}{lcl}
p &=& \big((0,c);\ldots\big) \\
d &=& \big((-\infty,0);\ldots\big) \\
y^d &=& \big((\bar{y}^d_c,\infty);\ldots\big) \\
y^d &\sim<& y^s
\end{array}\right.
$$

Im Zeitpunkt t_2 folgen Änderungen der Bewegungsrichtungen aus den Wertänderungen. Das Güterangebot fällt nun bei negativem Gewinn. Die Überschußnachfrage steigt bei weiterhin steigender Güternachfrage und fallendem -angebot:

$$
\begin{array}{llll}
t_2: & y^s = \big((0,\infty);\downarrow\big) & d = \big((-\infty,0);\downarrow\big) \\
& p = \big((0,c);\downarrow\big) & y^e = \big((-\infty,0);\uparrow\big) \\
& y^d = \big((\bar{y}^d_c,\infty);\uparrow\big) & y^d \sim< y^s
\end{array}
$$

Aus t_2 heraus kann nur eine Variable ihren qualitativen Wert ändern. Die Überschußnachfrage wird den Grenzwert 0 erreichen. Alle anderen Variablen befinden sich in einem äußeren Intervall ihres Wertebereiches mit auf die äußere Grenze des Intervalls gerichteter Bewegungsrichtung. Fall *ii)* ist hier mit einer Variablen gegeben. Die Güternachfrage ist gleich dem -angebot.

$$\left.\begin{array}{lcl} y^e & = & \big((-\infty,0);\uparrow\big) \\ y^d & \sim< & y^s \end{array}\right\} \xrightarrow[(t_2,t_3)]{ii)} \left\{\begin{array}{lcl} y^e & = & \big([0];\ldots\big) \\ y^d & = & y^s \end{array}\right.$$

Die Propagation der Wertänderung führt zu festem Preis, Nachfrage und Gewinn. Das Güterangebot fällt weiter, die Überschußnachfrage steigt:

$$\begin{array}{lrclrcl} t_3: & y^s & = & \big((0,\infty);\downarrow\big) & d & = & \big((-\infty,0);\leftrightarrow\big) \\ & p & = & \big((0,c);\leftrightarrow\big) & y^e & = & \big([0];\uparrow\big) \\ & y^d & = & \big((\bar{y}^d_c,\infty);\leftrightarrow\big) & y^d & = & y^s \end{array}$$

Fall *i)* der Heuristik zur Auswahl einer Zustandsänderung ist gegeben. Die Überschußnachfrage verläßt den Grenzwert 0. Das Verhältnis zwischen Güternachfrage und -angebot folgt. Beide bleiben in der gleichen Größenordnung. Die Güternachfrage ist nun jedoch größer als das -angebot.

$$\left.\begin{array}{lcl} y^e & = & \big([0];\uparrow\big) \\ y^d & = & y^s \end{array}\right\} \xrightarrow[(t_3,t_4)]{i)} \left\{\begin{array}{lcl} y^e & = & \big((0,\infty);\ldots\big) \\ y^d & >\sim & y^s \end{array}\right.$$

Der Preis steigt in Reaktion auf die nun positive Überschußnachfrage. Die Propagation der Wertänderungen führt folgend zu ebenfalls steigendem Gewinn und zu fallender Güternachfrage. Güternachfrage und -angebot werden über das Intervall (t_4, t_5) hinweg fallen. Die Entwicklung der Überschußnachfrage ist demzufolge im Zeitpunkt t_4 unbestimmt:

$$\begin{array}{lrclrcl} t_4: & y^s & = & \big((0,\infty);\downarrow\big) & d & = & \big((-\infty,0);\uparrow\big) \\ & p & = & \big((0,c);\uparrow\big) & y^e & = & \big((0,\infty);?\big) \\ & y^d & = & \big((\bar{y}^d_c,\infty);\downarrow\big) & y^d & >\sim & y^s \end{array}$$

Im Zeitpunkt t_4 ist wiederum Fall *ii)* der Heuristik zur Auswahl einer Zustandsänderung für die Variablen Preis, Gewinn und Güternachfrage gegeben. Die Variablen erreichen den jeweiligen Grenzwert c, 0 beziehungsweise $\bar{y}^d_c$. Bei über das Zeitintervall (t_4, t_5) fallender Güternachfrage und fallendem -angebot, bleibt das Verhältnis dieser Variablen zueinander unverändert.

$$\left.\begin{array}{rcl} p &=& \big((0,c);\uparrow\big) \\ d &=& \big((-\infty,0);\uparrow\big) \\ y^d &=& \big((\bar{y}_c^d,\infty);\downarrow\big) \end{array}\right\} \xrightarrow[(t_4,t_5)]{ii)} \left\{\begin{array}{rcl} p &=& \big([c];\ldots\big) \\ d &=& \big([0];\ldots\big) \\ y^d &=& \big([\bar{y}_c^d];\ldots\big) \end{array}\right.$$

Das Intervall (t_4, t_5) ist der entscheidende Schritt der Simulation. Der dämpfende Effekt einer preiselastischen Güternachfrage kommt zum Tragen. Mit sinkendem Güterangebot und wegen des steigenden Preises ebenfalls sinkender -nachfrage bleibt die Überschußnachfrage positiv aber nahe bei Null. Güternachfrage und -angebot bleiben in der gleichen Größenordnung. Wäre die Güternachfrage exogen gegeben und damit preisunelastisch, führte dies zu weitem Auseinanderdriften von Güternachfrage und -angebot. Der Preis steigt langsam bis er gleich den Kosten ist. Ein weiter deutliches Schwanken des Preises um den gleichgewichtigen Preis c ist bei einer Überschußnachfrage nahe Null nur bei der Annahme einer extremen Anpassungsfunktion in Gleichung (9.2) möglich.

In Reaktion auf einen Gewinn von Null bleibt das Güterangebot fest. Die Überschußnachfrage fällt. Die Bewegungsrichtungen der anderen Variablen bleiben gegenüber ihrem Zustand im Zeitpunkt t_4 unverändert.

$$\begin{array}{lrclrcl} t_5: & y^s &=& \big((0,\infty);\leftrightarrow\big) & d &=& \big([0];\uparrow\big) \\ & p &=& \big([c];\uparrow\big) & y^e &=& \big((0,\infty);\downarrow\big) \\ & y^d &=& \big([\bar{y}_c^d];\downarrow\big) & y^d &>\sim& y^s \end{array}$$

Im Zeitintervall (t_5, t_6) verlassen Preis, Gewinn und Güternachfrage ihre jeweiligen Grenzwerte gemäß Fall *i)* der Heuristik. Trotz fallender Güternachfrage bei festem -angebot bleibt das Verhältnis der beiden Variablen unverändert. Hier greift die schwache Form der Heuristik zur Berücksichtigung der kurzen Zeitintervalle. Eine Änderung des Größenverhältnisses auf $y^d = y^s$ würde eine Wertänderung der Überschußnachfrage induzieren, die aber erst eintreten wird, nachdem die drei Variablen ihre Grenzwerte verlassen haben.

$$\left.\begin{array}{lcl} p & = & \big([c];\uparrow\big) \\ d & = & \big([0];\uparrow\big) \\ y^d & = & \big([\bar{y}^d_c];\downarrow\big) \end{array}\right\} \xrightarrow[(t_5,t_6)]{i)} \left\{\begin{array}{lcl} p & = & \big((c,\infty);\ldots\big) \\ d & = & \big((0,\infty);\ldots\big) \\ y^d & = & \big((0,\bar{y}^d_c);\ldots\big) \end{array}\right.$$

Die folgende Propagation der Wertänderungen resultiert unmittelbar:

$$\begin{array}{llcllcl} t_6: & y^s & = & \big((0,\infty);\uparrow\big) & d & = & \big((0,\infty);\uparrow\big) \\ & p & = & \big((c,\infty);\uparrow\big) & y^e & = & \big((0,\infty);\downarrow\big) \\ & y^d & = & \big((0,\bar{y}^d_c);\downarrow\big) & y^d & >\sim & y^s \end{array}$$

Im folgenden Zustandsübergang erreicht die Überschußnachfrage wiederum gemäß Fall *ii)* der Heuristik ihren Grenzwert Null.

$$\left.\begin{array}{lcl} y^e & = & \big((0,\infty);\downarrow\big) \\ y^d & >\sim & y^s \end{array}\right\} \xrightarrow[(t_6,t_7)]{ii)} \left\{\begin{array}{lcl} y^e & = & \big([0];\ldots\big) \\ y^d & = & y^s \end{array}\right.$$

Aus diesen Wertänderungen folgt im Zeitpunkt t_7 ein fester Preis, Gewinn und eine feste Güternachfrage. Die Überschußnachfrage fällt wegen des positiven Gewinns weiterhin steigenden Güterangebots:

$$\begin{array}{llcllcl} t_7: & y^s & = & \big((0,\infty);\uparrow\big) & d & = & \big((0,\infty);\leftrightarrow\big) \\ & p & = & \big((c,\infty);\leftrightarrow\big) & y^e & = & \big([0];\downarrow\big) \\ & y^d & = & \big((0,\bar{y}^d_c);\leftrightarrow\big) & y^d & = & y^s \end{array}$$

Aus Zeitpunkt t_7 heraus wird die Überschußnachfrage gemäß Fall *i)* der Heuristik den Grenzwert Null wieder verlassen. Güternachfrage und -angebot bleiben in der gleichen Größenordnung, das Güterangebot ist nun jedoch größer als die -nachfrage.

$$\left.\begin{array}{lcl} y^e & = & \big([0];\downarrow\big) \\ y^d & = & y^s \end{array}\right\} \xrightarrow[(t_7,t_8)]{i)} \left\{\begin{array}{lcl} y^e & = & \big((-\infty,0);\ldots\big) \\ y^d & \sim< & y^s \end{array}\right.$$

Der Preis beginnt bei nun negativer Überschußnachfrage zu fallen. Mit ihm fällt der Gewinn und steigt die Nachfrage. Bei weiterhin positivem Gewinn steigt das Güterangebot ebenfalls. Die Bewegungsrichtung der Überschußnachfrage ist daher unbestimmt:

$$
\begin{array}{llll}
t_8: & y^s = \big((0,\infty);\uparrow\big) & d &= \big((0,\infty);\downarrow\big) \\
 & p = \big((c,\infty);\downarrow\big) & y^e &= \big((-\infty,0);?\big) \\
 & y^d = \big((0,\bar{y}^d_c);\uparrow\big) & y^d &\sim< y^s
\end{array}
$$

Der qualitative Zustand des Systems im Zeitpunkt t_8 ist der gleiche wie der im Zeitpunkt t_0 mit einem wesentlichen Unterschied: Das Größenverhältnis zwischen Güternachfrage und -angebot ist nicht mehr durch $y^d \ll y^s$ beschrieben, sondern durch $y^d \sim< y^s$. Nachdem ein Orbit um das Gleichgewicht herum durchlaufen wurde, ist das System wieder im selben Bereich angelangt. Der Preis ist wieder größer als die Kosten und das Güterangebot ist größer als die -nachfrage. Dasselbe war unterstellt für die Startsituation t_0. Das System befindet sich im Zeitpunkt t_8 jedoch dichter am Gleichgewichtspunkt als vordem. Dieses Ergebnis der Analyse wird erst durch die Betrachtung des Verhältnisses der qualitativen Werte der Variablen y^d und y^s ermöglicht.

Die folgenden Systemzustände zu den Zeitpunkten t_9 und t_{10} gebe ich nicht mehr detailliert an. Im Verhaltensgraphen in Abbildung 9.2 auf Seite 271 ist zu erkennen, daß der Systemzustand im Zeitpunkt t_9 wie schon vorher im Zeitpunkt t_1 auf der $\dot{y}^s = 0$–Isokline liegt, jdeoch nun im bereich nahe der $\dot{p} = 0$–Isokline. Der Systemzustand im Zeitpunkt t_{10} ist schließlich der gleiche wie im Zeitpunkt t_2.

Die Simulation bricht an dieser Stelle ab. Ein Zyklus ist erkannt. Im folgenden würden die Systemzustände der Zeitpunkte t_2 bis t_9 wiederholt. Der Bereich nahe der $\dot{p} = 0$–Isokline wird nicht wieder verlassen. Dies bedeutet, daß die Überschußnachfrage in einer Umgebung nahe bei Null bleibt. Wenn die qualitative Funktion in Gleichung (9.2) nicht extrem auf kleine Werte der Überschußnachfrage reagiert, sind auch keine deutlichen Preisschwankungen mehr zu erwarten. Das System ist qualitativ im Gleichgewicht.

In den folgenden Abschnitten werde ich darstellen, daß meine Methode qualitativer Simulation interdependenter Zusammenhänge auch bei Variationen des Anpassungsprozesses Ergebnisse liefert, die mit den Ergebnissen qualitativ mathematischer Analyse vergleichbar sind. Zunächst betrachte ich das vollständig interdependente Modell, in dem die Kosten positiv vom Güterangebot abhängen. Im Sinne einer neoklassischen Produktionsfunktion werden steigende Grenzkosten unterstellt. Für die qualitative Funktion $\mathcal{F}(y^s)$ ist wiederum nur ihre Monotonie unterstellt:

9.2 Das vollständig interdependente Modell

Das vollständig interdependente Modell enthält keine exogen gegebenen Variablenwerte. Bei negativer Abhängigkeit der Güternachfrage vom Preis und positiver Wirkung des Güterangebots auf die Kosten ist das Modell in seinen qualitativ mathematischen Eigenschaften stabil. Die Beschreibung der qualitativen Simulation des Modells in diesem Abschnitt führt zu dem gleichen Ergebnis. Die Wertebereiche von Güternachfrage, Güterangebot und des Preises sind nicht durch Grenzwerte segmentiert, und die der Überschußnachfrage und des Gewinns entsprechen der Vorzeichenmenge. Bei damit sehr wenig aussagekräftigen qualitativen Werten der Variablen auf diesen Wertebereichen reicht der qualitative Vergleich vergleichbarer endogener Größen für aussagekräftige Analyseergebnisse aus.

Das obige Modell wird in Gleichung (9.6) variiert. Die Gleichung wird durch die folgende qualitative Proportionalität ersetzt:

$$c = \mathcal{F}(y^s) \tag{9.8}$$

Die Gleichungen (9.1)–(9.5) bleiben bestehen. Weiterhin wird das Modell ergänzt um eine zweite explizite Spezifikation vergleichbarer Variablen. Da die Kosten nun endogen sind, sind Preis und Kosten vergleichbare Variablen und entsprechend zu betrachten:

$$p \quad \textit{ist vergleichbar mit} \quad c \tag{9.9}$$

Durch den Wegfall des exogen gegebenen Wertes c sind die Wertebereiche der Variablen des Modells verändert. Die Wertebereiche von Preis und Nachfrage sind nicht mehr zu segmentieren. Auch sie verbleiben nun im

Intervall $(0,\infty)$:

$$\begin{array}{rl} y^s: & \{(0,\infty)\} \\ y^d: & \{(0,\infty)\} \\ y^e: & \{(-\infty,0),[0],(0,\infty)\} \\ d: & \{(-\infty,0),[0],(0,\infty)\} \\ p: & \{(0,\infty)\} \\ c: & \{(0,\infty)\} \end{array}$$

Für die qualitativen Funktionen in den Gleichungen (9.5) und (9.8) können keine korrespondierenden Wertepaare mehr angegeben werden. Die Wertepaare $([0],[0])$ für die qualitativen Differentialgleichungen bleiben bestehen.

Die kausale Ordnung des Modells nach der Methode für gemischte Modelle ergibt die folgenden minimalen, vollständigen Teilmengen:

$$\begin{array}{rcl} T_0 & = & \{\{y^s\},\{p\}\} \\ T_1 & = & \{\{y^d\},\{c\}\} \\ T_2 & = & \{\{y^e\},\{d\}\} \\ T_3 & = & \{\{\dot{y}^s\},\{\dot{p}\}\} \end{array}$$

Der kausale Abhängigkeitsgraph ist in Abbildung 9.3 dargestellt. Das System ist vollständig interdependent. Jede Variable ist, beschrieben durch einen Pfad im Graphen, direkt oder indirekt kausal abhängig von jeder anderen Variablen.

Die Startsituation ist auch hier durch die Annahmen, daß die Preise größer sind als die Kosten und das Güterangebot größer ist als die -nachfrage, vollständig gegeben. Die Bewegungsrichtung der Überschußnachfrage bleibt unbestimmt, da sowohl die Güternachfrage als auch das -angebot steigen:

$$\begin{array}{lrclrcl} t_0: & y^s & = & ((0,\infty);\uparrow) & d & = & ((0,\infty);\downarrow) \\ & p & = & ((0,\infty);\downarrow) & y^e & = & ((-\infty,0);?) \\ & y^d & = & ((0,\infty);\uparrow) & c & = & ((0,\infty);\uparrow) \\ & y^d & \ll & y^s & p & \gg & c \end{array}$$

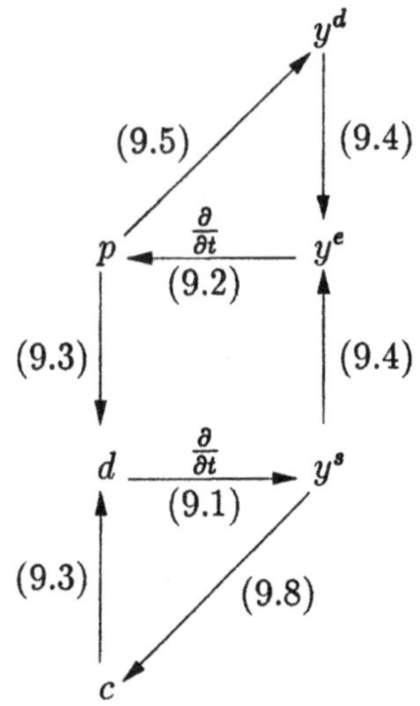

Abbildung 9.3: kausaler Abhängigkeitsgraph des Modells (9.1)–(9.5) und (9.8)

Die qualitative Simulation des Modells hat zu zeigen, ob trotz der vollständigen Interdependenz des Modells und der nicht zu segmentierenden Wertebereiche dennoch die aus der qualitativ mathematischen Analyse zu erwartende gleichgewichtige Entwicklung erkennbar wird.

Der aus der Simulation des Modells resultierende Verhaltensgraph ist in Abbildung 9.4 in Form eines Phasendiagramms abgebildet. Weil hier nicht nur das Güterangebot und die Güternachfrage sondern auch Preis und Kosten qualitativ verglichen werden, ist um beide Isoklinen herum eine Umgebung nahe bei der Isokline eingezeichnet. Deutlich erkennbar ist bereits bei Betrachtung der Abbildung, daß der Systemzustand ab dem Zeitpunkt t_2 die Umgebung nahe beider Isoklinen nicht wieder verläßt, der Prozeß also ab dem Zeitpunkt t_2 qualitativ ein stabiles Gleichgewicht erreicht hat.

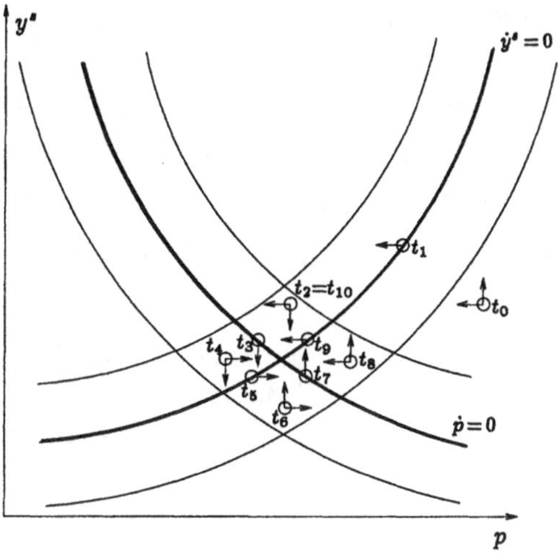

Abbildung 9.4: Verhaltensgraph des Modells (9.1)–(9.5) und (9.7)–(9.9)

Iteration der Zustandsübergänge

Die Zustandsübergänge und die Propagation von Wertänderungen beschreibe ich jeweils knapp. Aus dem Zustand in t_0 heraus erreicht der Gewinn gemäß Fall *ii)* im Zeitintervall (t_0, t_1) den Grenzwert Null. Mit dem Größenvergleich $p >\sim c$ ist keine qualitative Zustandsänderung verbunden. Das Verhältnis wechselt von $p \gg c$ sofort auf $p = c$:

$$\left.\begin{array}{lcl} d & = & \big((0,\infty);\downarrow\big) \\ p & \gg & c \end{array}\right\} \xrightarrow[(t_0,\, t_1)]{ii)} \left\{\begin{array}{lcl} d & = & \big([0];\ldots\big) \\ p & = & c \end{array}\right.$$

Bei einem Gewinn von Null sind das Güterangebot und die Kosten fest. Der Preis fällt bei weiter negativer Überschußnachfrage. Mit dem fallenden Preis steigen die Güternachfrage und die Überschußnachfrage:

$$\begin{array}{rrcl rcl} t_1: & y^s & = & \big((0,\infty);\leftrightarrow\big) & d & = & \big([0];\downarrow\big) \\ & p & = & \big((0,\infty);\downarrow\big) & y^e & = & \big((-\infty,0);\uparrow\big) \\ & y^d & = & \big((0,\infty);\uparrow\big) & c & = & \big((0,\infty);\leftrightarrow\big) \\ & y^d & \ll & y^s & p & = & c \end{array}$$

Der Gewinn verläßt entsprechend Fall *i)* den Grenzwert Null und wird negativ, der Preis ist kleiner als die Kosten. Das feste Güterangebot und die steigende -nachfrage ändern im Zeitintervall (t_1, t_2) das Größenverhältnis der Variablen:

$$\left.\begin{array}{lcl} d & = & \big([0];\downarrow\big) \\ y^d & \ll & y^s \\ p & = & c \end{array}\right\} \xrightarrow[(t_1,t_2)]{i)} \left\{\begin{array}{lcl} d & = & \big((-\infty,0);\ldots\big) \\ y^d & \sim< & y^s \\ p & \sim< & c \end{array}\right.$$

Das Güterangebot fällt bei nun negativem Gewinn, der Preis fällt bei weiter negativer Überschußnachfrage. Mit fallendem Güterangebot fallen die Kosten, und mit fallenden Preisen steigt die Güternachfrage. Die Bewegungsrichtung des Gewinns ist im Zeitpunkt t_2 unbestimmt bei fallendem Preis und fallenden Kosten. Die Überschußnachfrage steigt bei steigender Güternachfrage und fallendem -angebot:

$$\begin{array}{llcl llcl} t_2: & y^s & = & \big((0,\infty);\downarrow\big) & & d & = & \big((-\infty,0);?\big) \\ & p & = & \big((0,\infty);\downarrow\big) & & y^e & = & \big((-\infty,0);\uparrow\big) \\ & y^d & = & \big((0,\infty);\uparrow\big) & & c & = & \big((0,\infty);\downarrow\big) \\ & y^d & \sim< & y^s & & p & \sim< & c \end{array}$$

Im Zeitintervall (t_2, t_3) ist der stabilisierende Effekt der angebotsabhängigen Kosten offenkundig. Bei festen Kosten und fallenden Preisen wäre eine Änderung des Größenverhältnisses zwischen Preis und Kosten erfolgt. Da die Kosten aber mit dem Güterangebot ebenfalls fallen, bleiben Preis und Kosten in der gleichen Größenordnung. Die Überschußnachfrage erreicht den Grenzwert Null:

$$\left.\begin{array}{lcl} y^e & = & \big((-\infty,0);\uparrow\big) \\ y^d & \sim< & y^s \end{array}\right\} \xrightarrow[(t_2,t_3)]{ii)} \left\{\begin{array}{lcl} y^e & = & \big([0];\ldots\big) \\ y^d & = & y^s \end{array}\right.$$

Aus der Propagation der Wertänderungen im Zeitintervall (t_2, t_3) folgt der Systemzustand im Zeitpunkt t_3:

$$\begin{array}{llcl llcl} t_3: & y^s & = & \big((0,\infty);\downarrow\big) & & d & = & \big((-\infty,0);\uparrow\big) \\ & p & = & \big((0,\infty);\leftrightarrow\big) & & y^e & = & \big([0];\uparrow\big) \\ & y^d & = & \big((0,\infty);\leftrightarrow\big) & & c & = & \big((0,\infty);\downarrow\big) \\ & y^d & = & y^s & & p & \sim< & c \end{array}$$

Aus dem Systemzustand im Zeitpunkt t_3 heraus verläßt die Überschußnachfrage den Grenzwert. Güternachfrage und -angebot bleiben in der gleichen Größenordnung. Die Güternachfrage ist nun größer als das -angebot. Das Größenverhältnis zwischen Preis und Kosten ändert sich nicht, die schwache Form der Heuristik zur Behandlung von kurzen Zeitintervallen greift. Eine Änderung des Verhältnisses entsprechend den Bewegungsrichtungen im Zeitpunkt t_3 auf $p = c$ würde eine Änderung des Wertes des Gewinns auf Null induzieren:

$$\left.\begin{array}{lcl} y^e & = & \big([0];\uparrow\big) \\ y^d & = & y^s \end{array}\right\} \xrightarrow[(t_3,t_4)]{i)} \left\{\begin{array}{lcl} y^e & = & \big((0,\infty);\ldots\big) \\ y^d & >\sim & y^s \end{array}\right.$$

Der Systemzustand im Zeitpunkt t_4 folgt unmittelbar:

$$\begin{array}{llcllcl} t_4: & y^s & = & \big((0,\infty);\downarrow\big) & d & = & \big((-\infty,0);\uparrow\big) \\ & p & = & \big((0,\infty);\uparrow\big) & y^e & = & \big((0,\infty);?\big) \\ & y^d & = & \big((0,\infty);\downarrow\big) & c & = & \big((0,\infty);\downarrow\big) \\ & y^d & >\sim & y^s & p & \sim< & c \end{array}$$

Im Zeitintervall (t_4, t_5) wirkt der stabilisierende Effekt der preiselastischen Nachfrage ganz entsprechend der Wirkung im oben dargestellten ersten Beispiel. Bei fallendem Güterangebot und wegen der Preiselastizität ebenfalls fallender -nachfrage bleiben Güternachfrage und -angebot in der gleichen Größenordnung. Der Gewinn erreicht den Grenzwert Null:

$$\left.\begin{array}{lcl} d & = & \big((-\infty,0);\uparrow\big) \\ p & \sim< & c \end{array}\right\} \xrightarrow[(t_4,t_5)]{ii)} \left\{\begin{array}{lcl} d & = & \big([0];\ldots\big) \\ p & = & c \end{array}\right.$$

Die Propagation der Wertänderungen ergibt festes Güterangebot und feste Kosten. Der Preis steigt wegen positiver Überschußnachfrage. Die Güternachfrage fällt bei steigendem Preis. Die Überschußnachfrage fällt und der Gewinn steigt:

$$\begin{array}{llcllcl} t_5: & y^s & = & \big((0,\infty);\leftrightarrow\big) & d & = & \big([0];\uparrow\big) \\ & p & = & \big((0,\infty);\uparrow\big) & y^e & = & \big((0,\infty);\downarrow\big) \\ & y^d & = & \big((0,\infty);\downarrow\big) & c & = & \big((0,\infty);\leftrightarrow\big) \\ & y^d & >\sim & y^s & p & = & c \end{array}$$

Ich verzichte auf die detaillierte Angabe der folgenden Systemzustände. In Abbildung 9.4 auf Seite 281 ist zu erkennen, daß der qualitative Zustand des Systems im Zeitpunkt t_8 dem Zustand im Zeitpunkt t_0 entspricht, mit Ausnahme der Größenverhältnisse. Nach einem durchlaufenen Orbit um das Gleichgewicht befinden sich die Werte der Variablen dicht beim Gleichgewicht. Der Zustand im Zeitpunkt t_{10} entspricht dem im Zeitpunkt t_2. Damit befindet sich das System ab dem Zeitpunkt t_2 auf einem Orbit um den Gleichgewichtspunkt in der Umgebung nahe beiden Isoklinen also nahe dem Gleichgewichtspunkt. Das System ist qualitativ im Gleichgewicht.

9.3 Der stabile Orbit

In diesem Abschnitt analysiere ich eine Variante des Modells, die nach qualitativ mathematischer Analyse neutral zyklisch auf Störungen reagiert. Werden die Kosten und die Güternachfrage exogen gegeben, ergibt eine qualitativ mathematische Analyse des Modells neutrale Zyklizität. Das System bewegt sich auf einem stabilen Orbit um den Gleichgewichtspunkt. Die beschriebene Heuristik führt auch in Situationen ohne die Notwendigkeit eines qualitativen Vergleichs der Werte vergleichbarer endogener Variablen zum gleichen Ergebnis wie eine mathematische Analyse.

In der Modellbeschreibung wird Gleichung (9.5) ersetzt durch ein Exogenisieren der Güternachfrage:

$$y^d = exogen \tag{9.10}$$

Das Modell besteht nun aus den Gleichungen (9.1)–(9.4), (9.6) und (9.10). Endogene Variablen deren Wert sich in einem Gleichgewicht ausgeglichen haben muß, gibt es nicht. Das Güterangebot und der Preis haben in einem Gleichgewicht gleich den exogen gegebenen Werten der Güternachfrage und der Kosten zu sein. Vergleichbare Variablenpaare spezifiziere ich demzufolge nicht.

Die Wertebereiche der Variablen sind wie folgt gegeben:

$$\begin{aligned} y^s &: \quad \{(0,y^d),[y^d],(y^d,\infty)\} \\ y^e &: \quad \{(-\infty,0),[0],(0,\infty)\} \\ d &: \quad \{(-\infty,0),[0],(0,\infty)\} \\ p &: \quad \{(0,c),[c],(c,\infty)\} \end{aligned}$$

Mittels der exogen gegebenen Werte für die Güternachfrage und die Kosten sind die Wertebereiche des Güterangebots und des Preises absolut zu segmentieren.

Aus dem kausalen Ordnen des Modells resultieren die folgenden Mengen minimaler, vollständiger Teilmengen:

$$\begin{aligned} T_0 &= \{\{y^d\},\{c\},\{y^s\},\{p\}\} \\ T_1 &= \{\{y^e\},\{d\}\} \\ T_2 &= \{\{\dot{y}^s\},\{\dot{p}\}\} \end{aligned}$$

Der kausale Abhängigkeitsgraph in Abbildung 9.5 veranschaulicht die kausale Struktur des Modells.

Die Startsituation gemäß den schon oben getroffenen Annahmen, daß der Preis größer ist als die Kosten und das Güterangebot größer ist als die -nachfrage, ist vollständig gegeben. Unbestimmte Bewegungsrichtungen sind nicht mehr zu beobachten:

$$\begin{aligned} t_0: \quad y^s &= ((y^d,\infty);\uparrow) \qquad & d &= ((0,\infty);\downarrow) \\ p &= ((c,\infty);\downarrow) \qquad & y^e &= ((-\infty,0);\downarrow) \end{aligned}$$

Die Simulation des Modells werde ich nicht in einzelnen Schritten darstellen. Der aus einer Simulation des Modells resultierende Verhaltensgraph ist in Abbildung 9.6 dargestellt. Der zyklische Charakter des Modells bleibt deutlich. Ohne die stabilisierenden Effekte einer preiselastischen Güternachfrage oder angebotsabhängiger Kosten verbleibt das Modell auf einem Orbit um den Gleichgewichtspunkt. Im Zeitpunkt t_8 ist der qualitative Systemzustand der Ausgangssituation wieder erreicht.

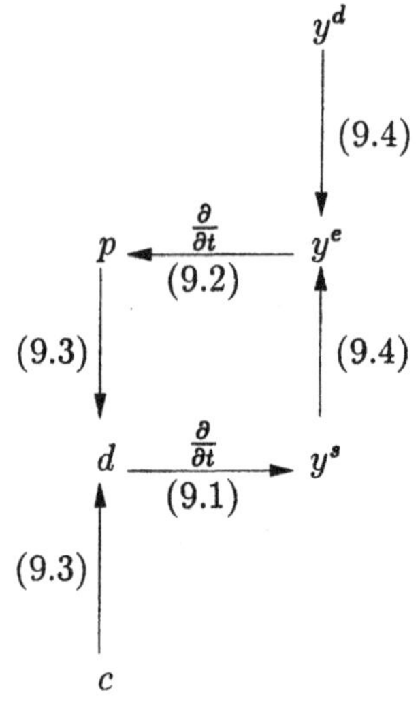

Abbildung 9.5: kausaler Abhängigkeitsgraph des Modells (9.1)–(9.4), (9.6) und (9.10)

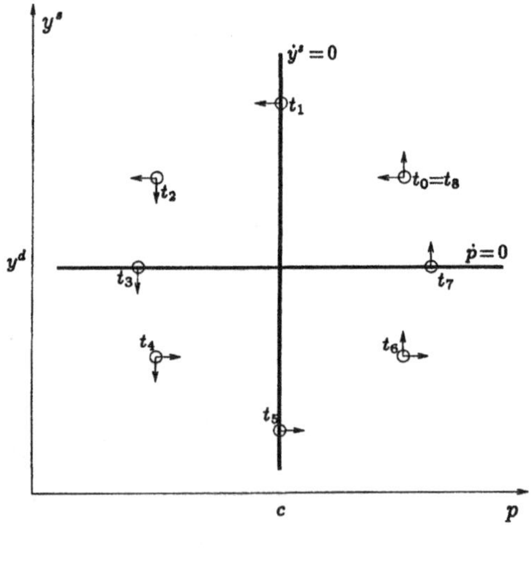

Abbildung 9.6: Verhaltensgraph des Modells (9.1)–(9.4), (9.6) und (9.10)

Der Verhaltensgraph in Abbildung 9.7 ist das Ergebnis einer Simulation des Modells mit der (unnötigen) Spezifiaktion der Variablenpaare Güterangebot und -nachfrage sowie Preis und Kosten als vergleichbare Variablen in den Gleichungen (9.7) und (9.9).

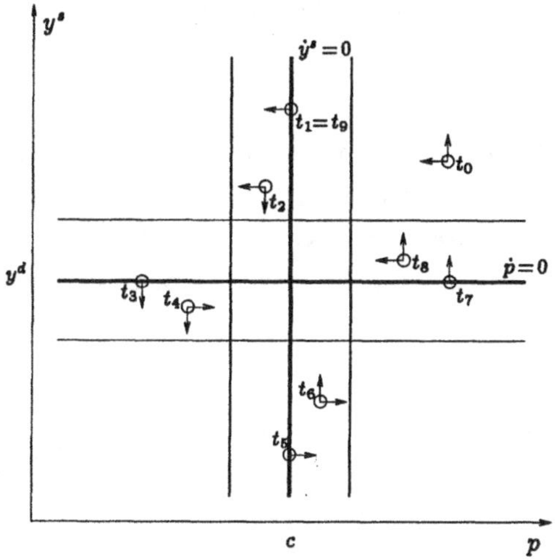

Abbildung 9.7: Verhaltensgraph des Modells (9.1)–(9.4), (9.6), (9.7),(9.9) und (9.10)

Nachdem im Zeitintervall (t_0, t_1) die $\dot{y}^s = 0$–Isokline erreicht wird, befindet sich der Systemzustand immer in der Umgebung nahe einer der beiden Isoklinen. Der Bereich nahe einer Isokline wird aber wieder verlassen, wenn die jeweils andere Isokline erreicht wird. Beispielsweise im Zeitintervall (t_4, t_5) erreicht der Preis einen Grenzwert und ist gleich den Kosten. Das Güterangebot fällt jedoch, wegen der fehlenden Wirkung des Preises auf die Güternachfrage, soweit unter den gegebenen Nachfragewert, daß die Umgebung nahe der $\dot{p} = 0$–Isokline wieder verlassen wird. Der Systemzustand im Zeitpunkt t_9 ist der gleiche wie im Zeitpunkt t_1. Die Simulation stoppt mit einem erkannten Zyklus im Verhaltensgraphen. Innerhalb des Zyklus wird der Bereich nahe den Isoklinen immer wieder verlassen. Tendenzen in das Gleichgewicht oder von dem Gleichgewicht weg werden nicht erkannt. Das Modell verbleibt auch in der um vergleichbare Variablenpaare erweiterten Beschreibung auf einem stabilen Orbit um den Gleichgewichtspunkt.

9.4 Ein Ungleichgewicht

Das Modell ändere ich nun dahingehend, daß es sich nach qualitativ mathematischer Analyse instabil verhält. Auch die qualitative Simulation eines solchen Modells wird zeigen, daß sich das Modell nicht dem Gleichgewicht annähert beziehungsweise nicht im Bereich nahe dem Gleichgewicht verbleibt.

Ich übernehme die Modellbeschreibung (9.1)–(9.7). Nun wird allerdings der Markt für ein Giffin–Gut betrachtet. Die Gleichung (9.5) des ursprünglichen Modells, die die Güternachfrage als negativ proportional zum Preis beschreibt, wird dem entsprechend durch eine positive Proportionalität ersetzt.

$$y^d = \mathcal{F}(p) \tag{9.11}$$

Die kausale Struktur des Modells wird durch diese Variation nicht berührt und weiter durch den kausalen Abhängigkeitsgraphen in Abbildung 9.1 auf Seite 269 veranschaulicht.

Die Startsituation unterscheidet sich bei den gleichen Annahmen wie oben dadurch von der Startsituation im stabilen Modell, daß die Güternachfrage bei fallenden Preisen fällt und die Überschußnachfrage damit nicht mehr unbestimmt ist, sondern fällt:

$$\begin{array}{llllll} t_0: & y^s & = & \big((0,\infty);\uparrow\big) & d & = & \big((0,\infty);\downarrow\big) \\ & p & = & \big((c,\infty);\downarrow\big) & y^e & = & \big((-\infty,0);\downarrow\big) \\ & y^d & = & \big((\bar{y}^d_c,\infty);\downarrow\big) & y^d & \ll & y^s \end{array}$$

Abbildung 9.8 zeigt den Verhaltensgraphen, der aus der Simulation des Modells resultiert. Der Prozeß verläuft zyklisch und bleibt nicht in der Umgebung nahe bei der $\dot{p}=0$–Isokline.

Iteration der Zustandsübergänge

Im Zeitpunkt t_0 ist Fall *ii)* der Heuristik für die Auswahl eines Zustandsübergangs mit den Variablen Preis, Gewinn und Güternachfrage, die von-

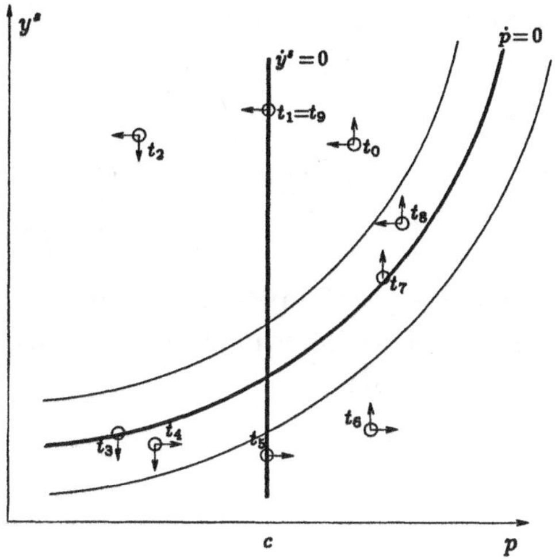

Abbildung 9.8: Verhaltensgraph des Modells (9.1)–(9.4), (9.6), (9.7) und (9.11)

einander abhängig jeweils ihren Grenzwert erreichen, erfüllt. Das Größenverhältnis ändert sich nicht. Der Systemzustand zeigt im Zeitpunkt t_0, daß das Güterangebot in einer anderen Größenordnung über der -nachfrage liegt. Im Zeitintervall (t_0, t_1) driften beide Variablen in dieser Richtung weiter auseinander, was sich jedoch in der qualitativen Beschreibung des Systemzustands nicht weiter auswirkt:

$$\left.\begin{array}{rcl} p &=& \big((c,\infty);\downarrow\big) \\ d &=& \big((0,\infty);\downarrow\big) \\ y^d &=& \big((\bar{y}^d_c,\infty);\downarrow\big) \end{array}\right\} \xrightarrow[(t_0,t_1)]{ii)} \left\{\begin{array}{rcl} p &=& \big([c];\ldots\big) \\ d &=& \big([0];\ldots\big) \\ y^d &=& \big([\bar{y}^d_c];\ldots\big) \end{array}\right.$$

Die Propagation der beschriebenen Wertänderung führt zum Systemzustand im Zeitpunkt t_1:

$$\begin{array}{lrclrcl} t_1: & y^s &=& \big((0,\infty);\leftrightarrow\big) & d &=& \big([0];\downarrow\big) \\ & p &=& \big([c];\downarrow\big) & y^e &=& \big((-\infty,0);\downarrow\big) \\ & y^d &=& \big([\bar{y}^d_c];\downarrow\big) & y^d &\ll& y^s \end{array}$$

Die drei Variablen werden im Zeitintervall (t_1, t_2) den jeweiligen Grenzwert wieder verlassen, gemäß Fall *i)* der Heuristik.

$$\left.\begin{array}{rcl} p &=& \big([c]; \downarrow\big) \\ d &=& \big([0]; \downarrow\big) \\ y^d &=& \big([\bar{y}^d_c]; \downarrow\big) \end{array}\right\} \xrightarrow[(t_1, t_2)]{i)} \left\{\begin{array}{rcl} p &=& \big((0, c); \ldots\big) \\ d &=& \big((-\infty, 0); \ldots\big) \\ y^d &=& \big((0, \bar{y}^d_c); \ldots\big) \end{array}\right.$$

Bei nun fallendem Güterangebot in Reaktion auf einen Gewinn kleiner Null und weiterhin fallender Güternachfrage ist die Bewegungsrichtung der Überschußnachfrage unbestimmt:

$$\begin{array}{llcllcl} t_2: & y^s &=& \big((0, \infty); \downarrow\big) & d &=& \big((-\infty, 0); \downarrow\big) \\ & p &=& \big((0, c); \downarrow\big) & y^e &=& \big((-\infty, 0); ?\big) \\ & y^d &=& \big((0, \bar{y}^d_c); \downarrow\big) & y^d &\ll& y^s \end{array}$$

Die Simulation ist in dieser Situation bereits beendet. Keine Bedingung eines der drei Fälle zur Auswahl zulässiger Zustandsübergänge ist erfüllt. Zwar weisen vier Variablen eine fallende Bewegung auf, doch befindet sich der Wert jeder Variablen bereits im unteren Intervall des definierten Wertebereichs. Würde eine der vier Variablen ihren qualitativen Wert ändern, verließe sie ihren definierten Wertebereich. Ein Güterangebot, ein Preis und eine Güternachfrage von Null sind genausowenig definiert wie ein Gewinn von $-\infty$.

Ich will, um sicher zu gehen, annehmen, das Güterangebot falle stärker als die -nachfrage und die unbestimmte Bewegungsrichtung der Überschußnachfrage sei steigend. Damit kann die Überschußnachfrage den Grenzwert Null erreichen. Das Größenverhältnis zwischen Güternachfrage und -angebot ändert sich damit auf $y^d = y^s$:

$$\left.\begin{array}{rcl} y^e &=& \big((-\infty, 0); \uparrow\big) \\ y^d &\ll& y^s \end{array}\right\} \xrightarrow[(t_2, t_3)]{ii)} \left\{\begin{array}{rcl} y^e &=& \big([0]; \ldots\big) \\ y^d &=& y^s \end{array}\right.$$

Der Systemzustand befindet sich im Zeitpunkt t_3 auf der $\dot{p}=0$–Isokline:

$$\begin{array}{llcllcl} t_3: & y^s &=& \big((0, \infty); \downarrow\big) & d &=& \big((-\infty, 0); \leftrightarrow\big) \\ & p &=& \big((0, c); \leftrightarrow\big) & y^e &=& \big([0]; \uparrow\big) \\ & y^d &=& \big((0, \bar{y}^d_c); \leftrightarrow\big) & y^d &=& y^s \end{array}$$

Die Überschußnachfrage wird nun ihren Grenzwert wieder verlassen:

$$\left.\begin{array}{lcl} y^e & = & \big([0];\uparrow\big) \\ y^d & = & y^s \end{array}\right\} \xrightarrow[(t_3,t_4)]{i)} \left\{\begin{array}{lcl} y^e & = & \big((0,\infty);\ldots\big) \\ y^d & >\sim & y^s \end{array}\right.$$

Die Propagation dieser Änderung durch den Graphen führt zu steigendem Preis, Gewinn und steigender Güternachfrage. Bei weiterhin fallendem Güterangebot steigt die Überschußnachfrage:

$$\begin{array}{llcllcl} t_4: & y^s & = & \big((0,\infty);\downarrow\big) & d & = & \big((-\infty,0);\uparrow\big) \\ & p & = & \big((0,c);\uparrow\big) & y^e & = & \big((0,\infty);\uparrow\big) \\ & y^d & = & \big((0,\bar{y}^d_c);\uparrow\big) & y^d & >\sim & y^s \end{array}$$

Im Zeitintervall (t_4,t_5) erreichen Preis, Gewinn und Güternachfrage ihren jeweiligen Grenzwert, ganz analog zu oben im Zeitintervall (t_0,t_1). Bei steigender Überschußnachfrage ändert sich das Verhältnis zwischen Güternachfrage und -angebot. Die Güternachfrage liegt nun in einer anderen Größenordnung über dem -angebot.

$$\left.\begin{array}{lcl} p & = & \big((0,c);\uparrow\big) \\ d & = & \big((-\infty,0);\uparrow\big) \\ y^d & = & \big((0,\bar{y}^d_c);\uparrow\big) \\ y^d & >\sim & y^s \end{array}\right\} \xrightarrow[(t_4,t_5)]{ii)} \left\{\begin{array}{lcl} p & = & \big([c];\ldots\big) \\ d & = & \big([0];\ldots\big) \\ y^d & = & \big([\bar{y}^d_c];\ldots\big) \\ y^d & \gg & y^s \end{array}\right.$$

Der Systemzustand befindet sich im Zeitpunkt t_5 auf der $\dot{y}^s=0$–Isokline, die Umgebung nahe bei der $\dot{p}=0$–Isokline wurde wieder verlassen. Die Propagation der Änderungen bewirkt ein festes Güterangebot bei mit dem Preis steigender -nachfrage:

$$\begin{array}{llcllcl} t_5: & y^s & = & \big((0,\infty);\leftrightarrow\big) & d & = & \big([0];\uparrow\big) \\ & p & = & \big([c];\uparrow\big) & y^e & = & \big((0,\infty);\uparrow\big) \\ & y^d & = & \big([\bar{y}^d_c];\uparrow\big) & y^d & \gg & y^s \end{array}$$

Die Grenzwerte von Preis, Gewinn und Güternachfrage werden im Zeitintervall (t_5, t_6) wieder verlassen:

$$\left.\begin{array}{rcl} p &=& \big([c];\uparrow\big) \\ d &=& \big([0];\uparrow\big) \\ y^d &=& \big([\bar{y}^d_c];\uparrow\big) \end{array}\right\} \xrightarrow[(t_5,t_6)]{i)} \left\{\begin{array}{rcl} p &=& \big((c,\infty);\ldots\big) \\ d &=& \big((0,\infty);\ldots\big) \\ y^d &=& \big((\bar{y}^d_c,\infty);\ldots\big) \end{array}\right.$$

Das Güterangebot steigt wieder, und die Überschußnachfrage ist wegen der ebenfalls steigenden Güternachfrage unbestimmt:

$$t_6: \quad \begin{array}{rcl} y^s &=& \big((0,\infty);\uparrow\big) \\ p &=& \big((c,\infty);\uparrow\big) \\ y^d &=& \big((\bar{y}^d_c,\infty);\uparrow\big) \end{array} \qquad \begin{array}{rcl} d &=& \big((0,\infty);\uparrow\big) \\ y^e &=& \big((0,\infty);?\big) \\ y^d &\gg& y^s \end{array}$$

Die Simulation hat wiederum einen Punkt erreicht, in dem keiner der Fälle für die Auswahl zulässiger Zustandsübergänge erfüllt ist. Die vier Variablen mit bestimmter Bewegungsrichtung steigen, ihr Wert ist aber bereits gleich dem oberen Intervall ihres definierten Wertebereichs.

Ich will wiederum eine Bewegungsrichtung für die Überschußnachfrage annehmen. Anstelle einer unbestimmten Bewegungsrichtung nehme ich an, die Überschußnachfrage fällt. Die nächste qualitative Wertänderung ist das Erreichen des Grenzwertes 0 der Überschußnachfrage:

$$\left.\begin{array}{rcl} y^e &=& \big((0,\infty);\downarrow\big) \\ y^d &\gg& y^s \end{array}\right\} \xrightarrow[(t_6,t_7)]{ii)} \left\{\begin{array}{rcl} y^e &=& \big([0];\ldots\big) \\ y^d &=& y^s \end{array}\right.$$

Im Zeitpunkt t_7 folgt hieraus folgender Systemzustand:

$$t_7: \quad \begin{array}{rcl} y^s &=& \big((0,\infty);\uparrow\big) \\ p &=& \big((c,\infty);\leftrightarrow\big) \\ y^d &=& \big((\bar{y}^d_c,\infty);\leftrightarrow\big) \end{array} \qquad \begin{array}{rcl} d &=& \big((0,\infty);\leftrightarrow\big) \\ y^e &=& \big([0];\downarrow\big) \\ y^d &\gg& y^s \end{array}$$

Der Grenzwert der Überschußnachfrage wird im anschließenden Zeitintervall wieder verlassen:

$$\left.\begin{array}{rcl} y^e &=& \big([0];\downarrow\big) \\ y^d &=& y^s \end{array}\right\} \xrightarrow[(t_7,t_8)]{i)} \left\{\begin{array}{rcl} y^e &=& \big((-\infty,0);\ldots\big) \\ y^d &\sim<& y^s \end{array}\right.$$

Nachdem die Überschußnachfrage ihren Grenzwert wieder verlassen hat, stellt sich fast wieder der Zustand vom Zeitpunkt t_0 ein. Der Unterschied ist, daß Güternachfrage und -angebot dichter zusammen liegen als in t_0:

$$\begin{array}{lrcl rcl} t_8: & y^s &=& \big((0,\infty);\uparrow\big) & d &=& \big((0,\infty);\downarrow\big) \\ & p &=& \big((c,\infty);\downarrow\big) & y^e &=& \big((-\infty,0);\downarrow\big) \\ & y^d &=& \big((\bar{y}^d_c,\infty);\downarrow\big) & y^d &\sim<& y^s \end{array}$$

Dieser qualitative Zustand des Systems bedeutet nun im Vergleich zu t_0 allerdings nicht, daß sich das System einem Gleichgewichtszustand annähert. Die Bewegungsrichtungen von Güternachfrage und -angebot wirken entgegengesetzt, und das System wird den Bereich nahe einem Gleichgewichtspunkt im folgenden Zustandsübergang wieder verlassen:

$$\left.\begin{array}{rcl} p &=& \big((c,\infty);\downarrow\big) \\ d &=& \big((0,\infty);\downarrow\big) \\ y^d &=& \big((\bar{y}^d_c,\infty);\downarrow\big) \\ y^d &\sim<& y^s \end{array}\right\} \xrightarrow[(t_8,t_9)]{ii)} \left\{\begin{array}{rcl} p &=& \big([c];\ldots\big) \\ d &=& \big([0];\ldots\big) \\ y^d &=& \big([\bar{y}^d_c];\ldots\big) \\ y^d &\ll& y^s \end{array}\right.$$

Der Zustand des Systems im Zeitpunkt t_9 ist nun identisch mit dem Zustand in t_1:

$$\begin{array}{lrcl rcl} t_9: & y^s &=& \big((0,\infty);\leftrightarrow\big) & d &=& \big([0];\downarrow\big) \\ & p &=& \big([c];\downarrow\big) & y^e &=& \big((-\infty,0);\downarrow\big) \\ & y^d &=& \big([\bar{y}^d_c];\downarrow\big) & y^d &\ll& y^s \end{array}$$

Die Simulation bricht damit endgültig ab ohne daß sich der Systemzustand einem Gleichgewicht angenähert hätte. Auch der nun vollständige Orbit kam lediglich wegen entsprechender Annahmen für die Bewegungsrichtung der Überschußnachfrage in den Zeitpunkten t_2 und t_6 zustande. Die Simulation des Modells zeigt das erwartete instabile Verhalten, in Übereinstimmung mit dem Ergebnis der qualitativ mathematischen Analyse.

9.5 Duale Preis–Mengen–Anpassung

Für das nächste Beispiel werde ich andere Verhaltensannahmen treffen. Bislang reagierte, bestimmt durch die qualitativen Differentialgleichungen (9.1) und (9.2), die angebotene Gütermenge auf Preise und Kosten, und der Preis reagierte auf die angebotenen und nachgefragten Gütermengen. In diesem Abschnitt gelte nun, daß Mengen auf Mengen und Preise auf Preise reagieren. Qualitativ mathematisch läßt sich zeigen, daß das Modell stabil reagieren wird. Das Gleichgewicht des Modells ist ein stabiler Knoten. Die qualitative Simulation des Modells wird zum selben Ergebnis führen.

Die qualitativen Differentialgleichungen (9.1) und (9.2) werden ersetzt durch die Differentialgleichungen (9.12) und (9.13):

$$\dot{y}^s = \mathcal{F}(y^e) \qquad (9.12)$$
$$\dot{p} = \mathcal{F}(-d) \qquad (9.13)$$

Die Gleichungen (9.3) bis (9.7) aus Abschnitt 9.1 bleiben bestehen. Die Wertebereiche der Variablen und die korrespondierenden Wertepaare der qualitativen Funktionen bleiben gegenüber der dortigen Darstellung ebenfalls unverändert.

Das kausale Ordnen der Modellvariablen führt zu den gleichen minimalen, vollständigen Teilmengen wie in Abschnitt 9.1. Die kausale Struktur ist dennoch, wie in Abbildung 9.9 dargestellt, gegenüber der in Abbildung 9.3 verändert. Ich stelle den Graphen hier ohne die nachträgliche Zusammenfassung von Variablen und deren Zeitableitungen zu einem Knoten dar, um die autoregressive Struktur deutlich zu halten. Die Kanten von den Zeitableitungen zu den jeweiligen Variablen sind die Integrationsbeziehungen bei Iwasaki und Simon. Ihnen entsprechen keine Modellgleichungen, weshalb entsprechende Kennzeichnungen fehlen.

Für die Startsituation treffe ich die gleichen Annahmen wie oben. Der Preis sei größer als die Kosten und das Güterangebot sei größer als die -nachfrage. Das Güterangebot reagiert fallend auf die negative Überschußnachfrage. Der Preis reagiert fallend auf den positiven Gewinn. Die Nachfrage steigt

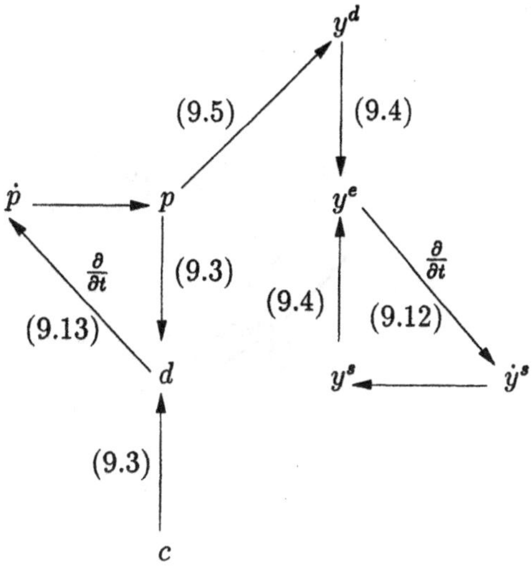

Abbildung 9.9: kausaler Abhängigkeitsgraph des Modells (9.3)–(9.6), (9.12) und (9.13)

bei fallenden Preisen. Die Überschußnachfrage steigt:

$$
\begin{array}{lrcllcl}
t_0: & y^s & = & \big((0,\infty);\downarrow\big) & d & = & \big((0,\infty);\downarrow\big) \\
 & p & = & \big((c,\infty);\downarrow\big) & y^e & = & \big((-\infty,0);\uparrow\big) \\
 & y^d & = & \big((0,\bar{y}^d_c);\uparrow\big) & y^d & \ll & y^s
\end{array}
$$

Der Verhaltensgraph des Modells ist in Abbildung 9.10 wiederum in der Art eines Phasendiagramms dargestellt. Ausgehend vom Systemzustand im Zeitpunkt t_0 gibt es drei Pfade, die den Gleichgewichtspunkt erreichen. Die qualitative Simulation des Modells zeigt stabiles Verhalten, wie es die qualitativ mathematische Analyse erwarten ließ.

Iteration der Zustandsübergänge

Aus Zeitpunkt t_0 heraus können die über Bedingungen verbundenen Variablen Preis, Gewinn und Güternachfrage ihren Grenzwert erreichen. Genauso kann aber auch die Überschußnachfrage zuerst den Grenzwert 0 erreichen, oder alle Variablen erreichen den jeweiligen Grenzwert zum gleichen

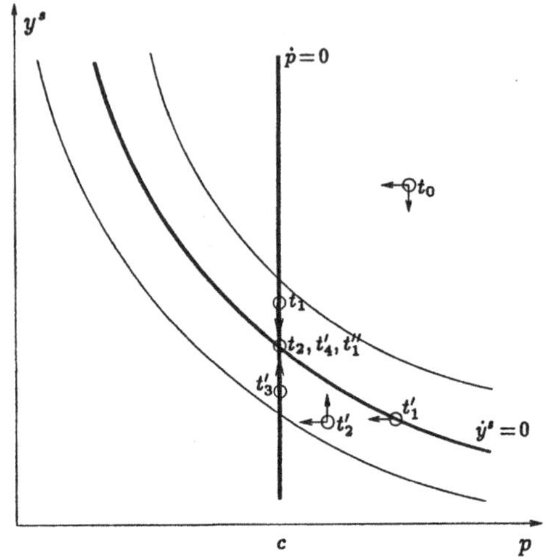

Abbildung 9.10: Verhaltensgraph des Modells (9.3)–(9.6), (9.12) und (9.13)

Zeitpunkt. Fall *iii)* der Heuristik zur Auswahl eines Zustandsüberganges ist gegeben. Die Simulation verzweigt.

Der erste Pfad aus dem Zustand im Zeitpunkt t_0 heraus betrachtet den Fall, daß zunächst Preis, Gewinn und Güternachfrage ihren jeweiligen Grenzwert erreichen. Das Größenverhältnis zwischen Güternachfrage und -angebot ändert sich dahingehend, daß beide in der gleichen Größenordnung liegen.

$$\left.\begin{array}{rcl} p &=& \big((c,\infty);\downarrow\big) \\ d &=& \big((0,\infty);\downarrow\big) \\ y^d &=& \big((0,\bar{y}^d_c);\uparrow\big) \\ y^d &\ll& y^s \end{array}\right\} \xrightarrow[(t_0,t_1)]{iii)} \left\{\begin{array}{rcl} p &=& \big([c];\ldots\big) \\ d &=& \big([0];\ldots\big) \\ y^d &=& \big([0];\ldots\big) \\ y^d &\sim<& y^s \end{array}\right.$$

Die Propagation der Wertänderungen durch die kausale Struktur des Modells ergibt nun, daß die Werte der drei Variablen zumindest zunächst fest bleiben. Da der Preis auf den Gewinn reagiert, der Gewinn aber gleich Null ist, wenn der Preis den Grenzwert c erreicht hat, sind die Bewegungsrichtungen aller drei Größen fest:

$$
\begin{array}{llll}
t_1: & y^s = \big((0,\infty);\downarrow\big) & d & = \big([0];\leftrightarrow\big) \\
& p = \big([c];\leftrightarrow\big) & y^e & = \big((-\infty,0);\uparrow\big) \\
& y^d = \big([\bar{y}^d_c];\leftrightarrow\big) & y^d & \sim< y^s
\end{array}
$$

Im Zeitpunkt t_1 ist nur noch ein Zustandsübergang möglich. Die Überschußnachfrage wird ihren Grenzwert Null erreichen. Güternachfrage und -angebot sind gleich.

$$
\left.\begin{array}{lll}
y^e & = & \big((-\infty,0);\uparrow\big) \\
y^d & \sim< & y^s
\end{array}\right\}
\xrightarrow[(t_1,t_2)]{ii)}
\left\{\begin{array}{lll}
y^e & = & \big([0];\ldots\big) \\
y^d & = & y^s
\end{array}\right.
$$

Die Propagation dieser Änderung ergibt, daß nun alle Variablen die Bewegungsrichtung „fest“ haben:

$$
\begin{array}{llll}
t_2: & y^s = \big((0,\infty);\leftrightarrow\big) & d & = \big([0];\leftrightarrow\big) \\
& p = \big([c];\leftrightarrow\big) & y^e & = \big([0];\leftrightarrow\big) \\
& y^d = \big([\bar{y}^d_c];\leftrightarrow\big) & y^d & = y^s
\end{array}
$$

Gemäß Fall *iv)* der Heuristik endet die Simulation in einem Ruhepunkt. Die Simulation ergibt für diesen Pfad ein stabiles Verhalten des Modells.

Der zweite Pfad beginnt aus t_0 heraus damit, daß die Überschußnachfrage den Grenzwert 0 erreicht. Güternachfrage und -angebot sind gleich.

$$
\left.\begin{array}{lll}
y^e & = & \big((-\infty,0);\uparrow\big) \\
y^d & \ll & y^s
\end{array}\right\}
\xrightarrow[(t_0,t_1')]{iii)}
\left\{\begin{array}{lll}
y^e & = & \big([0];\ldots\big) \\
y^d & = & y^s
\end{array}\right.
$$

Die Propagation ergibt festes Güterangebot, bei weiterhin steigender Güternachfrage steigt jedoch die Überschußnachfrage weiter an:

$$
\begin{array}{llll}
t_1': & y^s = \big((0,\infty);\leftrightarrow\big) & d & = \big((0,\infty);\downarrow\big) \\
& p = \big((c,\infty);\downarrow\big) & y^e & = \big([0];\uparrow\big) \\
& y^d = \big((0,\bar{y}^d_c);\uparrow\big) & y^d & = y^s
\end{array}
$$

Im Intervall (t'_1, t'_2) verläßt die Überschußnachfrage den Grenzwert wieder. Die Güternachfrage ist in der gleichen Größenordnung, aber größer als das -angebot.

$$\left.\begin{array}{lcl} y^e & = & ([0]; \uparrow) \\ y^d & = & y^s \end{array}\right\} \xrightarrow[(t'_1, t'_2)]{i)} \left\{\begin{array}{lcl} y^e & = & ((0,\infty); \ldots) \\ y^d & >\sim & y^s \end{array}\right.$$

Die Bewegungsrichtung der Überschußnachfrage ist nach der Propagation unbestimmt, da Güternachfrage und -angebot steigen:

$$\begin{array}{llcllcl} t'_2: & y^s & = & ((0,\infty); \uparrow) & d & = & ((0,\infty); \downarrow) \\ & p & = & ((c,\infty); \downarrow) & y^e & = & ((0,\infty); ?) \\ & y^d & = & ((0,\bar{y}^d_c); \uparrow) & y^d & >\sim & y^s \end{array}$$

Aus Zeitpunkt t'_2 heraus erreichen Preis, Gewinn und Güternachfrage ihren jeweiligen Grenzwert.

$$\left.\begin{array}{lcl} p & = & ((c,\infty); \downarrow) \\ d & = & ((0,\infty); \downarrow) \\ y^d & = & ((0,\bar{y}^d_c); \uparrow) \end{array}\right\} \xrightarrow[(t'_2, t'_3)]{ii)} \left\{\begin{array}{lcl} p & = & ([c]; \ldots) \\ d & = & ([0]; \ldots) \\ y^d & = & ([0]; \ldots) \end{array}\right.$$

Ihre Bewegungsrichtungen ergeben sich aus der Propagation dieser Änderungen heraus als „fest“. Das Güterangebot steigt, und die Überschußnachfrage fällt:

$$\begin{array}{llcllcl} t'_3: & y^s & = & ((0,\infty); \uparrow) & d & = & ([0]; \leftrightarrow) \\ & p & = & ([c]; \leftrightarrow) & y^e & = & ((0,\infty); \downarrow) \\ & y^d & = & ([\bar{y}^d_c]; \leftrightarrow) & y^d & >\sim & y^s \end{array}$$

Im Intervall (t'_3, t'_4) fällt die Überschußnachfrage auf den Grenzwert 0. Güternachfrage und -angebot sind gleich.

$$\left.\begin{array}{lcl} y^e & = & ((0,\infty); \downarrow) \\ y^d & >\sim & y^s \end{array}\right\} \xrightarrow[(t'_3, t'_4)]{ii)} \left\{\begin{array}{lcl} y^e & = & ([0]; \ldots) \\ y^d & = & y^s \end{array}\right.$$

Im Zeitpunkt t'_4 sind alle Bewegungsrichtungen fest. Ein Gleichgewichtspunkt ist erreicht:

$$t'_4: \quad \begin{aligned} y^s &= \big((0,\infty);\leftrightarrow\big) & d &= \big([0];\leftrightarrow\big) \\ p &= \big([c];\leftrightarrow\big) & y^e &= \big([0];\leftrightarrow\big) \\ y^d &= \big([\bar{y}^d_c];\leftrightarrow\big) & y^d &= y^s \end{aligned}$$

Die Simulation endet somit auch für den zweiten Pfad im Verhaltensgraphen in einem Ruhepunkt.

Der dritte Pfad aus dem Zustand im Zeitpunkt t_0 heraus enthält nur einen Zustandsübergang. Die Variablen Preis, Gewinn, Güternachfrage und die Überschußnachfrage erreichen gleichen Zeitintervall (t_0, t''_1) ihren Grenzwert:

$$\left.\begin{aligned} p &= \big((c,\infty);\downarrow\big) \\ d &= \big((0,\infty);\downarrow\big) \\ y^d &= \big((0,\bar{y}^d_c);\uparrow\big) \\ y^e &= \big((-\infty,0);\uparrow\big) \\ y^d &\ll y^s \end{aligned}\right\} \xrightarrow[(t_0,t''_1)]{iii)} \left\{\begin{aligned} p &= \big([c];\ldots\big) \\ d &= \big([0];\ldots\big) \\ y^d &= \big([\bar{y}^d_c];\ldots\big) \\ y^e &= \big([0];\ldots\big) \\ y^d &= y^s \end{aligned}\right.$$

Der Zustand, der nach der Propagation dieser im Zeitintervall (t_0, t''_1) erfolgten Wertänderungen resultiert, ist der gleiche Ruhepunkt, beschreibt den gleichen Ruhepunkt wie oben die Endzustände der anderen Pfade in den Zeitpunkten t_2 und t'_4:

$$t''_1: \quad \begin{aligned} y^s &= \big((0,\infty);\leftrightarrow\big) & d &= \big([0];\leftrightarrow\big) \\ p &= \big([c];\leftrightarrow\big) & y^e &= \big([0];\leftrightarrow\big) \\ y^d &= \big([\bar{y}^d_c];\leftrightarrow\big) & y^d &= y^s \end{aligned}$$

Die qualitative Simulation des Modellverhaltens beschreibt drei Pfade, die alle im gleichen Ruhepunkt enden. Das Modell verhält sich stabil. Die Ergebnisse der Analyse des Modells durch qualitative Simulation, unterstützt durch die angegebenen Heuristiken, ist für das dargestellte Beispiel konsistent mit den Ergebnissen qualitativ mathematischer Analyse.

9.6 Entgegengesetzte Wirkungen

In diesem Abschnitt greife ich das Beispiel des Modells einer vereinfachten Ein–Gut–Ökonomie ohne Arbeitsmarkt wieder auf. Mit der Methode qualitativer Simulation interdependenter Zusammenhänge werde ich die dynamischen Auswirkungen einer exogen gegebenen Erhöhung des Geldangebots analysieren, entsprechend dem Beispiel das Berndsen verwendet. Die qualitative Simulation des Modells führt zu dem Ergebnis, daß das System nach der Geldmengenerhöhung wieder einen Gleichgewichtspunkt erreicht. Andere Pfade, die andere, nicht durch qualitative mathematische Analyse gedeckte Ergebnisse zeigen, sind im resultierenden Verhaltensgraphen nicht enthalten.

Ich verwende das Modell in der gemischten Formulierung, wie ich es im Abschnitt 6.1.3 beschrieben habe.

$$\dot{p} = \mathcal{F}(Y^e) \tag{9.14}$$

$$\dot{r} = \mathcal{F}(M^e) \tag{9.15}$$

$$Y^s = exogen \tag{9.16}$$

$$Y^d = \mathcal{F}(-p, -r) \tag{9.17}$$

$$Y^e = Y^d - Y^s \tag{9.18}$$

$$M^s = exogen \tag{9.19}$$

$$M^d = \mathcal{F}(p, -r) \tag{9.20}$$

$$M^e = M^d - M^s \tag{9.21}$$

Die Modellbeschreibung wird ergänzt um die Spezifikation von Güterangebot und -nachfrage sowie Geldangebot und -nachfrage als vergleichbaren Variablen. Um ein Gleichgewicht zu erreichen, haben sich Preis und Zinssatz so anzupassen, daß die von diesen Variablen ausgehenden Wirkungen auf die Nachfrage an beiden Märkten zu einer Anpassung der Nachfrage an das jeweilige Angebot führt. Die Wirkungen von Preis und Zinssatz auf die Güter- und Geldnachfrage sind jedoch nicht direkt zu beobachten und zu vergleichen. Die Auswirkungen dieser in den entscheidenen Situationen entgegengesetzten Wirkungen sind im Vergleich von Nachfrage und

Angebot am jeweiligen Markt zu berücksichtigen.

$$Y^d \quad \textit{ist vergleichbar mit} \quad Y^s \tag{9.22}$$
$$M^d \quad \textit{ist vergleichbar mit} \quad M^s \tag{9.23}$$

Die Wertebereiche der Nachfragen am Güter- und Geldmarkt umfassen alle positiven Werte und sind durch das jeweilige Angebot segmentiert. Die Überschußnachfragen am Güter- und am Geldmarkt haben einen durch die Null segmentierten Wertebereich. Preis und Zinssatz sind positiv:

$$\begin{aligned}
p &: \quad \{(0,\infty)\} \\
r &: \quad \{(0,\infty)\} \\
Y^d &: \quad \{(0,Y^s),[Y^s],(Y^s,\infty)\} \\
Y^e &: \quad \{(-\infty,0),[0],(0,\infty)\} \\
M^d &: \quad \{(0,M^s),[M^s],(M^s,\infty)\} \\
M^e &: \quad \{(-\infty,0),[0],(0,\infty)\}
\end{aligned}$$

Für die Anpassungsfunktionen für Preis und Zinssatz können korrespondierende Werte angegeben werden:

$$\begin{aligned}
(9.14) &: \quad \{([0],[0])\} \\
(9.15) &: \quad \{([0],[0])\}
\end{aligned}$$

Die kausale Ordnung des Modells ist in Abschnitt 6.1.3 beschrieben. Der kausale Abhängigkeitsgraph in Abbildung 9.11 beschreibt die kausale Struktur des Modells.

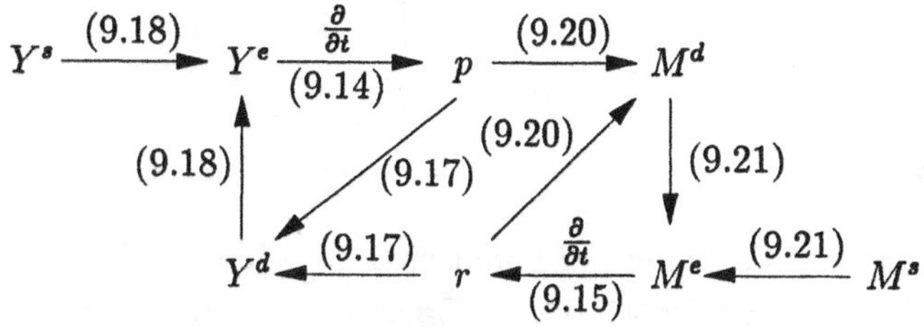

Abbildung 9.11: Kausaler Abhängigkeitsgraph des Systems (9.14)–(9.21)

Die Ausgangssituation sei der Systemzustand nach einer exogenen Erhöhung der Geldmenge. Die Geldmarktgleichgewichtskurve im Zins–Preis–

Diagramm (vergleiche Abbildung 4.2 auf Seite 115 in Kapitel 4) ist in Richtung eines niedrigeren Zinssatzes beziehungsweise eines höheren Preises verschoben. Die komparativ statischen Eigenschaften des Modells weisen als Folge einer Geldmengenerhöhung entsprechend einen sinkenden Zinssatz, einen steigenden Preis und steigende Geldnachfrage aus.

Das Geldangebot liegt in der Ausgangssituation deutlich über der Geldnachfrage. Das Güterangebot ist zunächst unverändert gleich der Güternachfrage. Der Systemzustand im Zeitpunkt t_0 ist nach Propagation dieser Anfangswerte gegeben:

$$
t_0: \quad \begin{array}{rcl} p &=& \big((0,\infty);\leftrightarrow\big) \\ r &=& \big((0,\infty);\downarrow\big) \\ Y^d &=& \big([Y^s];\uparrow\big) \\ M^d &=& \big((0,M^s);\uparrow\big) \end{array} \qquad \begin{array}{rcl} Y^e &=& \big([0];\uparrow\big) \\ M^e &=& \big((-\infty,0);\uparrow\big) \\ Y^d &=& Y^s \\ M^d &\ll& M^s \end{array}
$$

Aus dem Systemzustand im Zeitpunkt t_0 heraus ist Fall *i)* der Heuristik zur Auswahl von Zustandsänderungen gegeben. Die Güternachfrage und die Überschußnachfrage am Gütermarkt werden ihre Grenzwerte verlassen. Die Güternachfrage ist nun größer als das -angebot aber noch in der gleichen Größenordnung. Bei steigender Geldnachfrage ändert sich im Zustandsübergang ebenfalls das Verhältnis von Geldnachfrage zu -angebot: Die Geldnachfrage ist zwar noch kleiner als das -angebot, liegt nun aber in der gleichen Größenordnung:

$$
\left.\begin{array}{rcl} Y^e &=& \big([0];\uparrow\big) \\ Y^d &=& \big([Y^s];\uparrow\big) \\ Y^d &=& Y^s \\ M^d &\ll& M^s \end{array}\right\} \xrightarrow[(t_0,t_1)]{i)} \left\{\begin{array}{rcl} Y^e &=& \big((0,\infty);\ldots\big) \\ Y^d &=& \big((Y^s,\infty);\uparrow\big) \\ Y^d &>\sim& Y^s \\ M^d &\sim<& M^s \end{array}\right.
$$

Ich beschreibe den Fortgang der Simulation des Modells nicht in einzelnen Schritten. Statt dessen gebe ich das Ergebnis der Simulation im Verhaltensgraphen des Modells in Abbildung 9.12 an.

Die Simulation beginnt im mit t_0 gekennzeichneten Punkt auf der Gütermarktgleichgewichtskurve, die der $\dot{p} = 0$–Isokline entspricht. Die Störung

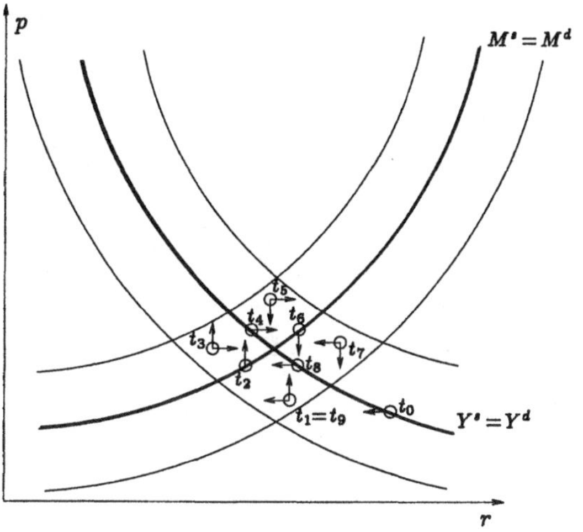

Abbildung 9.12: Verhaltensgraph des Modells (9.14)–(9.23)

des Gleichgewichts durch eine Geldmengenerhöhung hat die Geldmarktgleichgewichtskurve nach links oben verschoben. Der Punkt t_0 ist der alte Schnittpunkt der Gleichgewichtskurven, das Gleichgewicht vor der Geldmengenerhöhung. Nachdem das System im Zeitpunkt t_1 die Umgebung nahe beider Isoklinen erreicht hat, wird diese Umgebung nicht wieder verlassen. Der Zustand des Systems im Zeitpunkt t_9 ist gleich dem im Zeitpunkt t_1 womit die Simulation nach Erkennen eines Zyklus abbricht. Das System bleibt nahe dem Gleichgewichtspunkt und ist bei Überschußnachfragen am Güter- und am Geldmarkt nahe Null qualitativ im Gleichgewicht.

9.7 Die Wassertanks

Das letzte Beispiel, das ich kurz skizziere, ist das im Kapitel 3 verwendete System der verbundenen Wassertanks. Die Modellbeschreibung, entspricht im wesentlichen der von Kuipers im Abschnitt 3.3:

$$\frac{\partial}{\partial t} A.Wassermenge = \mathcal{F}(-fließende\,Wassermenge) \qquad (9.24)$$

$$\frac{\partial}{\partial t} B.\mathit{Wassermenge} = \mathcal{F}(\mathit{flie\beta ende\,Wassermenge}) \quad (9.25)$$

$$\mathit{flie\beta ende\,Wassermenge} = \mathcal{F}(\mathit{Druckunterschied}) \quad (9.26)$$

$$\mathit{Druckunterschied} = A.\mathit{Wasserdruck} - B.\mathit{Wasserdruck} \quad (9.27)$$

$$A.\mathit{Wasserdruck} = \mathcal{F}(A.\mathit{Wasserstand}) \quad (9.28)$$

$$A.\mathit{Wasserstand} = \mathcal{F}(A.\mathit{Wassermenge}) \quad (9.29)$$

$$B.\mathit{Wasserdruck} = \mathcal{F}(B.\mathit{Wasserstand}) \quad (9.30)$$

$$B.\mathit{Wasserstand} = \mathcal{F}(B.\mathit{Wassermenge}) \quad (9.31)$$

Vergleichbare Variablen sind der Wasserdruck in Tank A und der in Tank B:

$$A.\mathit{Wasserdruck}\ \ \mathit{ist\ vergleichbar\ mit}\ \ B.\mathit{Wasserdruck} \quad (9.32)$$

Die Wertebereiche der Wasserstände sind durch die Höhe des jeweiligen Tanks segmentiert:

$$\begin{aligned}
A.\mathit{Wassermenge}: &\quad \{(0,\infty)\} \\
B.\mathit{Wassermenge}: &\quad \{(0,\infty)\} \\
\mathit{flie\beta ende\,Wassermenge}: &\quad \{(-\infty,0),[0],(0,\infty)\} \\
\mathit{Druckunterschied}: &\quad \{(-\infty,0),[0],(0,\infty)\} \\
A.\mathit{Wasserdruck}: &\quad \{(0,\infty)\} \\
A.\mathit{Wasserstand}: &\quad \{(0,A.\mathit{Tankh\ddot{o}he}),[A.\mathit{Tankh\ddot{o}he}], \\
&\qquad (A.\mathit{Tankh\ddot{o}he},\infty)\} \\
B.\mathit{Wasserdruck}: &\quad \{(0,\infty)\} \\
B.\mathit{Wasserstand}: &\quad \{(0,B.\mathit{Tankh\ddot{o}he}),[B.\mathit{Tankh\ddot{o}he}], \\
&\qquad (B.\mathit{Tankh\ddot{o}he},\infty)\}
\end{aligned}$$

Weitere Grenzwerte können generiert werden, wenn die exogen gegebenen Werte für die Tankhöhe in die qualitativen Proportionalitäten eingesetzt werden. Einem Wasserstand gleich der Tankhöhe entspricht ein bestimmter Wasserdruck und eine bestimmte Wassermenge. Diese Grenzwerte stellen jedoch keine Wendepunkte der Dynamik dar und haben auch nichts mit dem zu erwartenden Gleichgewicht des Wasserdrucks in den Tanks zu tun, weshalb ich sie nicht explizit berücksichtige. Ohne diese zusätzlichen

Grenzwerte können als korrespondierende Werte das Paar $([0],[0])$ für die qualitativen Funktionen in den Gleichungen (9.24), (9.25) und (9.26) angegeben werden.

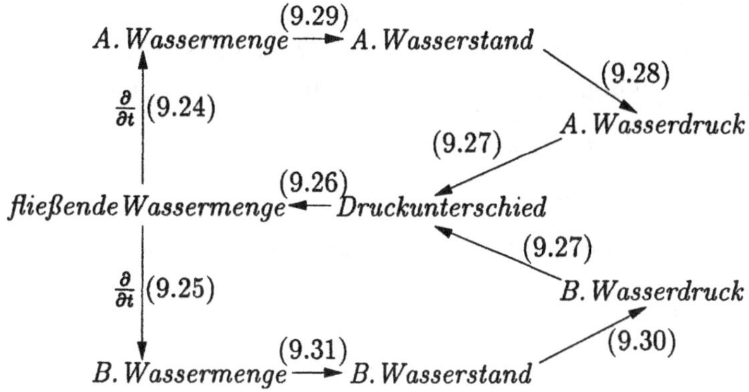

Abbildung 9.13: Kausaler Abhängigkeitsgraph des Systems (9.24)-(9.31)

Kausales Ordnen der Modellvariablen ergibt den kausalen Abhängigkeitsgraphen in Abbildung 9.13. Der Unterschied zwischen dem Wasserdruck im Tank A und dem in Tank B bestimmt die fließende Wassermenge.

In der Ausgangssituation sei der Wasserdruck in Tank A größer als der in Tank B. Die Propagation der Annahme durch den kausalen Abhängigkeitsgraphen ergibt den Systemzustand im Zeitpunkt t_0:

$$\begin{aligned}
A.\mathit{Wassermenge} &= \big((0,\infty);\downarrow\big)\\
B.\mathit{Wassermenge} &= \big((0,\infty);\uparrow\big)\\
\mathit{fließende\,Wassermenge} &= \big((0,\infty);\downarrow\big)\\
\mathit{Druckunterschied} &= \big((0,\infty);\downarrow\big)\\
A.\mathit{Wasserdruck} &= \big((0,\infty);\downarrow\big)\\
A.\mathit{Wasserstand} &= \big((0,A.\mathit{Tankhöhe});\downarrow\big)\\
B.\mathit{Wasserdruck} &= \big((0,\infty);\uparrow\big)\\
B.\mathit{Wasserstand} &= \big((0,B.\mathit{Tankhöhe})\uparrow\big)\\
A.\mathit{Wasserdruck} &\gg B.\mathit{Wasserdruck}
\end{aligned}$$

Aus der Situation in t_0 heraus können der Druckunterschied und mit diesem verbunden die fließende Wassermenge den Grenzwert Null erreichen. Der Wasserdruck in den beiden Tanks wäre nach dem Zustandsübergang gleich. Gleichermaßen kann aber auch der steigende Wasserstand im Tank B die Tankhöhe erreichen. Gemäß Fall *iii)* der Heuristik verzweigt die Simulation.

Erreicht der Druckunterschied seinen Grenzwert, ehe der Wasserstand im Tank B die Tankhöhe erreicht, geschieht der folgende Zustandsübergang:

$$\left.\begin{array}{rcl} \mathit{Druckunterschied} & = & \big((0,\infty);\downarrow\big) \\ \mathit{flie\beta ende\,Wassermenge} & = & \big((0,\infty);\downarrow\big) \\ \mathit{A.Wasserdruck} & \gg & \mathit{B.Wasserdruck} \end{array}\right\} \xrightarrow[(t_0,t_1)]{iii)}$$

$$\xrightarrow[(t_0,t_1)]{iii)} \left\{\begin{array}{rcl} \mathit{Druckunterschied} & = & \big([0];\ldots\big) \\ \mathit{flie\beta ende\,Wassermenge} & = & \big([0];\ldots\big) \\ \mathit{A.Wasserdruck} & = & \mathit{B.Wasserdruck} \end{array}\right.$$

Den Folgezustand gebe ich nicht im Detail an. Mit einem ausgeglichenen Wasserdruck in den beiden Tanks befindet sich das System in einem Ruhezustand. Der Ruhezustand wurde erreicht bevor Tank B bis zur Tankhöhe gefüllt ist.

Erreicht der Wasserstand in Tank B zuerst seinen Grenzwert, entspricht das diesem Zustandsübergang:

$$\left.\begin{array}{lcl} \mathit{B.Wasserstand} & = & \big((0,\mathit{B.Tankh\ddot{o}he});\uparrow\big) \\ \mathit{A.Wasserdruck} & \gg & \mathit{B.Wasserdruck} \end{array}\right\} \xrightarrow[(t_0,t_1')]{iii)}$$

$$\xrightarrow[(t_0,t_1')]{iii)} \left\{\begin{array}{lcl} \mathit{B.Wasserstand} & = & \big([\mathit{B.Tankh\ddot{o}he}];\ldots\big) \\ \mathit{A.Wasserdruck} & >\sim & \mathit{B.Wasserdruck} \end{array}\right.$$

Das System hat mit diesem Zustandsübergang noch keinen Ruhezustand erreicht. Die anschließenden Zustandsübergänge beschreibe ich knapp: Der Wasserstand in Tank B wird den Grenzwert verlassen. Der Wert des Wasserstands ist dann gleich dem Wertintervall ($\mathit{B.Wasserstand}, \infty$), was nichts anderes bedeutet, als daß der Tank überläuft. Im dann folgenden Zustandsübergang erreicht der Druckunterschied den Grenzwert Null, und das System ist im Ruhezustand. Der Ruhezustand wird hier erreicht nachdem Tank B übergelaufen ist.

Erreichen alle drei Variablen im gleichen Zeitintervall ihren Grenzwert, dann wird dies durch den dritten möglichen Zustandsübergang beschrieben:

$$\left.\begin{array}{rcl} B.Wasserstand & = & \big((0, B.Tankhöhe); \uparrow\big) \\ Druckunterschied & = & \big((0,\infty); \downarrow\big) \\ fließende\,Wassermenge & = & \big((0,\infty); \downarrow\big) \\ A.Wasserdruck & \gg & B.Wasserdruck \end{array}\right\} \xrightarrow[(t_0, t_1'')]{iii)}$$

$$\xrightarrow[(t_0, t_1'')]{iii)} \left\{\begin{array}{rcl} B.Wasserstand & = & \big([B.Tankhöhe]; \ldots\big) \\ Druckunterschied & = & \big([0]; \ldots\big) \\ fließende\,Wassermenge & = & \big([0]; \ldots\big) \\ A.Wasserdruck & = & B.Wasserdruck \end{array}\right.$$

Das System befindet sich bei ausgeglichenem Wasserdruck im Ruhezustand. Der Ruhezustand wurde gerade in dem Moment erreicht, in dem der Wasserstand in Tank B die Tankhöhe erreicht hat.

Die qualitative Simulation des Modells gemäß der beschrieben Heuristik liefert die gleichen Ergebnisse wie die Simulation mit Kuipers QSIM–Algorithmus. Die drei möglichen Endzustände werden erkannt.

Kapitel 10

Bewertungen und Perspektiven

Ökonomische Modelle, wie ich sie in dieser Arbeit betrachtet habe, sind qualitative Modelle. Bedingt durch die nicht handhabbare Komplexität des realen ökonomischen Systems nutzen Ökonomen qualitative Modelle zur Erklärung und zur Analyse theoretischer Erkenntnisse. Der Umgang mit qualitativen Modellen und die qualitative Analyse sind somit in der Volkswirtschaftslehre nichts Neues, ganz im Gegenteil.

Für Physiker und Wissenschaftler aus technischen Disziplinen ist eine rein qualitative Modellierung und Analyse dagegen eher ein Sonderfall. Dennoch liegen die Wurzeln des Ansatzes qualitativen Schließens in der Anwendung auf zunächst einfache, physikalische Systeme. Die Anwendung der Methoden qualitativen Schließens auf die Analyse ökonomischer Modelle erscheint als geradezu zwingend im Vergleich zur Anwendung auf physikalische Prozesse. In der Ökonomie fehlt die sichere Basis bewiesener Naturgesetze. Im Gegensatz zu den Naturwissenschaften ist es in der Ökonomie nicht möglich, grundlegende Gesetze unter Laborbedingungen zu untersuchen oder gar zu beweisen. Viele wichtige Einflußgrößen sind nicht quantitativ meßbar. Auf der anderen Seite produziert das ökonomische System eine nicht zu verarbeitende Datenflut.

Nun ist es nicht so, daß zur Analyse qualitativer ökonomischer Modelle keine Methoden bereitstanden. Durch meine Arbeit habe ich jedoch gezeigt, daß eine qualitative Modellierung und Analyse im Sinne qualitativen Schließens allgemeinere Analyseergebnisse ermöglicht als die vordem bekannten Methoden. Die Methoden qualitativen Schließens sind auf die Analyse ökonomischer Modelle nicht nur anwendbar und können dem volkswirtschaftlichen Analyse–Instrumentarium hinzugfügt werden, sondern sie ermöglichen eine Analyse des dynamischen Verhaltens eines modellierten Systems unter schwächeren Annahmen.

10.1 Bewertung der Ergebnisse

In den Kapiteln 6 und 7 habe ich Methoden aus dem qualitativen Schließen auf die Analyse ökonomischer Modelle angewendet und ihre Leistungsfähigkeit kritisch geprüft. Ich konnte deutlich machen, daß diese Methoden einen Beitrag zur Modellanalyse leisten. Die Methoden kausalen Ordnens von Iwasaki und Simon verschaffen einen Überblick über die kausale Struktur eines Modells, was zunächst die Modellierung und anschließend eine verbal argumentierende Analyse des Modells unterstützt. Farleys Ansatz qualitativer Argumentation ermöglicht für Modelle ohne Rückwirkungen die Analyse von Reaktionen des modellierten Systems auf exogene Einflüsse auf Basis der kausalen Struktur eines qualitativen Modells. Die komparativ statischen Eigenschaften eines Modells analysieren de Kleer und Brown durch Propagation von Wertänderungen durch die Menge nicht–kausaler Bedingungen, die das Modell beschreibt. Neben den resultierenden Reaktionsrichtungen leistet ihre Methode darüber hinaus einen Beitrag zur Erklärung des Verhaltens, indem die kausale Kette, die aus der Modellbeschreibung heraus die komparativ statischen Eigenschaften bestimmt, offengelegt wird.

Die dynamischen Eigenschaften eines Modells werden im qualitativen Schließen durch qualitative Simulation offengelegt. Hier zeigen sich entscheidende Schwächen der Methode der qualitativen Simulation in seiner beschriebenen Ausgestaltung. Wie die Anwendung von Farleys Methode auf rückwirkungsfreie Modelle zu beschränken war, sind auch die Möglichkeiten, interdependente Modelle durch qualitative Simulation zu analysieren, nicht ausreichend. An dieser Stelle setzt die Kritik von Cellier in [14] am Ansatz der qualitativen Physik an: Cellier vergleicht die qualitative Simulation eines Differentialgleichungssystems nach Kuipers mit der Analyse des gleichen Systems mit den Methoden qualitativer Mathematik. In seinem Beispiel beschreibt Cellier ein System aus drei Differentialgleichungen mit Anpassungsparametern a, b und c [14], Seiten 52ff. Die mathematische Analyse ergibt eine stabile Anpassung wenn $c < ab$ gilt. Im Vergleich zu diesem Ergebnis wird das System mit qualitativer Simulation analysiert. Kuipers QSIM–Algorithmus verspricht, jedes physikalisch möglichen Modellverhalten feststellen zu können. Für Celliers Beispiel resultiert, daß stabiles, instabiles oder neutrales Verhalten möglich ist. Die qualitative Form des Modells läßt zunächst keine weiteren Aussagen zu. Die im Modellansatz explizit gemachten Annahmen reichen nicht aus für weitergehende Schlüsse. Cellier meint dazu, *„Unfortunately, this does not tell us very much.“* [14], Seite 59.

Was aber ist eine Aussage wie $c < ab$ tatsächlich wert? In einem ökonomischen Modell können die Parameter a, b und c Anpassungsgeschwindigkeiten in linearen Differentialgleichungen sein, die dynamische Verhaltensannahmen beschreiben. Anpassungsgeschwindigkeiten besitzen keine direkte Entsprechung im realen System. Es sind Parameter, die bei der Beschreibung eines Modells des realen Systems in einer analysierbaren Form eingeführt werden. Was bedeutet die Aussage, das Gleichgewicht des Modells sei lokal stabil, wenn die Anpassungsgeschwindigkeit c kleiner ist als das Produkt der Anpassungsgeschwindigkeiten a und b? Was ist denn ein Produkt zweier Anpassungsgeschwindigkeiten? Was kann man sich darunter vorstellen, und wie ist diese Aussage ökonomisch zu interpretieren? Es handelt sich um eine komplexe Bedingung, deren ökonomische Interpretation kein triviales Problem und vielleicht auch gar keine sinnvolle Aufgabe darstellt. In einer qualitativen Modellbeschreibung im Sinne qualitativen Schließens gibt es keine Anpassungsgeschwindigkeiten, und es können als Ergebnis folglich auch keine Parameterrelationen erwartet werden.

In Abschnitt 6.3.3 habe ich jedoch bereits an einem noch einfacheren ökonomischen Beispiel deutlich gemacht, daß Kuipers qualitative Simulation nicht in der Lage ist, stabiles, instabiles und neutrales Verhalten in interdependenten Modellen qualitativ zu unterscheiden. Auch wenn das Verhalten eines Systems nicht an Parameterrelationen hängt, sondern in der qualitativen Struktur des Modells begründet ist, führt die Methode der qualitativen

Simulation, verglichen mit den Referenzergebnissen qualitativ mathematischer Analyse, zu falschen Ergebnissen. Das tatsächliche Systemverhalten wird festgestellt, aber nur als Möglichkeit neben anderen, die nicht zu beobachten wären. Auch Berndsens Ergänzungen der qualitativen Simulation um Heuristiken zur Analyse ökonomischer Modelle helfen nicht, diese entscheidende Schwäche zu überwinden, was ich in Kapitel 7 dargelegt habe.

Es überrascht nicht, daß die Ergebnisse einer qualitativen Simulationsmethode, verglichen mit den Ergebnissen der mathematischen Analyse, weniger spezifisch sind. Die Modellbeschreibung setzt weniger an Eigenschaften voraus, und die Wertebereiche der Variablen beschränken die Möglichkeiten, auf Stabilität oder Instabilität in zyklischen Anpassungsprozessen zu schließen. Es ist aber dennoch klar, daß für die qualitative Simulation nur dann der Anspruch erhoben werden kann, eine in der Analyse ökonomischer Modelle einsetzbare Methode zu sein, wenn dynamische Verhaltensweisen, die qualitativ unterscheidbar sind, auch unterschieden werden.

Dafür, daß die Anwendung des qualitativen Schließens auf ökonomische Modelle andere Schwierigkeiten in sich birgt als die auf physikalische Systeme, fand Forbus weitere Belege: *„However, caution seems advisable in attempting such applications. There seems to be no real agreement on what mathematical descriptions are appropriate in economics, hence it will be hard to judge whether a qualitative model is correct. In addition, the very structure of the domain can change with time; for instance, the tax code can change. These factors make modeling economics much harder than modeling physics.“* [33], Seite 164. Es ist aus verschiedenen Gründen schwieriger, ökonomische Modelle zu überprüfen und zu analysieren. Die Tatsache, daß viele ökonomische Modelle interdependent sind, ist dem nur hinzuzufügen.

Durch meine Methode qualitativer Simulation interdependenter Zusammenhänge, die ich in Kapitel 8 eingeführt habe, gelingt es, das beschriebene grundlegende Problem qualitativen Schließens zu lösen. Die Anwendung der bekannten Methoden auf interdependente Modelle hat gezeigt, daß das Erkennen allmählicher Anpassung von auf qualitativen Wertebereichen definierten Variablen die Schwäche in der Analyse interdependenter Modelle begründet. Durch eine Erweiterung der Möglichkeiten, qualitative Werte miteinander zu vergleichen, kann diese Schwäche überwunden werden. Das

Größenverhältnis von vergleichbaren Variablen, deren Werte sich auf einen gleichgewichtigen Wert anpassen, wird während der Simulation in den Zustandsübergängen fortgeschrieben. Durch die Fortschreibung des Größenverhältnisses selbst entfällt die Schwierigkeit, aus gegebenen qualitativen Werten das jeweils aktuelle Größenverhältnis zu bestimmen.

Die Fortschreibung des Größenverhältnisses zwischen vergleichbaren Variablen setze ich durch einen heuristischen Ansatz um, der in die ebenfalls heuristisch gesteuerte Auswahl von Zustandsübergängen eingebettet ist. Die verwendeten Heuristiken sind einfacher Natur und anwendungsunabhängig. Sie reichen aus, um dem Simulationsalgorithmus genügend Leistungsfähigkeit für das Erkennen unterschiedlicher Verhaltensmuster zumindest in der Anwendung auf kleine interdependente Modelle zu geben.

Die Anwendung meiner Methode qualitativer Simulation interdependenter Zusammenhänge auf Modelle mit unterschiedlichem dynamischen Verhalten im Kapitel 9 demonstriert die Leistungsfähigkeit der Methode. Auch wenn die Wertebereiche der Variablen keine Möglichkeiten einräumen, Anpassungsprozesse zu beobachten, erlaubt ihr dynamischer Größenvergleich es doch, auf das qualitative Systemverhalten zu schließen.

Die Methoden der qualitativen Simulation sind aus Aufwandsbetrachtungen heraus nicht unproblematisch. Die Zahl der möglichen Verhaltensweisen eines Systems steigt exponentiell in der Dimension des Zustandsraumes, also mit der Zahl der Modellvariablen und den möglichen qualitativen Zuständen einer einzelnen Variablen. Im Kapitel 3 habe ich Page [103] zitiert, der die Gefahr beschreibt, daß bei der Simulation umfangreicherer Modelle eine kombinatorische Explosion der möglichen Folgezustände auftreten kann, die praktisch nicht mehr handhabbar ist. Der heuristische Ansatz von Berndsen vermag den überproportionalen Rechenaufwand bereits zu begrenzen, indem in vielen Situationen nicht entscheidbarer Konflikte entgegengesetzter Wirkungen eine Konfliktauflösung ermöglicht wird (vergleiche Kapitel 7). Durch die Fortschreibung des Größenverhältnisses zwischen vergleichbaren Variablen ermöglicht meine Methode qualitativer Simulation interdependenter Zusammenhänge gerade in den ökonomisch interessanten Situationen die Auflösung von zuvor nicht entscheidbaren Konflikten. Die Zahl der möglichen Verhaltensweisen bleibt dabei in handhabbarem Rahmen.

10.2 Qualitative Modellierung und Analyse

Mit dem Ansatz des qualitativen Schließens kann die Modellanalyse durch eine neue Ebene erweitert werden. Eine qualitative Modellierung als qualitatives gemischtes Gleichungssystem, welches ich kürzer als qualitatives Modell bezeichnen will, ist eine Spezialisierung des inhaltlichen Modellsystems. Das betrachtete System wird durch Variablen und ihre qualitativen Wertebereiche und durch Zusammenhänge, die zwischen diesen Variablen gelten, beschrieben. Die Beschreibungsmittel geben den Rahmen dessen, was beschrieben werden kann, vor.

Ein qualitatives Modell beschreibt ein dynamisches Modell auf einem höheren Abstraktionsniveau als ein Differentialgleichungssystem. Es werden nur Variablenwerte betrachtet, die im qualitativen ökonomischen Kontext Bedeutung haben, und es werden keine anderen Voraussetzungen an die Form qualitativer Zusammenhänge gestellt als die Monotonie der Zusammenhänge. Insbesondere wird nicht verlangt, linearisierbare Zusammenhänge zu unterstellen. Durch eine andere Formulierung des qualitativen Modells durch Prozesse im Sinne von Forbus kann auch die Annahme monotoner Zusammenhänge fallen gelassen werden. Die algorithmische Beschreibung der Wirkung eines Prozesses bietet weitergehende Möglichkeiten als die Beschreibung eines Gleichungssystems (vergleiche Abschnitt 3.1).

Das qualitative Modell formuliert eine allgemeinere Sicht des inhaltlichen Modells als ein Differentialgleichungssystem. Die analysierbare Form des qualitativen Modells, verbunden mit der Analysemethode der qualitativen Simulation, ist entsprechend die schwächere Spezialisierung des inhaltlichen Modells. Das um das qualitative Modell ergänzte Diagramm der Stufen analysierbarer Formen in der qualitativen Modellanalyse ist in Abbildung 10.1 dargestellt. Die Pfeile nach unten kennzeichnen die zunehmende Spezialisierung des Modells bis hin zum quantitativen Spezialfall. Die Pfeile nach oben beschreiben die Interpretation der Analyseergebnisse für das allgemeinere Modell.

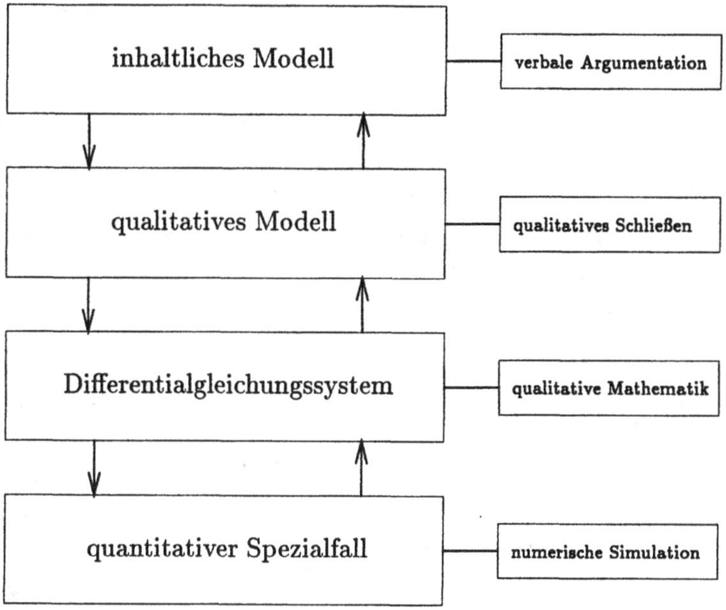

Abbildung 10.1: Ergänzte qualitative Modellanalyse

Die qualitativ mathematische Analyse eines Differentialgleichungssystems ist nicht in jedem Falle in der Lage, die dynamischen Eigenschaften des modellierten Systems herauszuarbeiten. Ist das Modell zu groß oder sind die unterstellten Zusammenhänge zu komplex, dann ist ein quantitativer Spezialfall zu formulieren und durch numerische Simulation zu analysieren. Genauso steht zu erwarten, daß auch die Leistungsfähigkeit der qualitativen Simulation in der Analyse qualitativer Modelle beschränkt bleibt. Für den Fall, daß eine qualitative Simulation keine hinreichend aussagekräftigen Ergebnisse liefert, sondern unterschiedliche mögliche Verhaltensweisen generiert, ist das Modell durch zusätzliche Annahmen zu einem Differentialgleichungssystem zu spezialisieren.

Die Ergebnisse der mathematischen Analyse des Differentialgleichungssystems sind für das inhaltliche Modell zu interpretieren. Auch hier leistet die qualitative Modellierung und Simulation einen Beitrag. Die Visualisierung des dynamischen Modellverhaltens in der qualitativen Simulation unterstützt die inhaltliche Interpretation spezifischerer Analyseergebnisse. Wenn die Simulation statt eines aussagekräftigen Ergebnisses eine Menge möglicher Verhaltensweisen liefert, die unterschiedliche dynamische Verhaltensmuster widerspiegeln, dann kann die Analyse eines spezielleren Modells helfen, das in dieser Menge enthaltene, „richtige" Systemverhalten zu identifizieren. Die Interpretation des Modellverhaltens wird durch die Betrachtung des entsprechenden Simulationsergebnisses, das ein Systemverhalten durch eine Folge qualitativer Systemzustände beschreibt, erleichtert.

In Abschnitt 4.5 habe ich drei Gründe angeführt, die den den Einsatz von Methoden aus der künstlichen Intelligenz als Alternative und als Ergänzung zu qualitativ mathematischen Methoden in der Analyse ökonomischer Modelle motivieren. Den drei Gründen folgen entsprechende Ziele: Zunächst bedingt die Anwendung qualitativ mathematischer Methoden, ein Modell als Gleichungssystem oder in Differentialgleichungen zu formulieren. Die Allgemeingültigkeit des analysierten Modells ist dadurch mehr oder weniger stark eingeschränkt. Wünschenswert ist es, eine qualitative Modellanalyse unter schwächeren Annahmen zu ermöglichen. Das zweite abgeleitete Ziel ist eine Verbesserung der ökonomischen Interpretierbarkeit der Ergebnisse qualitativ mathematischer Analyse, die für kompliziertere Modelle nicht ohne weiteres gegeben ist. Das dritte Ziel ist die Erweiterung der qualitativen Modellanalyse auf größere Modelle, da die Anwendung der qualitativ mathematischen Methoden auf Modelle geringer Dimension beschränkt bleibt.

Ich habe in dieser Arbeit deutlich gemacht, daß die analysierbare Form des qualitativen Modells im Ansatz qualitativen Schließens schwächere Anforderungen an die Modellbeschreibung stellt. Das qualitative Verhalten eines Systems wird allgemeiner, mit weniger starken Annahmen herausgearbeitet. Darüber hinaus ist das Ergebnis der qualitativen Simulation durch eine Zustandsfolge beschrieben, die gegebenenfalls graphisch darstellbar ist. Diese Darstellung des Zustandekommens des qualitativen Verhaltens eines Systems bereitet den Weg für eine Erklärung und ökonomische Interpretation des Systemverhaltens. Mit meinen Ergebnissen dokumentiere ich signifikante Schritte in Richtung der ersten beiden Ziele.

Die Herausforderungen des dritten Ziels habe ich nicht zum Gegenstand dieser Arbeit gemacht. Die entscheidenden Schwächen der Methoden des qualitativen Schließens in der Analyse interdependenter Modelle konnte ich an kleinen Modellen darstellen, und meine Methode qualitativer Simulation interdependenter Zusammenhänge, die diese Schwächen überwindet, ist in erster Linie an kleinen Modellen orientiert. Die Anwendbarkeit der Methode ist jedoch nicht auf kleine Modelle beschränkt. Wie ich einleitend in der Abgrenzung der von mir bearbeiteten Problemstellung bereits betonte, bleibt die Möglichkeit, größere Modelle handhaben zu können, die mit qualitativ mathematischen Methoden nicht mehr zu analysieren sind, eine wichtige Perspektive meiner Methode.

10.3 Perspektiven

Die beschriebene Methode qualitativer Simulation interdependenter Zusammenhänge bietet vielfache Möglichkeiten zur Verfeinerung und Erweiterung. Bereits in Kapitel 8 habe ich die Ansatzpunkte skizziert, den Vergleich qualitativer Größen durch Einführung weiterer Relationen zu verfeinern. Die Heuristik zur Fortschreibung des Größenverhältnisses ist zur Berücksichtigung weiterer Relationen analog zu den beschriebenen zu erweitern. Die Einfachheit und Anwendungsunabhängigkeit der verwendeten Heuristiken bieten die Voraussetzungen für die Entwicklung problemspezifischer, leistungsfähiger Varianten der Methode. Die Anwendung der Methode qualitativer Simulation interdependenter Zusammenhänge auf Modelle größeren Umfangs ist eine durch diese Arbeit vorbereitete Perspektive.

Implementation eines Werkzeugs

In höherdimensionalen, komplizierteren Modellen wird in vielen qualitativen Situationen mehr als eine Bewegung möglich sein. Die qualitative Simulation ist dann durch die Entwicklung eines implementierten Werkzeugs zu unterstützen. Während das Verhalten der in dieser Arbeit betrachteten Modelle noch mit Papier und Bleistift zu simulieren ist, sind kompliziertere Modelle durch einen Rechner zu untersuchen. Die Methode qualitativer Simulation interdependenter Zusammenhänge ist durch heuristische Regeln beschrieben, die automatisierbar sind.

Die Methode kann prozeßorientiert (vergleiche Abschnitt 5.3) umgesetzt werden. Das Verhalten jeder dynamisch abhängigen Variablen ist durch einen Prozeß beschreibbar. Die Propagation von Wertänderungen wird umgesetzt durch Nachrichtenflüsse zwischen den Prozessen, deren Richtungen den Kanten im kausalen Abhängigkeitsgraphen entsprechen.

Eine aktivitätsorientierte Umsetzung (vergleiche ebenfalls Abschnitt 5.3) der Methode qualitativer Simulation interdependenter Zusammenhänge sieht jeden Zustandsübergang als Aktivität. Sind die Bedingungen für einen Zustandsübergang gegeben, wird er ausgeführt. Jeder Zustandsübergang ändert den Systemzustand, was gegebenenfalls die Bedingungen anderer Zustandsübergänge erfüllt. Eine solches aktivitätsorientiertes Simulationsmodell kann unter Nutzung eines Produktionssystem in wissensbasierten Systemen implementiert werden. Die Hauptkomponenten sind nach Partridge und Hussain [105] *i)* eine Sammlung von Regeln, jede bestehend aus einer Bedingung und einer Aktivität, *ii)* ein Arbeitsspeicher, der den aktuellen Systemzustand beschreibt, und *iii)* eine Kontrollschleife. Die Bedingungen der Regeln werden mit den aktuellen Werten der qualitativen Variablen, wie sie in einem Arbeitsspeicher abgelegt sind, verglichen. Eine Regel, deren Bedingung erfüllt ist, kann ausgeführt werden. Die Schleife wird fortgeführt, bis keine Regel mehr ausgeführt werden kann oder eine Abbruchbedingung erreicht ist. In unserem Fall sind die Bedingungen die qualitativ beschriebenen Beziehungen zwischen Modellvariablen, und die Aktivitäten sind Zustandsübergänge, die den qualitativen Wert der Modellvariablen ändern. Siehe für detaillierte Darstellungen beispielsweise Klahr, Waterman [63], Puppe [112] oder Winston [140].

In einer Situation, gekennzeichnet durch bestimmte Werte der ökonomischen Variablen, werden typischerweise mehrere Regeln ausgeführt werden können, die Voraussetzungen für die Reaktion mehrerer Variablen sind gegeben. Das weitere Verhalten des Systems ist abhängig davon, welche Variable zuerst reagiert. Der Konfliktauflösungsmechanismus ist das kritische Element. Nach diesem wird entschieden, welche Regel als nächste ausgeführt wird, was hier bedeutet, der Wert welcher Variablen sich als nächster ändert. Die Konfliktauflösung entscheidet inhaltlich darüber, welche Variable schneller reagiert, wenn mehrere Variablen reagieren können. Es sollte auf diese Weise möglich sein, die Umstände zu erkennen, die zu einem bestimmten Modellverhalten führen. Zu erwarten ist dann eine Aussage wie, „reagiert Variable x schneller als Variable y, folgt explosives Verhalten“. Zu prüfen ist, inwieweit Aussagen über kompliziertere Zusammenhänge möglich sind, vergleichbar mit einer parameterbezogenen Aussage wie $c < ab$.

„Computers have greatly enhanced economists' ability to crunch numbers and model behaviour“ ist im THE ECONOMIST vom 2. Mai 1998 zu lesen (Seite 72). Durch die Anwendung des qualitativen Schließens auf ökonomische Modelle eröffnet die Informatik weitere Perspektiven zur qualitativen Modellierung und Analyse.

Erweiterung des Anwendungsbereichs

In dieser Arbeit habe ich die Methoden qualitativen Schließens nur auf Modelle angewendet, die durch qualitativ mathematische Methoden analysierbar sind. Die Ergebnisse der qualitativ mathematischen Modellanalyse habe ich als Referenzergebnisse zur Validierung der Resultate qualitativer Simulation herangezogen. Dieser Anwendungsbereich beschränkt die Anwendung der Methode auf die Unterstützung der Erklärung und Interpretation qualitativ mathematischer Analyseergebnisse.

Der Anwendungsbereich ist perspektivisch auf Modelle zu erweitern, die sich der qualitativ mathematischen Analyse entziehen. Eine qualitative Modellierung eines Systems durch qualitative Differentialgleichungen beziehungsweise als qualitatives gemischtes Gleichungssystem bietet weitergehende Möglichkeiten als ein Differentialgleichungssystem. Werden die algorithmischen Beschreibungsmittel des prozeßorientierten Ansatzes qualitativer Simulation herangezogen, erweitert dies die Möglichkeiten, Zusammenhänge zu beschreiben, nochmals deutlich. Die Methode qualitativer Simulation interdependenter Zusammenhänge ist mit entsprechenden Anpassungen auf die Simulation algorithmisch beschriebener Modelle anwendbar.

Literaturverzeichnis

[1] R. J. Barro. *Macroeconomics.* John Wiley and Sons, New York, 1984.

[2] L. Bassett, J. Maybee und J. Quirk. Qualitative economics and the scope of the correspondence principle. *Econometrica,* 36:544–63, 1968.

[3] R. Bellman und K. L. Cooke. *Differential-Difference Equations.* Academic Press, New York, 1963.

[4] R. J. Berndsen. *Qualitative Reasoning and Knowledge Representation in Economic Models.* Dissertation, Katholieke Universiteit Brabant, 1992.

[5] R. J. Berndsen und H. Daniels. Application of constraint propagation in monetary economics. In *Proceedings of Expert Sysetems and their Applications,* Avignon, 1988.

[6] R. J. Berndsen und H. Daniels. Envisionment and classification of economic behaviour. In *Proceedings of Second Conference on Economics and Artificial Intelligence,* Seiten 123–131, Paris, 1990.

[7] R. J. Berndsen und H. Daniels. Qualitative dynamics and causality in a keynesian model. *Journal of Economic Dynamics and Controll,* 14:435–450, 1990.

[8] R. J. Berndsen und H. Daniels. Qualitative economics: An implementation in PROLOG. *Computer Science in Economics and Management,* 4:1–13, 1991.

[9] L. von Bertalanffy. *General System Theory.* Braziller, New York, 1968.

[10] D. G. Bobrow, Hrsg. *Qualitative reasoning about physical systems.* North Holland, 1984.

[11] P. Bourgine und O. Raiman. Macroeconomics as reasoning on a qualitative model. In *Proceedings of IFAC Conference Economics and Artificial Intelligence*, Aix–en Provence, 1986.

[12] B. Bredeweg und B. Wielinga. Reasoning about physical systems: A unifying perspective. In *Proceedings of Fifth European Conference on Artificial Intelligence*, Seiten 287–290, München, 1988.

[13] D. M. Bridgeland. Qualitative simulation extensions for supporting economic models. *MCC Technical Report ACT-AI-328-89*, 1989.

[14] F. E. Cellier. General system problem solving paradigm for qualitative modeling. In P. A. Fishwick und P. A. Luker, Hrsg., *Qualitative Simulation Modelling and Analysis*, Seiten 51–71. Springer, New York, 1991.

[15] P. Dague. Numeric reasoning with relative orders of magnitude. In *Proceedings of 11th National Conference on Artificial Intelligence*, Seiten 541–547, Washington, DC, 1993.

[16] P. Dague. Symbolic reasoning with relative order of magnitude. In *Proceedings of 13th International Joint Conference on Artificial Intelligence*, Seiten 1509–1514, Chambery, 1993.

[17] P. Dague et al. Qualitative reasoning: A survey of techniques and applications. *AICOM*, 8(3/4):119–92, 1995.

[18] E. Davis. Axiomatizing qualitative process theory. In *Proceedings of Third International Conference on Principles of Knowledge Representation and Reasoning*, Seiten 177–188, Cambridge, MA, 1992.

[19] J. De Kleer und J. Brown. A qualitative physics based on confluences. *Artificial Intelligence*, 24:7–83, 1984.

[20] J. De Kleer und J. Brown. Theories of causal ordering. *Artificial Intelligence*, 29:33–61, 1986.

[21] G. Dennis. *Monetary Economics.* Longman, London, 1981.

[22] J. Dormoy und O. Raiman. Assembling a device. In *Proceedings of Seventh National Conference on Artificial Intelligence*, Seiten 330–336, Saint Paul, Minn, 1988.

[23] R. Dornbusch und Fischer S. *Makroökonomik*. Oldenbourg, München, 1989.

[24] D. Dörner. *Die Logik des Mißlingens: Strategisches Denken in komplexen Situationen*. Rowohlt, Hamburg, 1989.

[25] D. Dubois und H. Prade. Order of magnitude reasoning with fuzzy relations. In *Proceedings of IFAC/IMACS/IFORS International Symposium on Advanced Information Processing in Automatic Control*, Seiten 541–547, Nancy, 1989.

[26] L. E. El'sgol'c. *Qualitative Methods in Mathematical Analysis*. American Mathematical Society, 1964.

[27] A. M. Farley. Qualitative modeling of economic systems. In *Proceedings of IFAC Conference Economics and Artificial Intelligence*, Aix–en Provence, 1986.

[28] A. M. Farley. Qualitative argumentation. In L. Ironi, Hrsg., *Qualitative Reasoning, 11th International Workshop*, Seiten 89–96, Pavia, Italy, 1997.

[29] A. M. Farley und K. Freeman. Burden of proof in legal agumentation. In *Proceedings of Fifth International Conference on Artificial Intelligence and Law*, Seiten 156–163, 1995.

[30] A. M. Farley und K. P. Lin. Qualitative reasoning in economic models. *Journal of Economic Dynamics and Control*, 14:465–90, 1990.

[31] P. A. Fishwick und P. A. Luker. *Qualitative Simulation Modelling and Analysis*. Springer, New York, 1991.

[32] P. Flaschel. *Macrodynamics: income distribution, effective demand and cyclical growth*. Verlag Peter Lang, Frankfurt/M., 1993.

[33] K. D. Forbus. Qualitative process theory. *Artificial Intelligence*, 24:85–168, 1984.

[34] K. D. Forbus. Qualitative physics: Past, present and future. In H. Shrobe und The American Association for Artificial Intelligence, Hrsg., *Exploring Artificial Intelligence*, Seiten 239–296. Morgan Kaufmann, San Mateo, CA, 1988.

[35] K. D. Forbus. The qualitative process engine. In D. Weld und J. de Kleer, Hrsg., *Readings in Qualitative Reasoning about Physical Systems*, Seiten 220–235. Morgan Kaufmann, San Mateo, CA, 1990.

[36] J. W. Forrester. *World Dynamics*. Wright–Allen Press, Cambridge, MA, 1971.

[37] G. Frank. Steuerfreibetrag oder Abzug von der Steuerschuld? Verteilungspolitische Effekte der Kindergeldreform. In H.-J. Krupp und W. Glatzer, Hrsg., *Umverteilung im Sozialstaat — Empirische Einkommensanalysen für die Bundesrepublik*. Campus–Verlag, Frankfurt, 1978.

[38] C. Gandolfo. *Qualitative Analysis and Econometric Estimation of Continuous Time Dynamic Models*. North Holland, Amsterdam, 1981.

[39] P. Gärdenfors. *Knowledge in Flux: Modeling the Dynamics of Epistemic States*. MIT Press, Cambridge, MA, 1988.

[40] J. Gleick. *Chaos: Making a new Science*. Penguin, New York, 1987.

[41] R. M. Goodwin. A growth cycle. In J. G. Schwarz E. K. Hunt, Hrsg., *A Critique of Economic Theory*. Penguin Books, Baltimore, 1972.

[42] H. L. Gordon und R. C. Michel, Hrsg. *Microsimulation techniques for tax and transfer analysis*. Urban Inst. Press, Washington DC, 1989.

[43] C. Granger. Investigating causal relations by econometric models and cross spectral methods. *Econometrica*, 37:424–438, 1969.

[44] S. D. Grantham und L. H. Ungar. Qualitative physics. In R. B. Banerji, Hrsg., *Formal Techniques in Artificial Intelligence*. North Holland, 1990.

[45] M. Greenberger. *Microanalysis of socioeconomic systems: a simulation study.* Marper&Brothers, New York, 1961.

[46] H. Grote. *Bauen mit KOPF: die Beherrschung von Komplexität durch Selbstorganisation.* Patzer, Berlin, 1988.

[47] A. Harding. *Lifetime income distribution and redistribution: applications of a microsimulation model.* North Holland, Amsterdam, 1993.

[48] J. Haugeland. *Artificial Intelligence.* MIT Press, Cambridge, MA, 1985.

[49] R. H. Haveman und K. Hollenbeck, Hrsg. *Microeconomic Simulation Modells for Policy Analysis.* Academic Press, New York, 1980.

[50] F. von Hayek. The use of knowledge in society. *The American Economic Review*, 35:519–30, September 1945.

[51] P. Hayes. The naive physics manifesto. In D. Michie, Hrsg., *Expert Systems in the Microelectronic Age*, Seiten 242–270. Edinburgh University Press, Edinburgh, 1979.

[52] P. Hayes. The second naive physics manifesto. In J. Hobbs und R. Moore, Hrsg., *Formal Theories of the Commonsense World*, Seiten 1–36. Ablex, Norwood, 1985.

[53] J. Hicks. *Causality in Economics.* Basil Blackwell, Oxford, 1979.

[54] M. W. Hirsch und S. Smale. *Differential Equations, Dynamical Systems, and Linear Algebra.* Academic Press, New York, 1974.

[55] K. F. Hirschhäuser. *Konjunkturanalyse mit Hilfe von System Dynamics–Simulationsmodellen.* Vandenhoeck&Ruprecht, Göttingen, 1981.

[56] Y. Iwasaki. Causal ordering in a mixed structure. In *Proceddings of Seventh National Conference on Artificial Intelligence*, Seiten 313–318, Saint Paul, Minn, 1988.

[57] Y. Iwasaki. *Qualitative Physics*, Band 4 of *The Handbook of Artificial Intelligence.* Addison Wesley, Reading, 1989.

[58] Y. Iwasaki. Causal ordering analysis. In P. A. Fishwick und P. A. Luker, Hrsg., *Qualitative Simulation Modelling and Analysis*, Seiten 98–118. Springer, New York, 1991.

[59] Y. Iwasaki und H. A. Simon. Causality in device behavior. *Artificial Intelligence*, 29:3–32, 1986.

[60] Y. Iwasaki und H. A. Simon. Theories of causal ordering: Reply to de Kleer und Brown. *Artificial Intelligence*, 29:63–72, 1986.

[61] Y. Iwasaki und H. A. Simon. Causality and model abstraktion. *Artificial Intelligence*, 67:143–194, 1994.

[62] P Kitcher und W. Salmon, Hrsg. *Scientific Explanation.* University of Minnesota Press, Minneapolis, 1989.

[63] P. Klahr und D. Waterman. *Expert Systems.* Addison-Wesley, New York, 1986.

[64] W. R. Kolk und R. A. Lerman. *Nonlinear System Dynamics.* Van Nostrand Reinhold, New York, 1992.

[65] H.-J. Krupp. *Theorie der personellen Einkommensverteilung: Allgemeine Grundzüge und verteilungspolitische Simulationen.* Duncker&Humblatt, Berlin, 1968.

[66] H.-J. Krupp. Empirische Ansätze zur Erklärung der personellen Einkommensverteilung. In G. Bombach, B. S. Frey und B. Gahlen, Hrsg., *Neue Aspekte der Verteilungstheorie.* Mohr, Tübingen, 1974.

[67] H.-J. Krupp, Hrsg. *Alternativen der Rentenreform '84.* Campus–Verlag, Frankfurt, 1981.

[68] H.-J. Krupp und W. Glatzer, Hrsg. *Umverteilung im Sozialstaat — Empirische Einkommensanalysen für die Bundesrepublik.* Campus–Verlag, Frankfurt, 1978.

[69] B. J. Kuipers. Commonsense reasoning about causality: Deriving behavior from structure. *Artificial Intelligence*, 24:169–203, 1984.

[70] B. J. Kuipers. Qualitative simulation. *Artificial Intelligence*, 29:289–338, 1986.

[71] B. J. Kuipers. Abstraction by time scale in qualitative simulation. In *Proceedings of sixth National Conference on Artificial Intelligence*, Seiten 621–625, Seattle, WA, 1987.

[72] B. J. Kuipers. Qualitative simulation using time scale abstraction. In *Proceedings of International Joint Conference in Engineering*, Seiten 185–191, 1988.

[73] B. J. Kuipers. Qualitative reasoning: Modeling and simulation with incomplete knowledge. *Automatica*, 25(4):571–585, 1989.

[74] B. J. Kuipers. *Qualitative reasoning: modeling and simulation with incomplete knowledge.* MIT Press, Cambridge, MA, 1994.

[75] K. R. Lang, J. C. Moore und A. B. Whinston. Computational systems for qualitative economics. *Computational Economics*, 8:1–26, 1995.

[76] K. P. Lin und A. M. Farley. Qualitative economic reasoning: A disequilibrium perspective. *Computer Science in Economics and Management*, 4:117–34, 1991.

[77] R. Lutz und M. Goze. *Nonstandard Analysis*, Band 881 of *Lecture Notes in Mathematics.* Springer, New York, 1981.

[78] J. Mackie. *The Cement of the Universe.* Clarendon Press, Oxford, 1974.

[79] A. K. Mackworth. Consistency in network of relations. *Artificial Intelligence*, 8(1):99–118, 1977.

[80] S. A. Marglin. *Growth, Distribution and Prices.* Harvard University Press, Cambridge, MA, 1984.

[81] M. L. Mavrovouniotis und G. Stephanopoulos. Reasoning with orders of magnitude and approximate relations. In *Proceedings of Sixth National Conference on Artificial Intelligence*, Seiten 626–630, Seattle, WA, 1987.

[82] M. L. Mavrovouniotis und G. Stephanopoulos. Formal order of magnitude reasoning in process engineering. *Computer Chemical Engineering*, 12:867–880, 1988.

[83] D. H. Meadows, D. L. Meadows und J. Randers, Hrsg. *Beyond the Limits: Confronting Global Collapse, Envisioning a Sustainable Future.* Chelsea Green, Post Mills, Vermont, 1992.

[84] D. L. Meadows und Club of Rome, Hrsg. *Die Grenzen des Wachstums: Bericht des Club of Rome zur Lage der Mennschheit.* Deutsche Verlags–Anstalt, Stuttgart, 1972.

[85] D. L. Meadows und Club of Rome, Hrsg. *Dynamics of Growth in a Finite World.* Wright–Allen Press, Cambridge, MA, 1974.

[86] K. Mehlhorn. *Datenstrukturen und effiziente Algorithmen*, Band 1 Sortieren und Suchen. Teubner, Stuttgart, 2. Auflage, 1988.

[87] J. Merz. *Microsimulation: a survey of principles, developments and applications with focus on the static case.* Arbeitspapiere des Sonderforschungsbereichs 3: Mikroanalytische Grundlagen der Gesellschaftspolitik, Frankfurt, 1988.

[88] J. Merz. *The 1990 [nineteen hundred ninety] German tax reform: microsimulation of time allocation effects in the formal and informal economy.* Arbeitspapiere des Sonderforschungsbereichs 3: Mikroanalytische Grundlagen der Gesellschaftspolitik, Frankfurt, 1989.

[89] J. Merz. *Market and non–market labor supply and taxes: multiple time allocation model, micro–econometric estimation and microsimulation of the German 1990 tax reform.* Arbeitspapiere des Sonderforschungsbereichs 3: Mikroanalytische Grundlagen der Gesellschaftspolitik, Frankfurt, 1989.

[90] A. Missier, N. Piera und L. Travé-Massuyès. Order of magnitude algebras: a survey. *Revue d'Intelligence Artificielle*, 4(3):95–109, 1989.

[91] A. Missier, S. Xanthakis und L. Travé-Massuyès. Qualitative algorithmics using order of growth reasoning. In *Proceedings of 11th European Conference on Artificial Intelligence*, Seiten 750–754, Amsterdam, 1994.

[92] I. Mitrani. *Simulation techniques for discrete event systems.* Cambridge University Press, Cambridge, MA, 1982.

[93] M. Morishima. *Walras Economics.* Cambridge University Press, Cambridge, MA, 1977.

[94] S. Murthy. Qualitative reasoning at multiple resolutions. In *Proceedings of Senventh National Conference on Artificial Intelligence*, Seiten 296–300, Saint Paul, Minn., 1988. Morgan Kaufmann.

[95] D. Nauck, F. Klawonn und R. Kruse. *Neuronale Netze und Fuzzy Systeme.* Vieweg, Braunschweig, 1994.

[96] P. P. Nayak. Order of magnitude reasoning using logarithms. In B. Nebel, C. Rich und W. Swartout, Hrsg., *Principles of Knowledge Representation and Reasoning: Proceedings of Third International Conference (KR92)*, San Mateo, CA, 1992. Morgan Kaufmann.

[97] P. P. Nayak. *Automated Modelling of Physical Systems.* Springer, New York, 1995.

[98] M. Neitzke und B. Neumann. Comparative simulation. In *Proceedings of 12th National Conference on Artificial Intelligence*, Seiten 1205–1210, Seattle, WA, 1994.

[99] M. Neitzke und B. Neumann. Simulating physical systems with relative description of parameters. In *Proceedings of 11th European Conference on Artificial Intelligence*, Seiten 672–676, Amsterdam, 1994.

[100] J. H. Nelissen. *Income redistribution and social security: an application of microsimulation.* Capman&Hall, London, 1994.

[101] J. M. Ortega und W. G. Poole. *An Introduction to Numerical Methods for Differential Equations.* Pitman Publishing Inc., Marshfield, MA, 1981.

[102] A. G. Oskamp. *Local housing market simulation: a micro approach.* Dissertation, Universiteit Amsterdam, 1997.

[103] B. Page. *Diskrete Simulation.* Springer, Berlin, 1991.

[104] D. Papineau. Pure, mixed and spurious probabilities and their significance for a reductionist theory of causation. In P. Kitcher und

W. Salmon, Hrsg., *Scientific Explanation.* University of Minnesota Press, Minneapolis, 1989.

[105] D. Partridge und K.M. Hussain. *Artificial Intelligence and Buisiness Management.* Ablex Publishing Corporation, Norwood, New Jersey, 1992.

[106] N. Piera, M. Sanchez und L. Travé-Massuyès. Qualitative operators for order of magnitude calculers: Robustness and precision. In *Proceedings of 43th IMACS World Congress on Computation and Applied Mathematics*, Seiten 1–6, 1991.

[107] N. Piera und L. Travé-Massuyès. About qualitative equality: Axioms and properties. In *Proceedings of Ninth International Conference on Expert Systems and their Applications, 2nd Generation Expert Systems Conference*, Seiten 73–87, 1989.

[108] D. Pierce und L. Haugh. Causality in temporal systems: Characterizations and a survey. *Journal of Econometrics*, 5:265–293, 1977.

[109] M. Polanyi. *Personal Knowledge.* Torchbooks, New York, 1964.

[110] G. Polya. *How to Solve It: A New Aspect of Mathematical Method.* Princeton University Press, Princeton, New Jersey, 2. Auflage, 1957.

[111] G. Polya. *Mathematics and Plausible Reasoning.* Princeton University Press, Princeton, New Jersey, 2. Auflage, 1968.

[112] F. Puppe. *Einführung in Expertensysteme.* Springer, Berlin, 1988.

[113] J. Quirk und R. Saposnik. *Introduction to General Equilibrium and Welfare Economics.* Mc Graw–Hill Book Company, New York, 1968.

[114] O. Raiman. Order of magnitude reasoning. In *Proceedings of Fifth National Conference on Artificial Intelligence*, Seiten 100–104, Philadelphia, PA, 1986.

[115] O. Raiman. The reaction engine. *Proceedings of Third International Workshop on Qualitative Physics*, 1989.

[116] C. Rieger und M. Grinberg. The declarative representation and procedural simulation of causality in physical mechanisms. In *Proceedings of Fifth International Joint Conference on Artificial Intelligence*, Seiten 220–256, Cambridge, MA, August 1977.

[117] A. Robinson. *Non-Standard Analysis.* North Holland, Amsterdam, 1966.

[118] F. Romer. *Wachstumsschwellen in der Unternehmensentwicklung: ein System-Dynamics-Modell zur Erklärung und Gestaltung von Wachstumsprozessen.* Dissertation, Universität Mannheim, 1988.

[119] P. Samuelson. *Foundations of Economic Analysis.* Harvard University Press, New York, 1947.

[120] R. Simmons. 'commonsense' arithmetik reasoning. In *Proceedings of Fifth National Conference on Artificial Intelligence*, Seiten 118–124, Philadelphia, PA, 1986.

[121] H. A. Simon. On the definition of causal relation. *The Journal of Philosophy*, 49:517–528, 1952.

[122] H. A. Simon. Causal ordering and identifiability. In W. C. Hood und T. C. Koopmans, Hrsg., *Studies in Econometric Models*, Seiten 49–74. John Wiley and Sons, New York, 1953.

[123] H. A. Simon. *The Sciences of the Artificial.* MIT Press, Cambridge MA, 2. Auflage, 1981.

[124] H. A. Simon, J. Kalagnanam und Y. Iwasaki. The mathematical bases for qualitative reasoning. *IEEE Expert*, April 1991.

[125] M. Sommer. *System dynamics und Makroökonometrie: dynamische makroökonomische Modellierung in multimethodologischer Sicht.* Dissertation, Universität Bielefeld, 1981.

[126] C. Steinmann. *Analyse von Preis-Mengen-Anpassungsprozessen aus theoretischer und empirischer Sicht.* Diplomarbeit, Universität Bielefeld, 1992.

[127] C. Steinmann. Qualitative reasoning on economic models. In L. Ironi, Hrsg., *Qualitative Reasoning, 11th International Workshop*, Seiten 345–354, Pavia, Italy, 1997.

[128] P. Struss. Problems of interval-based qualitative reasoning. In D. Weld und J. de Kleer, Hrsg., *Readings in Qualitative Reasoning about Physical Systems*, Seiten 288–305. Morgan Kaufmann, San Mateo, CA, 1990.

[129] P. Suppes. *A Probabilistic Theory of Causation.* North Holland, Amsterdam, 1970.

[130] R. Tesch. *Qualitative research: analysis types and software tools.* The Palmer Press, New York, 1990.

[131] R. Thom. *Stabilité Structurelle et Morphologenèse.* InterEditions, Paris, 1977.

[132] L. Travé-Massuyès und N. Piera. The orders of magnitude models as qualitative algebra. In *Proceedings of 11th International Joint Conference on Artificial Intelligence*, Seiten 1261–1266, 1989.

[133] L. Travé-Massuyès und R. Pons. Causal ordering for multiple mode systems. In L. Ironi, Hrsg., *Qualitative Reasoning, 11th International Workshop*, Seiten 203–214, Pavia, Italy, 1997.

[134] Klaus G. Troitzsch, Hrsg. *Social Science Microsimulation.* Springer, New York, 1996.

[135] H. Vetterle. *Konstruktion und Simulation mikroanalytischer Modelle: Die Methode der Mikrosimulation und ihre Anwendung.* Dissertation, Universität Augsburg, 1986.

[136] H.-J. Vosgerau. Goodwins Wachszumszyklus der Beschäftigung und Verteilung. In H. Enke, W. Köhler und W. Schulz, Hrsg., *Struktur und Dynamik der Wirtschaft.* Rudolf Haufe Verlag, Freiburg, 1983.

[137] D. Weld. Comparative analysis. In *Proceedings of Tenth International Joint Conference on Artificial Intelligence*, Seiten 959–965, Milan, 1987.

[138] D. Weld. *Theories of Comparative Analysis.* MIT Press, Cambridge, MA, 1990.

[139] H. Werthner. *Qualitative Reasoning: Modeling and the Generation of Behavior.* Springer, Wien, 1994.

[140] P. H. Winston. *Artificial Intelligence.* Addison-Wesley, New York, 3. Auflage, 1992.

[141] K. Wolff. *The shadow economy: a microanalysis of black labour supply in the FRG; the influence of gender, social networks and other socioeconomic factors on black participation, wages and hours.* Arbeitspapiere des Sonderforschungsbereichs 3: Mikroanalytische Grundlagen der Gesellschaftspolitik, Frankfurt, 1990.

[142] R. R. Yager, S. Ovchinnikov, R. M. Tong und H. T. Nguyen. *Fuzzy Sets and Applications: Selected Papers by L. A. Zadeh.* John Wiley and Sons, New York, 1987.

[143] L. A. Zadeh. Fuzzy sets. *Information and Control,* 8:338–353, 1965.

Frank Ziegele

Hochschule und Finanzautonomie

Grundlagen und Anwendung einer politisch-ökonomischen Theorie der Hochschule

Frankfurt/M., Berlin, Bern, New York, Paris, Wien, 1997. 306 S., 32 Abb.
Kollektive Entscheidungen, Wirtschaftspolitik und öffentliche Finanzen.
Herausgegeben von Cay Folkers. Bd. 5
ISBN 3-631-32348-4 · br. DM 98.–*

Die Ausweitung der Finanzautonomie der Hochschulen ist ein wesentliches Element der aktuellen Reformpolitik in Deutschland. Im Rahmen einer politisch-ökonomischen Analyse werden die Effizienzeffekte unterschiedlicher Formen der Finanzautonomie ermittelt. Zu diesem Zweck wird unter Verwendung von mikroökonomischen und Public-choice-Ansätzen eine Theorie des Angebots von Forschung und Lehre entwickelt. Die Modellanalyse ermöglicht es, die gängigen Plausibilitätsargumente zur Finanzautonomie durch theoretisch fundierte Aussagen zu ersetzen. Sowohl die Bedingungen, unter denen die Einführung von Finanzautonomie ökonomische Vorteile erwarten läßt, als auch die Gefahren der Autonomie werden aufgezeigt. Eine empirische Überprüfung der Modellergebnisse erfolgt anhand der Wirkungen des Modellversuchs zur Finanzautonomie an der Ruhr-Universität Bochum.

Aus dem Inhalt: Grundlagen einer ökonomischen Theorie der Hochschule · Die Finanzautonomie der deutschen Hochschulen und ihre Reform · Politisch-ökonomische Modelle des Verhaltens der Anbieter von Forschung und Lehre · Effizienzwirkungen unterschiedlicher Formen der Finanzautonomie · Ergebnisse des Modellversuchs zur Finanzautonomie an der Ruhr-Universität Bochum.

Kolibri 360 GmbH
Ferdinand-Jühlke-Straße 7
99095 Erfurt, Deutschland
produktsicherheit@kolibri360.de

Druck:
CPI Druckdienstleistungen GmbH
im Auftrag der
Kolibri 360 GmbH
Ferdinand-Jühlke-Str. 7
99095 Erfurt